U0820246

国家发展战略研究丛书

“十二五”国家重点出版项目

中国（海南）改革发展研究院组织编著

城镇化战略

Urbanization Strategy

肖金成　党国英◎著

学习出版社
海南出版社

图书在版编目（CIP）数据

城镇化战略 / 肖金成，党国英著.
– 北京 : 学习出版社，海南出版社，2014.1
(国家发展战略研究丛书)
ISBN 978-7-5147-0406-8

Ⅰ. ①城… Ⅱ. ①肖… ②党… Ⅲ. ①城市化 – 发展战略 – 研究 – 中国
Ⅳ. ①F299.21

中国版本图书馆 CIP 数据核字(2013)第 259378 号

城镇化战略
CHENGZHENHUA ZHANLUE
肖金成　党国英 著

责任编辑：李秋云　黄宪萍
技术编辑：黎海华

出版发行：学习出版社
海南出版社
海口市金盘开发区建设三横路 2 号
010-64828802 / 12 / 42
网　　址：http: //www.xuexiph.cn
经　　销：新华书店
印　　刷：三河市祥达印装厂

开　　本：710 毫米 × 1000 毫米　1/16
印　　张：24.5
字　　数：341 千字
版次印次：2014 年 1 月第 1 版　2014 年 1 月第 1 次印刷

书　　号：ISBN 978-7-5147-0406-8
定　　价：38.00 元

如有印装错误请与本社联系调换

《国家发展战略研究丛书》编委会

顾　问

王梦奎　高尚全　张卓元

编委会主任

迟福林

编委会成员

董俊山　蔡　磊

苗树彬　王景霞

任建成

总序
站在新的历史起点献策国家发展

清人陈澹然在其《寤言二迁都建藩议》中说，“不谋万世者，不足谋一时；不谋全局者，不足谋一域”。国家发展战略是在空间上统筹世情国情两个大局，在时间上立足于历史的客观总结、现实的准确评判、潮流的深刻洞察、趋势的准确研判，科学预测未来国家发展的内外环境、主要矛盾、机遇挑战和优势劣势，明了世势国势于胸，顶层谋划未来国家发展的方向、目标、路线、方针和政策，以顺应历史潮流，抓住历史机遇，赢得主动、赢得优势、赢得未来。

历史告诉我们：战略问题是一个国家发展的核心问题，缺乏战略谋划的国家，很难成为真正的强国；重大战略决策的成功是最重要的成功。谋划战略，就是要把握现实，选择未来。实践证明，在当代中国的发展进程中，改革开放是重大并成功的战略决策。面向未来，需要在坚持改革开放这个大战略下，探索和谋划大国发展的未来之路。

我国的发展已站在一个新的起点上。经过 30 多年的改革开放和跨越式发展，我国已告别以满足温饱为目标的生存型发展阶段，跨入以人的自身发展为重要目标的发展型新阶段。但是，30 多年经济快速增长中积累起来的不协调、不平衡、不可持续的深层次矛盾和问题，与世界经济的复杂变化错综复杂地交织在一起，使我国走向公平可持续发展面临前所未有的严峻挑战。

2008年国际金融危机爆发以来，世界经济已经发生而且仍在发生复杂而深刻的变化。既有的世界经济版图正在被失衡的世界经济架构和愈演愈烈的国际金融危机无情地撕裂重拼，世界经济的再平衡步履艰难，国际政治经济秩序的重构在国家利益的冲突和博弈中蹒跚蹉跎。我国能否跨越“中等收入陷阱”，走向公平公正可持续发展，再次成为全球瞩目的焦点。

纵观世情国情，未来的5~10年是我国发展进程中一个非常关键的时期。这个时期国家发展战略的选择，对后20年、30年国家的发展将产生具有决定性意义的重大影响。基于此，我们组织编写这套20本的《国家发展战略研究丛书》。这套丛书，以国家发展面临的全局性、长期性、趋势性的问题为研究重点，从专家学者的视角探讨我国未来经济、社会、政治、文化、外交、国防、改革、开放等20个领域的战略性问题，并试图提出相关的战略思考和行动建议。这套丛书的出版，力求能够为国家发展战略决策提供研究参考的同时，兼顾学术性和可读性，满足广大读者的需求。

这套丛书的作者大多是所在领域的知名专家学者，有的长期从事相关领域的领导工作。对各位作者在繁忙工作之余参加这套丛书的研究撰写，我表示衷心感谢！

这套丛书由中国（海南）改革发展研究院与学习出版社、海南出版社合作编辑出版。学习出版社、海南出版社为此承担了大量的组织和编辑工作，在此一并表示感谢！

作为丛书的编委会主任，我多次邀集编委深入讨论丛书的框架、每本书的内容、结构和风格，但在统稿中并不追求观点的一致，每本书代表的都是作者自己的研究结论和学术观点。由于时间紧，丛书又跨多个领域，不足之处在所难免，欢迎读者批评指正。

迟福林

2012年10月3日

目　录

前　言

城镇化是人们十分熟悉的话题，它与国民经济发展和城乡居民的工作生活密切相关，曾多次成为理论界关注的热点。城镇化是农村人口从农村向城市转移的自然历史过程，是工业化的伴生物，是世界性的普遍现象。在我国特殊的历史背景下，城镇化成为解决“三农”问题的钥匙，是牵动中国经济社会发展的“牛鼻子”，不仅有利于实现城乡统筹，有利于实现区域协调发展，也有利于建立扩大消费需求的长效机制，因此，其成为21世纪促进中国经济社会发展的大战略是必然的。从概念来看，城市化和城镇化没有任何区别。我们认为城镇化的本质就是农民进城，提高城镇化的质量就是农业转移人口市民化，就是城市常住人口公共服务全覆盖。加强城市和城镇基础设施建设既为加快城镇化进程创造条件，也是市场机制下，扩大内需、启动经济的有效的手段。

从党的十六大报告中提出加快城镇化进程，“十五”计划纲要中提出不失时机地实施城镇化战略以来，各级政府及社会各界对城镇化的认识不断加深。2012年，时任国务院副总理的李克强同志在中欧城市化论坛的讲话中明确指出：城市化对经济、社会、文化都有巨大而深远的影响。面向未来，中国致力于推动科学发展，加快转变经济发展方式，把城镇化作为现代化建设的重大战略。党的十八大报告指出："坚持走中国特色新型工业化、信息化、城镇化、农业现代化道路，推动信息化和工业化深度融合、工业化和城镇化良性互动、城镇化和农业现代化相互协调，促进工业化、信息化、城镇化、农业现代化同步发展。""这些文献充分说明推进城镇化进程，实施城镇化战略已成为党和国家的决策，成为各级政府未来相当时期的重要任务。

自从"城市化"这一概念传入我国，社会各界的认识就存在较大的分歧，有望文生义的，有断章取义的，有认识模糊的，也有坚决反对的。成为党和国家的决策后反对的声音会减小甚至消失，但认识上不可能立刻达成一致，如把城镇化就是发展小城镇或仅仅理解为城市和城镇建设，希望农民向小城镇转移，而不希望农民向城市转移，更有人提出农村城镇化等等。因此，有进一步全面、系统、深入地分析、研究并进行辨析的必要，以有助于准确理解目前正在实施的城镇化战略，探索有中国特色的符合中国国情的城镇化之路，加快实现国家的现代化。

全书共分十章，分别阐述了对城镇化的认识、城镇化的意义、城镇化的历程、城镇化的道路、城镇化的主体、城镇化的载体、城镇化的主体形态、城镇化过程中的城乡关系、城镇化过程中的制度创新等等。对城镇化的认识需要正本清源，相信读者读完本书之后对城镇化的意义、城镇化道路、城镇化目标会形成一个整体的概念和系统的认识。

第一章，绪论。本章描述了城镇化的远景，探讨了中国城镇化的目标与重大意义，扼要评论了对城镇化的不同认识，提出了推进城镇化进程的关键举措。随着城镇化速度的加快，至 2030 年，城镇化水平有可能超过 70% 。加快城镇化进程必须正确处理人口、资源、环境、社会、经济等多方面的矛盾，使城市经济更加繁荣、城市建设有序展开，并推动国民经济健康发展和社会全面进步。

第二章，区域发展战略与城镇化道路的探索。本章回顾了新中国建立以来区域发展战略的演变，揭示了区域发展中存在的问题，总结了进入新世纪以来实施区域协调发展的成就与经验。在此基础上，回顾了新中国建立以来城镇化的政策以及理论工作者对城镇化道路的探索。城镇化、城市发展与区域发展存在着极为密切的关系，某种程度上可谓密不可分。围绕城镇化之路，理论界和实际工作者进行了长期的探索，形成了具有代表性的观点和流派，主要有大城市重点论、小城镇重点论、中等城市重点论和多元复合论，这些观点对我国城镇化政策的制订产生了比较直接的影响。

第三章，中国城镇化历程。本章介绍了新中国成立以来的城镇化过程。介绍了小城镇、中小城市、大城市、城市群的发展。我国的城市数量已达657座，其中超过100万人口的大城市有100多座，建制镇19000多座。构建了国际化大都市、国际性城市、区域性中心城市、县城、小城镇多层多级的城镇体系，城市带出现了，并形成了若干城市群。

第四章，城乡二元体制的非公正性与矫正路径。本章主要讨论城乡二元体制的非公正性以及城乡一体化与社会公正性目标的契合问题。城乡分割制度既丢掉了效率，又失去了公平，更危及社会稳定，必须通过城镇化和城乡一体化改革，建立更合理的城乡关系，以提高效率、促进平等、保障稳定。在我国，社会公正目标实现的主要障碍是城乡二元体制，城镇化和城乡经济社会一体化是克服这一障碍的主要途径。

第五章，中国特色的城镇化道路。本章阐述了世界各国比较典型的城镇化模式，对中国国情进行了分析，提出了中国特色的城镇化道路的基本内涵及路径选择。城镇化是人类社会走向现代化的必由之路。中国特定的人口、资源与环境以及区域差异，决定了中国必须从基本国情出发，按照中国特色社会主义道路的要求，走中国特色城镇化的道路。

第六章，农民工：中国城镇化的主体。改革开放后数以亿计的农民工离开农村，进入城市，成为一个特殊的群体。他们在城市和城镇里已有了工作岗位，已具备城镇化的基本条件，加上他们的家属，共计有4亿人左右，他们是中国城镇化的主体，解决了他们的问题中国才能跨越中等收入“陷阱”，进入现代化国家的行列。本章阐述了农民工的起源与现状，分析研究了围绕农民工存在的种种问题，如劳动报酬问题、社会保障问题、住房问题、子女教育问题、留守儿童问题等，探索了解决农民工问题的基本途径：市民化、本地化、家庭化。

第七章，城市与城镇：城镇化的载体。城镇化的载体是城市和城镇。没有城市和城镇，农民就进不了城，当然，既可以进入原有的城市，也可以新建城市。本章阐述了城市和城镇的性质、功能及承载能力，论述了区域性中心城市的产生与发展、地级市和小城镇在城镇化过程中的重要作用及地级市中城市与区域的互动关系，预测了我国未来城镇人口的分布。

第八章，城市群：推进城镇化的主体形态。城市群是区域经济和城市发展到一定阶段的产物。城市群对区域经济甚至对一个国家产生了巨大的影响，成为城镇化过程中吸纳产业和人口主要的空间形态。本章论述了城市群的发生、发展及对经济社会发展的重大影响，阐述了城市群内涵、基本特征和形成机制，研究了城市群产业发展、城市群内各城市的产业分工及相互影响，分析了核心城市与所在区域的协调发展问题，介绍了世界五大城市群、中国十六大城市群的情况及发展趋势。

第九章，城镇化进程中的土地资源利用。我国现行土地管理制度和户籍制度、保障制度一样是二元制度，既不利于效率提升，也不利于社会平等和社会稳定。城市规划和农村规划也是截然分割的，城市建成区的经济密度低，而城市居住区的人口密度高，既浪费了土地资源，又不利于居民生活质量提高。本章论述了城镇化过程中现行土地制度存在的弊端、改革的原则及趋向，分析了所有权“崇拜”及理论根源，并对土地资源利用进行了探讨。

第十章，城镇化进程中的社会治理方式转换。城镇化的重要任务之一，是实现城乡社会治理方式转换。克服社会治理的二元结构，是城乡社会治理改革的基本任务。城乡基本公共服务均等化是城乡社会治理改革的核心所在。本章对城镇化过程中社会治理问题及户籍制度改革问题进行了讨论，尤其是对快速城镇化地区的社会稳定、社会治理、城乡产权关系的转换问题作了深入地探讨。解决快速城市化地区的社会治理问题，对于推进我国城镇化进程具有重要意义。

党的十八大报告提出："科学规划城市群规模和布局，增强中小城市和小城镇产业发展、公共服务、吸纳就业、人口集聚功能。加快改革户籍制度，有序推进农业转移人口市民化，努力实现城镇基本公共服务常住人口全覆盖。"李克强总理指出："城镇化是扩大内需的最大潜力。我国城镇化率刚超过50%，如按户籍人口计算仅35%左右，远低于发达国家近80%的平均水平。差距就是潜力。从现代化发展规律看，今后一二十年我国城镇化率将不断提高，每年将有相当数量农村富余劳动力及人口转移到城市，这将带来投资的大幅增长和消费的快速增加，也会给城市发展提供多层次的人力资源。但城镇化不是简单的人口比例增加和城市面积扩大，更重要的是实现产业结构、就业方式、人居环境、社会保障等一系列由'乡'到'城'的重要转变"①。至此，城镇化的方向和城镇化战略的总体框架更加明晰的展现在全国人民和全世界的面前。城镇化是我国经济增长的巨大引擎，是实现现代化目标的重要途径。要围绕提高城镇化质量，因势利导、趋利避害，积极引导城镇化健康发展。构建科学合理的城市格局，有序推进农业转移人口市民化，走集约、智能、绿色、低碳的新型城镇化道路。

2013年10月8日

---

① 《十八大报告辅导读本》，人民出版社2012年版，第22页。

第一章 绪论

【提要】 城镇化是伴随工业化和现代化发展的必然趋势，城镇化进程的加快也是不依人的意志为转移的客观规律。本章描述了中国城镇化的远景，探讨了中国城镇化的目标与重大意义，扼要评论了对城镇化的不同认识，提出促进城镇化战略的关键举措。加快城镇化进程必须正确处理人口、资源、环境、社会、经济等多方面的矛盾，使城市经济、城市建设有序发展，并推动国民经济健康发展和社会的全面进步。

第一节 中国城镇化远景

就大国经济成长历史看，中国的城镇化速度创造了新纪录。近十年左右，中国的城镇化率每年大约提高 1 个百分点。这个速度超过了美国最快时期的城镇化速度，美国城镇化速度在最快时期城镇化率每年大概提高 0.5 个百分点。

中国的城乡经济社会一体化将使中国农民的命运发生根本改变。中国农民将变为“城外市民”，从而为中国解决社会公正问题创造基础；中国农业将变为市场分工体系中可获得平均利润和平均工资的一个竞争性行业，从而极大改善中国经济的资源配置效益；中国农村将转变为专业农户生产、生活区，现有大部分农村居民将在脱离农业生产以后移民到城市，从而使中国人口分布结构发生根本变化，中国将成为高度城镇化的国家。这个美好憧憬不是天方夜谭，它一定会在中国成为现实。

中国城镇化过程将是一个系统性转变，其远景描述要讲五条。一是城乡统一市场的基本建立，特别是统一要素市场的建立；二是城乡居民收入基本一致，农民收入甚至超过全国平均水平；三是城乡居民公共服务水平基本一致，特别是社会保障的城乡差异完全消除；四是农业高度发达，农业 GDP 比重下降到5%以下，全国恩格尔系数平均降到20%左右，专业农户成为农村的主体居民；五是城镇化率达到70%以上。

专栏 1.1　党的十六大报告关于城镇化的论述

加快城镇化进程。农村富余劳动力向非农产业和城镇转移，是工业化和现代化的必然趋势。要逐步提高城镇化水平，坚持大中小城市和小城镇协调发展，走中国特色的城镇化道路。发展小城镇要以现有的县城和有条件的建制镇为基础，科学规划，合理布局，同发展乡镇企业和农村服务业结合起来。消除不利于城镇化发展的体制和政策障碍，引导农村劳动力合理有序流动。

如果上述目标实现了，中国的城乡二元体制将不复存在。这样一些目标并非不可企及。在我国某些发达地区已经基本实现了这个目标。一些东欧中等发达国家也基本上实现了城乡一体化，而发达国家多在第二次世界大战前完成了这一任务。

专栏 1.2　党的十七大报告关于城镇化的论述

走中国特色城镇化道路，按照统筹城乡、布局合理、节约土地、功能完善、以大带小的原则，促进大中小城市和小城镇协调发展。以增强综合承载能力为重点，以特大城市为依托，形成辐射作用大的城市群，培育新的经济增长极。

依据我们的初步测算，即使我国使用比较保守的城镇化政策，上述目标大概在2045年之前可以实现。按我们对2008年召开的中央经济工作会议提出的关于“积极稳妥推进城镇化”意见的理解，在城镇化方面采取更有效的政策，实现这些目标只需要约30年左右的时间。具体说，如果继续保持既有的趋势，我国的城镇化率在2032年达到70%，城镇人口在大部分年份每年增加1600万左右，农村人口每年减少约1200万左右，减少的峰值约为1360万。如果实行更积极的城镇化政策，城镇化率每年提高1.2个百分点，则城市人口每年增加约2000万，农村人口每年减少1300万到1600万。

我们国家很大，各地经济结构也不一样，各地实现城乡一体化的指标要求也不应一刀切。有的地方的城镇化率可以高一些，有的则可以低一些。

这不是天方夜谭，也不应该是天方夜谭。农村“富余人口”彻底入籍城市这件事，不只是“明珠家的事”，而是“红楼王国四大家族”的事。这是全中国实现由乡民到公民的巨大历史跨越。农民工入籍城市这个问题解决不了，就意味着中国现代化的失败。我们不能失败。

我们要让传统乡村成为一个“传说”，让乡民转化为公民，让传统乡村社会解体。抛开长远的政治转化不说，在未来一二十年里，中国社会也将有一个新的景观。中国将在全国范围里消除社会治理的二元机制，将所谓乡村治理转化为城市治理，实现社会治理的一元化。农村大量人口一部分进入现有各类城市，还有一部分进入新兴城市，其余3000万~5000万农户中的一小部分生活在一些“特色村”中，更多的农户将转变为专业农户，分散在大量小型居民点中，使农村主要成为专业农民的工作与生活区域，且农民仅仅有职业身份甄别的意义，其社会身份和城市居民完全一样。小型农村居民点将不再设立独立的公共组织，他们的公共事务归并于小城镇或其他类型城市的郊区政府。大部分农户由此可进入中产阶级行列。以上社会景观的出现，将意味着传统乡村社会的消失，传统乡村社会将成为一个“传说”。

第二节　城镇化是牵动中国经济社会发展的“牛鼻子”

中国经济要保持一个长期健康发展的趋势，需要有一个清晰可靠的大思路，但这个问题过去一直没有得到很好地解决。好在是我们有了一个开放度较高的市场，地方政府又有一定的发展自主权，这就使我国资源配置调整大体能反映资源的稀缺性，以致经济发展长期保持了活力。中国资源配置调整的根本特点是什么？就是城市比农村更缺乏廉价劳动力。于是，就在大体自由的市场环境下，农村廉价劳动力源源不断地流向城市。这是中国资源配置效率得以提高的主要的、根本的源泉，也是中国经济成长的核心“秘密”。

一、城镇化：伴随工业化和现代化发展的必然趋势

城镇化是一种世界性的社会经济现象，按照权威的解释，城镇化是乡村分散的人口、劳动力和非农业经济活动不断进行空间的聚集而逐渐转化为城市的经济要素，城市相应地成长为经济发展的主要动力的过程。比较效益、规模效益和聚集效益为城市的形成提供了经济动力。比较效益是建立在区域分工基础上的贸易比较优势所带来的经济利益，它是城市形成的第一原动力。比较效益的存在为市场交换提供了可能，于是就为另一类专业分工——商业的产生提供了条件。规模经济是城市形成的又一基本力量，规模经济的存在为人口和经济活动的地理集中提供了市场动力。如果说比较利益和规模经济为城市的形

成创造了初始条件，那么聚集经济则为城市的形成提供了直接推动力，它是多样化的厂商、居民及相关组织单位得以聚集、推动城市形成并使之不断膨胀的根本力量。企业、人口的空间集中不仅可以节约运输、洽谈等交易费用，而且可以产生诸如道路、排水系统、管理等方面的规模经济，从而降低有关社会经济活动的成本。众多具有不同偏好的居民的存在，会减少需求和生产波动给厂商造成的损失，众多的社会经济活动可以给具有不同工作能力的居民提供多种就业机会。地域上的聚集会产生互补利益，人口、企业及相关社会经济活动的空间集中，大大便利了信息交换和技术扩散，同时也刺激着新知识、新观念的产生。正是由于上述聚集经济效益，人口、企业不断地趋于地理上的集中，从而推动了城市的形成、发展和扩大。

30 多年的改革开放，解放了我国的生产力，使我国终于告别了短缺经济，但消费需求不足的阴影随之又笼罩在我们头上。计划经济时期，生产决定消费，即生产什么，居民就消费什么，生产多少，居民就消费多少。在市场经济时期，情况变得完全不同了。生产者生产出的商品，消费者不一定购买或者消费者并不一定有购买能力，有支付能力的需求制约了生产的发展。乡镇企业的异军突起，使我国消费品的生产能力成倍增大，而消费者的消费方式、消费水平、消费习惯并没有发生根本的变化。生活在农村的中国人虽绝大部分实现了温饱，但其他消费仍停留在极低的水平上，其原因是生活在农村的居民，多数人仍处于自给自足的自然经济中。传统农村社会的商品化程度很低，种植业、养殖业收入和农民外出打工的收入具有很大的不确定性，相对于城市人来说，他们具有更大的储蓄倾向。此外，农村社交和文化生活的缺乏，也抑制了他们诸如着装、书刊、娱乐等方面的需求。在那些供电不正常的乡村，农民们即使买得起家用电器，也很难用得上。我们曾想方设法开拓农村大市场，但总是收效甚微，其根本原因就在这里。城镇化水平低，生活在农村的人过多，必然制约我国工业化和现代化的发展进程。

根据新近官方披露，我国的城镇化水平已超过 50%，其成就被世人所瞩目。但同世界发展水平相近的国家比，我国仍落后很多。发达国家的城镇化水平多数在80%左右，比起他们来，我国的差距就更大了。

城镇化进程不只是城市人比例的提高，它还是社会资源空间配置优化的过程，它将带来城市体系的发展和城市分布格局的转变。城市体系的发展意味着将有更多的中、小城市发展起来，构成一个比例更为协调的城市体系。城市分布格局的转变意味着城市的分布将更合理地实现资源的空间配置。这两个方面的变化将使中国经济实现资源配置合理化、推进经济更快地增长，并有利于产业布局合理化和产业结构高级化。

专栏1.3 党的十八大报告关于城镇化的论述

坚持走中国特色新型工业化、信息化、城镇化、农业现代化道路，推动信息化和工业化深度融合、工业化和城镇化良性互动、城镇化和农业现代化相互协调，促进工业化、信息化、城镇化、农业现代化同步发展。必须以改善需求结构、优化产业结构、促进区域协调发展、推进城镇化为重点，着力解决制约经济持续健康发展的重大结构性问题。科学规划城市群规模和布局，增强中小城市和小城镇产业发展、公共服务、吸纳就业、人口聚集功能。加快改革户籍制度，有序推进农业转移人口市民化，努力实现城镇基本公共服务常住人口全覆盖。加快完善城乡发展一体化体制机制，着力在城乡规划、基础设施、公共服务等方面推进一体化，促进城乡要素平等交换和公共资源均衡配置，形成以工促农、以城带乡、工农互惠、城乡一体的新型工农、城乡关系。

综上所述，城镇化是国民经济和社会发展的重要组成部分，是伴随工业化和现代化发展的必然趋势，城镇化进程的加快也是不以人的意志为转移的客观规律。我们必须顺应这一潮流，正确处理人口、资源、环境、社会、经济等多方面的矛盾，使城市经济、城市建设积极、有序、健康地发展，并推动国民经济持续、快速、健康地发展和社会的全面进步。

二、城市基础设施建设是经济发展的重要增长点

城市基础设施落后是影响城镇化进程的重要制约因素，也是一些人主张限制农村人口流入城市的基本理由。由于长期实行“计划经济”体制，中国的工业化和城镇化畸形发展，城镇化严重滞后于工业化。城市基础设施特别是社会性基础设施严重被忽视，城市基础设施投资欠账严重，而且规模越大，经济发展水平越高的城市，基础设施滞后就越严重，乘车拥挤、道路堵塞在特大城市中相当普遍，中小城市的供电、供水、供气、排水等设施多数不能满足需要。一大批小城镇中无供水设施，排水设施也很落后。城市地铁是现代城市快速公交的最有效手段，但我国只有少数城市拥有地铁。在工业制成品普遍出现相对剩余时，城市基础设施却处于“短缺”状态。

城市基础设施是城市生产、生活最基本的承载体，也是城市经济体系中重要的产业部门，对于城市经济增长具有重要的促进作用。城市基础设施包括能源系统、水源与给排水系统、交通运输系统、邮电通讯系统、生态环境保护系统和防灾系统，还包括文化、教育、科学、卫生等部门，如此种种，与城市人民生活息息相关，是城市赖以生存和发展的物质基础。因此，加大力度完善城市基础设施，不仅能够提高城市人民的生产和生活质量，还能够吸纳更多的劳动力，使更多的农村富余劳动力在城市找到适合他们干的比较稳定的工作。

从 1998 年开始，我国经济中出现市场需求不足的问题，政府采取的一系列扩大内需、启动经济的政策措施，如发行债券，加快基础设施的投资和建设，无疑对经济增长发挥了极为重要的作用。但全国性的基础设施建设投资大、周期长，短期内发挥不了效益，尤其是市场参与度低、覆盖面小，难以迅速取得启动经济的效果。而城市基础设施建设，覆盖面大，市场主体参与度高，政府、企业和市民都有相当高的积极性，且无论是大城市，还是小城镇，均有规划已批，久拖未上的项目。加快城市基础设施建设，不仅具有推进城镇化进程的意

义，而且能迅速取得启动经济，扩大内需的效果。

影响城市基础设施建设的最大制约因素是资金缺乏。在计划经济体制下，城市基础设施建设多被视作福利事业，没有稳定的投资渠道和投资回收渠道，使得城市基础设施得不到发展甚至无法维持简单再生产。改革开放后，企业有了自主权，使政府集中资金的能力进一步削弱，但由政府包下来的城市基础设施建设体制却没有根本改变。城市基础设施建设的资金集中使用同社会资金的分散形成了尖锐矛盾，城市基础设施的滞后和供求矛盾更为突出。事实上，城市基础设施中除了一部分属于公共物品即具有强烈外部性的设施如城市道路、排水、绿化之外，有一部分则具有公共商品性质，主要是具有自然垄断性的设施，如供电、供水、地铁、公共交通等。这些物品并非都要由政府包揽，应以企业为供给者，通过资本市场筹集资金，利用民间资金进行城市基础设施建设。政府只起管理和规范的作用。而从运营上看，不发挥市场机制的作用也无法提高效率。从这一角度看，资金不足的问题归根结底是认识问题、体制问题和政策问题。

三、城镇化是促进中国经济社会可持续发展的根本途径

加快农村富余劳动力向城市和城镇转移，提高我国的城镇化水平，是我国全面进入小康社会的必然选择。城镇化进程对解决中国的人口问题至关重要。(1）城镇化是解决日益严重的农村富余劳动力的唯一出路。农村经济的进一步发展和农业现代化的顺利推进，需要将滞留在农村的大量富余劳动力转移到城市和城镇的二、三产业，摆脱目前严重失调的人口城乡分布格局对国民经济持续健康发展的制约。(2）城镇化是提高总体人口素质的重要举措。城镇丰富的教育资源和高效的资源利用有利于人口科学文化素质的提高。(3）城镇化有利于降低人口出生率。城镇人口较高的生活水平、较多的妇女就业机会、较高的养育成本、较高的教育水平，有利于改变人们的生育观念，从而能够在很大程度上降低人口出生率。

造成生态退化问题的根本原因主要是人类对自然资源的不合理利用。在中国西部地区，恶劣的自然环境和贫穷落后的生活方式，造成了人们对土地、草原、林地等自然资源的依赖和过度利用，加剧了生态退化。在生态脆弱区减少居住人口，依靠自然的力量恢复生态是最有效的方式。城镇化为生态移民提供了条件。考虑到中国因众多的人口集中在农村地区所带来的对自然资源的过大压力，以及遍地开花的乡镇企业所造成的日趋严重的环境污染和资源浪费，城镇化对中国可持续发展的重要性更为明显。随着城镇化进程的不断推进和城镇化水平的不断提高，农村居民的数量会不断减少，农民人均收入会不断提高，对土地等自然资源的压力也随之降低，为生态退化问题的解决提供了条件。

作为一个需要迅速提高人民生活水平的发展中大国，中国需要保持持续稳定的较高经济增长率。城市作为一种伴随经济发展而出现的人类聚落形态，具有经济上的集聚功能和扩散功能，能够带动周边地区的经济发展，而且城市规模越大，功能越健全，其辐射范围就越广。诺贝尔经济学奖获得者、美国经济学家斯蒂格利茨预言，影响未来世界经济发展的两件大事是美国的高科技发展和中国的城镇化。实践表明，我国的城镇化率每增加1%，就可拉动当年国内生产总值1%～2%。由此可见，城镇化已经成为决定我国经济增长的关键性因素，不加快城镇化进程，就难以实现农村经济的现代化，我国国民经济发展就难以跃上一个新台阶。

四、城镇化是消除中国城乡经济社会“二元结构”的根本出路

把大半以上的人口分布在农村地区，能不能实现城乡一体化？换句话说，能否不去大力推进城镇化而实现城乡一体化？回答是否定的。

国家每年花巨资建设新农村，农村的基础设施总要好转，农民还

需要进城吗？的确，国家近些年为农村建设花了不少钱。单农村交通一项，国家交通部就有一个“五年千亿工程”，还有其他配套设施的投入。从更大的方面说，国家近二十个部委级单位有 100 多个“工程”、“计划”，用来支持农村发展，说起来力度的确很大，农村面貌也的确有了变化。小的变化也是靠近路边的农舍院墙抹上了涂料，大的变化则是部分农民住上了新房屋，有了自来水，村庄有了铺装道路。但是，即使如此，农民还是往城里跑；甚至农村道路修得越好，农民跑得越快。为什么这样？原因也很简单。我国农村五六十万个村庄，要把每一个村庄改造得像城市一样，仅静态投资举国家之力也投不起，即使投得下去，也极不经济。只有靠农村大量人口转移，剩下少许村庄和一些分散的专业农户居民点，让农民富裕水平达到城市平均水平之上，才能谈得上农民和城市居民一样享受现代化成果。这是世界经济发展的基本规律，中国也不可能例外。

解决城乡居民收入差距问题，必须依赖城镇化。按我们的调查，影响农民收入水平的关键因素，是农民的有效工作日的长短和农民的受教育水平。农民的有效工作日又决定于农民的专业化程度和农民的经营规模。归根结底，我们要靠农村大量人口转移来解决农民的专业化问题和经营规模扩大问题。按我们的测算，在目前已经有 1 亿 5 千多万农村劳动力转移到城市的基础上，我国农村的隐形失业率仍然接近 50%。农民收入总量低，但日工资单价并不很低。目前，我国农业劳动者的日报酬单价仅仅比城市平均工资低 30% 左右，还略高于城市服务业平均工资水平。这个道理说明，要让农民收入增长，就必须让农民忙起来，必须让农民卷入市场分工体系。只有大量农民进入城市从事非农生产，这个目标才能实现。

农民受教育水平提高，可以加快中国农业技术进步和农业产业化，但这个变化不会产生增加农村劳动力的需求，反而会进一步降低农业劳动力需求。农业产业化就是市场化、专业化，反映了农业生产的进步，在实践中需要大力推广。但按我们的调查研究，农业产业化不是多吸收劳动力，而是更快地释放农村劳动力。因为农业产业化会让农民节约更多的劳动时间，同时也使农产品的成本和相对价格降低，迫使农民扩大经营规模，从而产生更多的剩余劳动力。如果这些剩余劳动力不转移到城市，农民收入还可能降低。

第三节　加快城镇化速度何惧之有

多年来，国内反对城镇化的声浪很大，论者对城镇化的后果有多种疑虑。在我们看来，对城镇化的主要批评意见是不能成立的。

一、城市经济部门有很大就业增长潜力

我国过去十几年的城镇化速度比较快，城镇化率平均每年提高的幅度超过一个百分点，只是这种城镇化不是很实在，一部分农民工没有真正在城市安居乐业。如果继续保持既有的趋势，我国的城镇化率在2030年前后达到70%以上，实现高度城镇化目标。这个速度我们的城市能承受么？

按尽可能合理的假设，要实现上述城镇化目标，未来一个时期我国城市就业平均年递增率应为约1.6%。这个时期我国的GDP增长率扣除物价因素，每年按7%算，那么，国民经济增长对就业增长的弹性平均为0.2。这就是说，国民经济每增长一个百分点，就业只增长0.19个百分点。让我们看看美国的情况。美国1919～1957年就业增长率平均为1.89%，扣除物价因素后，GDP实际增长率3.94%，弹性值为0.48。这就是说，美国经济高速增长期国民经济对就业的拉动能力是中国的2.5倍![1] 我们很难用中国比美国科技进步更快来解释这个巨大的差异，而更倾向于按中国人的劳动时间过长来解释这个差

---

[1] 这些测算的依据是：《中国统计年鉴（2009）》、《主要资本主义国家经济统计集》，世界知识出版社，1962年。

异。由本书作者领衔的课题组的农户调查（10 个省的约 1000 个农户）表明，80% 的农民工在城市的工作时间每周在 50 小时以上，超出标准工作时间 20% 以上。粗略计算，如果城市职工普遍这样超时工作，意味着全国减少 6000 万以上的就业机会。换句话说，如果我们按照美国国民经济对就业的拉动能力计算，我国的城镇化的速度还可以更高，城镇化率每年可增加 2.5% 以上！这难道还能说我们的城市缺乏就业机会么？通过改善城市劳资关系、调整经济结构，我国城市经济部门增加就业的潜力还很大。

二、城镇化不会加剧我国耕地资源短缺

说中国城市缺乏土地，因此不能快速城镇化，更缺乏依据。我们知道，一平方公里一万人的人口密度，是花园式城市的标准。按国家统计局的数据，我国城市的人口密度在 3000 人/平方公里左右，常说没有土地的东部城市的人口密度比西部还低。城市建成区的人口密度也只是一平方公里一万人不到。我们的测算表明，我国城市人口的密度和经济发展水平呈负相关，相关系数为 -0.26。[①] 这些事实表明，我国城市利用现有土地还可容纳 1 倍以上的人口！此外，我国现在农村村落面积是耕地的面积的 13.3%，而日本的同一数据在 1954 年是 6.8%。[②] 我国村落占地 18 万平方公里（包括村庄内企业占地），通过有计划的村庄整理，至少可节约 1 亿亩土地，城市扩张怎么也用不了这些土地。我们的问题不是没有土地，而是体制和规划方面的问题导致土地的巨大浪费。与上世纪 80 年代的数据做比较，我国 GDP 每增加 1%，所占用的耕地是日本同一数据的 10 倍左右。我国的土地集约利用水平实在太差。

近几年，中国地方政府正在大规模地进行村庄整治工作，让越来

---

① 测算依据为《中国城市统计年鉴（2008）》、《中国统计年鉴（2008）》，中国统计出版社。

② 英美法日德百年统计提要［M］. 统计出版社，1958.

越多的农民进入城市规划区或新建小区。这个做法在大方向上是正确的。目前，我国城乡土地资源利用的形势，可叫做“一少三多”。一少就是耕地少。三多，一多是村庄占地多；二多是城市建设用地浪费多；第三，就是山区、浅山区的废弃地多。为解决这些问题，农民的重新布局是有必要的。山东德州通过迁村并居工作，有关村庄的耕地增加了10%以上。佛山市通过改造“旧城镇、旧厂房、旧村庄”工作，4年内使新增建筑设施面积占到“三旧”面积的20%，全市每平方公里建设用地产出GDP增长了44.3%。

从全国整体来看，目前我国每亩建设用地的GDP边际产出是平均产出的5倍左右，这意味着存量建设用地的浪费很大。另据我们用有关资料所做的测算，日本的建设用地平均GDP产出是我国的10倍左右（我国的建设用地包括村庄占地），这意味着我国建设用地的利用率还有极大空间。这也说明，如果有更科学的土地利用规划，更有效的土地产权激励制度，土地资源总量和保护耕地的目标，根本不会构成对我国城镇化的约束因素。

三、住房问题不会阻止我国城镇化进程

加快城镇化步伐会不会加剧城市住房困难？会不会出现大量“贫民窟”？有论者提出这样的问题。当然，这些也都是伪问题。

中国目前的住房市场无疑存在巨大泡沫。做出这一判断的标志是住房价格与我国居民收入之比显著高于世界一般水平。考虑到我国城市住房多是高层住宅楼的单元房，我国住房价格显得更不合理。

从宏观数据看，住房市场的泡沫也十分严重。国家第二次经济普查数据表明，我国2008年“总承包和专业承包建筑业企业”的住房竣工面积竟然达到13.4亿平方米，就是说100平方米的单元房盖了1340万套！而根据人口数据看，我国城市每年的住房刚性需求不过600万套左右，这还考虑了农民工的购买力。

高房价背后还有高地价。根据我们掌握的某些欧美国家的地价数

据，我国地价综合水平要高于欧美国家。农地转为建设用地，其合理价格一般为农地租金的30倍左右。城市建成区的土地才会产生更高一些的垄断价格。如果有合理地价，并假设住房产业只获得平均利润，住房价格应远低于目前水平。

高地价、高房价的成因是我国居民对通货膨胀的预期以及由此产生的资产保值和投机动机。不尽合理的住房金融政策与地方政府的土地财政推波助澜，加剧了城市住房市场的不平衡。通过有针对性的改革，住房价格不难下降。

至于“贫民窟”的事情，更不必担心。在发达国家，并没有多少真正的“贫民窟”。纽约的哈莱姆地区本来是富人居住区，那里变成“贫民窟”不是住房短缺，而是公共政策出了问题。国家越穷，才越会有真正的“贫民窟”。我们大城市的“棚户区”难道不是“贫民窟”么？发达国家在城镇化快速推进时期，也有类似我们这样的“棚户区”。现在发达国家的贫民区与非法入境人口有密切关系。在我们国家，只要政策得当，严重的“贫民窟”基本可以避免。目前有的国家的“贫民窟”问题很严重，这些国家不是规划管理不当，而是干脆没有规划管理。有这种政府，即使不搞城镇化，照样会有“贫民窟”，只是这种“贫民窟”分散在农村地区而已。

四、城镇化不会毁灭中国文化

中国的确有自己的文化，中国农村也有区别于城市的文化特色，但以为中国的城镇化会消灭中国文化或中国的乡村文化，实在是没有根据。

我们不必拿“乡村文化”当“中国文化”，进而让农民扛起“继承和弘扬中华文化”的大旗。与西方相比，中国历史文化的城市色彩更加浓重，西方能让乡村现代化，我们的乡村就现代化不得？也不要天真地以为传统乡村社会更“绿色”，更加体现“天人合一”的道统。以单位GDP来说，传统农村社会的污染水平比城市只高不低。

我们也不必把传统乡村社会的挽歌当做恋歌来唱，谁也不要想做农民的救世主，不要想替农民作出选择。近二十年里，尽管我们给城市设立了那么多门槛，但农民兄弟们还是义无反顾地进入了城市。这是他们自己的选择。嘴上说热爱农民的朋友们，就为农民的自由而呼吁吧，千万不要以为自己比农民更聪明。

我们也不要夸大农民的恋土情结，这个情结城里人也有。一家农户几亩地就是农民的“社会保障”，未免太便宜了！如果政府的土地规划能严格实行，农地的价格会很低。笔者当然反对城市利益集团用各种手法掠夺农民的土地，但我们要同样反对仅仅把几亩地当做农民的“社会保障”。我们还是坚持一个基本原则，那就是尊重农民的选择，他们的土地由他们自己决定如何处置。

80 后、90 后的农村青年大多并不真正了解农村社会，尽管他们与传统农村社会有割不断的联系纽带。因为不了解，便容易把农村生活的那种简单朴素幻化为理想社会的平等和自由。而离开家乡的农村青年初到城市又遇到生活压力，尝到谋生的艰辛，不免心生厌恶城市、想返回家乡的情感。然而，大多数农村出身的青年最终还是在两难选择的矛盾之中落脚到了城市。他们的行动证明，人的思想往往会自我欺骗，而潜在的人性驱使反倒更值得信赖。

从典型意义上说，城市和传统乡村的确是两个世界。传统乡村社会的基本特点是物质匮乏，几乎没有财富积累，穷富等级比较固定，公共生活领域狭窄且受宗法关系控制，人无隐私和自由可言。此外，典型的传统乡村社会内部几乎没有市场交换，外部交换主要和达官贵人的奢侈生活有关。出身农村的青年对物质匮乏有一定了解，但对传统乡村社会的其他特点实际上没有亲身体验。他们没有在农村谋生的经历，养家谋生的是他们的爹娘。

在传统乡村社会，除贫穷之外，一般老百姓生活在没有隐私、没有起码自由的人身束缚之中。长辈对晚辈的指教天经地义，而族长、乡绅的金口玉言比法律还厉害。这里有一种无形的强制和普遍的压抑。美丽的乡村风光早已引起人们的视觉疲劳，并不能丝毫减轻他们的压抑感。在这种生活中，人与人之间的恐吓、强制和各种奴役性的潜规则所带来的精神折磨，远甚于物质贫穷的痛苦。我再次重复过去说过的话，典型的自然经济条件下的农村生活不是《艳阳天》、《创业史》和《刘老根》里描述的那种生活，而是陕西作家陈忠实《白鹿原》里的生活，是《红楼梦》里焦大、刘姥姥和佃户们过的生活。

正因为乡村社会的人身束缚具有普遍性，人们可能熟视无睹。一辈子在乡村的人们可能对生活没有多少抱怨，以为那是老天注定的。

但人们只要有了城市生活的体验，便会发现城市生活的魅力。城市经济需要专业化合作，至少在技术上提供了一种平等的基础。生产一台汽车，方向盘制造和车轮毂制造在技术上一样重要。城市生活能保有隐私也有巨大的社会价值，就连一定历史时期险恶的城市资本也不大会侵犯人们的隐私权。隐私是一个自由的心理空间，这种东西在传统乡村社会花多少钱也买不来。城市的货币交换还放大了人的能力的差异，那些有创造力的人和普通人相比，所获得的财富可以有天壤之别，而乡村社会里人们能力的差异不过是多种几亩地而已。

城市社会的魅力不止于此。年轻人喜欢谈爱国，其实真正的国家观念不是来自传统乡村社会。在乡村社会，人们有宗法观念，有皇权观念，有自然神的观念，这些观念基于外在的、前世发生的力量的统治，人们很难反抗。同样的，人们也不会有真正的国家观念，爱国其实是爱皇帝。只要皇帝倒掉，“国家”就崩塌，人们就服从于新的皇帝。所以，在古代，游牧民族容易征服农业民族，因为游牧民族比农业民族有更强的地域观念；在近现代，工业民族更容易征服农业民族，因为工业民族的城市治理半径大，市场交易范围广，百姓具有真正的国家观念。这是解释中国过往历史的一种基本观念。西方人对中国一次次取得战争的胜利，不是西方人有三头六臂，而是中国百姓在不清楚皇帝是谁的时候，缺乏真正的“敌人”的观念。乡村社会的人们常常在家族械斗时更容易主动赴汤蹈火。近代早期，我们的士兵在战场上可以朝天放枪，那无论多么先进的武器都派不上用场。洋务运动以后，中国逐渐有了近代工业，黄埔军校又传播了新的军事技术和军事组织知识，国家观念开始普及，中国人的战争能力才强大起来。从这个意义上说，爱国就要爱工业、爱城市、爱市场，就应仅仅把农业当做国家的基础，而不是基础上的大厦。

概念的讨论需要极端，而实际生活是模糊的。若做世界比较，中国的城乡关系在历史上不同于西方。西方的宗法关系限于乡村贵族，而我们的宗法关系具有普遍性。我们这里是家国难分，只不过所谓“国”是皇帝的天下。一个村庄是小的宗法共同体，全天下则是大的宗法共同体。所以，中国乡村社会的一介匹夫也可以说“先天下之忧而忧，后天下之乐而乐”，虽然这个天下多是皇帝的天下。如今搞市场经济，这倒成了中国建立统一市场的宝贵历史遗产。因为这个历史遗产，像印度这样的国家，要在三五十年里赶上中国实在不容易。但我们千万不要盲目陶醉，以为这是中国乡村社会的优势。统一性只是外壳，如果没有现代性的内涵，没有市场关系的引入，我们断断不会有今天。但总体上我对中国的前景很是乐观。

即使在当代中国，城乡关系也是灰色的。真正的传统村落越来越少，而我们的城市也不见得完全见不到宗法关系的影子。要知道，我们如果对城市生活不满意，其实你讨厌的恰恰是城市的乡村烙印。例如，最令刚进城的农村出身的青年人窝心的是就业机会的不平等，人们感觉到种种潜规则在起作用，透明天花板压在头顶，职场是一个个土围子，有的职业领域除非你有特殊背景，否则就别想进到里面去。面临这种局面，年轻人不免沮丧、愤懑，乃至绝望。若回到乡村，发现那里发生了变化，金钱关系裹挟着宗法因素，温情的亲情面纱被撕得七零八落，也落得心灰意冷。有的乡村开始给 8 岁孩子做寿，甚至给家养牲口做寿！两厢比较，仿佛在“不同人间切换”，且不知何处是个归宿！其实，这不过是乡村社会向现代化迈进过程中的瑕疵而已，能让我们心灵安家的，是让我们的乡村朝着现代化继续奔跑！

是的，几亿流动人口有自己的困惑和彷徨。没有什么灵丹妙药让他们一剂服下便心爽气清。中国需要进一步现代化，且能够现代化。未来我们的城市会更多、更大、更加现代化。我们也将保有乡村，但现代化的乡村是城市的延伸，现代农业是城市食品市场的第一车间，而不是改头换面的宗法关系的堡垒。乡村经济将全面被现代信用关系所覆盖，城市所拥有的隐私保护和自由心灵空间也将延伸到乡村。这个过程不会太快，但趋势却不可逆转。

乡村牧歌是诗人虚幻缥缈的憧憬，而牧歌的自由精灵隐藏在城市。我们要吟唱传统乡村社会的挽歌和城市生活的牧歌，在时代咏叹的二重奏之中，确定我们每个人的心灵归宿。

总之，在未来几十年里，保持城镇化率每年递增一个百分点的速度，不算冒进。一些地方可以更快一些，而农业主产区和边远地区可以适当慢一些。当务之急是要纠正城镇化过程中的一些不当做法，让我国城镇化积极稳妥健康地发展。

第四节　推进城镇化进程与深化改革

中国国情有两点要高度重视：第一是人口多，中国有 13 亿人口，而且农村人口多。我们很难照搬别国的模式，我国的城镇化，相当于一年把一个中等国家的人口变成城镇人口，这是非常艰巨的任务；第二是适宜居住的地方少。我们国家只有 1/4 的国土是适宜人们居住的，欧洲几乎所有地方都适合人类居住。未来中国人口结构调整的两大趋势：第一是农村人口向城市和城镇转移，也就是推进城镇化；第二是欠发达地区的人口向发达地区转移。第一个趋势没有什么疑义，但第二个很多人不太认同。我国存在大面积的生态脆弱地区，这些生态脆弱地区虽然人口密度比较低，但是已远远超过了资源环境承载能力，超过承载能力的地区的人口就要向外转移，实际上就是欠发达地区向发达地区转移，明确地说，就是西部地区人口向东部地区转移。在这个背景下，很多制度就不适应城镇化的要求，如户籍制度、土地制度、福利制度，还有社会保障制度等，必须推进改革，不进行体制改革和制度创新，城镇化就很难推进。

一、实施大中小并举的城市发展战略

1980 年 10 月在北京召开的城市规划工作会议上，第一次提出了我国城市发展战略设想，即“控制大城市规模，合理发展中等城市，积极发展小城市”。此后，我国一直采取控制大城市的发展方针，但我国大城市的规模一直在扩大，大城市的个数比 1980 年翻了一番以上。从实践中看，中小城市发展动力不足，而大城市却具有加速发展的天然优势。世界银行《1984 年世界发展报告》推论，城市只有达到 15 万人的规模时，聚集效应才会出现。从来还不能清楚地证实城市大到什么程度会出现不经济的现象。令人恐惧的“大城市病”，并非“不治之症”，如英国首都伦敦，曾是“大城市病”的典型，几十年来，其人口、用地和工业生产扩大了好几倍，但城市环境不仅没有恶化，反而整治得卓有成效。

我国由于人为控制大城市的发展，使城市规划普遍脱离实际，规划的人口规模不久即被突破，这是造成交通拥挤、布局混乱、城市基础设施严重不足的重要原因。因此，应吸取我国抑制大城市发展的教训，根据城市发展的规律制订城市发展战略。从目前来看，应采取大中小并举，重点发展大中城市的发展战略，摒弃控制大城市规模的城市发展方针。

二、加强城市基础设施建设，迅速扩大城市就业和人口容量

从投资主体看，应实现投资主体的多元化。对带有自然垄断性的公共商品生产部门，应由企业投资经营或实行企业化经营，政府只进行监管和给予定额性补贴。在市场经济体制下，必须使城市基础设施行业转变机制，按经济规律办事，使之变成有效率的企业部门。国家必须下决心进行相关的公用事业价格与收费改革，保证价格、收费与成本基本相符，保证企业有自我积累、自我发展的能力。

从投资来源看，必须广辟资金渠道。（1）政府应加大城市基础设施投资的比重。城市基础设施中有相当一部分是非盈利性的，具有公共物品的性质或曰外部性，它们必须由政府提供，这是市场经济中政府的重要职能。（2）发行市政建设债券。城市基础设施的一次性集中投入同财政收入的分年实现存在着矛盾，国外一般采取发行市政债券来解决。我国也应创造条件，通过发行市政公司债券解决城市基础设施资金不足的问题。（3）政府和银行向市政企业发放低息贷款。城市基础设施多是微利项目，周期长，投资大，短期的商业性贷款是不适用的，国家可通过财政信用和政策性银行向其提供低息贷款。（4）采用 BOT 方式和 ABS 方式进行建设。城市基础设施项目具有自然垄断性，因此，市场比较稳定，风险很小，假如政府出台鼓励和支持的政策，不仅国外投资者乐意出钱，国内投资者也会愿意投资。

从经营方式来看，对于可以市场化、企业化经营的部门，应该与政府脱钩，建立以市场为导向，自负盈亏的企业化经营机制。

三、以产权明晰为核心，深化土地制度改革

关于土地制度改革，十七届三中全会提出的“明晰产权，用途管制，节约集约，严格管理”的原则非常之好，应该尽快落实。只有明晰产权、管住规划，才能实现土地节约目标，降低管理成本。

明晰产权的主要任务是确立多元化的土地产权制度，按不同经济活动方式的公共性差异确立不同的产权类型。在具有较强私人性的经济领域可以使土地公有权名义化，强化土地的使用权，实现使用权的物权化。应尽快全面落实中央关于农民的土地承包权长久不变的改革意见。城市住宅建设用地的使用权可以永久不变。其他大量具有公益性的土地在继续保持国家或集体所有的前提下，采取各类使用权制度，实现公有土地资源的合理利用。

要通过明晰产权，将一级市场逐步放开，让农民得利。这不是说让农民随便卖土地给开发商，而是在用途管制的约束下放开。约束有

两重意义。一是用途的约束。例如，农地就是农地，不能随便转变为建设用地。如果没有规划约束，连农民自己也想把土地高价卖给开发商。二是买卖主体的约束。要建立“注册农业经营者”制度，使有资质的农业经营者成为农地流转的主体，防止投机者在农村大量圈占土地。

通过规划控制，体现政府对公共利益的维护和土地收益分配的调节，以提高土地利用的整体效益。按照十七届三中全会关于农村土地改革的意见完成一轮法律修订工作以后，可以考虑适度开放土地抵押市场，允许农民宅基地永久使用权自由买卖，允许农民“带地进城”。还要统筹城乡建设用地，积极开发我国浅山地带的建设用地资源。可以在浅山区发展独栋住房，而禁止在平原地区发展低密度住宅区，特别要禁止在平原地带建造别墅式住宅。应通过土地的合理规划，使我国60%以上的家庭拥有独栋房屋，让土地制度调整适应我国培育中产阶级的历史要求。

四、以调整劳资关系为核心，深化劳动和人口管理体制改革

影响我国劳资关系调整的许多原因当中，最重要的方面是一些政府部门不能严格按照国家法律法规对企业用工行为进行监督。现实中甚至有一种由“囚徒困境”理论所描述的恶性循环机制在起作用。一些地方政府为了吸引投资，用不正确的理念来保护自己的“投资环境”，结果放纵了一些企业对职工的肆意盘剥。地方政府在“环境”方面彼此竞争，纵容企业克扣工资，最终形成的宏观环境益发加强了资本的力量，使工人越来越处于不利地位，也给地方“改善”投资环境带来更大的压力。所以，解决问题的关键是地方政府严格执法，真正在企业监管中落实中央“以人为本”的施政理念，不要在资本和劳动之间厚此薄彼，过分疼爱资本。要懂得，过分疼爱资本最终会害了资本，因为低工资低福利只能保证资本的一时之欢，长远看他们会牺牲效率、丧失市场。

调整劳资关系的关键举措是严格执行各项涉及劳动保护的法律法规，制定行之有效的劳动纠纷案件侦查、诉讼规范，切实保护劳动者的劳动权、休息权、健康权和报酬权。国家机关应率先执行劳动法，严格限制公务人员加班，并严格依法支付加班工资。国家机关要通过下放和精简权力的办法减少文案工作，以减轻工作负担。改变部门主导立法的现行格局，增强各级人民代表大会的立法功能，实现立法的专业化，有助于减轻政府机构的文牍工作。企业的工资集体谈判制度应全面加强。

在调整城市劳资关系的同时，要以户籍制度改革为重心，全面改革城市社会管理体制。户籍制度改革对农民迁徙的意义要远大于对其他类型群体（例如大学生）的意义，在大中城市改革的意义要大于小城市改革的意义。中央可以要求地方按照“保障公平、兼顾效率、维护稳定”的原则加快户籍制度的改革，但具体改革方案应由城市政府做主。改革的基本思路应是通过住房建设规划来实现人口控制规划，原则上只要公民在某城市拥有或能够租用符合一定条件的住房，就可以获得人口登记。至于什么样的住房，拥有或租用的期限多长，新居民的福利待遇和老居民如何衔接等技术性问题，完全可以相信凭地方官员的智慧能够解决得比较好。即使有的城市做得不好，其缺陷也会在城市竞争中得到修正。有条件的城市可有选择地为进城农民建造廉租房。从一些调查资料看，如果按照这个思路改革户籍制度，近 1 亿农村人口有条件很快在大中城市落户，并且不会给城市造成任何麻烦，因为这些农村人口事实上已经生活在了城市。把户籍和住房挂起钩来，还可防止城市人口的急剧膨胀。当前房价过高的现象可以扭转过来，除非政府不积极作为。

第二章　区域发展战略与城镇化之路

【提要】 本章首先回顾了新中国建立以来区域发展战略的演变，从新中国建立后前三十年的区域均衡发展战略，到改革开放后二十年的区域非均衡发展战略，再到新世纪以来十多年的区域协调发展战略，揭示了区域发展中存在的问题，总结了进入新世纪以来实施区域协调发展的成就与经验。在此基础上，回顾了新中国建立以来城镇化的政策以及理论工作者对城镇化道路的探索。

第一节　区域发展战略的演变

新中国建立以来，在促进欠发达地区的发展方面取得了举世瞩目的成就，积累了比较丰富的正反两方面的经验，理论工作者也对此进行了总结和探索。

一、均衡发展战略与西部地区工业基础的建立

新中国建立之初，生产力水平十分低下，工业基础非常薄弱，地区分布也极不平衡。全国工业总产值77%以上集中在占国土面积不到

12%的东部沿海狭长地带，其中68%集中在以上海为中心的长江三角洲（占23%）、以沈阳为中心的东北南部（占20%）、以天津为中心的京津唐地区（占10%）、以青岛为中心的胶济沿线（占5%）和广州（占3%）等少数几个地区。而广大内地，尤其是西南、西北地区，除少数采矿业之外，几乎没有什么近代工业。占国土面积45%的西北和内蒙古广大地区，工业总产值仅占全国的3%；占国土面积23%的四川、重庆、云南、贵州和西藏，工业总产值仅占全国的6%①。这种工业布局是旧中国在殖民地半殖民地条件下留下的历史遗产，客观上也与我国人口、土地和资源的分布极不对称，严重影响了广大内地的经济发展和民族团结。改变这种工业偏集于沿海的状况，成为新中国领导人首要考虑的问题。

新中国建立初期，其产业布局的主导思想是均衡发展。这种思想来自于马克思主义经典作家们的观点和苏联的“社会主义生产布局理论”，该理论的核心除了“生产关系决定论”之外，就是“均衡布局论”。恩格斯在论述社会主义生产时曾说过：“大工业在全国尽可能平衡的分布，是消灭城市和乡村的分离的条件。”② 列宁也说过：“经济政治发展的不平衡是资本主义的绝对规律。”③ 均衡布局理论无疑对我国产业布局理论的建立和发展以及大规模的经济建设实践起了相当大的推动作用。均衡布局与我国传统的平均思想一脉相承，极易为我国多数人所接受，因此，建国不久即成为指导我国生产力布局的重要发展战略之一。

从50年代初到70年代末，我国宏观区域政策的主线或基调是均衡发展战略，即以内地为投资和建设的重点，以缩小沿海与内地之间的差距，实现社会生产力的均衡布局为基本目标，追求地方经济的同步发展和自成体系。

---

① 陈栋生．区域经济学［M］．河南人民出版社，1993：284.

② 马克思恩格斯全集（第20卷）［M］．第312页．

③ 列宁选集（第2卷）［M］．人民出版社，1972：709.

整个五十年代，我国在均衡发展战略的指导下，大规模投资于中西部地区，初步建立了现代工业的基本框架体系，加快了西部地区的经济发展，基本实现了生产力均衡布局的区域政策目标，既有利于国家统一和民族团结，也有利于开发利用西部地区的优势资源，改变了旧中国遗留的70%以上工业和交通设施偏集沿海一隅的状况，在实现全国生产力的均衡配置方面取得很大成效。在较短的时间里为中西部地区奠定了工业化的基础。从东西部发展差距看，1952 年至 1965 年间，人均国民收入的相对差距缩小了 12.6 个百分点。没有这一时期的工业和铁路等基础设施建设，广大中西部地区的经济社会进步或许还要延迟若干年或更长的时间，而且正是这一时期奠定的中西部工业化基础，有力支撑了改革开放以后沿海地区乃至整个国民经济的快速增长。

在此期间，也出现了忽视沿海地区发展的问题，主要体现在投资减少，增长率下降，如 1955 年上海、天津两市的投资仅分别相当于同年折旧费的76%和108%，致使上海、华北等老工业基地的作用和潜力远未得到应有的发挥和加强，工业生产没有得到应有的发展。因此，可以认为，国家对西部地区的投资，其机会成本是很高的，国家为此付出了很大的代价。问题的关键是，支付此一代价是否值得。事实已经证明，加快西部地区的发展不仅具有重要的经济意义，而且具有重要的政治意义和国防意义。落后地区的发展，离不开国家和外界的支持。我国之所以能够在短时间内集中如此大量的投资是和当时的经济体制，即政府主导型的计划经济体制分不开的，利用政府的力量集中资金，并把其集中投入到欠发达地区去，正是政府主导型经济的优势所在，历史给了西部地区这一难得的机遇。

60 年代中期，由于中苏关系日趋恶化，客观上存在着战争危险，中共中央和毛泽东做出了加快三线建设，建立战略后方的战略决策。1965 年 4 月，中央发出《关于加强备战工作的指示》，根据中央指示，我国第三和第四两个五年计划的制定以及生产建设，都转向了以备战为中心，以三线建设为重点的轨道[①]。

经过10年建设，通过新建、迁建和改扩建等方式，在三线地区相继建成了近2000个大中型企业和科研单位，形成了5个大型科研基地和30个新兴工业城市，建成了拥有全国1/3以上工业固定资产原值，以国防工业和机电工业为主体的庞大三线工业。截至1975年年底，三线地区全民所有制大型企业占全国的43.1%，煤炭开采能力和水电机组容量占50%以上；炼铁、炼钢和轧材能力超过30%；有色金属开采和冶炼能力的大部分、电子工业2/3的企业和职工集中在这里；机械工业固定资产净值占全国的1/3。

二、改革开放后区域非均衡发展战略与东部率先发展

1978年以来，我国经济体制和发展战略开始双重转轨。理论界在对过去经验教训的总结中，对那种以牺牲效率为代价的绝对平衡观进行了反思，重新探讨促进经济发展的区域经济理论体系，把效率原则和效益目标放在优先的地位，在全国范围内形成一种非均衡发展理念，绝对平衡观也被相对平衡观所取代。与此同时，国际上盛行的梯度推移理论被引入我国生产力布局与区域经济研究中，并形成了相当广泛的影响。

邓小平指出："一部分地区有条件先发展起来，一部分地区发展慢点，先发展起来的地区带动后发展的地区，最终达到共同富裕。"[②]"六五"计划（1981～1985）以来，国家对经济布局和地区经济发展战略进行了重大调整，由均衡发展战略转向非均衡发展战略。"六五"计划明确指出：要积极利用沿海地区的现有基础充分发挥它们的优

---

① 第三个和第四个五年计划时期，根据各地区战略位置的不同，将全国划分为一、二、三线地区，一线地处战略前沿，三线地区为全国的战略后方。在一、二线地区内，又依本地区情况，划出若干地方作为区内的三线地区。前者称大三线，后者称小三线。大三线一般包括四川、贵州和云南，陕西、甘肃三省的大部分地区，以及豫西、鄂西、湘西、冀西、粤北、桂西北和青海东部地区。

② 邓小平文选（第三卷）［M］．人民出版社，1993：374.

势，带动内地经济进一步发展。“七五”计划（1986～1990）又明确按东部—中部—西部[①]的顺序安排发展重点；东部沿海要“加速发展”，中部要“有重点地发展”；西部则应“做好进一步开发的准备”。“七五”计划强调集中资金与资源实行重点发展，在地区间形成产业结构转移的接续关系，使产业空间分布同地区经济发展联系起来。

采用非均衡发展战略，强调效益和发展东部沿海地区的经济优势，在理论上是正确的，在实践中取得了巨大的成就：第一推动了沿海地区特别是东南沿海新兴工业地区的发展，为推进改革开放和建立社会主义市场经济新体制积累了宝贵经验；第二东部地区的发展，提高了资金的运用效益，吸纳了大批在西部农村的劳动力，在一定程度上提高了国民经济的整体效率；第三东部地区的发展尤其是特区、开放城市和开发区的发展，通过示范效应、扩散效应和技术经济合作等多种途径，在一定程度上促进了中西部地区的繁荣；第四投资主体多元化、所有制结构多元化、市场体系的建立，使各地区经济发展呈现出活跃的态势和不同的特色。事实证明，非均衡发展战略对于我国经济发展的作用是巨大的，它所产生的经济效益和积累能力，比分散投入、平衡增长要大得多，从而使我国的经济总量在短短的20年里有了大幅度的增长。

非均衡发展战略的实施在取得明显成效的同时，也出现了一些问题：第一东部地区与中、西部地区的经济发展差距不断拉大，不仅体现出经济增长的不平衡，也体现出经济发展的不平衡。据统计，1998年，东部地区的GDP已占全国GDP总量的58.1%，而西部地区的GDP只占全国的14%。1978～1998年，人均GDP差距由228元扩大到5431元，1998年，东部地区人均GDP比西部高1.34倍。经济发展

---

① 按照当时的划分，沿海12个省、市、自治区即辽宁、河北、北京、天津、山东、江苏、上海、浙江、福建、广东、广西、海南为东部，吉林、黑龙江、山西、内蒙古、河南、湖北、湖南、安徽、江西9省为中部，西南西北地区的四川、重庆、云南、贵州、西藏、陕西、甘肃、宁夏、青海、新疆十省市为西部。这种划分一直沿袭到现在。

差距的持续扩大，既不利于各地区经济的协调发展，也不利于民族团结、社会发展和政局稳定。第二地区产业结构严重失调。以各地政府为首的投资主体竞相发展价高利大的加工产品，区域分工弱化，稀缺资源浪费巨大；产业的空间组织缺乏专业化协作基础上的集中度和分散度，企业规模趋向小型化和空间分布上的过度分散化。第三区际摩擦、封锁日趋加剧。各地政府运用种种手段，构筑名目繁多的贸易壁垒，对地区资源、技术、人才和商品的进出实行封锁和垄断经营，分割市场，运用行政权力干预本地原材料、资金和人才的流出与外地商品销入，严重阻碍了经济的发展和市场的发育，使区域经济秩序发生严重混乱。一些学者借此对梯度推移理论和非均衡发展战略和政策提出了批评。

我们认为从经济发展的历史和我国经济发展的现实来看，梯度推移理论和非均衡发展战略是正确的。问题是在实施这项战略和制定政策时出了偏差。一是机械划分东、中、西三大地带，失之于过粗。中国经过30年的发展，经济技术梯度已经发生了明显的变化，东部地区虽然临海，但并非都是发达地区，而中部的武汉、哈尔滨、吉林、郑州，西部的重庆、成都、西安、兰州等大城市并非是欠发达地区。忽视了这些城市的发展和辐射作用的确是一种失误。二是片面让东部地区扩大开放，而推迟了中部、西部地区的开放。对外开放最先在四个特区实行，事实证明是完全正确的，但并未适时地在中、西部地区扩大对外开放，使中、西部地区失去了发展的机遇。三是政策的过度倾斜。在对外开放过程中，国家在投资、外贸、财政、税收、金融、工资和价格等方面对东部特别是沿海开放城市实行全面的特殊优惠政策，这一政策有力地推动了沿海经济的高速增长，但也同时对内地经济乃至国民经济产生不良影响。国家对东部沿海地区实行过多的特殊优惠政策，使各地区发展在一个极不公平的环境中相互竞争。这一不公平的竞争环境是诱发上述种种问题及扩大差距的重要原因。

梯度推移理论在多国的实践中被证明是正确的，符合区域经济发展的一般规律。但是，梯度推移是一个漫长的历史过程，不能寄希望在短期内发生作用。梯度推移在时间和空间上并非是一致的，也不是静止不变的。一些原来处在最高发展梯度上的国家、地区逐渐衰败下去，沦为第二流甚至第三流的国家、地区，而另一些原来处在较低发展梯度上的国家、地区，却能后来居上。而另一种情况是，位于高梯度的国家和地区并没有随着时间而向低梯度的国家和地区推移，却出现了发达地区越来越富，贫穷地区则越来越困难，在资本广义条件下，贫富两极分化日益加剧。美国经济学家迈达尔对这一现象进行了研究，提出了累积因果理论。迈达尔认为，在地区经济发展中有三种效应在同时起作用，这就是极化效应、扩散效应和回波效应。它们共同制约着地区生产分布的集中与分散，从而左右梯度推移的速度和趋势。发达地区在极化效应的作用下，投资环境、就业机会不断得到改善，竞争力日益增强，资金、人才等生产要素会流向这些地区。回波效应在三个方面起着削弱低梯度地区增强高梯度地区的作用。一是发达地区在扩散效应作用下，向不发达地区投放的大量资本、贷款，到一定时期都要还本付息或支付利润。如果不发达地区不能迅速改善投资环境，它将被源源不断地汇回发达地区。二是不发达地区的人才倾向于流向发达地区。三是发达地区在经济繁荣的过程中，可以不断扩大其产业规模，增添先进设备，改善经济发展的外部条件，开展创新，提高劳动生产率，从而进一步加强其在市场竞争中的优势地位，迫使不发达地区只能发展那些衰退部门，无法改善落后的产业结构。

在经济发展过程中，低梯度地区可能获得的发展机会的大小归根结底取决于“极化效应”与“扩散效应”在该地区的作用力的对比。因此，梯度推移相当缓慢，再加上回波效应的作用，地区间的不平衡会不断加剧。我国二十年的经济发展现实，完全符合这一特征，东中西部的地区差异没有缩小的迹象而有继续增大的趋势。迈达尔也认为，在市场力的作用下，根本不存在可以自动缩小地区差别的机制，要缩小地区差别的唯一切实可行的办法是加强国家干预。

三、区域经济发展中存在的主要问题

随着我国国民经济持续稳定增长，各地区经济总量显著增加，但也出现了诸如发展差距不断扩大、生态环境不断恶化的问题。这些问题是影响我国区域发展的主要因素，如果不采取新的措施逐步解决，不仅会加剧我国经济社会发展与人口、资源、环境之间的矛盾，也会降低全国资源整体配置效率，影响我国经济社会的长远发展。

1. 区域差距不断扩大，区域竞争激烈

由于各方面的原因，各地经济发展的差距不断扩大，这对较为落后的中西部地区来说是一个严峻的挑战。为了缩小差距，实现区域协调发展和分享大国崛起的成果，后发地区的发展热情极大地增强，各地在强化“发展是第一要务”理念的基础上，全面实施追赶战略，有的地方不惜一切代价地加速工业化。这种如饥似渴的发展热情和现行地方财政体制相结合，使得地区之间的经济竞争愈演愈烈。在这种情况下，履行宏观调控职能的中央政府既要适当控制各地的盲目冲动和过度投资行为，又要努力保护地方发展的积极性，要在现有地方经济发展和竞争格局中使这两方面保持符合科学发展观要求的平衡，的确存在较大的难度。

不科学的政绩观、发展观以及传统政绩考核制度和财政体制引发的地区封锁、条块分割极大地限制了经济要素在全国的自由流动。同时，一些地方政府片面追求经济规模的增长，追求短期利益，盲目投资、低水平扩张乃至重复建设、无序和不正当竞争等问题仍屡禁不止。

认识上的偏差和不合理的体制及政策导向，使各级行政区都按行政区扩大经济总量。发达地区要发挥经济集聚的优势，实现率先发展，不发达地区要通过集聚经济创造财富，加快实现赶超，各个地

区、各级行政区都在大力推进本行政区的发展，实现人均3000美元的目标。这种所有的省区市、所有的县乡镇都要大开发、大发展的倾向，导致了一些地区不顾资源环境承载能力，工业遍地开花，城市盲目扩张，土地大量占用，生态环境恶化。一些地区由于滥设开发区和盲目推进城镇建设，大量占用耕地，使绿色空间快速减少，开发密度急剧提高，几年后将无地可用。一些地区由于不计环境代价盲目发展，已经造成有水皆污、有河皆干，各类污染日趋严重。由于开发过度，许多地区已经出现了因地下水超采导致的大面积地面沉降，超载过牧带来大面积的草原沙化退化，山地林地湿地过度开垦带来的大面积的荒漠化和水土流失。这些都使一些地区的资源环境承载力快速下降，适宜人口生存发展的空间逐渐萎缩。

2. 生态环境成为影响区域发展质量的重大问题

以重化工业为核心的经济规模快速扩大给环境带来越来越大的压力。工业企业圈地铺摊子大量占用耕地和破坏自然植被，工业废水排放污染土壤和水源，大量二氧化硫排放污染空气，都使生态环境承载着越来越大的压力。滇池、巢湖、太湖以及其他内湖和重要江河水系甚至近海海域受到工业污染的程度越来越严重。在不过多影响经济发展速度的前提下着力减少环境污染，减轻环境承载压力，加快建设环境友好型社会，是工业化、城市化加速期宏观调控的迫切课题。这也是以前的宏观调控没有碰到的或者还未当做议事日程的内容。

几千万农村贫困人口，主要分布在深山区、石山区、库区、荒漠区等自然条件极其恶劣的地区。按“就地脱贫”的思路继续“人均一亩高产稳产田”等的建设，不仅贫困问题难以解决，付出的生态环境代价也是难以估量的。按现有的发展模式，将使越来越多的地面沉降区、草原沙化区、石漠化和荒漠化区、水土流失区加入到贫困地区行列，带来新的贫困人口，对生态环境的影响将是灾难性的。

3. 区域间经济与人口分布失衡

改革开放以来，在国内外投资和产业持续向沿海地区转移的拉动下，经济布局也呈现向沿海地区集中的态势，形成一些支撑全国经济增长的经济密集区。从国际经验看，经济总量集聚的地区，同样应该是就业机会多、人口相应集中的地区。如美国、日本人均 GDP 的地区差距，最高的地区不过是最低的地区的 2 倍左右。日本三大都市圈，提供了全日本 70% 的 GDP，集中了 65% 的人口，地区之间人口分布与经济布局是均衡的，区域之间的发展也比较协调。而我国人均 GDP 最高的省区是最低省区的十多倍。京津冀、长江三角洲、珠江三角洲三大经济圈 15% 的人口拥有 35% 的经济总量。随着市场配置资源功能的强化，我国打破了人口固化的格局，出现了外地劳动力大量流入发达地区打工这种“异地转移”的情况。2005 年我国农村外出务工的劳动力已经高达 12578 万人。这种人口流动对支撑经济增长和缩小区域差距和城乡差距起着积极的作用。但由于体制和政策制约，我国绝大部分转移人口还未能本地化，成为真正的当地居民，从而使人口流动促进区域差距缩小的机制难以发挥，只能形成大规模的人口季节性流动，并带来许多负面效应。经济总量大、经济高增长的地区没能相应吸纳更多的人口，而广大的中西部地区由于没有资金、企业的集聚，没有经济快速增长，也就没有增加就业和收入的机会。这样人口与经济分布的不均衡，直接的结果是地区差距过大，区域间不协调性增强，区域矛盾突出。

从东部、中部、西部以及东北四大区域 GDP 占全国的比重看，2001 年为 53∶20∶17∶10，而 2005 年为 55∶19∶17∶10，东部地区的比重进一步升高。地区间教育、卫生等社会事业的软硬环境存在较大差距，东部地区远好于中西部地区。

区域发展不协调，不是简单的各地区之间经济总量之间的差距，而是人口、经济、资源环境之间的空间失衡。改革开放以来，经济要素向沿海地区集中，但人口却并未相应集中，只能跨地区“打工”，形成了中国特有的“农民工”现象，使劳动人口与赡养人口在空间上分离，导致区域间享有的公共服务差距过大。一些欠发达地区的人口远远超过其资源环境承载能力，对生态环境形成巨大的威胁，不断带来生态环境的更大破坏。

欠发达地区大都存在资源、环境、经济、社会等问题交织在一起的状况，形成了不同程度的相互影响。而且往往是不同的类型区在空间出现重叠，如生态脆弱地区一般也是欠发达地区，老工业基地中分布着大量的资源型城市，更增加了解决上述问题的艰巨性和复杂性。

4. 资源跨区域调动的压力越来越大

我国资源禀赋的基本特点是：资源环境的地域性特征突出，水、土地和其他能矿资源的空间分布差异明显，区域生态环境的承载能力悬殊。我国煤炭资源主要集中在北部和西部，水电资源主要在西南，而经济高增长区域和制造业主要集中在东部。如果能源消费结构维持现有格局，2020 年之前需要再建设 7 条大秦线以及相应的港口来运输主要分布在中西部地区的煤炭。经济分布与资源分布的不均衡，是形成南水北调、北煤南运、西煤东运、西电东送、西气东输格局的主要原因。一些城市的布局和规模与所在地资源环境承载能力不适应，也带来类似的问题。全国 660 个城市中，已有 400 多个城市缺水，110 个严重缺水，为这些城市跨区域调水的压力将越来越大。能源资源、水资源是可调动的，但也要付出成本。我国许多地区已经出现了严重的水资源短缺、能源短缺的问题。不改变区域发展模式，不改变只集聚经济、不集中人口的政策，不改变一些区域的发展方向，一些区域的发展迟早会超出其资源环境承载能力，届时，将不得不为越来越多的地区进行大跨度、大规模的资源调动。

5. 促进区域发展的政策法律体系不健全

我国在计划经济向市场经济的转轨过程中，计划经济时期的理念和思维仍牢固地存在于各级干部的意识中，政府支配资源的能力还很强大。市场经济力量也在迅速地增长，逐步成为支撑经济增长的主体，两股力量有时产生激烈的碰撞，演化为政府经济与市场经济尖锐的冲突，在金融、土地、贸易方面突出地表现出来，制约了经济的发展，并演化出经济社会的一系列矛盾。两股力量有时形成合流，演化为地方政府与中央政府的博弈，下级政府对上级政府的博弈，导致中央调控政策的失效或低效。由于计划经济时期的某些方针和政策并未彻底消除，如户籍二元制度、土地二元制度、财政二元制度、宏观调控二元制度都对经济社会的协调发展和区域协调发展产生深刻影响。由于我国幅员辽阔，地理差异巨大，资源禀赋也各不相同，形成了沿海与内地二元经济，进而形成了发达地区和欠发达地区二元区域经济，这是制订区域政策的客观基础。离开了客观基础和由此形成的客观现实，政策的效果就会大打折扣，甚至会出现负效应。

国家落实区域经济协调发展的政策缺乏法律保障，微观领域法律法规制定先于宏观领域，实际操作中出现政策冲突、政出多门的现象。由于缺乏统一、协调的区域政策，使得我国在实施宏观调控时，针对性不强，往往造成政策趋同、一刀切等现象。与此同时，各自为政的“诸侯经济”趋势更加明显。

四、区域协调发展战略与西部开发

随着东、中、西三大地带的经济发展差距的扩大被越来越多的人所认识，区域经济学者们提出了区域协调发展的观点，就是既要保持国民经济的高效运转和适度增长，又要促进各地区经济协调发展，共同繁荣。国民经济是一个有机的整体，各地区之间、各产业之间都存在着有机联系和相互依存关系，各地区、各产业的发展要保持协调，即各地区、各产业间的发展水平的相对差距应逐渐有所缩小或至少把地区间差距的扩大幅度控制在一定限度内，保持各区域经济普遍有所增长，不能出现个别区域经济衰退的状况，从而保持国民经济、政治、社会秩序的稳定。

邓小平早在1988年就指出："沿海地区要加快对外开放，使这个拥有两亿人口的广大地带较快地先发展起来，从而带动内地更好地发展，这是一个事关大局的问题。内地要顾全这个大局。反过来，发展到一定的时候，又要求沿海拿出更多力量来帮助内地发展，这也是个大局，那时沿海也要服从这个大局。"[①] 邓小平"两个大局"的思想为区域协调发展战略奠定了理论基础。

著名经济学家陈栋生认为：为了在追求效率的同时防止区际差距扩大到引起社会的震荡，往往需要从逆向，按"补偿原则"，实施区域政策，以弥补市场机制的缺陷或不足，缓解追求效率过程中同时伴生的诸多社会矛盾，发挥促进社会和谐的稳定机制作用。[②] 他提出了东中西部合理分工、协调发展的思路，即国家通过计划和政策的引导，使中西部的资源转换战略和东部地区的外向型经济发展战略相互联结、有机耦合。资源转换与外向发展联结的关键点，就是国家和东部地区要有意识地支持中西部，使之成为东部沿海地区实施外向型经济发展战略的原材料基地，提高内地产品在国内市场的份额，并相应地在资金、技术、人才、政策等方面给予支持。这样，通过东部地区的外向经济循环带动中西部内向经济循环，反过来将进一步促进东部外向经济循环的顺利运转，从而使我国区域经济走上协调发展、共同繁荣的道路。[③]

从80年代末开始，学者们对东中西部的差距扩大问题和形成的原因进行了充分的讨论并基本达成了共识，对新的区域经济发展战略

---

① 邓小平文选（第三卷）[M]. 人民出版社，1993：277～278.

② 陈栋生主编. 区域经济研究的新起点 [M]. 经济管理出版社，1991：169～170.

③ 陈栋生主编. 区域经济研究的新起点 [M]. 经济管理出版社，1991：169～170.

进行了探讨。从多数学者的观点来看，他们对80年代实施的非均衡发展战略给予了充分肯定，认为这一战略的实施是适时和必要的，与此同时，采取新的区域经济发展战略，借以阻止差距的扩大也是必要的。新的发展战略不能抑制东部地区的发展，也就是说促进中西部发展不能以牺牲东部发展为代价。在新战略的探讨中，基本摒弃了“抽肥补瘦”，地区平均主义等思路。有的学者认为新的区域经济发展战略不是对非均衡发展战略的否定，而是在非均衡发展战略的基础上进行调整，应概括为非均衡协调发展战略。从根本上说，区域经济协调发展战略的实施是依赖于社会主义市场经济体制的建立和不断完善、资源（自然资源和社会人文资源）在部门和空间的配置过程中，市场对其起着基础性作用，由于市场主体——企业的目标是追求利润最大化，通过价格、竞争、利益机制和市场信息，促使劳动力、资金、技术等生产力要素在区际流动。国家所掌握的资源已十分有限，因此，不会发生因促进中西部发展而抑制东部发展的情况，国家将主要通过实施财政、金融、税收等政策进行宏观调控，着力于改善中西部地区的体制和投资环境，基础设施改善和提高劳动力素质，促进经济和社会的发展。从这一点来看，区域经济理论已经进到理性化、科学化的层次，区域经济学家们已经超越了自身所处地区、所处地位的局限，站在了宏观的高度、理论的高度去分析考察东、中、西部的发展问题。

区域经济非均衡协调发展是我国社会主义市场经济条件下区域经济发展模式的必然选择。纵观世界现代化历史，凡是幅员较大的发展中国家和西方发达国家，在实现工业化、现代化的历程中，都不可避免地由地区非均衡到均衡协调发展的过程。进入90年代，我国区域经济发展出现了与80年代不同的新特点。首先，国家区域政策在继续强调效率目标的同时，开始注意区域平等的目标取向。在《90年代国家产业政策纲要》中明确指出“在继续发挥经济较发达地区优势并加快其发展的同时，积极扶持欠发达地区的经济发展，逐步缩小经济发达地区与欠发达地区的差距”。“八五计划”中，区域经济开发和生产力布局遵循的基本指导原则是“统筹规划，合理分工，优势互补，协调发展，利益兼顾，共同富裕”，这表明国家对80年代的过分东倾的区域经济政策的调整。其次，通过进一步扩大对外开放，特别是重点开放沿海、沿江、沿边地区，建立各种类型的经济和高新技术产业开发区，逐步扩大外商投资领域，为中西部地区的开发创造了良好的政策环境。“沿边开放”战略使西部地区陆地边境线长的区位优势充分显示出来，通过扩大对周边地区的经济技术交流，特别是发展边境贸易，有力地推动了西南西北经济发展。第三，“八五计划”突出了基础产业和基础设施建设，地区布局在继续考虑沿海发展的同时，把较多的项目安排在中西部，如兰新复线、宝中铁路、西康铁路、二滩水电站、贵州瓮福磷矿、神府东胜煤田等，这一时期，西部十省区在国家预算投资中的比重有所上升，在投资较大的1993年和1994年分别达到17.4%和16.8%。第四，为了加快贫困地区的脱贫，国家还制定了“八七扶贫攻坚计划”，并采取各种措施，鼓励中西部地区大力发展农村乡镇企业。

时任中共中央总书记江泽民同志对西部发展极为重视，1999年6月17日在西安就加快中西部地区发展发表了重要讲话，正式提出了“西部大开发”战略。江泽民指出：“逐步缩小全国各地区之间的发展差距，实现全国经济社会的协调发展，最终达到全体人民的共同富裕，是社会主义的本质要求，也是关系我国跨世纪发展全局的一个重大问题，要把逐步缩小东部与中西部地区发展的差距作为一条长期坚持的重要方针。加快开发西部地区是全国发展的一个大战略大思路。加快西部地区的经济发展是保持国民经济持续快速健康发展的必然要求，也是实现我国现代化建设第三步战略目标的必然要求。”① 江泽民的讲话拉开了西部开发的序幕。党的十五届四中全会的决定将西部大开发作为21世纪我国经济发展的重要战略之一，表明区域协调发展战略从理论准备阶段进入实施阶段。

---

① 杜平．中外西部开发史鉴［M］．湖南人民出版社，2002.

第二节　新世纪以来区域协调发展战略的实施

党的十六大提出了促进区域协调发展的方针，相继实施了西部大开发、东北等老工业基地振兴和中部崛起战略，取得了巨大的成效，对缩小区域发展差距、扩大国内需求、改善宏观调控、建立和谐社会发挥了重要作用。进入新世纪以来，区域协调发展战略全面推进。在土地总量控制、节能降耗的强大压力下，东部地区结构升级和产业转移有了突破性进展，市场竞争力不断提高，经济实力持续增强。西部地区基础设施建设迈出更快的步伐，特色经济发展成效显著，财政转移支付的力度也大为增强。东北等老工业基地振兴战略顺利启动，东北地区体制改革、经济发展和资源型城市转型取得了初步成效。2005年，中央又做出了促进中部崛起的战略决策，国务院和有关部门制定了促进中部地区崛起的总体思路和具体措施。这些都是贯彻党中央区域协调发展方针，建立和谐社会的具体体现。

一、区域协调发展战略的内涵

2002 年 11 月 8 日召开的党的十六次代表大会正式提出促进区域经济协调发展的战略。十六大报告高度重视加快西部地区发展对全面实现第三步战略目标的重大战略意义，提出要把积极推进西部大开发促进区域经济的协调发展，作为今后二十年必须集中力量抓好的重大问题。实施区域协调发展战略，加快中西部地区发展，是中央在国际形势发生新的重大变化、我国即将进入新的发展阶段的重要历史时刻作出的重大战略决策，对保证国家的长治久安，具有重大的经济、政治和社会意义。

区域协调发展是我国社会主义市场经济条件下区域经济发展模式的必然选择。纵观世界现代化历史，凡是幅员面积较大的发展中国家和西方发达国家，在实现工业化、现代化的历程中，都不可避免地要走由地区非均衡发展到协调发展的过程。

《十一五规划纲要》进一步明确了区域协调发展的基本内容：坚持实施推进西部大开发，振兴东北地区等老工业基地，促进中部地区崛起，鼓励东部地区率先发展的区域发展总体战略，健全区域协调互动机制，形成合理的区域发展格局。健全市场机制，打破行政区划的局限，促进生产要素在区域间自由流动，引导产业转移。健全合作机制，鼓励和支持各地区开展多种形式的区域经济协作和技术、人才合作，形成以东带西、东中西共同发展的格局。健全互助机制，发达地区要采取对口支援、社会捐助等方式帮扶欠发达地区。健全扶持机制，按照公共服务均等化原则，加大国家对欠发达地区的支持力度。国家继续在经济政策、资金投入和产业发展等方面，加大对中西部地区的支持。加大财政转移支付力度和财政性投资力度，支持革命老区、民族地区和边疆地区加快发展。

二、西部大开发完善了基础设施，改善了生态环境，促进了西部地区的发展

当时间前进到20世纪末期的时候，党中央审时度势做出了西部大开发的战略决策。党的十五届四中全会决定将西部大开发作为21世纪我国经济发展的重要战略之一，表明区域协调发展战略从理论准备阶段进入实施阶段。

“十五”期间，中央财政性建设资金累计投入西部地区约4600亿元，财政转移支付和专项补助累计安排5000多亿元，长期建设国债有1/3以上用于西部地区，近3年来这一比例超过40%。国家投入带动了社会投入，西部地区全社会固定资产投资年均增长20%。发展的步伐明显加快，西部地区GDP年均增长速度达到10.2%，与全国地方平均增长速度的相对差距由“八五”期间的2.8个百分点和“九

五”期间的1.3个百分点缩小到0.8个百分点①。

实施西部大开发战略以来，西部地区的经济建设获得了巨大的成就，除在调整产业结构、深化国有企业改革方面有了大的进展之外，还重点加强了基础设施建设和生态工程建设。青藏铁路、西气东输、西电东送、支线机场、干线公路相继开工建设，这些工程项目的建成，对西部地区的生产力发展是一个有力的促进。5年累计，国家支持西部地区开工建设60项重点工程，投资总规模8500亿元，其中国债投资2700多亿元。交通干线建设方面，5年新增公路通车里程9.1万公里，其中，高速公路5600公里；建设铁路新线2824公里，复线1518公里，电气化铁路1779公里；青藏铁路累计铺轨777公里；建成干线机场和支线机场23个，在建项目13个。西电东送工程，累计开工项目总装机容量3600多万千瓦，输变电线路13300公里，新增向广东送电1000万千瓦建设任务提前一年完工。西气东输工程，仅用不到三年的时间，于2004年12月30日全线建成并且商业供气。水利设施方面，建设了四川紫坪铺、宁夏沙坡头、广西百色、内蒙古尼尔基等一批大型水利枢纽工程，对115个灌区进行了改造，建设了535个节水示范工程。退耕还林工程，累计完成退陡坡耕地还林1.18亿亩，荒山荒地造林1.7亿亩。从2003年开始实施的退牧还草工程，已经累计治理严重退化草原1.9亿亩。天然林保护、京津风沙源治理、长江上游水污染防治、西部中心城市环境污染治理等重点工程进展顺利。

实施西部大开发战略不仅加快了西部地区的发展，而且扩大了国内市场，拉动了东中部地区的经济发展，为中国经济持续稳定发展注入了活力。西部大开发不但没有影响东部中部地区的发展，反而为东部地区的加速发展开辟了新的市场空间，随着西部地区收入水平的提高，市场会越来越大。随着西部大开发的稳步推进，西部地区为东中部地区提供了大量能源、矿产品、特色农产品等资源，支持了东中部

---

① 西部大开发战略实施5年来进展情况［OL］. 国务院西部开发办公室网站.

地区经济发展和人民生活的需要。同时，西部地区重点工程建设所需的设备、材料、技术和人才，来自全国各地。西部大开发也给东中部地区企业“西进”提供了大量的投资机会。扩大了东中部地区的市场空间，促进了产业结构调整并增加了就业机会。东中部地区同时也是西气东输、西电东送、交通干线、退耕还林、天然林保护、京津风沙源治理等一大批西部开发重点工程的直接受益者。因此，实施西部大开发，不仅加快了西部地区的经济社会事业发展，而且促进了全国生产力合理布局和产业结构的战略性调整，对整个国民经济的持续、快速、稳定增长发挥了重要的拉动和促进作用。事实证明，由于西部大开发战略的实施，国家增加了对西部地区的投入，但东部地区的经济发展速度并未受到影响，而且在世界多数国家普遍萧条的情况下，中国经济一花独放，保持了比较高的增长速度，这和西部大开发战略的实施有着十分密切的关系。

三、东北振兴使企业提高了市场竞争力，老工业城市焕发了活力

实施东北地区等老工业基地振兴战略是党的十六大提出的一项重要任务，是党中央、国务院从全面建设小康社会全局着眼做出的重大战略部署。对于我国地区之间的相互协调发展，东西互动，南北呼应，走向共同富裕的道路至关重要。振兴东北地区等老工业基地，不仅要在经济发展方面跟上全国的步伐，而且要解决影响发展的体制性、结构性问题和生态性矛盾，增强内在活力，改善发展环境，为实现又快又好的发展并最终实现振兴奠定坚实的基础。

东北地区是我国资源禀赋合理、交通设施完善、产业基础雄厚、生态环境优美的地区之一。能源、原材料工业和装备制造业比较发达，是我国重要的石油生产基地、钢铁生产基地和装备制造业基地，在全国占有十分重要的地位。东北地区土地资源非常丰富，土地肥沃，是世界三大黑土地之一，耕地面积为 2153 万公顷，农村人口占

6%，但耕地面积占全国的16.6%，约为全国的3倍，具有规模化生产的条件，是我国重要的粮食主产区，号称“北大仓”。随着改革开放的不断深入，老工业基地的体制性、结构性矛盾日益显现，进一步发展面临着许多困难和问题，主要是：市场化程度低，经济发展活力不足；所有制结构较为单一，国有经济比重偏高；产业结构调整缓慢，企业设备和技术老化；企业办社会等历史包袱沉重，社会保障和就业压力大；资源型城市主导产业衰退，接续产业亟待发展。由于体制性、结构性矛盾突出，相当一部分国有企业陷入困境，设备、技术老化，竞争力下降，就业矛盾突出，被称作“东北现象”。

党的十六大报告提出了支持东北地区等老工业基地加快调整和改造，支持以资源开采为主的城市和地区发展接续产业的方针。2003年春，十届人大一次会议的政府工作报告中，进一步强调“采取有力措施，支持东北地区等老工业基地加快调整和改造，支持以资源开采为主的城市和地区发展接续产业”。2003年10月，中共中央国务院正式向全国下发关于实施东北地区等老工业基地振兴战略的若干意见，对振兴东北老工业基地做出重大战略部署。振兴东北等老工业基地的帷幕正式拉开。

中共中央国务院《关于实施东北地区等老工业基地振兴战略的若干意见》确定了振兴东北地区等老工业基地的指导思想：以“三个代表”重要思想为指导，全面贯彻十六大精神，进一步解放思想、深化改革、扩大开放，着力推进体制创新和机制创新，形成新的经济增长机制；按照走新型工业化道路的要求，坚持以市场为导向，推进产业结构优化升级，提高企业的整体素质和竞争力；坚持统筹兼顾，实现东北地区等老工业基地经济和社会全面、协调和可持续发展，为全面建设小康社会和实现社会主义现代化作出新贡献。

东北振兴战略的主要任务包括：进一步深化体制改革，着力推进体制创新和机制创新，消除不利于经济发展和调整改造的体制性障碍，增强老工业基地调整改造的内在动力；全面推进工业结构优化升级。走新型工业化道路，全面提升和优化第二产业；大力发展现代农业，坚持统筹城乡经济社会协调发展，实现工业与农业、城市与农村发展的良性互动；积极发展第三产业，以剥离企业办社会职能为契机，大力推进服务业的社会化、市场化和产业化；推进资源型城市经济转型，大力发展石油化工、煤化工、林木产品深加工、林下产业等资源精深加工和新的接续产业；加强基础设施建设，改善资源型城市电力、交通、供水等基础设施；进一步扩大对外对内开放，扩大老工业基地的金融、保险、商贸、旅游等服务领域的对外开放。加快发展科技教育文化事业，加强“产学研”联合，加快科技进步，努力在支柱产业和重点企业中培育自主开发能力。

从2004年开始，国家给予东北地区增值税转型、社会保障体系建设、国有企业“厂办大集体”改革等试点和优惠政策，尤其是财税政策、金融政策和社会保障政策的实施，东北地区享受到诸多优惠政策，企业的原有负担大量减少，新的综合负担将低于全国水平，企业的市场竞争力得到较大提高。同时，生态环境治理和基础设施建设的加强，优化了企业发展的外部环境。

实施振兴战略以来，东北三省体制改革、机制创新步伐加快，对外开放度提高，经济持续快速增长，就业增加，社会保障体系初步建立。三年GDP年平均增速为12.6%，比实施振兴战略前三年（2001～2003年）增速提高了2.6个百分点。投资环境有所改善，政策效应开始显现，招商引资吸引力增强，东北吸引国内外投资的“洼地”效应正在显现。社会消费品零售总额2005年和2006年分别高于全国当年0.5个和0.6个百分点。2006年，三省总人口占全国的8.2%，GDP占全国的8.6%，而社会消费品零售总额却占到全国的9.3%，社会消费趋于活跃，市场需求比较旺盛。国企改革取得重大突破。截至2006年年底，辽宁省85%以上的国有大型工业企业实现了股份制改造，国有中小工业企业产权制度改革基本完成。2006年东北三省装备制造业工业总产值同比增长30%以上，超过全国4个百分点，利润增速也远高于同期全国装备制造业利润和东北三省工业的利润增速。国家累计投资65亿元用于东北三省15个采煤沉陷区项目的治理改造，新建住宅面积907万平方米，安置居民15.24万户。国家先后投资12.2亿元用于棚户区改造配套的基础设施、学校和医院建设补助。初步建立起资金来源多元化、保障制度规范化、管理服务社会化的社会保障体系。2006年年底，三省参加基本养老保险人数达到1617万人，参加基本医疗保险人数1996万人，参加工伤保险人数970.6万人，分别比上年底增加55万人、244万人和114万人①。

2007年8月2日，国务院批复了《东北地区振兴规划》（简称规划），《规划》提出将东北地区建设成为综合经济发展水平较高的重要经济增长区域，具有国际竞争力的装备制造业基地，国家新型原材料和能源保障基地，国家重要的商品粮和农牧业生产基地，国家重要的技术研发与创新基地，国家生态安全的重要保障区，实现东北地区经济社会又好又快发展的功能定位和发展目标。

四、中部崛起战略加快了中部地区发展的步伐，初步形成了东中西协调互动的格局

中部地区地处内陆腹地，是我国区域关联度最强的地区，承东启西，连南贯北，是全国重要的交通枢纽和物流中心，具有开拓大市场和发展大流通的优越条件。中部地区的矿产资源种类多、储量大，动植物资源丰富。中部地区在明清时代就有“湖广熟，天下足”的盛誉，是全国著名的农产品生产基地和重要的能源原材料工业基地，产业基础比较雄厚，具有加快发展的优势条件。

中部地区国土面积占全国的10.7%，人口占全国的28.1%，劳动力资源丰富，是我国最大的农村富余劳动力跨省输出基地，劳动力成本低，劳动力的素质较高，同时高等教育也比较发达，能够支撑各类产业的发展。中部地区是中华民族的发祥地，中国革命的摇篮，拥

① 东北振兴三年评估报告：发展加快后劲增强社会进步民生改善［OL］．国务院东北老工业基地办公室网站．

有灿烂的古代文明、古老的中原文化、荆楚文化、三晋文化、湖湘文化、赣文化、徽文化等，文化积淀丰厚，人文旅游资源和红色旅游资源丰富多彩，与山水旅游资源优势交相辉映，非常适宜文化产业和旅游产业的发展。

但中部地区在经济发展中制约因素也比较明显：一是城市发育不良，城市化水平低，农村人口多是经济发展缓慢的重要原因；二是县乡自我发展能力弱，县乡财政普遍比较困难，影响了农村水利、交通运输等基础设施条件的改善和区域经济发展环境的优化；三是交通基础设施建设相对滞后；四是农业比较效益低，农业基础比较薄弱；五是资源优势未转化为经济优势，制造业尚未成为主要的支柱产业。

改革开放以来，国家先后实施了东部沿海开放、西部大开发、振兴东北老工业基地等分区域推进的发展战略，使得中部地区处于相对“政策洼地”。1985 年以后，中部的经济增长进入相对较慢阶段，近些年出现增速落后于西部的状况，中部地区的学者将其概括为“中部塌陷”。

党中央、国务院从全面建设小康社会全局和建成富强民主文明和谐的社会主义现代化国家的总体目标出发，在先后提出推进西部大开发、振兴东北地区等老工业基地等区域发展战略的同时，对促进中部地区的发展做出了一系列部署和安排。2003 年 10 月，党的十六届三中全会提出，“有效发挥中部地区综合优势，支持中西部地区加快改革发展”；2004 年的《政府工作报告》进一步提出：“促进中部地区崛起，形成东中西互动，优势互补、相互促进、共同发展的新格局。”2004 年 9 月，“促进中部地区崛起”写进了党的十六届四中全会的决定。2005 年 10 月，党的十六届五中全会通过的《国家“十一五”规划建议》对中部地区的发展重点提出了明确的要求。2006 年 4 月，中央专门颁发文件，从多方面提出了促进中部崛起的政策意见。中央的战略决策与一系列政策安排，将对中部地区崛起发挥强大的推动作用。

通过实施“中部崛起”战略，充分发挥综合优势，加快农业产业化、新型工业化和城镇化步伐，促进经济增长方式由数量粗放型向质量效益型转变，由投资带动型向投资、消费、出口协同推进型转变。进一步扩大开放，在结构调整中承接海外和沿海的产业转移，加快区域资源整合与经济合作，统筹经济社会发展，促进城乡二元发展模式向城乡协调发展模式转变，就能走出一条全面、协调、可持续发展的新路子，成为中国经济增长的新的发动机。

近两年来，中部六省在“中部崛起”战略的鼓舞下，经济发展迈出了健康的步伐。能源、原材料、装备制造业、农业和农产品加工业都获得较快发展，增长速度已有所加快。

五、强调以人为本和人与自然的和谐发展

党的十六届三中全会提出了五个统筹的要求和科学发展观，为区域经济研究提出了新的任务。五个统筹就是：统筹城乡发展、统筹区域发展、统筹经济社会发展、统筹人与自然和谐发展、统筹国内发展和对外开放。科学发展观的内涵就是以人为本，全面、协调、可持续发展，成为区域经济发展的重要指导思想。2005 年 10 月，党的十六届五中全会通过了《关于“十一五”规划的建议》，2006 年 3 月，全国人民代表大会通过了《“十一五”规划纲要》（下面简称《纲要》）。《纲要》以前所未有的篇幅阐述了促进区域协调发展的若干措施和任务，提出了新的战略、方针和政策。《纲要》指出：“根据资源环境承载能力、发展基础和潜力，按照发挥比较优势、加强薄弱环节、享受均等化基本公共服务的要求，逐步形成主体功能定位清晰，东中西良性互动，公共服务和人民生活水平差距趋向缩小的区域协调发展格局。”① 使区域协调发展建立在“以人为本”和“人与自然和谐发展”的基础之上。

区域协调发展的目标是“人”而不是“物”，不是简单地缩小地

① 中华人民共和国国民经济和社会发展第十一个五年规划纲要［M］. 人民出版社，2006.

区之间经济总量的差距，而是缩小不同地区之间人均收入、生活水平和公共服务的差距。应促进不适宜人们生存的地区和经济欠发达地区的农村居民向城市和发达地区转移，实现人口数量和GDP规模的大体一致。

《“十一五”规划纲要》确定：“根据资源环境承载能力、现有开发密度和发展潜力，统筹考虑未来我国人口分布、经济布局、国土利用和城镇化格局，将国土空间划分为优化开发、重点开发、限制开发和禁止开发四类主体功能区，按照主体功能定位调整完善区域政策和绩效评价，规范空间开发秩序，形成合理的空间开发结构。”① 通过产业和人口的有序转移，使人口和产业同资源环境承载能力相适应，使各地区GDP的比重和居住的人口相适应，实现各地区人均GDP差距的逐步缩小，而非各地区GDP总量差距的缩小。

第三节　我国城镇化政策的演变

我国城镇化的过程是与城镇化政策紧密相关的。新中国成立以后，我国的经济发展指导思想、经济体制和经济政策变动巨大。与此相适应我国的城镇化政策在不同时期也有相当大的差别。

一、改革开放前的城镇化政策

新中国成立初期，劳动力的就业由国家和各地区劳动管理部门根据经济发展的需要进行有计划的调配。中国政府尽了最大的努力，安置了旧中国遗留下来的400万失业大军。自1951年起，实行城镇复员转业军人及毕业生由国家统一安排就业的政策。1955年后国家进一

① 中华人民共和国国民经济和社会发展第十一个五年规划纲要［M］. 人民出版社，2006.

步明文规定由劳动部门对城镇劳动力进行有计划的统一分配和调配。

在城乡人口迁移方面，“一五”计划期间城镇人口增长中，56%是迁移增长，2700万人口中约有1500万来自农村。尽管当时城市发展较快，全国总人口增长率很高，但由于工农业发展形势好，城市发展及农村人口向城市转移基本上与国民经济相适应，因此，对乡村—城市的人口流动没有采取限制措施。但后来，各部门、各地区的计划管理的范围越来越广，统得越来越死，这非常不利于发挥城市的集聚和辐射作用。我国在50年代后期实行了城市户籍的管理制度，1958年年初颁布了《中华人民共和国户口登记条例》，规定农村人口只有持有城市劳动部门的录用证明、学校的录取证明或户口管理机构准予迁入的证明，方能迁入城市。1964年国务院批转了公安部《关于户口迁移政策的规定》，再次强调严格控制人口的政策，这些政策对我国的城镇化进程起了明显的阻碍作用。

在市镇设置方面，我国1955年颁布了市镇设置标准，城镇设置必须遵照标准，经上级机关审批。其后虽然根据社会经济的发展，市镇设置标准先后作了修订，但市镇设置要经过层层批准的规定没有变。新中国成立初期，通过发展工业生产，改善了城市体系的职能结构，重点开发内地中小城市，改善了城市体系的规模等级结构，并不同程度地缩小了沿海与内地特别是与西部地区的发展差距。1958～1961年，新设置了33个市，比1957年增加了18%，新设建制镇175个，全国吸收了不低于950万农村劳动力进城。这种违背经济规律的“大跃进”做法造成资源巨大浪费。其后国家为减轻城镇人口负担，不得不提高了市镇设置标准。1963年12月，中央发出《关于调整市、镇建制、缩小城市郊区的指示》，1964年国家规定建制镇最低常住人口规模从2000人提高到3000人，其中非农业人口最低比重从50%提高到70%。因此，我国设市镇数从1961年年底的208个减少到1964年的167个，净减41个，比1957年少9个。

在生产力布局上，国家在新中国成立头三年的战略部署重点是恢复和发挥沿海老工业基地的作用。“一五”计划期间，在继续合理利用东北和上海等工业基地的同时，通过重点发展内地工业，改变不合理的工业布局。国家对新工业区的建设强调依托老城镇，或靠近资源开发地，尽量利用方便的交通条件。国家对城市建设采取重点发展政策，强调集中力量建设那些有重要工程项目的新兴城市，使工业和城市配套，协调发展。1965～1978 年“三线”建设时期，国家以战备为中心，完全采取了非城镇化的发展方针，工厂选址，原则上不接近城镇，尽可能地“靠山、分散、隐蔽”，企业所需原料、燃料和机器设备零部件等生产资料绝大部分靠外地供应，所以这些企业的生产成本很高。对这些企业职工的生活供应和服务，也全部由企业负责，加重了企业负担，影响了企业的生产效率和效益。

改革开放前，尤其是 1965 年到 1978 年期间的城镇化政策是在客观上受帝国主义封锁与威胁，主观上否定城镇化和片面强调区域均衡发展的指导思想下形成的，这种政策使沿海地区城市不但得不到应有发展，反而数量有所减少，上海、北京、天津、广州等经济、技术实力雄厚的城市在“文化大革命”期间疏散了大批企业和人员，因而其综合实力受到削弱，东部沿海地区的生产潜力未能充分发挥出来。

二、改革开放后的城镇化政策

80 年代以来，为适应经济体制改革和经济发展的需要，我国对原有城镇化政策作了修订，并颁布了一些新的政策，这些政策对促进我国城市的发展和推进城镇化进程起了重要的作用。

1. 市镇建制政策

民政部于 1984 年和 1986 年相继颁发的市镇设置标准，较之 1963 年的老标准有了很大的改革和创新。1984 年，国务院批转了民政部《关于调整建制镇的报告》，对镇的标准重新进行了修订，恢复县级政府所在地都设镇的规定；总人口在 2 万人以下的乡，乡政府驻地非农业人口占全乡人口 10% 以上；或少数民族地区，人口稀少的边远地区、山区和小型矿区、小港口、风景旅游区、过境口岸等地，非农业人口虽不足 2000 人，确有必要，都可建镇。

1986 年起，国家对设市标准适当降低：

（1）非农业人口 6 万以上（包括常住的务工经商人员和常驻的机关与部队的人员），生产总值超过 2 亿元，已成为地方经济中心的镇可设市建制，少数民族和边远地区的重要城镇、工矿或科研基地、交通枢纽和边境口岸等城镇可放宽条件。

（2）总人口 50 万人以下，县驻地非农业人口 10 万以上，常住人口中农业人口不超过 40%，年国民生产总值 3 亿元以上的县，可撤县设市。在大县（总人口超过 55 万），非农业人口要过 12 万，年生产总值超 4 亿元，才可撤县设市。少数民族地区的区、盟、自治州的驻地可放宽设市标准。

（3）准予辖县的城市是：市区非农业人口超 25 万，年生产总值超 10 亿元，已成为地区政治、经济和科技文化中心，并对周围各县有较强辐射力和吸引力的城市。

放宽市、镇设置标准，大大促进了城市和城镇的发展，使我国城市体系的规模等级趋向正常，城镇数量增加，提高了城镇对广大农村地区的公共服务。新标准突出中心城镇的作用，提出了整县设市和整乡设镇的模式，从而减少了机构重叠和体制上的矛盾，加强了城乡的联系，在具体标准上增加了经济指标。新标准经过几年来的实践检验，证明实际效果基本上是好的，但也存在一些问题，主要是指标不够完善、指标数据统计困难、城乡界限不清和执行标准宽严不一等，需要进一步完善。

2. 人口迁移政策

80 年代以来，我国在城乡户籍方面允许农民进镇落户的政策，是一项历史性的改革，它改变了长期以来城市封闭状态，促进了城乡人口合理流动，对城乡经济发展具有重要意义。但此项政策各地区落实不一，部分省区接纳自理口粮人口很少，农民进镇落户仅限于县镇以下的集镇。农民进镇后在经济收入等方面多数有了明显改善，但也存在不少问题需要解决，最突出的问题是不同户籍间仍然存在政治经济待遇的差别。但农民进城落户的政策仅限于县城和小城镇，对大中城市仍然采取严格限制的政策，尤其是直辖市和省会城市直到现在仍在严格控制，以至于分居几十年的夫妻不能调到一起。《人民日报》1982 年 11 月 16 日所载人口普查办公室《人口状况几点分析》一文，提出市镇人口控制收到一定的成效，但还要继续控制①。

3. 城市建设方针

改革开放初期我国经济缺乏活力，城市基础设施薄弱的不良后果趋于表面化，同时还遇到人口生育高峰和知青返城而造成的巨大的就业压力。同时，对资本主义大城市种种弊端的宣传使人们对大城市的发展产生了恐惧，因此，1978 年提出了“控制大城市规模，多搞小城镇”的国家城市发展总方针。1980 年召开的城市规划工作会议提出了“控制大城市规模，合理发展中等城市，积极发展小城市”的方针。学术界为此展开了激烈的争论，争论的焦点是重点发展何种规模的城市才是城镇化道路的最佳选择。时任城乡建设环境保护部政策研究室副主任的李梦白在《正确认识和贯彻我国城市发展的基本方针》一文中强调坚决控制大城市规模，“根据我国的国情，我们不能走无限制地让农业剩余劳动力进城、盲目发展大城市的道路；而应坚决控制大城市规模，合理发展中等城市，积极发展小城市，力求避免资本主义城镇化所走过的弯路及其所造成的弊端，开创一条我国自己的社会主义城镇化的道路”②。后来的实际发展证明，控制大城市规模的方

---

① 转引自吴良镛《城乡建设若干问题的思考》，《城市发展战略研究》1985 年版第 39 页。

② 李梦白《正确认识和贯彻我国城市发展的基本方针》，《城市发展战略研究》1985 年版第 99 页。

针收效甚微。

1989年12月颁布的《中华人民共和国城市规划法》将城镇化方针修改为“严格控制大城市规模，积极发展中等城市和小城市”，但理论界的争论并没有停止。在实践中，大城市的发展也未得到有效控制，人口向大城市涌入的势头越来越猛。而在城市规划上按照该方针进行控制，使城市规划严重脱离城市发展的实际与发展趋势，导致城市基础设施难以满足发展需要，交通拥堵的状况越来越严重。

进入21世纪，我国明确提出城镇化战略，城镇化速度不断加快。“十五”计划纲要提出“要不失时机地实施城镇化战略”，“在着重发展小城镇的同时，积极发展中小城市，完善区域性中心城市功能，发挥大城市的辐射带动作用，提高各类城市的规划、建设和综合管理水平，走出一条符合我国国情，大中小城市和小城镇协调发展的城镇化道路”。“十五”计划明确提出“实施城镇化战略”，表明城镇化首次上升为国家战略，成为我国城镇化进程的里程碑，标志着我国城镇化进程进入新的发展阶段。阻碍城镇化的理论障碍迅速土崩瓦解，各地纷纷采取各种措施加快城镇化进程。

专栏2.1　“十五”计划纲要关于城镇化战略的论述

提高城镇化水平，转移农村人口，有利于农民增收致富，可以为经济发展提供广阔的市场和持久的动力，是优化城乡经济结构，促进国民经济良性循环和社会协调发展的重大措施。随着农业生产力水平的提高和工业化进程的加快，我国推进城镇化的条件已渐成熟，要不失时机地实施城镇化战略。

“十一五”规划纲要以一章的篇幅阐述城镇化问题。促进城镇化健康发展，坚持大中小城市和小城镇协调发展，提高城镇综合承载能力，按照循序渐进、节约土地、集约发展、合理布局的原则，积极稳妥地推进城镇化，逐步改变城乡二元结构。对临时进城务工人员，继续实行亦工亦农、城乡双向流动的政策，在劳动报酬、劳动时间、法定假日和安全保护等方面依法保障其合法权益；对在城市已有稳定职业和住所的进城务工人员，要创造条件使之逐步转为城市居民，依法享有当地居民应有的权利，承担应尽的义务；对因城市建设承包地被征用、完全失去土地的农村人口，要转为城市居民，城市政府要负责提供就业援助、技能培训、失业保险和最低生活保障等。鼓励农村人口进入中小城市和小城镇定居，特大城市要从调整产业结构的源头入手，形成用经济办法等控制人口过快增长的机制。

专栏 2.2 “十一五”规划纲要关于城镇化的论述

促进城镇化健康发展。坚持大中小城市和小城镇协调发展，提高城镇综合承载能力，按照循序渐进、节约土地、集约发展、合理布局的原则，积极稳妥地推进城镇化，逐步改变城乡二元结构。

加快破除城乡分割的体制障碍，建立健全与城镇化健康发展相适应的财税、征地、行政管理和公共服务等制度。完善行政区划设置和管理模式。改革城乡分割的就业管理制度，深化户籍制度改革，逐步建立城乡统一的人口登记制度。

2007 年，党的十七大提出：“走中国特色的城镇化道路，按照统筹城乡、布局合理、节约土地、功能完善、以大带小的原则，促进大中小城市和小城镇协调发展。以增强综合承载能力为重点，以特大城市为依托，形成辐射作用大的城市群，培育新的经济增长极”。“十二五”规划纲要明确提出“坚持走中国特色城镇化道路，科学制定城镇化发展规划，促进城镇化健康发展”。纲要还对城镇化做出了具体安排：“稳步推进农业转移人口转为城镇居民。把符合落户条件的农业转移人口逐步转为城镇居民作为推进城镇化的重要任务。充分尊重农民在进城或留乡问题上的自主选择权，切实保护农民承包地、宅基地等合法权益。坚持因地制宜、分步推进，把有稳定劳动关系并在城镇居住一定年限的农民工及其家属逐步转为城镇居民。特大城市要合理控制人口规模，大中城市要加强和改进人口管理，继续发挥吸纳外来人口的重要作用，中小城市和小城镇要根据实际放宽落户条件。鼓励各地探索相关政策和办法，合理确定农业转移人口转为城镇居民的规模。”十八大报告中将城镇化与新型工业化、信息化、农业现代化相并列，即：“坚持走中国特色新型工业化、信息化、城镇化、农业现代化道路，推动信息化和工业化深度融合、工业化和城镇化良性互动、城镇化和农业现代化相互协调，促进工业化、信息化、城镇化、农业现代化同步发展。科学规划城市群规模和布局，增强中小城市和小城镇产业发展、公共服务、吸纳就业、人口集聚功能。加快改革户籍制度，有序推进农业转移人口市民化，努力实现城镇基本公共服务常住人口全覆盖。”至此，城镇化战略的总体框架才清晰地展现在全国人民的面前。

专栏 2.3　“十二五”规划纲要对城镇化的论述

积极稳妥推进城镇化。优化城市化布局和形态，加强城镇化管理，不断提升城镇化的质量和水平。

按照统筹规划、合理布局、完善功能、以大带小的原则，遵循城市发展客观规律，以大城市为依托，以中小城市为重点，逐步形成辐射作用大的城市群，促进大中小城市和小城镇协调发展。构建以陆桥通道、沿长江通道为两条横轴，以沿海、京哈京广、包昆通道为三条纵轴，以轴线上若干城市群为依托、其他城市化地区和城市为重要组成部分的城市化战略格局，促进经济增长和市场空间由东向西、由南向北拓展。

4. 市辖县的政策

“市辖县”的体制可以更好地适应城乡统筹发展、经济联系日益密切的需要，充分发挥中心城市的作用，带动整个地区发展。我国市辖县的领导体制是从 1958 年开始，在许多地方实行的。当时城乡结合的经济基础还很薄弱，所以在 60 年代中期调整国民经济发展时，除了北京和上海市以及辽宁省一些经济发达的城市以外，这种行政体制基本上在全国被撤销。1983 年，国家在城乡经济发展良好的新形势下，提倡在全国范围推广实行这种政治和经济管理体制，以改变市与其周围各县在行政体制上的分隔，促使城乡经济共同发展。实行市辖县体制，取消专区，密切了市与周围各县的行政关系，形成市、县互通邮电等网络，城市发展有了扩大用地和扩充水源的可能性，保证了城市经济发展的需要，周围农村地区则便于取得城市的经济技术和文化等各方面的支持。从而使地域上接近的市、县在统一的行政区内，发挥各自的优势，形成城乡经济综合发展的新格局。

在新体制下虽然市、县关系需要进一步理顺，特别是经济力量薄弱的市，不能很好地起到市带县的作用，但总的说来，城市在发挥扩散作用，带动农村经济发展方面，收到显著成效。湖北省襄樊市实行市辖县体制后，为兼顾农村经济的发展，很重视在农村地区发展小城镇，1983 ~ 1989 年，建制镇数从 12 个增设至 118 个，这些镇的乡镇企业从市里获得 900 种产品的加工任务，从而大幅度提高了工业产量。

第四节　城镇化道路的探索

城镇化战略是国家发展战略的重要组成部分，对于经济社会的发展具有重要意义，对指导未来城镇化发展有直接的至关重要的影响。尽管改革开放后，我国城市发展不断加快，但城镇化水平同世界平均城镇化水平还有不小的差距，同发达国家城镇化水平相比差距更大。实施正确的城镇化战略，使城镇化水平同工业化、现代化水平相适应，成为社会各界关注的重大问题之一。围绕城镇化道路，理论界和实际工作者进行了长期的探索，形成了比较具有代表性的观点和流派，主要有大城市重点论、小城镇重点论、中等城市重点论和多元复合论，这些观点和理论对我国城镇化的实际进程产生了比较直接的影响。

一、大城市重点论①

这种观点主张，我国应将有限的资金主要用于建设和发展大城市，形成以大城市为中心的城市群和城市带，以此推进我国城镇化进程。其主要依据是：

1. 大城市的发展是世界各国城市发展的基本趋势

美、日、欧等国在工业化过程中都充分发挥了大城市的特殊作用，在资本聚集、人口聚集、规模效应、辐射带动效应及经济高速、持续增长方面都对这些国家的经济起到了难以估量的作用。资本聚集必然要求人口的相应集中、市场规模的扩大、规模效应的增强、节约与效率的提高、科学教育人才信息社会功能系统的发达，这是经济高速、持续增长的基础条件。由于大城市具有的经济效益和巨大的吸引力，具有中小城市无法替代的功能，而且现代化大城市存在的数量和质量往往是一个国家政治、经济、文化等综合实力的重要标志，因而大城市的超前发展具有客观必然性。如英国首都伦敦，曾是“大城市病”的典型，几十年来，其人口、用地和工业生产扩大了好几倍，但城市环境不仅没有更加恶化，而且整治得卓有成效。历来以整治国土、强调地区平衡发展和发展小城市闻名于世的荷兰，也于 1988 年改弦易辙，开始强调发挥大城市的作用，要把该国最大的三个城市阿姆斯特丹、鹿特丹和海牙建设成为荷兰在国际经济竞争中的堡垒及吸引国外投资的地方。

---

① 代表人物是胡兆亮，参见胡兆量著《大城市发展规律探讨》《城市问题》第 7 辑，《我国大城市发展内在机制探索》《城市问题》1987 年第 2 期；李迎生著《关于现阶段我国城镇化模式的探讨》《社会学研究》1988 年第 2 期。

2. 中国人口过多与土地承载力过小之间的矛盾

到2030年，我国若按中等发达国家的标准，全国城镇人口比重应达到70%以上，按当时人口达到15亿计算，将有10.5亿人口住在城市和城镇之中，如仅靠发展小城镇，将需几万个，且人口密度低，会大量占用本已稀缺的耕地，并且分散的低密度小城镇经济规模与效益均较低，不利于经济的高效持续增长。而发展大城市，不仅容纳量大，且会提高人口素质、市场需求和生活水平。如北京、上海、广州三大城市，近几年来吸收农村务工人口均在300万人以上，相当于建立了1000个小城镇。深圳常住人口已超过1000万，也相当于建立了1000个小城镇。

3. 控制“大城市”缺乏手段，效果也不好

我国的城市建设方针是“控制大城市”，控制的实质是要阻止人口向大城市迁移，免除大城市的过重负担，但实施过程中，国家和各地区为了经济目标又往往将有限的财力集中投向特大城市和省会所在地，在财政上无力支援那些数目众多、分布面广的小城市和小城镇。小城市和小城镇基础条件较差，积累能力低，城市功能低下，更难以集聚产业和大量吸纳农村人口。

二、小城镇重点论[①]

这是与大城市重点论相对立的观点。这种观点认为，发展小城镇是现阶段促进我国城镇化进程的一条现实而有效的途径。有人甚至认为，发展小城镇，使之遍地开花、星罗棋布于全国各地，是我国城镇

---

① 代表人物是费孝通，参见费孝通著：《小城镇，大问题》《江海学刊》1984年第一期；《论中国小城镇的发展》载《全国小城镇试点改革政策要揽》改革出版社1996年版。

化唯一正确的道路，也是有中国特色的城镇化道路。其主要依据是：

1. 发展小城镇是转移农村人口的需要

农村有大量的富余劳动力需要向外转移，而大中城市的集聚力和承受力相对薄弱，国家又缺乏足够的资金加强城市建设以容纳农村转移出来的人口，因而发展小城镇具有特别重要的意义。

2. 发展小城镇是完善城乡经济体系的需要

中国目前还处于社会主义的初级阶段，这样一个历史发展阶段决定了我国现有的市场关系、资本积累、工业化水准、经济结构体系、教育科研体系、交通信息体系在全国范围内，尤其是农村还未形成一个较为系统的结构，因而在经济发展的总体上还存在着较多的断层。各种经济关系“链”，如资金链、企业链、人才链、信息链等尚未完全发育，这需要由各地区中小城市、城镇的建设、发展来孕育、促成。这一条件又是各大中城市进一步发展的基础，也是其规模聚集效应和辐射带动作用良性发展的必要前提。否则，大城市的经济增长极的地位和作用将走向极端，导致城乡两极分化，最后亦使大城市自身的发展受到制约。

3. 发展小城镇是乡镇企业升级的需要

农村乡镇企业的崛起和迅猛发展，使小城镇的建设和发展具备了现实可能性。经过十多年的发展，我国乡镇企业已发展到相当的水平，为小城镇的发展提供了极为现实的经济基础，具备了供应与需求的相当大的经济动能。同时，其自身的进一步发展需要一定的社会组织结构来引导、协调、规范和提供各方面的社会服务。小城镇的建设和发展对实现乡镇企业经济增长方式的根本转变产生着重大的促进和引导作用。市场经济的发展规律已对乡镇企业提出了新的发展要求，聚集资本、人才、技术和信息，以达到节约、高效、规模、创新的现代企业经营要求，从客观上提出了发展小城镇，形成新的经济增长点和提供多功能的社会服务协调体系的要求。

三、中等城市重点论①

这种观点吸取前两种观点中的合理成分，认为中等城市兼有大城市和小城镇的优点，并易于克服二者的弊端，因而主张大力发展中等城市来加快我国的城镇化进程。其主要依据是：

1. 中等城市承上启下的重要节点

中等城市作为区域经济的中心之一，具有承接大城市扩散、吸引乡村人口集中的功能，是承上启下的重要节点，因而是优化城市布局的关键环节。

2. 中等城市可以避免大城市和小城镇所产生的突出问题

发展中等城市一方面可以减轻“大城市病”，使城市建设和生活质量得到改善，另一方面，解决了小城镇过于分散的问题，提高了空间集聚效益，从而也提高了城镇化的水平和质量。

3. 中等城市聚合力和辐射力均很强

中等城市正处在规模扩张阶段，具有较强的吸引力和包容度，其聚合力和辐射力都很强，大力发展中等城市可迅速加快我国的城镇化

---

① 代表人物是刘福垣，参见刘福垣著《明租、正税、除费》第十七章《全方位开放式效益型城市发展战略》，改革出版社 1997 年版。

进程，尽快解决我国城镇化滞后和工业化不相适应，制约国民经济快速发展的问题。

四、多元复合论[①]

所谓多元复合型城市发展战略就是大中小并举，数量和质量并重，职能等级协调，建立充分体现区域特征的城镇体系，全面推进城镇化进程。持这种观点的人主张，要以促进经济发展和扩大吸纳农村剩余劳动力为中心，以国家投资进行城市建设的“自上而下”的城镇化和地方投资、农民投资发展小城镇的“自下而上”的城镇化双向推动，各城市科学定位、合理分工、因地制宜地发展。

1. 多元化的城市发展条件和要求

我国的经济社会结构是多元的，既有国家重点投资的技术水平高的大型现代化生产部门，也有地方政府投资的或集体所有甚至个体所有的、技术水平较低和劳动密集的小型传统生产部门，还有广大以手工劳动和畜力耕作为主的分散的农业生产部门；我国城镇化的地域单元是多元的，既有经济发达、城镇体系发育较完善、已进入城镇化中期阶段的城市密集区如长江三角洲、珠江三角洲等，也有经济较为落后、城镇体系不完善，尚处在城镇化初期阶段的城镇稀疏区，如西北、西南的一些地区；我国城镇化主体是多元的，中央政府和地方政府投资以及集体、个人集资兴建城镇基础设施，各种所有制的企业吸引人口向城镇集中形成工商业区，城镇居民通过建房、购房和租房形成城镇居民区。因此，城镇化战略只能采取适应不同地区、不同条件、不同目标的多种城市发展模式的组合。

---

① 代表人物是管益忻和刘源，参见管益忻著《论多元、复合城镇化》《江海学刊》1990年第2期；刘源著《对城市发展战略若干代表性观点的评析》《理论前沿》1996年第6期。

2. 我国独特的国情要求大中小城市和城镇并举

我国独特的国情对未来城镇化道路有重大影响。我国人口多，人均自然资源少特别是人均耕地少，正处于以发展重化工工业为主的工业化前期向中期转变的阶段，对经济活动的规模性和集聚性要求较高；农村剩余劳动力对城镇化的强大推力和城镇吸纳人口拉力不足的矛盾和大城市规模急剧扩大和小城镇过于分散的状况并存；区域之间的差异很大，各地区的经济发展水平、城镇体系的发育程度和内部结构、城镇化的基础和条件以及对城镇化的要求等各不相同。城镇化要承担带动国民经济的快速增长和有效吸纳大量的农村剩余劳动力的双重任务。

3. 多元复合型城镇化道路与我国城镇化发展阶段相适应

国际经验表明，人均收入在 1000 美元左右是产业结构剧变的时期，第一产业的比重迅速下降，第二、第三产业比重迅速上升，大量的劳动力从第一产业向第二和第三产业转移，从而使以第二、第三产业为依托的城市得到大发展，城镇化水平将有大的提高。我国目前正处在这一阶段，自 80 年代初开始经济持续快速增长，伴随着经济规模的扩大，人均收入水平提高和需求结构的变动，产业结构演进步伐加快，城镇化将进入快速发展时期，各种城市将要蓬勃发展，多元复合型战略正适应了我国的客观情况和城镇化的大趋势。

关于城镇化道路的探索和讨论仍在继续。有一点是一致认同的，那就是我国的城镇化水平太低，不适应并制约了国民经济的发展，应采取措施促进城镇化水平迅速提高。城市发展是一个连续不断的动态过程，小城镇的发展就包含着成为小城市、中等城市的可能性，小城市、中等城市的成长也孕育着成为大城市的趋势，各等级城市是城市在不同成长阶段的规模表现。应根据城市发展的客观规律确定城镇化道路，使大中小城市和小城镇根据经济发展的需要得到比较快的发展。

附录一

城镇化与城市可持续发展*

肖金成

《关于国民经济和社会发展第十一个五年规划纲要》中明确提出，“坚持大中小城市和小城镇协调发展，提高城镇综合承载能力，按照循序渐进、节约土地、集约发展、合理布局的原则，积极稳妥地推进城镇化，逐步改变城乡二元结构。”这是对几十年来城市发展战略和城市建设方针的重大突破。城镇化作为农村人口从传统分散的乡村向现代先进的城市集中的历史过程，是一种世界性的现象。城镇化关系到经济发展、社会发展，关系到人口素质的提高，城镇化还是解决“三农”问题的“钥匙”，解决“三农”问题从根本上说要靠加快城镇化进程。城镇化和城市建设存在非常密切的关系，加快城镇化进程必须重视城市可持续发展。

一、坚定不移地推进城镇化进程

城镇化是当代世界各国经济社会发展的一个主要趋势，可以说城镇化水平高低是衡量一个国家经济社会进步状况的重要标志。中国目前的城镇化水平不仅比世界发达国家低很多，而且与许多发展中国家相比也有不小的差距。长期以来，中国实行限制农村人口流入城市的政策，这是制约城镇化发展的一个重要因素。随着改革的深入，长期的城乡隔离的二元结构将会改变，现行的户籍制度将根本改革，影响城镇化进程的主要因素将基本消除，过去在一定程度上被压抑的城镇化潜能将得到释放。城镇化同工业化、城镇化同经济增长的关系将渐趋协调，特别是多数中等城市和小城市，随着基础设施的不断完善，以及经济实力的增强和提高，对城镇化将形成明显的扩张性推动。可以认为，城镇化将是中国未来难以遏止的大趋势，也是中国可持续发展的必由之路。

---

* 本文原载《中国金融》2007 年第 7 期

作为一个人口众多、人均收入水平较低的发展中国家，人口问题始终是一个影响可持续发展进程的重要问题。城镇化进程对解决中国的人口问题至关重要。农村经济的进一步发展和现代化进程的顺利进行，需要将滞留在农村的大量剩余劳动力转移到城市的第二、第三产业，摆脱目前严重失调的人口城乡分布格局对国民经济持续发展的制约。城市人口较高的生活水平、较多的妇女就业机会、较高的教育水平，有利于改变人们的生育观念，提高孩子的养育成本，从而能够在很大程度上降低人口出生率。城市丰富的教育资源和高效的资源利用有利于总体人口科学文化素质的提高。随着城镇化进程的不断加快和城镇化率的不断提高，农村居民的数量会不断减少，农民人均收入会不断提高，对土地等自然资源的压力也随之降低，为生态退化问题的解决提供了条件。

城镇化有利于解决乡镇企业的环境污染问题。乡镇企业是在政府实行严格的城市壁垒的情况下，广大农民为摆脱落后状况而采取的一种工业化实现形式。市场竞争的日趋激烈，加之乡镇企业自身规模小、设备技术落后、资源利用率低、环境污染严重等缺陷，使乡镇企业遇到了前所未有的发展困难。随着城市进入门槛的不断降低和政府对乡镇企业环境污染问题的日益重视，乡镇企业的重新整合已被提到了议事日程。城镇化战略的实施，为乡镇企业向城镇集中提供了机遇，为解决乡镇企业的环境污染问题提供了条件。

作为一个需要迅速提高人民生活水平的发展中大国，中国需要保持持续稳定的较高经济增长率。城市作为一种伴随经济发展而出现的人类聚落形态，具有经济上的集聚功能和扩散功能，能够带动周围地区的经济发展，而且城市规模越大，功能越齐全，其辐射范围就越广。诺贝尔经济学奖获得主、美国经济学家斯蒂格利茨预言，影响未来世界经济发展的两件大事是美国的高科技发展和中国的城镇化。实践表明，中国的城镇化率每增加1%，就可拉动当年国内生产总值增长1%～2%。由此可见，城镇化已经成为决定中国经济增长的关键性因素，不加快城镇化进程，就难以实现农村经济的现代化，中国国民经济发展就难以跃上一个新台阶。

二、加快中心城市建设和小城镇建设

我国要提高城镇化水平，要在20年到30年的时间，超过世界平均水平。20年后我国将成为一个初等的发达国家，或者说是比较高级的发展中国家，城镇化水平也要在世界平均水平之上，有可能达到或超过65%。这就是说，20年时间，城镇化水平要提高20个百分点，大约有3亿人要从农村进入城市和城镇。如何让进城农民进得来、住得下、活得好，是需要探索的重大课题。为此，要在户籍制度、社会保障制度、农村土地制度等方面进行研究、试验并提出可行的方案。

中国城市数量已达到660个，但从城市规模类型来看，城市规模明显偏小。100万人以上的大城市有40多个，占城市总数的6%左右；50万~100万人的城市有60多个，占城市总数的8%左右；20万~50万人的城市和20万人以下的小城市占城市总数的比重分别高达30%和50%。城市规模偏小，不仅城市的规模效应和城市对周围腹地经济的带动作用难以发挥，而且会造成土地等自然资源的浪费和环境污染的加重并难以治理。

城镇化不等于城市建设，但是城镇化和城市建设有密切的关系。推进城镇化，必须要建设城市，发展城市，并把发展区域性中心城市放到十分重要的位置。所谓区域性中心城市，就是具有带动性和辐射力，能够带动周边区域尤其是农村区域的发展的城市。中央提出“工业反哺农业，城市带动农村”的方针是非常正确的。但发挥带动性，要具有带动力，也就是说自身要有实力，要具有一定的规模。城市自身不具有比较大的实力和规模，不仅带动不了农村，自身的中心地位也会受到威胁，也可能被边缘化。扩大规模和增强实力，首要的任务是集聚产业。城市是产业的载体，产业是城市的支撑。没有产业的集中和发展，城市就没有活力，就不能获得可持续发展。而要集聚产业，就要创造集聚产业的条件，优化发展环境，发挥自身优势，扩大开放，招商引资。

城市既是生产中心，也是消费中心；既是第二产业发展的集中地，也是为城市自身和周围腹地服务的第三产业发展的集中地；城市和城镇都是一个区域的中心。特大城市，多是直辖市和省会城市，是跨区域的中心，甚至是国际化的大都市；地级城市或者中等城市一般是一个区域的中心；一个小城镇是几个乡所辖农村的中心。应该把各种不同等级的城市作为区域中心来看待，那么城市的发展才能够良性化。城市的发展有自己的规律。要研究合理的城市体系，要形成多大的规模、多大的区域，都需要进行论证和深入研究，在研究论证的基础上，进行城市规划。城市发展应根据自身条件进行规划，注重发挥自身优势，不仅要搞城市的整体规划，而且要搞城镇体系的规划。

小城镇是连接城市和乡村的重要环节，未来将有一部分农村人口转移到小城镇来，这既是繁荣城镇经济扩大城镇规模的难得机遇，又可以解决因农民支配的资源少而难以靠农业致富的问题。因此，政府应引导产业和人口到有条件的建制镇聚集，为进入城镇的农民解决好住房、子女就学和社会保障问题，要消除不利于城镇化发展的体制和政策障碍，引导农村劳动力合理有序流动。既要完善城镇的基础设施建设，又要解决农村农民显著减少之后所带来的居住分散、公益设施短缺、管理成本高及治安问题。小城镇位于分散的乡村和高度集中的城市中间，它既是农村区域性的经济贸易文化中心，又是城镇体系的基础层次，填补了城市地区和乡村地区的空间断层，使城、镇、乡社区联成网络，作为网络的连接点，城镇是农业、农村、农民与城市和市场连接的重要中转站。面对城镇化发展的必然趋势，城镇规划要超前，城镇建设要重视，城镇管理要加强。要以主导产业支撑城镇，以乡镇企业充实城镇，以市场建设激活城镇，以结构调整提升城镇，尽快使城镇成为农村第二和第三产业的集中地、农村剩余劳动力的转移地、农村商品和生产要素的集散地。

三、加快城镇化和城市可持续发展的政策建议

城镇化进程不只表现为城市人口比例的提高，它还是社会资源空间配置优化的过程，它将带来城市体系的发展和城市分布格局的转变。城市体系的发展意味着将有更多的中、小城市发展起来，构成一个比例更为协调的城市体系。这两个方面的变化将使我国经济实现资源配置合理化，并有利于产业布局合理化和产业结构高级化。从某种程度上说，城市的发展过程就是经济资源在不同地区之间的转移过程。

（一）摒弃二元户籍制度，为进城农民提供公平的就业和生活环境

首先，打破城乡分割的户籍制度，农民在城市务工、就学、居住、医疗等方面应享受和城市居民同等的权利。把中国公民分为城市居民和农村居民的户籍制度，曾经起过社会稳定器的作用。自从国家允许农民进城务工以来，这种作用已被削弱甚至完全消失了。但在众多的城市中，有着农民身份的人仍然受到多种歧视，如收取各种费用、就业方面的限制、子女入学的限制等，户籍制度越来越成为劳动力资源合理配置的障碍。“农民工”的存在，既表明进城务工农民长期备受歧视，也表明中国城镇化过程的不彻底性，其根源仍在于二元户籍制度的存在。应实行出生地、居住地、职业登记制度，对居住地可以分为永久居住、长期居住和暂时居住三种方式，按照区域进行登记和管理。其次，将社会保障制度与

农村土地制度改革结合起来。目前，农民的土地具有双重功能，一是生产资料功能，二是社会保障功能。因此，在农民的土地被征用的同时，必须解决农民的社会保障问题。在解决进城农民的社会保障之前，不要急于要求农民交出土地。第三，繁荣小城镇经济。通过完善功能，集聚人口，引导乡镇企业向城镇集中。要以农产品加工业和农村服务业为重点，在小城镇形成符合当地特点的支柱产业。第四，形成促进小城镇健康发展的机制。除了政府要加大投入之外，应在政府引导下主要通过发挥市场机制的作用，引导社会资金投入小城镇开发。城镇化不能简单地归结为修几条马路，盖几栋楼房，城镇化过程实际上是农村和城镇经济全面发展的过程。只是就城镇建设抓城镇建设，虽然想出各种办法修路建房，但由于经济实力不强，缺少产业支撑，最终会导致发展后劲不足，还没有兴旺就可能显示出衰落的迹象。

（二）转变政府职能，加强城市管理

在市场经济条件下，市场应该在资源配置中发挥基础性调节作用，城市的发展也不例外。因此，必须转变政府职能，充分发挥市场在城市发展中对资源的基础性调节作用。政府在城市建设中的职能应该由直接参与经济资源的配置转变为为经济资源的高效配置创造条件。但强调市场在城市发展中的重要作用，并不意味着削弱政府的管理职能。城市发展过程中的政策性事务和公共性事务离不开政府的直接参与，表现为以下几个方面：第一，环境管理。环境污染一直是困扰城市尤其是大城市发展的一个重要问题，这一问题具有极强的外部性，需要政府利用经济手段、法律手段、行政手段加强管理和控制。第二，市政建设。道路、绿地等城市基础设施具有较强的公共品性质，政府应当承担起这类基础设施的建设任务。对自来水、煤气等公共品性质不强的基础设施，政府可以通过经营权的转让，由包括民间投资者和外商在内的各类经济主体建设经营。第三，产业结构调整。城市产业结构的形成尽管主要是各类经济主体自主投资行为的结果，但在宏观上需要政府加强调控。城市政府通过缜密、科学的产业规划，通过出台有利于实现城市产业规划的优惠政策和进行与产业规划有关的基础设施投资，对各类经济主体的投资行为发挥政策导向和投资导向的作用。城市第三产业的发展，离不开实力日益增强的民间经济主体的参与。目前，文化教育、医疗卫生等领域对民间投资还存有较多的进入壁垒，对民间投资开放这些领域，有利于加快城市发展的步伐和城市产业结构的调整。

（三）加强城市基础设施建设，增强城市的承载能力

城市基础设施落后是影响城镇化进程的重要制约因素。由于长期实行计划经

济体制，中国的工业化和城镇化畸形发展，城市基础设施特别是社会性基础设施严重被忽视，城市基础设施投资欠账严重；而且规模越大、经济发展水平越高的城市，基础设施滞后就越严重，乘车拥挤、道路堵塞在特大城市中相当普遍，中小城市的供电、供水、供气、排水等设施多数不能满足需要。一大批小城镇中无供水设施，排水设施也很落后。城市基础设施是城市生产、生活最基本的载体，也是城市经济体系中重要的产业部门，对于城市经济增长具有重要的促进作用。城市基础设施包括能源系统、水源与给排水系统、交通运输系统、邮电通讯系统、生态环境保护系统和防灾系统，还包括文化、教育、科学、卫生等部门，如此种种，与城市人民生活息息相关，是城市赖以生存和发展的物质基础。因此，加大力度完善城市基础设施，不仅能够提高城市人民的生产和生活质量，还能够吸纳更多的劳动力，使更多的农村富余劳动力在城市找到适合他们的比较稳定的工作。近年来，一些城市搞了超越实际需要的“政绩工程”或“面子工程”，但并不能因此认为城市基础设施薄弱的问题已经解决了。城市基础设施的滞后和供求矛盾仍很突出。在相当长时期内，城市基础设施仍是政府投资的重点领域。

城市基础设施的投资体制改革是一个关键环节。从投资主体看，应实现投资主体的多元化。对带有自然垄断性的公共商品生产部门，应由企业投资经营或实行企业化经营，政府只进行监管和给予定额性补贴。在市场经济体制下，必须使城市基础设施建设行业转变机制，按经济规律办事，使之变成有效率的企业部门。国家必须下决心进行相关的公用事业价格与收费改革，保证价格、收费与成本基本相符，保证企业有自我积累、自我发展的能力。从投资来源看，必须广辟资金渠道。从经营方式来看，对于可以市场化、企业化经营的部门，应该与政府脱钩，建立以市场为导向、自负盈亏的企业化经营机制。

（四）为低收入者建设“廉租房”，停止建设“经济适用房”

目前的住房制度改革的重点是让城市居民购买已在居住的住房，由于给予了很多优惠，不是名副其实的商品，难以进入流通市场。为低收入者建造经济适用房的措施在实践中已经异化，因为低收入者是没有能力购买住房的。在现阶段，在大中城市，应建立廉租房制度，即政府为低收入居民建设小户型、低租金的住宅，或收购一批房改过程中出售的户型较小的住房租给低收入者。为了方便外地人来城市务工、经商、求学，应动员房地产商兴建一批供外地人租用的公寓楼。从加速城镇化进程出发，政府应鼓励住房多的人将多余住房售出或转租给别人，增加城市住房的供给，为进城务工、经商、求学的人提供租房的来源。

第三章　中国的城镇化历程

【提要】 本章介绍了新中国建立以来的城镇化过程。分三个阶段介绍了新中国成立以来复杂曲折的城镇化过程：介绍了小城镇、中小城市、大城市和城市群的发展。阐述了国际化大都市、国际性城市、区域性中心城市、县城、小城镇多级多层的城镇体系。

第一节　中国的城镇化过程

新中国建立以后，中国人民在中国共产党的领导下，大力发展国民经济，对城镇化道路进行了卓有成效的探索，从而推动了我国的城镇化进程，城镇化水平从1949年的10.6%，至2010年已达到49.68%[①]。全国城市总数已由1949年的138座，增加到655座，城镇非农业人口已由1949年的5765万人达到66557万人。

新中国建立以来的城镇化过程，大体上可以分为三个阶段，第一

① 本数据根据《中国统计年鉴》中市镇总人口计算而来，市镇总人口指设区的市所辖的区人口，不设区的市所辖的街道人口和所辖镇的居委会人口以及县辖镇的居委会人口。包括辖区内的农业人口，但不包括长期进城务工居住的农业人口。据分析，二者比较接近。

阶段是改革开放以前，从1949年至1979年，大体上用了30年时间；第二阶段是改革开放以后，从1979年到1999年，大体上有20年时间；第三阶段是进入21世纪，从2000年至今，已有10多年时间。三个阶段，城镇化过程呈现出不同的发展特征。

一、改革开放前城镇化历程回顾

我国是一个具有五千年历史的文明古国，城镇的发展源远流长。据历史文献和考古证实，我国城镇的产生距今已有3000~4000年历史，但由于长达2000多年的封建社会制度和近百年的半封建、半殖民地社会制度的束缚，使我国长期停留在以自给自足的落后的农业经济为主的发展阶段上，城镇化进程极其缓慢，到1949年除了东部沿海若干帝国主义势力盘踞的大城市和内地个别的经济中心得到畸形的发展外，绝大多数城镇都相当破败，经济衰微。新中国建立后，我国才开始了真正的城镇化进程。

1. 1949~1957年城镇化正常发展时期

新中国建立后，我国的政治、经济、文化开始了一个全新的历史阶段，城镇化也开始了新的进程，原有城市得到改造，又兴起了一批新型城市。经过三年的恢复时期，城市经济迅速得到恢复，过去抗日战争和解放战争期间外流的人员陆续返城，农村人口迁入城市也较多，1951~1953年平均每年净迁入率为33.1%①。1953年国家开始实行第一个五年计划，大规模的经济建设蓬勃开展起来，大大地推进了城镇化进程。“一五”计划期间，内地中小城市发展迅速，各类城市中以10万~40万人口规模的城市数量增加最快，其次是5万~10万人口规模的小城镇。如钢铁新城包头和新疆维吾尔自治区首府乌鲁木

① 叶舜赞．城镇化和城市体系［M］．科学出版社，1994：29.

齐、南宁和新迁省会城市合肥等，在解放初的近10年，人口增加了1~3倍，由10万人左右的小城市，发展到40万人左右的较大城市；兰州、贵阳等西部省会城市和黑龙江省的第二工业城市齐齐哈尔的人口也增长了一倍多，由中等城市发展成为大城市；鹤岗、西宁和邯郸等由5万多人的规模发展成为20万~30万人口的中等城市；还有许多新建矿业、森林工业城市，如双鸭山、安达、焦作、鸡西、伊春、马鞍山等持续发展，也进入了中等城市行列。据统计，“一五”计划期间从乡村进入城镇的人口有1500万人，加上城镇人口的自然增长，至“一五”计划末城镇人口增加2400万，年均增长7.22%，是新中国成立以来城镇人口增长最快的时期。1949~1957年，城镇人口从5765万人增加到9949万人，增加了4184万人，平均每年增加523万人，年均增长速度为7%，占全国人口的比率由10.64%上升到15.39%，上升了4.75个百分点，年均增长0.59个百分点。这个时期的城镇人口增长以机械增长为主，约占60.6%，自然增长为辅，约占39.4%。1957年，城市的数量增加到176个，每年平均新增5个城市（见表3-1）。

表3-1　1949~1957年城市情况表

年份	全国总人口（万人）	城镇人口（万人）	城镇化水平（%）
1949	54167	5765	10.64
1952	57482	7163	12.46
1955	61465	8285	13.48
1957	64653	9949	15.39

资料来源：《中国统计年鉴》1986

2. 1958~1965年城镇化波动发展时期

这一时期是新中国建立以来经济发展波动起伏最大的时期，也是中国城镇化进程大起大落的时期。“二五”计划前期，在国民经济

“大跃进”的背景下，大量农村人口流入城镇，新城市增长迅速。1960 年城镇人口达到 13073 万，占全国总人口的 19.75%，比 1957 年净增加 3100 多万，增加 4.36 个百分点，年均增加 1.45 个百分点。全国新建立 33 个市，城市总数达到 208 个，新设建制镇 175 个。城镇化速度超过了当时经济承受能力，加上自然灾害和经济建设的失误，导致经济结构失衡，城市负担过重，全国经济发展面临严重困难，因而后来不得不将“二五”计划前期进城的农村人口压缩回乡。1961 ~ 1963 年全国共精简职工 1800 万，压缩城镇人口 2600 万，城市人口大量迁出，1961 ~ 1965 年间平均每年净迁出率为 17.6%，同时，撤销了一批城市和建制镇，1965 年全国城市数比 1957 年减少 8 座，建制镇减少近一半，城镇人口年均增长速度为 0.27%，城镇化水平由 1957 年的 15.4% 下降为 13.6%。（见表 3 - 2）

表 3 - 2　1960 ~ 1965 年城镇化情况表

年份	全国总人口（万人）	城镇人口（万人）	城镇化水平（%）
1958	65994	10721	16.25
1959	67207	12371	18.41
1960	66207	13073	19.75
1961	65859	12707	19.29
1962	67295	11659	17.33
1963	69172	11646	16.84
1964	70499	12950	18.36
1965	72538	13045	17.98

资料来源：《中国统计年鉴》1986 年

3. 1966 ~ 1978 年城镇化停滞时期

这一时期正值中国进行“文化大革命”运动，城镇化进程基本停滞。一方面大批知青、知识分子上山下乡，城市人口大量迁出，另一方面通过户籍管理制度严格限制农民进城。70 年代以后城市人口略有迁入，城镇人口增长主要是自然增长。1966～1978 年，全国城镇人口由 13313 万人增加到 17245 万人，年均增长 327 万人，年均增长速度为 2.2%，而城镇人口占全国总人口的比率仅由 17.86% 增加到 17.92%，12 年间城镇化水平仅提高了 0.06 个百分点。在多数年份中，城市人口增长率低于全国人口增长率，有几年城市人口甚至是负增长。在城镇新增人口中，自然增长所占比重达 77.3%，机械增长仅占 22.7%（见表 3－3）。

表 3－3　1966～1978 年城镇化水平表

年份	全国总人口（万人）	城镇人口（万人）	城镇化水平（%）
1966	74542	13313	17.86
1967	76368	13548	17.74
1968	78534	13838	17.62
1969	80671	14117	17.50
1970	82992	14424	17.38
1971	85229	14711	17.26
1972	87177	14935	17.13
1973	89211	15345	17.20
1974	90859	15595	17.16
1975	92420	16030	17.34
1976	93717	16341	17.44
1977	94974	16669	17.55
1978	96259	17245	17.92

资料来源：《中国统计年鉴》1986 年

二、1979～1999 年：城镇化水平不断提高

1978 年年底，党的十一届三中全会把我国的社会主义建设引向新的发展道路。全国上下重新认识了城市对国家经济和社会发展所起的

重要作用，采取各方面措施，促进城市的发展和建设。20 年的改革开放，给我国城市带来蓬勃发展的机遇，极大地加快了城镇化进程；而城市的繁荣和发展，又大大地促进了我国现代化建设。我国的城镇化进程集中体现了改革开放以来我国综合国力增强的大趋势，也有力地证明了改革开放是城市持续快速发展的必由之路。

1. 城市数量不断增长

20 年来，随着城市体制改革的深化，城市作为区域性政治、经济、文化中心的作用日益加强，“地改市、市管县”的新体制实施的积极效果已明显地表现出来。在这期间，城市数量由 1978 年的 193 座发展到 1999 年的 668 座。

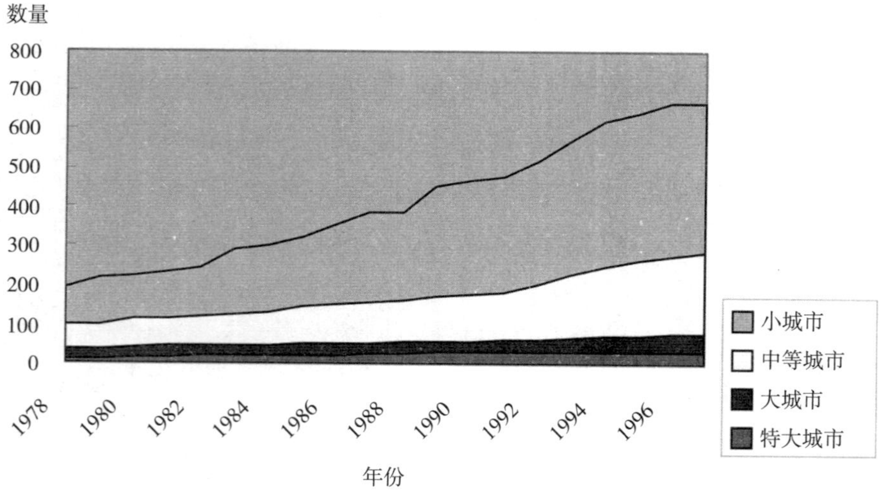

图 3－1　改革开放后 1978～1997 年城市数量的变化图

从城市的分布看，东、中、西部地区的城市数量均有不同程度的增长，东部沿海地区由于改革开放先行，加上良好的经济基础和人文条件，经济发展速度明显比中部、西部地区为快，经济上的快速发展，既增强了整个区域城镇化的动力，又大大强化了大城市的影响和辐射力，促进了城市基础设施的完善，城镇化水平在东部地区呈现出快速提高的趋势（见图3－2）。

城市群逐渐形成并不断壮大。城市经济的快速发展，引起城市自身规模的扩张，并向周围地区产生强大辐射力，在东部沿海地区，开始形成以特大城市为中心的、多层次的、功能互补的城市群。主要有以上海、南京、杭州为核心的长江三角洲城市群，以广州、深圳为中心的珠江三角洲城市群，以北京、天津为核心的京津冀城市群，以沈阳、大连为核心的辽中南城市群。城市群区域的城镇化水平明显高于全国平均水平，对我国国民经济的发展，综合国力的增强，起着至关重要的作用。

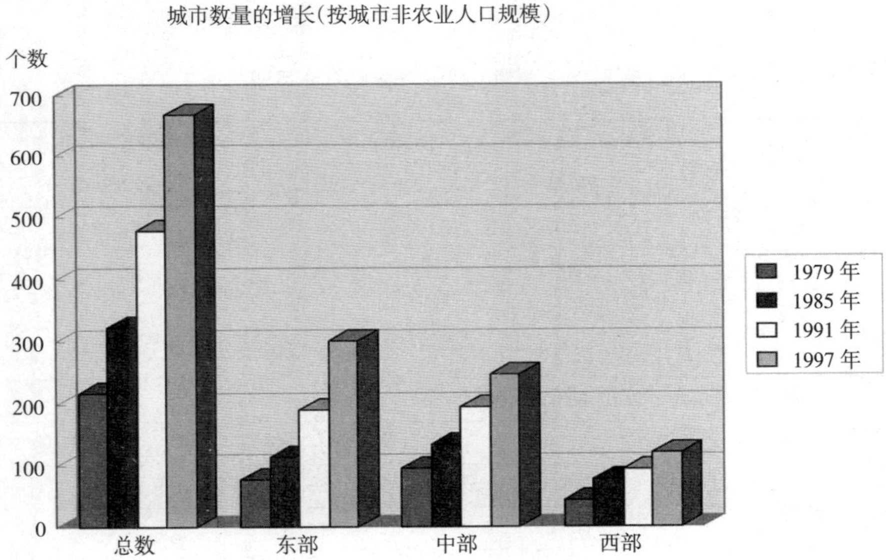

图3－2　不同区域城市数量的变化

2. 城市和城镇人口比重迅速提高

80年代以来，由于农业政策极大地调动了广大农民的积极性，使农业生产水平提高很快，相当数量的农民从土地种植中分离出来，转移到其他产业，乡镇企业异军突起，推动了小城镇的迅猛发展。在城市由于调整了重工业优先发展的战略，加快发展劳动密集的轻纺工业和各种服务业，从而加大了城市吸纳农民的能力。与此同时，为了适应经济形势发展的需要，国家在某种程度上放宽户籍管理，允许农民进城务工经商。在大量农村剩余劳动力转移的强大推力和城市经济发展拉力的相互作用下，大批农民离开祖居的乡村，进入市镇从事第二、第三产业，从而使城镇人口迅速增加，由此大大加快了我国城镇化进程。与 1978 年前的 30 年相比，城镇化水平有了较大幅度的增长。到 1998 年年末，市镇总人口占全国总人口的 30. 41%（见表 3 - 4），城镇化水平越过了 30% 大关，进入到理论上谓之快速城镇化阶段。

表 3 - 4　1979 ~ 1999 年城镇化水平表

年份	全国总人口（万人）	城镇人口（万人）	城镇化水平（%）
1979	97542	18495	18. 96
1980	98705	19140	19. 39
1981	100072	20171	20. 16
1983	103008	22274	21. 62
1985	105851	25094	23. 71
1987	109300	27674	25. 32
1989	112704	29540	26. 21
1990	114333	30191	26. 41
1992	117171	32372	27. 63
1993	118517	33351	28. 14
1994	119850	34301	28. 62
1995	121121	35174	29. 04
1996	122389	35950	29. 37
1997	123646	36989	29. 92
1998	124761	37942	30. 41
1999	125786	38892	30. 91

资料来源：《中国人口统计年鉴》2000 年

3. 城市综合实力大大增强

改革开放极大地促进了城市综合实力的增强。城市产业结构、空间布局、基础设施等方面都发生了明显变化，城镇体系逐步合理化。

首先表现为城市生产总值持续高速增长。据统计，城市生产总值1988～1996年年均增幅为18%。

其次城市产业结构进一步合理化。改革开放以来，城市第三产业得到了充分的重视，随着市场经济体制的建设和发育，以服务业为主体的第三产业蓬勃发展，特别是信息、金融、保险、咨询以及各种中介服务业如雨后春笋，蓬勃发展，显示了信息和知识经济时代的城市特征。1988～1996年，我国城市第三产业增加值年平均增幅达19.3%。目前第三产业已成为城市三次产业的最重要部分，占GDP的比重由1988年的28.6%上升到1996年的37.2%（见表3－5）。

表3－5　1988～1996年城市GDP及其结构之比较

年份	国内生产总值（GDP）（亿元）	第一产业所占比重（%）	第二产业所占比重（%）	第三产业所占比重（%）
1988	7064.63	13.2	58.2	28.6
1992	14214.88	11.9	55.5	32.6
1996	47074.18	12.7	50.1	37.2

资料来源：国家统计局编．成就辉煌的20年［M］．中国统计出版社，1998：137.

第三，城市基础设施明显改善。改革开放后，随着经济的发展和城市中心作用的发挥，城市基础设施建设日益受到重视，基础设施条件明显改善。1996年年末，我国城市道路长度已达13.49万公里，面积148870万平方米，人均拥有7.16平方米；桥梁29491座，运营公共汽（电）车145588辆，平均每万人拥有12.3辆，出租车已经普及到每一个城市，城市供电、供水、供气、供热增长很快。1996年，居民年人均生活用电148千瓦时，自来水普及率达到95%，燃气普及率达到70.5，集中供热面积73433万平方米。城市电话机总数达5283.38万部，每万人拥有电话机10.4部，无线寻呼用户达2474.73万户。城市公用电话54万部，平均每千人拥有公用电话0.13部①。

三、2000年至今，城镇化水平快速提高

2002年，党的十六大将加快城镇化进程作为全面建设小康社会的重要目标，指出："农村富余劳动力向非农产业和城镇转移，是工业化和现代化的必然趋势，要逐步提高城镇化水平，坚持大中小城市和小城镇协调发展，走中国特色的城镇化道路"。"十五"期间，我国城镇化水平由36.17%提升至42.99%，年均提高1.364个百分点。"十一五"期间，我国城镇化水平由42.99提升至49.68，年均提高1.338个百分点（见表3－6）。

表3－6　2000～2010年城镇化水平表

年份	全国总人口（万人）	城镇人口（万人）	城镇化水平（%）
2000	126743	45844	36.17
2001	127627	48064	37.66
2002	128453	50212	39.09
2003	129227	52376	40.53
2004	129988	54283	41.76
2005	130756	56212	42.99
2006	131448	57706	43.90
2007	132129	59379	44.94
2008	132802	60667	45.68
2009	133474	62186	46.59
2010	133972	66557	49.68

资料来源：中国统计年鉴2011［M］．中国统计出版社，2011.

① 国家统计局城市社会经济调查总队编．［M］．中国城市统计年鉴．中国统计出版社，1998.

“十五”期间的城镇化过程中也出现一些认识上的问题。一些人将城镇化片面理解为城市建设，掀起了城市建设的高潮，一些人认为城镇化就是发展小城镇。一些地方大搞“圈地运动”，搞“农村城镇化”和“土地城镇化”，大量土地被圈占，造成耕地大量减少，耕地迅速逼近18亿亩“红线”。

进入新世纪以来，城市数量有所减少，由1998年的668座下降到2008年的655座，其原因是一些县级市改为中心城市的辖区，成为城市的一个组团。建制镇数量也由1998年的19216个减少到2009年的19322个。城镇数量最多的2002年曾超过2万个，达到20601个，此后便不断减少，其原因有三个，一是县级市的主城区由城关镇改为街道办事处；二是沿海地区的城镇合并，如江阴市的建制镇曾超过20个，但后来合并为10个左右；三是中心城市的外延扩展，将建制镇内部化为城区的一部分。当然，在城镇数量减少的同时，也有一部分乡政府所在地被改为建制镇，所以谓之有增有减。而城市几乎有减无增，原因是从1998年开始，我国中断了县改市的过程，此后很少有县改为市。

从城市人口规模结构来看，2008年，人口超过100万人以上的特大城市从2000年的40座增加到122座，增加82座；50万至100万人的大城市数量从2000年的53座增长到118座，增加65座；20万人至50万人的城市数量由2000年的220座下降到151座，减少69座；20万人以下的城市数量由2000年的355座下降到264座，减少91座，分别占城市总数的40.3%、18.63%、18.02%、23.05%[①]。城市结构的一个明显的特征是，特大城市和大城市的数量在增加，中小城市的数量在减少，城市结构渐趋合理。

从城市区域结构来看，2000年，东中西地区城市数比例为1∶0.82∶0.58；2008年，比例为1∶0.86∶0.63，中西部城市数量有所提升。

---

① 以上数据根据《中国城市统计年鉴》数据计算。

21 世纪头十年，在城镇化水平不断提高的同时，城市基础设施建设进一步加快，城镇居民的生产生活环境、居住条件、教育、医疗、养老保障等均有大幅度改善。城市作为我国国民经济的主要载体，成为推动经济社会发展的核心力量。

第二节　小城镇与中小城市的发展

我国小城镇的发展与乡镇企业的发展密不可分。在乡镇企业兴起之前，绝大多数小城镇仅是农村经济的中心或人民公社和乡镇政府所在地，工业基础十分薄弱，人口普遍较少。自 20 世纪 80 年代开始，乡镇企业异军突起，成为农村经济的主体力量和国民经济的重要组成部分，不仅为小城镇的发展和繁荣创造了条件，而且使新的城镇大量涌现，从而大大促进了我国城镇化的进程。

一、乡镇企业的兴起

乡镇企业的兴起是改革开放所取得的一项巨大成就。乡镇企业是由农民集体或个人创办，包括工业、农业、建筑业、交通运输业、商业服务业在内的全部企业的统称。这些企业大多分散于乡镇和村庄中，主要从事非农业活动，尤其是工业生产活动。乡镇企业的产生和发展是具有中国特色的工业化过程和城镇化过程，成为当时我国工业化、城镇化和现代化的重要推动力量。

1978 年以后，我国经济体制改革率先在农村展开，联产承包责任制的全面推行使农民的生产积极性及劳动热情空前提高，农业生产迅速增长，粮棉油肉等主要农产品连上新的台阶，这一方面为农村非农产业的发展提供了良好的物质条件，另一方面农业劳动生产率的提高又使大量的农村劳动力从土地的束缚中解放出来，迫切需要大力发展非农产业予以吸收。在此背景下，乡镇企业的前身——社队企业首先得到迅速发展。

1978 年以前，在人民公社体制下，大多数乡村企业是由人民公社或生产队创办经营的集体企业，称为“社队企业”或“社队工业”。社队企业在 1958 年大量出现，经历了“大办”、“关停”、“恢复”的曲折过程，直到 1976 年，才冲破种种束缚以很快的速度发展。1978 年，社队企业发展到 152 万个，安置剩余劳动力 2826 万人，占全社会劳动力和农村劳动力的 7% 和 9.2%；总产值 493 亿元，分别占全社会和农村社会总产值的 7.2% 和 24.3%。其中社队工业产值 385 亿元，占当年全国工业总产值的 9.8%。经过 20 多年艰难曲折的历程，社队企业已成为安置农村劳动力的重要渠道、工业化的新生力量和农村经济的重要组成部分。

然而，社队企业主要分布在沿海等少数发达地区，仅仅发展社队企业远远不能满足广大农民群众发展农村经济、转移农村剩余劳动力的需要。在这种情况下，农民个体、联户办企业开始兴起并不断发展壮大。1984 年中央 4 号文件将社队企业正式改称为乡镇企业，对家庭办和联户办企业给予充分肯定。至此，乡镇企业结束了初创阶段，进入了一个全面发展的历史时期。

1984 ~ 1988 年，是中国乡镇企业的全面高速发展阶段。1984 年年初，中共中央发布了《关于 1984 年农村工作的通知》，指出要在积极支持社队企业发展的同时，鼓励农民联合兴办各种企业。1984 年 3 月，中共中央、国务院以中央 4 号文件批转了农牧渔业部《关于开创社队企业新局面的报告》，并决定将“社队企业”改称“乡镇企业”，规定乡镇企业包括乡、村两级的集体企业，部分农民经营的合作企业，以及农民家庭经营的个体企业。此后几年，国家对乡镇企业采取了更加积极扶持的政策，企业在组织生产、产品销售等方面获得了极大的自主权，乡镇企业全面高速发展。从 1984 年开始，直到 1988 年，乡镇企业产值以 30% 以上的速度高速增长。到 1988 年年末，企业个数达 1888 万个，从业人数达 9546 万人，总收入达 4232 亿元。4 年间，乡镇企业数平均每年增长 52.8%，从业人数平均每年增长 20.8%，总收入平均每年增长 58.4%[①]。

1989～1991 年，乡镇企业进入了整顿提高阶段。针对经济发展过程中出现的通货膨胀等问题，自 1988 年下半年开始了“治理整顿”。由于经济紧缩特别是银根抽紧，从 1989 年起，乡镇企业投资减少，增长速度放慢。就业人数两年减少了近 300 万人，1989 年增长速度为 13%，1990 年为 14%，1991 年恢复为 37%，三年平均增长速度比 1984～1988 年减少 42 个百分点[②]。通过治理整顿，乡镇企业调整了结构，为进一步发展奠定了基础，一批优秀企业获得了新的发展机遇，迎来了又一个快速发展时期。

1992 年以后乡镇企业进入全面发展阶段。1992 年后，国务院连续下发了国发（1992 年）19 号和国发（1993 年）10 号文件，充分肯定了乡镇企业的重要作用，为乡镇企业的发展创造了空前良好的外部环境。同时乡镇企业也普遍强化了企业管理，注重科技与人才开发，企业的经济效益开始提高，出口创汇能力跃上了新台阶，涌现了一批大中型企业和现代企业集团。

1995 年以后乡镇企业发展进入稳步发展的时期。1996 年我国历史上首部保护和规范乡镇企业行为的法律《乡镇企业法》的出台，标志着我国乡镇企业的规划和管理进入了法制的轨道，乡镇企业逐步走上了健康有序的发展道路。1997 年乡镇企业个数发展到 2015 万个，比 1995 年虽减少 188 万个，但从业人员达到 13050 万人，比 1995 年增长 1.5%（见表 3－7）。1997 年，乡镇企业实现营业收入 37953 亿元，净利润 1735 亿元，实现利税总额 3238 亿元，分别比 1995 年增长 18%、16% 和 16%[③]。

---

① 国家统计局．成就辉煌的 20 年［M］．中国统计出版社，1998：119.

② 国家统计局．成就辉煌的 20 年［M］．中国统计出版社，1998：119.

③ 国家统计局．成就辉煌的 20 年［M］．中国统计出版社，1998：120.

表 3－7　乡镇企业发展情况表

年份	企业个数（万个）	职工人数（万人）	营业收入（亿元）	利润总额（亿元）	固定资产（原值）（亿元）
1978	152.4	2826.56	431.4	88.1	229.6
1980	142.46	2999.67	596.1	118.4	326.3
1985	156.91	4152.14	1827.41	171.34	750.39
1990	1850.4	9264.75	5218.6	232.7	2202.0
1995	2202.7	12862.1	32142.3	1775.11	9122.6
1997	2014.9	13050.4	37687.9	2453.3	12539.3

资料来源：国家统计局编《中国统计年鉴》1998 年

乡镇企业的迅速发展，吸收了大量的富余劳动力就业，增加了农村居民的收入。1997 年，乡镇企业从业人员年人均工资达 4465 元，全国农民人均从乡镇企业获得的收入已达 600 多元。乡镇企业的发展，极大地改变了我国长期存在的二元经济结构，打破了农村、农业、农民三位一体几千年传统的自然经济。伴随着乡镇企业的发展，其问题也日益显露出来，如布局分散、产权模糊、人才缺乏、管理不规范等。由于受到土地制度、户籍制度等因素的影响，形成了“村村点火，户户冒烟”的分散布局。从经济上看，分散布点，遍地开花，不符合工业聚集的基本规律，难以形成规模经济和聚集效益，并带来许多其他问题，如过多占用耕地，环境污染严重，不利于劳动力和其他资源的流动，不利于专业化分工和协作等。

随着乡镇企业规模扩大和结构调整，乡镇企业逐步向小城镇集中，大约 1 亿人进入城镇。随着大批农民到城镇办工厂，搞建筑，带动了商业、运输业、饮食业、服务业的发展，成为城镇建设的基础。在乡镇企业发展的带动下，一大批小城镇迅速崛起，全国建制镇约容纳了 1.5 亿农村居民定居，有力地促进了我国城镇化进程。

二、小城镇大量涌现

随着乡镇企业的兴起，小城镇的发展速度明显加快。小城镇通常是指县城、建制镇、乡政府所在地及达到一定规模的集镇，其中建制镇是小城镇的主体。小城镇是我国城市体系的重要组成部分，是一个量大面广的群体。改革开放以来，我国小城镇发展速度之快、规模之大、持续之久，是中国历史上前所未有的。小城镇的大量涌现，对中国的工业化、城镇化和现代化具有重要意义。

小城镇的发展是中国农村改革的一个十分重要的成果。80 年代以来，小城镇发展速度明显加快。在沿海地区，一座座面貌一新的小城镇如雨后春笋般涌现出来，星罗棋布，生气勃勃。具有一定规模，经国家批准的建制镇也不断增加。1985 年，国家允许农民自理口粮进镇务工经商，农村富余劳动力纷纷到镇上从事第二、第三产业，大大促进了小城镇的发展，乡镇企业的发展，为小城镇注入了更大的活力。1987 年年末，建制镇已达到 18316 个，是 1978 年的 6.55 倍，建制镇非农业人口达到 12121.91 万人，占全国市镇非农业人口的 42.7%（见表 3－8）。

表 3－8　小城镇发展情况表

年份	个数	非农业人口（万人）
1988	8614	6032.60
1993	15072	9989.3
1994	16210	10671.3
1995	16992	11466.48
1996	17770	11762.11
1997	18316	12121.91

资料来源：建设部城市规划司，《全国设市城市及其人口统计资料》

三、中小城市迅猛发展

中小城市是沟通大城市与小城镇及其周边地区的桥梁。如果离开了中小城市，大城市的经济社会发展的辐射影响将得不到有效传输，就不能充分地促进周边地区的发展，小城镇的发展也受到限制。中小城市是大城市形成的基础，许多中小城市渐渐发展为大城市，没有中小城市，就没有大城市。改革开放以前，由于存在人为地抑制发展，中小城市增长缓慢，许多已经够设市条件而又需要设市的城镇没有及时设市，限制了城市发展及其作用的发挥。改革开放以来，全国上下重新认识了城市对经济和社会发展所起的重要作用，政府也十分重视城市在国家建设中的作用，采取各方面措施，促进城市的发展和建设。1986 年，国家对设市标准作了新的规定，我国建制市的数量开始加快，一般每年增加 20 余个，其中 1988 年增加最多，达 53 个。至 1997 年年底，县级市的数量已达 443 个。

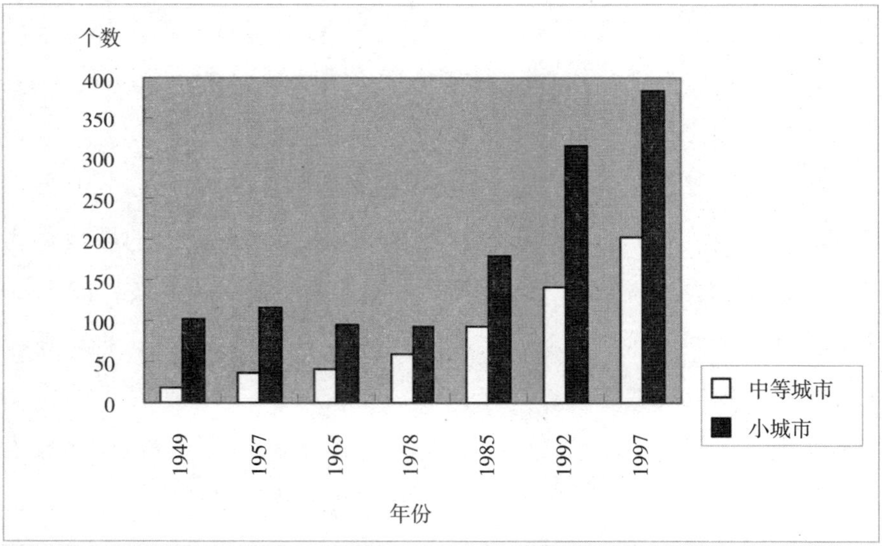

图 3－3 中、小城市发展情况图

第三节 大城市和城市群的发展

大城市特指户籍人口在 50 万人以上的城市，特大城市特指户籍人口在 100 万人的城市。统计口径由户籍人口改为常住人口后，其最低人口数量也应有所调整。大城市是市场经济的产物和标志，它和发达的市场经济是形影相伴的，其生产社会化程度高，社会再生产各方面和各环节联系紧密，与周边广大地区有着紧密的经济联系。改革开放以来，我国的大城市和特大城市获得了迅速发展，形成了规模不等的城市群、城市带和相互关系紧密专业化分工鲜明的城市体系，其辐射作用越来越大。

一、大城市、特大城市的发展

现代大城市是工业、商业和服务业的主要聚集地，基础设施齐全先进，交通便利，信息灵通，人才济济，市场容量大，投资效益高。所以，政府和各种社会团体的首脑机关，各大企业的总部等都纷纷设在大城市。我国的大城市往往既是经济中心，又是政治、文化中心，在社会主义现代化建设事业中具有举足轻重的地位和作用。

按照城市规划法，“大城市是指市区和近郊区非农业人口 50 万以上的城市”，在习惯上，我国把非农业人口在 100 万以上的城市称为“特大城市”。尽管建国以后，国家一直控制大城市的发展，如 1980 年全国城市规划工作会议上正式把“严格控制大城市规模，合理发展中等城市，积极发展小城市”作为国家城市发展方针。但随着经济的发展，大城市仍然保持了比较快的发展速度。1949 年，我国的大城市数量仅有 12 个，至 2008 年年底，我国大城市数量已达到 240 座，其中 100 万人以上的特大城市有 122 座，50 万～100 万人口的城市 118 座。我国大城市数量在世界上也属于前列，上海、北京等大城市已进入全世界十大城市行列。

实行改革开放以来，国家为充分发挥大城市的作用，对一批大城市的经济活动实行计划单列，建立和完善以大城市为中心的市场体系和新的以大城市为中心的经济管理体制。从 1983 年起，先后把沈阳、大连、哈尔滨、宁波、厦门、青岛、济南、武汉、广州、重庆、西安、南京、深圳、长春、成都等 15 个城市列为“计划单列城市”，赋予这些城市相当于省一级的经济管理权限，从而扩大了这些城市的经济自主权，提高了它们的经济地位和作为中心城市的作用。以大中城市为中心的经济管理体制的改革，使大中城市的功能结构更加完善，提高了综合发展的能力。1986年，国家又进一步鼓励企业“发展横向经济联合”，以冲破部门和地区的分割与封锁，从而促进城市开放型体制形成和经济中心作用的发挥。按照“扬长避短，共同发展”的原则发展起来的跨地区、跨部门、跨行业的联合，对发挥大城市的作用具有重要意义。

大城市基础设施先进，交通发达。大城市几乎都是全国铁路交通枢纽，大多建有国际航空港，不论与国内其他地方的交往还是与国际社会交往都非常方便。如北京、上海、天津、广州、重庆等城市建成多条地铁线路。大城市的通讯业也走在全国的前列。

二、城市带的出现

进入21世纪，我国城市之间已基本上建立起较发达的现代交通网络，既有高等级的公路，特别是一些大城市之间已建立起高速公路，又有铁路贯通和航空网络覆盖，如果再加上发达的通讯系统，城市之间的经济合作和社会交往达到空前的发达与便捷，已经形成了不同等级的城市带。

1. 沿海城市带

在我国1.8万公里长、50公里左右宽的沿海范围内，集中了包括香港在内的十几座特大城市和一百多座大中城市，加上小城市总数已近300座，这一地带现在和将来都是我国经济实力最雄厚、产业最为密集和对外开放程度最高的经济带。

1980年开始在广东和福建的著名侨乡设立了深圳、珠海、汕头和厦门等四个经济特区，实行与国内其他地方不同的特殊政策和灵活措施，对前来投资办企业的外商给予特殊的优惠和方便，国家给当地政府较多的经济活动自主权。这些特区城市发展十分迅速，特别是靠近港澳的深圳和珠海市。两市人口规模分别从 1982 年 7. 8 万人和 5. 7 万人发展超过一千万人和一百万人。

1984 年国务院宣布进一步开放上海、天津、广州、大连、丹东、秦皇岛、青岛、烟台、连云港、南通、宁波、温州、湛江和北海等 14 个沿海港口城市。这些城市在对外经济活动方面比普通城市有较多的自主权，对外商投资给予优惠待遇。为创造较好的投资环境，这些城市大多在港区附近设立了经济技术开发区，在吸收外资方面起到了重要作用。至 1997 年，实际利用外资达 104. 3 亿美元，占全国实际利用外资额的 16. 19%。国内生产总值 7773. 9 亿元，占全国的 11. 33%，市区人口 3535. 7 万元，占全国城市人口的 9. 56%，储蓄存款余额已达 6376. 2 亿元，占全国城乡储蓄存款总额的 13. 78%①。

2. 长江城市带

上海—宜宾的 1751 公里的长江沿岸地区，是我国又一条产业密集的城市带，而且是进一步开发前景广阔的经济带。长江沿岸有上海、南京、武汉、重庆 4 个特大城市，42 个大中城市，加上小城市，共有 60 多座，并初步形成了以上海、南京、武汉、重庆为中心的四大城市密集区。随着三峡工程的建设，长江城市带的发展速度还将进一步加快。

3. 京广城市带

长达 2300 多公里的京广铁路是沟通我国南北的重要交通通道，沿线的京津冀地区、中原地区、长江中游地区、以长株潭为中心的湘

---

① 本资料引自《中国统计年鉴》中国统计出版社 1998 年版。

东地区和珠江三角洲地区是我国重要的经济发展核心地区。铁路沿线有北京、石家庄、郑州、武汉、长沙、广州等5座特大城市和大中城市30多座。

4. 新亚欧大陆桥城市带

新亚欧大陆桥在中国境内全长4131公里，横穿东、中、西部，陇海—兰新铁路沿线有郑州、西安、兰州、乌鲁木齐等十几座大城市，逐步形成了淮海、中原、晋中南、关中、宁夏、甘肃、青海、新疆等若干个城镇等级规模有序、布局合理的经济区。徐州、商丘、郑州、洛阳、宝鸡、兰州市分别与京沪、京九、京广、焦柳、宝成、包兰等铁路干线相交或相连，沿桥高速公路和由34个干、支线机场构成了沿桥的主体通道，郑州至西安的高速铁路已建成通车，带动了沿线地区的经济发展。

在全国性城市带迅速发展的同时，省域内城市带，如哈尔滨—大连城市带、大同—太原—运城城市带等已成为比较重要的经济发展轴线。

三、城市群的形成

90年代我国城市发展的重要特点是城市群的形成。在珠江三角洲、长江三角洲、京津冀形成了3个以特大城市为中心、大中小城市和小城镇协调发展的城市密集区，进一步增强了城市的经济实力和辐射能力。城市群是以大都市为核心，由许多相互之间密切联系的城市组成的城市集合体。城市群中聚集着众多的企业和庞大的城市人口，能产生巨大的集聚经济效益，是国民经济迅速发展、现代化水平不断提高的标志之一。

长江三角洲城市群。长江三角洲城市群有16座大城市和特大城市。上海、南京、杭州三个特大城市呈三足鼎立之势，构成长江三角洲城镇体系的核心，几十座大中城市沿沪宁、沪杭以及杭甬铁路干线密集分布，仅310公里的沪宁线上分布着5座大城市，彼此平均间隔距离为60公里左右。该地区已形成我国最发达的立体式交通网络，作为我国南北大动脉之一的京沪线和东西大动脉的长江贯穿其中，浙赣线将其与中国南大门相连，沪宁、沪杭甬高速公路大大缩短了城市之间的时间距离。上海港、北仑港已开通国际航运；上海、南京和杭州三大国际机场与世界五大洲建立了广泛的联系。

京津冀城市群。京津冀城市群以北京、天津为核心，逐步形成北京、天津、石家庄、唐山、廊坊、秦皇岛、承德、张家口、保定、沧州等城市组成的城镇密集区。北京是中国的首都，中国的政治、科学和文化中心，经济实力仅次于上海，天津是华北最大的港口工商业城市，是华北的经济中心。该地区共有城市30多座，是中国交通最发达的地区，铁路干线四通八达，京津塘高速公路早已建成，京深、京珠、京哈高速公路全线贯通，有天津港、唐山港、秦皇岛港、黄骅港四个港口，这些都为该地区经济的快速发展创造了条件。

珠江三角洲城市群。珠江三角洲城市群共有25座城市，城市密度为每万平方公里100个，城市平均间距不到10公里。以香港、澳门为依托，以广州、深圳为核心，包括东莞、佛山、珠海、中山、江门、肇庆、惠州等大中城市。该区域是我国机场密度最高，国际机场最多的区域，4万多平方公里的范围建有7座机场，公路、铁路、水运、海运四通八达，广深高速公路已建成投入使用，分布着大亚湾、大鹏湾、香港、妈湾—赤湾、高栏、盐田港等天然深水良港。中心城市广州已发展成为我国南方最大的中心城市。这两大中心城市对珠江三角洲的城市和经济发展起到主导作用，再加上深圳、珠海两大特区的辅佐作用，进一步带动珠江三角洲地区的社会经济发展。

除了上述三大城市群之外，在辽中南、山东半岛、闽南沿海、豫中、长江中游、川渝、关中等经济较为发达的地区也分别出现了城市较为密集的地区，也将成为新的规模较大的城市群。

四、城镇体系的构建

城镇体系是城镇发展到高级阶段的区域组合形式，是一定区域在其中心城市辐射范围内一系列规模不等、职能各异、相互联系、功能互补的城镇有机整体。城镇体系的建立和完善意味着城镇化由低级向高级的转化。我国已拥有650多座城市和19000多个建制镇，构建了大中小城市和小城镇相结合的城镇体系，城市规模呈现出特大城市—大城市—中等城市—小城市按等级序列大小分布的特点，城镇体系趋于合理化。

1. 区域中心城市的辐射作用日益增强

城市群、城市带和周边地区经济的发展与该区域中心城市的发展与带动具有十分密切的关系。沪宁杭三大中心城市成为长江三角洲城市群的核心，上海又是长江城市带的龙头。广州、深圳的发展也带动了周边地区的发展。中、西部的中心城市对周边地区的辐射作用也十分明显。长江中游地区在武汉市的带动下，孝感、麻城、黄石、咸宁等城市发展很快。关中地区在中心城市西安的带动下，咸阳、宝鸡、铜川、渭南等城市的发展也很快。成渝地区在重庆、成都的带动下，出现了如绵阳、德阳、乐山、泸州、自贡等实力比较雄厚、经济发展较快的大中城市。区域性城市体系的建立，对区域经济的发展起着十分重要的作用。

2. 不同层级的中心城市体系基本建立

经过几十年的发展，我国不同层级的中心城市体系基本建立，各级中心城市在本区域内发挥着重要的作用。从全国来看，大致可分为五级。

第一级，国际化大都市

如北京、上海、香港、天津、重庆、广州、深圳、沈阳、武汉、成都、西安、哈尔滨、青岛、大连等城市不仅具有影响全国的城市功能，而且也是我国的国际交往中心。

第二级，国际化城市

如长春、兰州、郑州、长沙、南宁、昆明等城市不仅在本省市发挥中心城市的作用，而且辐射面已扩散到周边的广大地区。

第三级，区域性中心城市

每个省都有若干个经济区，每个经济区有一个或几个中心城市，这些中心城市就是地级市的中心城区，多数是中等城市，也有大城市。全国这类中心城市有200多个。

第四级，县域中心城市

这些城市或为县级市的人民政府驻地，或为县人民政府所在地的建制镇，它们是县域范围内的政治、经济、文化、科技中心，全国有1000多个。

第五级，县域内的中心镇

在县城以外，比较均匀地分布着一些小城镇，它们是该区域的经济贸易中心，是城市与农村的纽带，起着带动农村经济发展的作用，这样的城镇全国将近两万个。

3. 中西部地区的大中城市正在成为区域的经济增长极

中西部地区尤其是西部地区的城镇化水平相对于东部仍有不小的差距，但中心城市的发展也非常快，如重庆、成都、西安、兰州、昆明、贵阳、银川、乌鲁木齐、西宁、拉萨等城市的规模正在迅速扩大，功能得到完善，实力也在不断增强，已经成为或正在成为区域开发建设的“经济增长极”，拉动着整个区域经济的发展。

附录二

冀南一个村庄农民就业和城镇化状况的调查①

肖金成

内容提要：本文通过对冀南一个村庄的农民就业状况的调查，了解了农民进城务工经商的人数、户数及生活状况，从一个侧面印证中国城镇化进程中面临的种种矛盾与问题，并根据农民务工经商的情况对其前景进行了展望。从调研中也得到几点启示：1. 农民离开农村进城务工经商改善了农民收入状况，提高了农民的生活水平。2. 全家进城务工经商的农民不断增加，为农地规模化经营创造了条件。3. 城镇化是一个必然趋势，但在这一过程中面临着多重两难选择。4. 城镇化过程中的种种矛盾，其主要矛盾方面在城市。建议加快在户籍制度、住房制度和社会保障制度的改革，尽可能缩短“阵痛”的过程。

中国特色的城镇化道路如何走？既可从城市角度考察城市对农民的吸纳能力，也可从农村角度考察农民走出农村进入城市的动力。带着这一问题，笔者先后两次到河北南部的集西村进行调查，利用人缘优势，通过知情者了解了每一户的就业情况、生产情况和收入情况。笔者中学时代的同学为我收集了多方面有价值的信息，村党支部和村委会干部也对我收集的情况作了进一步验证。以下是我调查的情况。

一、基本情况

集西村位于河北省最南部的一个县的南部，西距京广铁路 50 公里，东距京九铁路 50 公里，距离县城 15 公里，距离河北邯郸市、山东聊城市和河南省安阳

---

① 该文编入国家发改委国土开发与地区经济研究所研究报告《农民工市民化研究》。

市各60公里，属于边缘的边缘。该村村民世代以种植业为生，种植的作物主要是小麦、玉米，有时也种植谷子、大豆、棉花和红薯。该村距漳河约两公里，但漳河已多年干涸，农民种庄稼主要靠天降雨水。近年来连年干旱，在政府的帮助下，打了很多水井，但这里属黄河故道，60米以下的含水层都是苦咸水，用井水灌溉的土地不久就盐碱化了，所以，除非干旱太久，农民一般不选择灌溉。近年来，村里也打了两眼深井，但因抽水成本太高，只是把其作为饮用水源，不作为农田灌溉的主要水源。全村共有310户，1127人，土地面积2042亩，耕地面积1842亩，人均耕地1.63亩。耕地产量较之改革开放前提高了一倍多。根据我了解的情况，得益于三个因素，一是土地分田到户以后，农民对土地管理更加精心；二是使用了优良品种；三是大量使用化肥。亩产虽然增加，但投入土地的劳动量却大量减少。收获和播种基本上使用机械，除草也基本上使用除草剂，因此，农民得以从繁重的体力劳动中解放出来，但用于土地的支出也成倍地增加了。每亩地的成本345元左右。平均亩产700公斤，按目前市场价格，每公斤1.56元，每亩收入1056元，不扣除劳动力成本，每亩净收入711元。实际上，农产品收获的一部分要用于家庭的消费，商品率很低。如玉米除自己吃以外，基本用于喂猪和喂鸡。用于生产性支出和家庭支出的现金主要来自于打工收入和其他兼业收入。如果某个家庭没有打工者，则该户村民不可避免地陷入贫困状态。农民农业劳动量的减少和现金收入的极大需求是农民外出打工和采取兼业的内在动因，谋求更好的生活条件和更好的发展则是第二位的原因。

附录表2-1　集西村基本情况表

村民小组	总户数	总人口	全家外出务工经商		全家务农	
人口				户数	人口	户数
第一	33	115	19	64	4	7
第二	63	224	23	77	11	25
第三	55	207	8	33	15	47
第四	36	130	10	34	4	8
第五	71	266	10	35	8	15
第六	52	185	12	44	4	8
合计	310	1127	82	287	46	110

集西村没有工业，种蔬菜的几乎没有，前几年，在政府的号召下，种了一部

分梨树，由于缺乏管理经验和梨的品质不好，又陆续被砍光了，因此百分之百的土地在生产粮食。依靠村里的老人和妇女，再加上农忙时外出务工的人有一部分回来参与收获和播种以及利用农业机械，庄稼的长势不错，农业产量既未有大幅度提高，也未出现大幅度下降的情况，劳动量的减少与农业机械的使用有密切的关系。现在小麦的收割基本上使用收割机，耕地使用拖拉机，有时播种也采用机械，人工收割、耕地和播种的情况已不多见。农业的主要劳动量是田间管理，田间管理的主要工作是除草、间苗、浇水和防治病虫害。除草过去是一项繁重的劳动，现在多使用除草剂，劳动强度大大减轻了。浇水和灭虫仍是比较繁重的劳动，但这两项工作都是间歇性的。如小麦的灌溉最多 4 次，一次只需一天至两天。打药只需一到两次，一次也是一天至两天时间。种植棉花收益相对于种植玉米高得多，过去种植面积比较大，但病虫害防治任务重，往往要打很多次药。现在很少有人种棉花了，可能与多数人外出务工和病虫害防治任务繁重有密切关系。

集西村很少种植蔬菜，更没有蔬菜种植专业户，主要原因有四个：一是水质不好。种植蔬菜不像种植粮食作物，需要经常浇水，这里的水质含盐量过高，浇几次土壤就盐碱化了。二是缺乏蔬菜种植经验和种植技术，尤其是种植大棚菜，更需要种植技术。三是距离蔬菜市场较远，并有较大的市场风险。离最近的蔬菜批发市场也有 60 公里。四是务工经商比种植蔬菜的收入高而且稳定，我考虑这是最主要和最关键的因素。

二、集西村农民就业的基本情况

集西村共六个村民小组，人民公社时期有六个生产队。成立村委会后，生产队改称村民小组。据我观察，村民小组已名存实亡，村民小组的职能基本上已由村委会代劳。但村民小组作为统计单元仍有必要。从调查情况看，村民小组之间的差异十分明显。如第一村民小组全家外出务工的较多，而第五村民小组则选择兼业的多。

从表 1 来看，全家进城的共有 82 户，占总户数的 26%，人口 287 人，占总人数的 25%。全家进城的人口中，一部分是上学、入伍，全家户口转入城镇，另一部分是外出经商，在城市定居。有一小部分人在城里购买了住房，其妻子随其务工经商，子女也随其在城市上学。据我了解在城里购房的并不太多，不超过 10 户。有一户在北京经商，开了一家日用品超市，购买了两部面包车，购买了一百

附录表 2－2　劳动力就业情况

村民小组	外出务工	外出经商	本地兼业
第一	11	14	2
第二	52	27	15
第三	30	28	3
第四	16	15	18
第五	29	26	37
第六	27	26	16
合计	165	136	91

多平方米的公寓，积累资金已有几百万元。妻子和女儿都随其居住北京，但上高中的儿子被送回邯郸上学，原因是北京的课程和河北的不同，高考时必须到河北去应考，被迫无奈，只好将其送回邯郸就读。其他在外经商的多是在北京、天津、石家庄、太原、大同等地开办废品收购站，租住该区农民的房屋，子女在当地就学。办工业企业的几乎没有，经商规模较大的也几乎没有，前述在京购房的算是规模较大比较成功的一位。开办废品收购站的多是从收废品起家，当逐步熟悉其中的门道之后，便由走乡串户收购废品改为收购收废品的废品，其收入比较稳定，便有条件将全家迁往城里或住在城市郊区。

在外务工的除极少数外，很少举家迁往城市的，原因是务工收入比较低，除自己消费外，剩余不多，无能力将夫人和孩子一起迁入城内。有一对夫妇，在京务工，当有了孩子后，其妻子便回到农村，专职抚养孩子，不再在城里务工，两个人务工变为一个人务工，全家三口只能依赖一个人的务工收入。

外出务工经商的劳动力数量共有 301 人，占全村人口的 26.7%，占全村劳动力总数的 67%，就是说全村 2/3 的劳动力外出务工经商，只有 91 人在本地兼业，即农忙时务农，农闲时在本地务工或经商。据我调查，外出务工 165 人，外出经商 136 人，务工的多在北京、天津、石家庄、邯郸等，一部分在工厂打工，一部在建筑工地干活。在天津务工的多是在工厂工作，在北京的多是在建筑工地干活。从年龄结构来看，在工厂工作的多是年轻人，多在 30 岁以下，在建筑工地干活的既有青年也有壮年。经商的大多是中年人，青年人数量不太多。

根据调查的情况，农民兼业化已成为不争的现实。集西村全家务农的共有 46 户，以农为生的 110 人，不到总人口的 10%。仔细分析，又多是年龄在 60 岁以上的老人，子女分家另过，老两口独立生活，耕种自己的土地或兼种子女的土地。他们的生活支出也不完全依赖土地，在外务工经商的子女们不断寄钱给他们，也有在春节回家时给一些钱供他们零用。没有子女在外务工经商的家庭不到三分之一，多是心眼不太灵活或子女正在上学。据我所知，这些家庭均比较困难，入不敷出，生活维持在较低的水平上。

三、展望与启示

集西村外出经商务工人员数量多，持续时间越来越长。虽然一部分人全家外出，并有一小部分人在城里购买了住房，但绝大多数人们在村里拥有住房，且房子建得异常高大和坚固，这表明他们仍有落叶归根的想法，同时反映了借此表示他们经商成功的心理。但从社会价值角度进行判断，实实在在是一种资源的浪费，既浪费了宝贵的土地资源，也浪费了资金，辛苦几年赚的钱一股脑儿地盖在了房子上。从长远来看，这部分人将会长期居住在城里，包括大城市和小城镇，不太可能再回到村庄里。他们对农村的建设已是漠不关心，但仍拥有宅基地和承包地。由于土地流转的价值并不高，所以他们一般不放弃土地承包权和宅基地使用权。这不可避免地使中国的城镇化总是拖着一根长长的尾巴，导致城镇化的不彻底性。户籍制度没有根本变革，导致进城务工的农民身份没有根本改变。有些人在城里务工经商多年，既没有融入城市也没有享受现代文明，因为租住的房子多数是郊区农民的住房。

外出务工的劳动力中，多数是青壮年，除了在建筑队务工的之外，在工厂里务工的农民工多数人将选择留在城市，他们是城市的后备军。一旦他们的工资报酬提高或公共服务能够惠及他们，多数人会选择留在城市。他们将和农村实施最彻底的决裂。

在农村兼业的农民多是中老年人，一部分年龄偏大的人将回归到农业领域；一部分年龄偏轻的人会走向专业化道路。专门从事收割、播种、耕地、运输、植物保护或进镇经商。

在农民兼业化的同时，农业必然趋向副业化。虽然没有出现大面积撂荒的现象，但粗放经营的现象仍很普遍，有些耕地上种上了树，附加值高的作物种植面积也在减少。由于兼业化的大量存在，养猪、养羊、养牛、养马的农户越来越少，拥有三轮农用车的农户也在减少。村支书曾向我提议，最好找一家龙头企业将村里的耕地全部租赁过去，在家的农民可到公司里务工。但在农业收益没有大幅度提高的情况下，这种专业化的农业公司也很难发展起来。

通过调查，可得到如下几点启示：

附录表 2 - 3 老人、少年、留守儿童情况

村民小组	60 岁以上	18 岁以下	留学儿童
第一	11	24	6
第二	29	57	12
第三	16	53	6
第四	8	27	6
第五	30	82	13
第六	14	40	4
合计	108	283	47

1. 农民离开农村进城务工经商改善了农民收入状况，提高了农民的生活水平。我在农村看到，农民绝大多数已告别了土房子，而住上了宽敞明亮的瓦房，有的已盖起了砖混结构的楼房，很多经商的农民已有一定的积蓄，消费水平已有大幅度提高。但很多房子无人居住，造成很大的浪费。

2. 全家进城务工经商的农民不断增加，为农地规模化经营创造了条件。近几年，全家进城的农户增加很快，农忙时也不再回来，土地交给父母、兄弟或亲戚耕种，在家的农户耕种的实际面积在增加，虽然收益不高，但政府免除了农业税又发给种粮补贴之后，规模化经营也带来收益的提高。但耕地的流转却不常见，我分析有如下原因：一是外出务工经商的农民因身份和社会保障未根本解决，担心将来无家可归；二是土地流转价值不高，很多人不在乎；三是对土地流转的性质认识模糊，更多的人是没有想到；四是土地承包权本身的模糊性。因土地归集体所有，农民交易的标准不清晰，承包权的交易手续和过户手续如何办理？既没有负责办手续的机构，也没有规范的制度安排。宅基地的流转已经出现，但流转手续却不很规范。一般经村委会同意，买卖双方签一纸协议或连协议也不签，采取“一手交钱、一手交货”的市场化交易方式。

3. 城镇化是一个必然趋势，但在这一过程中面临着多重两难选择。如双重占地问题、“两栖人”问题、“二老种地（老实人和老年人）”问题、农田细碎化和土地规模化的矛盾问题、农业专业化和农民兼业化问题、青壮年进城打工与新农村建设的矛盾问题等。但这是分娩前的“阵痛”，都是阶段性问题，越过了这一阶段，就会进入坦途。

4. 城镇化过程中的种种矛盾，其主要矛盾方面在城市。应加快在户籍制度、住房制度和社会保障制度的改革，尽可能缩短“阵痛”的过程。在户籍制度改革方面，应抓紧研究建立有序的准入制，进一步放开门槛，完善公安部颁布的以具有合法固定住所为基本条件的户口迁移条件准入制，允许符合具有可靠职业和稳定收入的外来人口在经常居住地落户，引导流动人口融入当地社会。鼓励家庭移民，家庭中凡有一人在城镇有固定职业者，允许其家庭成员落户。在住房保障制度方面，多层面完善外来人口的住房保障制度。制订解决外来务工人员住房问题的长期政策，参照城市住房公积金制度，制定并实行外来务工人员住房公积金制度，对建立公积金账户的外来务工人员允许其以公积金购房和支付房租；建设一批低标准的廉租房，向包括外来人口在内的无力购房的低收入群体出租。在社会保障制度方面，主要是解决资金来源问题和流动人口社会保障的可转移问题。逐步创造条件，实现社保账户全国性可转移。在流动人员个人养老保险账户的可转移问题上应加快在农民工输入和输出大省之间进行养老保险关系转移的对接试点工作，在取得经验的基础上向全国推广。除农村人口流入的城市政府增加投入外，对于目前在一些地区出现的“双放弃”（放弃承包权和宅基地）换社保的做法进行总结和研究，在完善测算标准和程序的基础上，在全国推行宅基地、承包地换社保的政策。

第四章 城乡二元体制的非公正性与矫正路径

【提要】 效益、社会平等与政治稳定是政治家通常追寻的施政目标，在一定条件下，这些目标可概括为社会公正目标。在我国，社会公正目标实现的主要障碍是城乡二元体制。中央政府为克服这一障碍所确定的战略是城乡经济社会一体化。本章主要讨论城乡二元体制的非公正性以及城乡一体化与社会公正性目标的契合问题。城乡分割制度既丢掉了效率，又失去了公平，更危及社会稳定，必须通过城乡一体化改革与发展，建立更合理的城乡关系，以提高效率、促进平等、保障稳定。

第一节 若干概念的含义

鉴于在本文使用的若干术语非经济学的标准术语，而有的术语意义广泛，与本文的使用不是完全吻合，需要先做一个简短讨论。

1. 效率。经济学通常用帕累托最优状态表示效率最佳，具体包括生产者和消费者同时实现利益最大化，社会边际成本（投入）与社会边际效用（报酬）相等，包含对外部成本（效益）内部化的要求。本文在讨论城乡一体化时使用的效率概念，主要是指全社会生产者所利用的要素（特别是土地、劳动）得到合理利用，即边际报酬相等。本文在此项分析中将引入国际比较。

2. 平等。大部分情况下，官方文件乃至学术界不大区分平等和公平（公正）之间的区别。符合逻辑的表述，公平应该是指效率与平等的兼顾，而平等是指基于公民政治权利诉求产生的收入均等。但这一表述并没有成为经济学界的共识，原因是政治权利诉求受很多复杂因素的影响，难以形成稳定的、逻辑自洽的解释。本文所用平等这一概念，是指经济利益在城乡居民间的合理分配，而对“合理”地把握则与笔者对社会意识形态的认识有关。

3. 社会稳定。社会稳定是指一个社会内生的通过法制手段预防和化解对抗性冲突的制度环境，其中包括稳定的法律秩序、稳定的政权及政权更迭的有序性。美国学者罗尔斯在《正义论》中把社会稳定作为社会公正的一个要素纳入其理论分析框架。他的理由是，社会动荡其实是对弱势阶层的极大剥夺。社会动荡是财富的重新分配，但这种分配总体上让弱势阶层付出极大代价。但是，社会稳定这一概念容易引起误解。例如，萨达姆领导下的伊拉克、卡扎非领导下的利比亚是不是稳定的社会？按本文提出的定义，当然不是，因为这样的社会其实很脆弱，是一根稻草可压死的骆驼。

4. 公正或正义。本文接受罗尔斯以及其他重要学者的意见，把公正看做在一定法制环境下对效率和平等的兼顾。符合公正性要求的制度特点主要是，在私人领域建立竞争性的按要素市场价格分配的机制，以保障经济活力；在公共领域确立竞争的合理秩序，并通过国民收入再分配渠道确立国民利益的基本平等；在这两个领域均通过民主、公开的原则确立利益冲突的调节政策。

5. 二元体制。这种体制的特点，一是市场不统一，特别是要素市场不统一；二是基本公共服务不均衡，公共财政不能覆盖到全社会，农村地区的公共品供应严重不足；三是社会治理方式不统一。

6. 城乡一体化。世界中等发达以上的国家基本不存在明显的城乡差距，更没有城乡社会在制度上的差异。城乡发展鸿沟与制度差异是中国的一种特殊现象，因此，城乡一体化是讨论中国发展问题时的一个特殊概念。本文使用这一概念的含义是指通过城乡要素市场的逐步统一，实现国家公共服务对城乡社会的全覆盖和城乡居民的权利均等。

第二节　二元体制下效率与平等同时受损的可能性

通常，经济学认为平等与效率之间具有负相关性。但在二元体制下，也可以同时发生效率与平等受损的可能性。埃奇沃斯方框图用来解释效率最大化，本文试图同时解释效率损失和平等缺失。

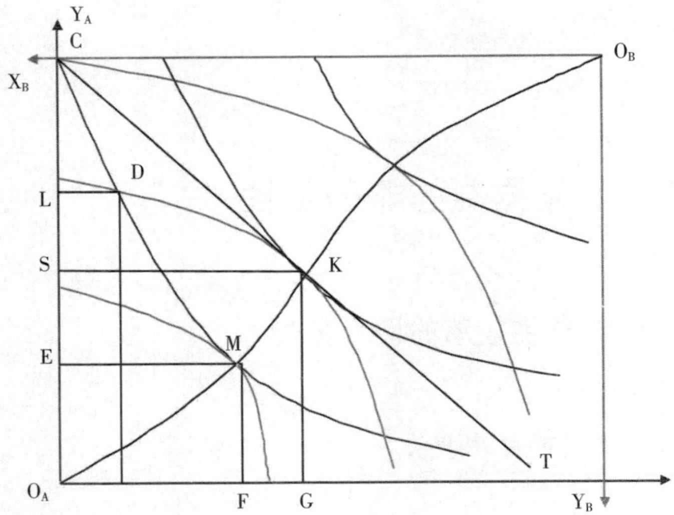

图 4－1　埃奇沃斯方框图

在埃奇沃斯方框图中，纵轴 Y 为农产品，横轴 X 为非农产品。设农村经济部门 A，生产农产品 Y_A；城市经济部门 B，生产工业品 X_B，为社会的总产品。

城市和农村在交换发生前，产品组合为点 C，即农村有农产品 O_AC，城市有非农产品 O_BC。

在自由竞争条件下，农村部门和城市部门面临同一个价格曲线 CT，相互竞争的结果，交易的均衡点为 K，落在契约曲线 O_AO_B 上。

如果自由竞争条件不成立，价格发生扭曲，城市部门在交易中有强势地位，交易点可能发生在 D 点。在 D 点上，城市部门与农村部门的无差异曲线焦点的斜率（比价）不同。

因为 D 与 K 对城市部门是等效用的，而 D 与 M 对农村部门是等效用的，农村部门的效用损失 = FG（少得到的工业品效用）+ SE（农产品的效用损失）。

又因为实际交易点是 D，全社会仍实际生产了 O_AC 数量的农产品和 O_BC 的工业品，产量与均衡水平 K 点的产量相同。但这些产品带来的效用却小于均衡水平 K 状态下的总效用。

概括地说，因市场不统一和价格扭曲，在产生效率降低的同时，也会使福利分配状况变坏。

第三节　二元体制的非公正性

一、二元体制产生效率的巨大损失

1. 劳动要素使用的效率损失

在二元体制下，劳动资源配置调整的根本特点，是城市比农村更缺乏廉价劳动力，其表现是城市的年平均工资水平高于农业领域的年均劳动报酬。学术界对于两者的差距有不同估计，但对这种差距的存在均无疑义。即使将城乡劳动力换算为“标准劳动力”，其在城乡之间的报酬也是不同的。按我所研究人员未发表的研究报告，此项差距在2.2倍左右（按国家统计局的资料，差距还要大些）。如果这种差距是偶然发生，可认为与经济体制无关，但这种差距多年持续存在，则一定与体制有关。在理论上概略地说，“标准劳动力”在城乡之间的输入差距乘以一个总数，便是因二元体制产生的劳动资源配置的效率损失总量，其中个要扣除城市工资水平因竞争而产生的下降因素。笔者估计，这个数值可占到10%左右。

在目前已经有1亿5千多万农村劳动力转移到非农部门的基础上，农村的隐形失业率仍然接近50%（后文将进一步讨论），考虑到中国农业技术提升的潜力，这个数字还要更大一些。隐形失业意味着农民的劳动时间短。粗略估计，中国种粮农民的总的工作日和城市部门职工的加班的时间一样。调查可以发现，农民群体内部的收入高低与农民的劳动时间成正比。在华北平原，如果一户农民种植10亩大田作物，一年两季，每年的劳动时间在现有技术条件下不到两个月。他们的收入总量不多，但每个劳动日的报酬和城市体力劳动的报酬差不多，甚至还要略高一些。劳动时间长的主要是养殖农户以及从事蔬菜、水果生产和其他经济作物的农户，他们的收入自然会高出种粮农民许多。种植经济作物的农户和养殖户的收入高，也是因为他们每年的有效工作日比一般农户要长许多。按这个分析，要让农民致富，就必须让农民增加劳动时间，接近充分就业，而城市化是实现这个目标的根本途径。现行的户籍制度影响这种变化。

常说要农民通过“产业化”等办法增加收入，是一个很大的误解。从理论上说，只要劳动力市场有一定的自由度，只要产品市场有某种竞争性，同样技术含量的工作，其每个劳动日的工资单价不会差很多。为什么养殖业和经济作物生产的总收入很高，而农民不会一窝蜂地去搞？为什么有的地方的农民会拆掉自己的温室，是因为农民自己在核算日工资单价的多少。从我们的调查看，农业产业化水平越高，农民生产经营需要的工作时间越少。如果农民节约的劳动时间得不到利用，收入并不能增加；如果发生价格下跌的情形（高附加值农产品通常会由高转低），农民收入还会减少。只要所谓农业产业化领域的平均日工资单价不高过进城市务工的工资单价，农民就可能去进城打工。在竞争的作用下，大农业领域不论是“产业化”还是“非产业化”经营，农民的工资单价不会有太大差别。凡是总收入高的农民都比较忙。要让农民收入增长，就必须让农民忙起来。但也不能瞎忙，不能在“自然经济系统”里忙，而要在“货币交换系统”里忙，否则不会增加货币收入。

从我们的调查看，统计局发布的关于单位农产品生产中农民劳动时间投入数据，要高于我们自己的农户调查数据。以三种主要粮食生产为例，我们的数据是，每亩小麦、玉米和水稻的用工数量大略分别是4、6、7个工作日（依每个工作日8小时计），平均是5.7个工作日。统计局的数据要比我们的调查高出40%以上。实际上，随着技术的进步和单位农产品的活劳动投入减少的可能性还很大。连我们自己的数据都可能要高一些。即使按照国家统计局的数据，我们也可以看出，农民的有效工作日很有限。也就是说，在已经大量转移劳动力的基础上，农民的有效工作日仍然为充分就业工作日的一半。

在大体自由的市场环境下，农村廉价劳动力源源不断地流向城市。这是中国资源配置效率得以提高的主要的、根本的源泉，也是中国经济成长的核心“秘密”。没有过去的城镇化，就没有今天的经济成就。就大国经济成长历史看，中国的城市化速度创造了新纪录。近十年，中国的城市化率每年大约提高1个百分点。这个速度超过了美国最快时期的城市化速度，它的城市化速度在最快时期城市化率每年大概提高0.5个百分点。我们比一些西方国家的经济发展速度快，直接原因是我们的城镇化步伐快。

2. 土地要素利用的效率损失

我国二元体制在土地要素市场方面有突出反映。一是城乡之间实行不同的土地制度，以至农村土地转为建设用地时，事实上要被征用为国有土地。二是城乡土地交易方式不同。农村土地经由征地环节后，由国家将土地送入二级市场，农民的土地即使符合建设规划，也不能直接与土地最终使用者进行交易。三是城乡土地规划体制有差异。尽管国家已经有了统一的《城乡规划法》，但因所有制不同产生的复杂问题，发生了所谓土地规划及用途管理的“圈内”、“圈外”困扰。

从理论上说，地块的位置相近、用途相近，若因市场不完全造成价格差异，必然产生效率损失。在土地管理和土地交易的实践中，我国土地要素的效率损失表现为以下几个方面：

第一，城市建设用地浪费严重。我国因城市化带来耕地减少的程度超过多数发达国家城市化快速增长时期的耕地减少程度。在土地资源比较紧张的发达国家中，其城镇化率提高较快时期，英国（1771～1850）的耕地面积基本没有减少，日本（1920～1960）略有增加。法国（1851～1954）耕地面积以0.324%的速率减少，但其草地和森林面积有显著提高。[①] 我国实行耕地“占补平衡”政策以后，按官方的数据，耕地没有减少，但占优补劣的问题突出。城市建成区面积的扩大可视为优质耕地的减少。我国城市建成区面积的增长速度在“九五”、“十五”非常快，达到5.34%，但在“十一五”计划期间的前两年速度开始下降，但仍然达到3.84%。这种情形导致我国城市建成区面积的扩张超过城市人口的增长速度，以至城市人口密度持续下降，东部城市甚于西部城市，而东部城市政府最喜欢讲建设用地短缺。[②]

第二，因所有权制度及其对土地规划体制的负面影响，我国住房建设用地被限于城市，且多是平原地区的优质耕地，浅山区土地的房地产开发基本被堵死，形成住房建设用地的紧张。

第三，土地所有制缺陷和城乡土地市场价格差异巨大，也引导农民多占宅基地，造成农村土地的巨大浪费。与日本比较，1954年日本

---

① 主要资本主义国家经济统计集［M］．世界知识出版社，1962.

② 资料来源：《中国统计年鉴》（2009）、《中国城市统计年鉴》（2008），均为中国统计出版社出版。

乡村的住宅占地面积是耕地面积的6.8%，而我国村落占地是耕地的13.3%，超过日本的1倍还多。① 保守估计，通过村庄整治，我国占地约17万平方公里（包括乡镇企业占地）的村落占地可以节约1亿亩地，这个面积足够未来几十年搞经济建设。据笔者参与的农村调查课题，我国农村空宅数占有效总样本宅数10.8%。国家统计局没有关于农村住房空置情况的数据披露。我们根据自己的调查数据和国家统计局第二次农业普查数据做综合分析②，产生以下结果：

表4－1 全国农村闲置住房和村庄闲置土地的价值估算

（单位：亿元）

	空置房屋总价值	闲置土地总面积	闲置土地总价值	价值总计
以大范围村庄调查数据为基础计算（条件1）③	11627	2.2亿亩	19555	31182
以河北省典型调查数据为基础计算（条件2）	26914	1.1亿亩	9777	27891

注：1. 上表计算中，空置房屋分为3类，钢筋混凝土、砖混合其他。比例按全国数据来自第二次农业普查资料确定。价值按我们的调查数据确定，为2008年价格。2. 土地价值按年地租率200元/亩和银行一年期定期储蓄利率计算。

第四，二元体制影响我国农业竞争力提高。随着城市化的推进，粮食生产的比较优势会发生结构性下降，一部分山区耕地会逐步退出耕作，因而存在很大的粮食减产因素。据我的一些调查了解，山区的农业劳动生产率目前是平原地区的一半，以后还会降低。我们将越来越依赖平原地区的粮食生产能力。但因为二元体制造成劳动力转移的不稳定性和所谓“半城市化”缺陷，加上城市建设用地价格过高因素，给农村耕地流转造成困难，农业规模经济难以提升。依我们的调

① 主要资本主义国家经济统计集［M］. 世界知识出版社，1962.

② 计算中参考国家统计局第二次农业普查数据来自“第二次全国农业普查主要数据公报”，新华社2008－2－21消息。

③ 我们的调查涉及11个省份，得到有效农户样本1650个。时间为2008～2009年。

查，我国农村耕地流转比率约为10%，且多为家族内部流转，难以产生农业规模经济。在这种情形下，我国农业已经难以进一步采用劳动节约型技术，农民不得不大量使用化肥、农药增产粮食。随着我国城市工资水平的提高，这种小规模农业的机会成本将持续上升，不利于我国农业在国际上保持比较优势。

3. 宏观经济的效率损失

二元体制产生的宏观经济损失至少表现在以下三个方面：

（1）劳动市场扭曲，劳资关系紧张，就业潜能降低。因为劳动市场客观上对农民工权益保护不力，贬低了农民工的真实工资单价。大量外来人口居住在违章建筑之中，或群租居住，这种情形导致大城市廉价劳动力聚集，以致大城市的劳动力价格甚至低于小城市，使小城市的投资环境恶化，影响小城市经济发展。我国与劳动保护相关的法律执行力度不够，劳动者劳动强度高、劳动时间长，严重影响城市经济体吸纳农村剩余劳动力的能力。比较分析发现，我国国民经济每增长一个百分点对就业的拉动作用，比起发达国家要低许多（见表4-2），这种情形严重制约我国农村人口向城市转移。

表4-2　我国与主要发达国家就业弹性系数比较①

	美国	联邦德国	英国-1	英国-2	日本	中国
时间段	1919~1957	1950~1960	1911~1931	1948~1955	1929~1955	1990~2007
E-GDP弹性系数	0.48	0.42	0.27	0.33	0.23	0.098

---

① 注：1. 资料来源：《英法美德日百年统计提要》，统计出版社，1958年；《主要资本主义国家经济统计集》，世界知识出版社，1962年。2. 除中国外，其他国家的数据分析中用国民收入指标计算，因分析增长率，不影响结论；3. 中国的数据未按照第二次经济普查结果调整，对结论影响微小。4. 有关数据均根据价格指数做了调整，但价格指数类别不同，这一点对结论影响微小。5. 时间段的设定主要是因为考虑数据的可比性。

（2）结构性问题降低了宏观调控杠杆的作用。宏观调控有效发挥作用的前提是市场比较统一，竞争比较充分，但这两个条件在二元体制下均不完整，以至就业和物价参数对调控杠杆反应不敏感。

（3）通过住房市场的价格扭曲，促成了国民收入的不合理分配。城市住房市场价格畸高有多种原因，而二元体制是关键性原因之一。我国今后城市每年新增人口需要500万套住房，按每套房子40万元价格计算，需要资金2万亿；考虑到住房改善性需求，4万亿资金足矣。而2009年我国住房市场的总规模是6万亿！这其中包括了住宅区基础设施建设的费用。这6万亿，按照一套住房40万平均价格来计算，1500万套住房！国家第二次经济普查数据表明，我国2008年“总承包和专业承包建筑业企业”的住房竣工面积竟然达到13.4亿平方米，就是说100平方米的单元房盖了1340万套！超量、高价供应的房屋由市民买单，通过住房市场和税收渠道将城市居民的收入转入了房地产商和城市政府手里。同时，住房市场还将国民储蓄和养老金转化为即时总需求，扩大了国民经济总量的不平衡，促成了通货膨胀危机。

二、二元体制牺牲社会平等

鉴于数据资料的不完整性，要比较确切地描述二元体制所产生的社会不平等，是一件困难的事情。大略来说，二元体制下主要是户籍农民的利益受到损害，其中包括真正的农民，也包括脱离农业但拥有农业户籍的中国居民。近些年，约十多个省份宣布取消二元户籍制度，但那些人口的实际权利大多没有变化。

1. 国民收入初次分配中的不平等

在政策研究界，对这方面问题的研究流于笼统。事实上，因为农产品市场的竞争程度比较高，农业生产者的工资单价并不低，其实际日工资水平超过城市服务业的平均水平。这一点我们在前文已经有交代。

问题发生在城市劳动市场。城市劳动市场存在严重的结构型性缺陷，实际上是把全社会的二元体制搬到了城市，导致农民工与市民之间不平等。大量关于农民工的调查表明，农民工就业主要集中在非正规领域和临时工作岗位。据韩俊领衔的课题组的研究，我国农民工的工资水平是城镇职工的一半左右，且农民工超时间劳动比较普遍，平均每周工作6.3天，平均每天工作8.9小时。[①] 由笔者领衔的课题组的农户调查表明，80%的农民工在城市的工作时间每周在50小时以上，超出标准工作时间20%以上。所以，等量时间里农民工的工资单价更低。这种收入差异虽然不能全部用劳动市场的结构性缺陷来解释，但可以将主要原因归结为这一缺陷是合理的。

2. 国民收入再分配中的不平等

国民收入再分配渠道产生的不平等与公共财政的不合理有关。国家在推动社会主义新农村建设工作以前，对公共投入极少，特别是对农民的社会保障投入接近零。农村“五保户”资金主要来自农村集体。农村资金通过财政和金融两个渠道均为净流出。

新农村建设工作推进以后，情况发生了变化，国家对“三农”领域的投入有了较快增长，2008年至2011年增速达到20.45%，但从作为国民收入再分配主要因素的城乡居民转移性收入来看，农村居民的人均年转移性收入在2008年至2010年之间仍显著低于城市居民的同一指标，仅占其1/9左右！尽管这项指标的增速农村居民快于城市居民，但按目前的增速，尚需71年的时间，农村与城市的绝对水平才能看齐！

---

① 韩俊等．中国农民工战略问题综合研究报告［M］．上海远东出版社，2009.

表 4－3　中央财政“三农”支出与城乡居民转移性收入比较

年份	2008	2009	2010	2011	平均增速
中央“三农”支出总额（亿元）	5955.5	7161.4	8581	10408.6	20.45%
农村居民转移性收入（元/人）	397	483	549	（未含 2011 年）17.6%	
城市居民转移性收入（元/人）	3928	4515	5092	（未含 2011 年）13.9%	

资料来源：1. 国家统计局《中国统计年鉴》（2011、2009 年版）；2. 财政部：2011 年全国财政三农支出近三万亿，见 http://finance.sina.com.cn/nongye/nyhgjj/20120308/114111542991.shtml。

3. 土地要素交易的不平等

农民的主要财产是土地。多年来，土地“交易”一直是国家与农民关系的核心问题。这里有必要在数量上对这一关系做一个概略考察。

新中国成立以来的非农建设用地占用数据一直没有精确统计，研究者使用的数据多有不同。表 4－4 是由笔者所认为的比较可靠的信息来源而整理出的数据。

表 4－4　1952～2010 年我国非农建设用地占用情况

1952～1978 年	1979～1990 年	1991～1996 年	1997～2005 年	2006～2010 年	总计
2315 万亩 *	1220 万亩 *	2646 万亩 * *	2745 万亩 * *	1150 万亩 * *	10076 万亩

* 依据郑振源《土地利用文集》（中国大地出版社，2007 年）推算。* * 依据《全国土地利用规划》（国土资源部 2011 年发布）等有关资料计算。

农民因超出 1 亿亩土地被占用而向社会贡献了多少资金，是一项很不容易算好的账。按照市场经济的原则，即使政府征用土地，也应按照市场价格来支付土地购买费用。这应该是估计农民在出让土地中利益损失的一个基础。但市场价格的数据很难得到，因为在市场扭曲的情况下，无法确定一个合理的市场价格。我们也不能把各地最终土地使用价格拿来计算，一是因为这个价格根本无法获得，二是这个价格有很大的投机因素。但可以根据国民收入分配的一般规律，对农民的土地利益损失做大略的估计。这样估计的依据有两个：第一，按照一般经济理论，在比较充分的竞争态势下（假设如美国经济），国民收入一般分解为三大要素的收入，即利润、地租和工资①，而地租收入一般占到国民收入的10%。第二，1949年以后，我国农民作为土地使用权的所有者，在他们的土地被大量转为非农用途的过程当中没有获得过地租收入，只是在改革开放以后，农民才能从土地被占用上获得很少数量的“补偿费用”。② 不难想见，中国农民在这方面失去的收入总量是相当大的。

第四节 城乡一体化路径

一、城乡一体化目标

党的十七届三中全会提出城乡社会经济一体化发展战略，是“十一五”规划执行期的最重要的决策成就。会议通过的决定概述了2020年之前必须要实现的六项具体目标。尽管会议文件没有明确勾勒城乡一体化的远景，但我们依据主要发达国家的发展历程和我国的实际情况，可以对这一远景目标做一个总的描述。

城乡一体化的远景主要可以有五方面的内涵。一是城乡统一市场的基本建立，特别是统一要素市场的建立；二是城乡居民收入基本一致，农民收入甚至超过全国平均水平；三是城乡居民公共服务水平基

① 经济理论分析中还会有一个“余值”，作为技术进步的报酬，但在实际的国民收入分配中，全部收入被分配为工资、利润和地租。

② 按1997年的《中国统计年鉴》，1996年支付的征地费区区63亿元，而这年是土地征用量比较大的一年。

本一致，特别是社会保障制度的城乡差异完全消除；四是农业高度发达，农业 GDP 比重下降到 5% 以下，全国恩格尔系数平均降到 20% 左右，专业农户成为农村的主体居民；五是城市化率达到 70% 以上。

如果上述目标实现了，中国的城乡二元体制将不复存在。这样一些目标并非不可企及。在我国某些发达地区已经基本实现了这个目标。一些东欧中等发达国家也基本上实现了城乡一体化，而发达国家多在第二次世界大战前完成了这一任务。

我们国家很大，各地经济结构也不一样，各地实现城乡一体化的指标要求也不应一刀切；有的地方的城市化率可以高一些，有的则可以低一些。可以乐观地估计，如果一些重大改革措施能有序跟进，我国在 30 年左右的时间里完全实现城乡一体化。

二、实行积极的城镇化战略

总体看，我国城镇化推进过程获得了显著成绩。一是国家确立了积极稳妥推进城镇化战略。2008 年，国家明确提出城镇化和新农村建设“两轮驱动”，以促进中国经济又好又快发展，而新农村建设不过是城镇化的一个方面。二是国家将一批城市群（带）的发展上升为国家战略，使中央和地方在城镇化发展方面有了更大的共识和更一致的行动。三是制约城镇化发展的一些体制性障碍正在被打破，户籍制度改革的方向更加明确，土地制度改革的原则已经确立，成都等地的改革试点取得了很大突破。四是城镇化的速度比较快，1992 年以来我国城镇化的速度达到 1.2% 左右，超过了美国城镇化速度最快时期 1 倍以上。五是城镇化对国民经济发展做出了巨大贡献，城乡差距扩大的势头被有效遏止。目前，我国城乡居民的收入差距事实上比改革开放前有明显缩小，且按照更科学的方法测算，近年城乡之间的相对差距也比较稳定。

2008 年中央经济工作会议提出的“积极稳妥推进城镇化”的方针要真正落实好，必须有正确的指导思想和一揽子政策措施。大略来说，要注意的方面一是加快农村人口转移，使城市化率至少每年增加一个百分点，有的地方可以更快一些。二是要改善规划管理，逐步实现规划的法制化和民主化。国家层面上要有规划，地方也要规划。要注意合理布局各类城市，使中小城市有更大的发展空间。三是大力推进农业现代化，帮助农民富裕起来。要培养专业农民，使专业农户逐步成为农村的主体居民。四是要在城镇化过程中充分发挥市场对资源配置的基础性作用。五是要维护社会公正，不能在城镇化过程中损害人民的利益。要让市民和农民都享受到城镇化的好处。

三、推进以土地改革为核心的要素市场改革

土地改革要摆脱一切陈旧观念的束缚，坚持以人为本的施政理念。要把人的福祉放在制度安排的首位，以人的福利水平提高为制度设计的标准。实践中，坚持这个标准的要义是处理好平等与效率的关系，在私人领域坚持效率标准，合理安排土地权属类型；在公共领域坚持平等要求，以土地规划的法制化、民主化实现公共目标。

要加快修改有关土地方面法规，落实中共十七届三中全会提出的“明晰产权，用途管制，节约集约，严格管理”的土地管理改革原则。当前要突破的几个关键改革难题是：

第一，通过明晰产权，逐步形成多元化的土地产权结构。要通过落实土地承包权长久不变政策形成农民的土地财产权；要废除城市经营性土地使用权 70 年有效政策，实现使用权长久不变。即使把这两种产权看做“准私有权”，其面积占国土面积也不过 1% 左右。

第二，进一步严格制约平原地区城市扩张，保护我国优质耕地。要重新核定平原地区城市用地的规划指标。住宅区用地的容积率必须在 5 以上。新辟工业区的经济密度每亩地的 GDP 应在 1 千万元以上。除“增减挂钩”政策留下的口子外，应在 3 年后原则上停止平原地区城市建设用地供应。凡利用增减挂钩政策增加城市建设用地的，减一亩，只能增半亩以下，不同城市可差别对待。土地督察机构应该加

强，督察分局的权限应扩大，其负责人的职级可定为副省级。

第三，开放浅山区建设用地市场，让70%的中国家庭拥有独栋房屋。本文前面提出的中国70%的家庭拥有或使用独栋房屋的政策调整建议，乍看不切合中国实际，因为大家以为中国缺地。其实，中国多的是山地、荒地、丘陵、滩涂等农业利用价值低的土地。但我们的制度把大量农业利用价值低的土地排除在住宅用地之外了。只有极少数富豪明星在市区拥有自己昂贵的独栋房屋。中国的两极分化由土地政策显化为现实的存在，必须改政策。要让中国人在农业利用价值低的土地上建造相对昂贵的房屋，给山区、丘陵地区的城市更大的扩展空间。保守估计，仅仅利用浅山区的村庄用地，如果规划适当，就可建造5000万左右的独栋房屋。如果再利用一些不适合农业生产的其他类型土地，再建造1亿独栋房屋也不会有问题。加上原来农民的独栋房屋，全国70%左右的家庭拥有独栋房屋，不是一个梦想。

在改革推动土地制度的同时，还要积极调整劳资关系为核心，深化劳动和人口管理体制改革。认真落实我国有关劳动保护的法律法规，解决劳动强度高、劳动时间过长的问题。以户籍制度改革为重心，全面改革城市社会管理体制。中央可以要求地方按照“保障公平、兼顾效率、维护稳定”的原则加快户籍制度的改革，鼓励城市政府学习重庆、成都户籍制度改革的经验。

四、把乡村治理转化为城市治理，实现社会治理的一元化

我们在长三角、珠三角地区看到，那里村庄已经高度非农化，尽管在我国行政建制上把它们看做乡村，并且使用“乡村治理”这样的政治术语来指称一类工作，但在工作内容上看，已经和农业关系不大。这里当然也存在“表述的滞后”对实际工作的消极影响，甚至可以说这种影响还很大。正因为如此，我们才会认为，有必要通过理论认识的深化，及时转变政治用语，以消除似是而非的政治用语的影响。抛开长远的政治转化不说，在未来一二十年里，我们要达到这样

几个目标：

第一，在全国范围里消除社会治理的二元机制，将所谓乡村治理转化为城市治理，实现社会治理的一元化。

第二，农村大量人口一部分进入现有各类城市，还有一部分进入新兴城市，其余农村人口转变为专业农户，分散在300万个左右的小型居民点中，使农村真正成为农民的工作与生活区域，且农民仅仅有职业身份甄别的意义，其余社会身份和城市居民完全一样。小型农村居民点将不再需要设立独立的公共组织，他们的公共事务归并于小型城市或其他类型城市的郊区政府。

第三，在可预见的未来，中国仅仅需要大约5000万各类农户，这个数量的农户有一定的经营规模，其收入水平可达到全国平均水平。大部分农户可进入中产阶级行列。

以上社会景观的出现，将意味着传统乡村社会的消失。传统乡村社会将是一个“传说”。

第五章　中国特色的城镇化道路[①]

【提要】 以科学发展观为指导，探索中国特色城镇化道路，对于促进区域城乡经济社会协调发展，实现全面建成小康社会的伟大目标具有重大现实意义。城镇化是人类社会走向现代化的必由之路。中国特定的人口、资源与环境以及区域差异，决定了中国必须从基本国情出发，按照中国特色社会主义道路的要求，走中国特色城镇化的道路。本章阐述了世界各国比较典型的城镇化模式，对中国国情进行了分析，提出了中国特色的城镇化道路的基本内涵及路径选择。

第一节　城镇化模式与规律的探索

城镇化是以城市为主导进行生产要素空间再配置的历史过程，其他国家在这一进程中遇到的问题及其解决方式，在一定程度上必然会在当代中国的城镇化进程中有所反映。之所以此处谓城镇化，而不说城市化，是因为在国外没有城市和城镇之分，除农村之外，无论大小

---

① 本章在国家发改委宏观经济研究院研究报告基础上修改而成。课题负责人：肖金成。成员：史育龙、申兵、袁朱、李忠、欧阳慧。

都谓之城市。而中国除了城市之外，还有为数众多的城镇或曰小城镇，而居住在城镇的人口也属于城镇化之列。为了全面概括我国人口生产和居住模式的转变，我国将农村人口向城市和城镇转移到的过程统统谓之城镇化，而不再有城镇化和城市化之分。

一、世界各国比较典型的城镇化模式

城镇化是农业社会、农村文明向工业社会和城市文明转变的历史过程。这一过程既有时间维度上的区别，也有空间经度上的国别差异，不同的国情、发展环境和经济发展战略，使各国城镇化道路有了很大区别，形成了完全不同的城镇化模式，但千条江河归大海，城镇化水平总是不断提高，成为各国现代化水平的主要标志。不同的国情条件使得城镇化模式多种多样，从中可以总结出几种具有典型意义的模式：

1. 英国城镇化模式：城市发展与农村现代化同步推进

从 18 世纪中后期到 19 世纪中期近一百年，英国城市人口比例从 20% 提高到 51%，从而使英国成为世界上第一个高度城镇化国家。1760 年英国工业革命开始后，以蒸汽机为动力的农业机械化设备的出现推进了农业技术革命，促进了英国农业生产力的发展，英国农村出现了大批剩余劳动力并向城市转移，城镇化进程由此加快。圈地运动则引发了农业生产组织方式的改变，大农场的建立、农业生产的规模化程度进一步提高了农畜产品的生产效率，并释放出大量的农村剩余劳动力，满足了毛纺织工业对于原料和劳动力的双重需求。而工业化的推进带动了农业生产工具和农民生活质量的改善，促进了农村的现代化进程。

英国是第一个实现城镇化的国家，也是第一个面临城市人口急剧膨胀，住房短缺、贫民窟密布、公共卫生设施匮乏、环境污染、犯罪率居高不下等“城市病”的国家。从19世纪30年代开始，英国政府开始关注这些问题，设置了济贫法委员会、工厂视察员办公室、卫生总局、地方政府委员会等机构，负责解决上述问题。1868年、1875年先后两次颁布了《工人住宅法》，解决贫民窟问题。拆毁贫民窟后，由政府兴建了商店、公园、仓库、车站、剧院等设施。此外，通过制定并颁布《10小时工作日法》、《雇主责任法》，改善了工人阶级工作、生存状况。到19世纪初英国基本解决了城市病问题。

2. 美国城镇化模式：低密度蔓延式扩展

美国的城镇化起步于19世纪30年代，到1920年时城镇化水平已达到51.2%。20世纪40年代后，随着经济的发展和汽车的普及，许多城市人口移居到郊区，城市空间结构发生显著变化，由最初的紧凑和密集型向多中心分散型转变。在空间格局上表现为城市沿公路线不断向外低密度蔓延。城市平均人口密度由1950年的6536人/平方英里，减少到1990年的3783人/平方英里；纽约大都市区1960～1985年间人口仅增加8%。低密度的蔓延式扩展降低了人口密度，促进了城市与郊区、乡村之间发展差距的缩小，但也带来诸多问题，包括大量森林、农田、绿地被占用，造成土地资源的浪费和生态环境的破坏；工作地与居住地的距离越来越远，在耗费通勤时间的同时，大幅度提高了能源消耗；居住区过于分散，商业服务、文化教育等设施难以配套，加大了基础设施建设的成本；老城区破旧，设施得不到更新，商业服务、文化教育、休闲娱乐的优势得不到很好的发挥。

20世纪90年代以后，美国政府、城市规划者、学者和居民都开始意识到低密度城市空间布局所带来的问题，提出了“精明增长”（Smart Growth）的概念。其主要内容包括强调空间紧凑，用足城市存量空间，减少盲目扩张；鼓励乘坐公共交通工具和步行；加强土地利用的混合功能，保护开放空间和创造舒适的环境；通过鼓励、限制和保护措施，实现经济、环境和社会的协调。

3. 拉美城镇化模式：缺乏产业支撑

拉美国家城镇化的快速发展开始于20世纪50年代。战后拉美国家进口替代工业化战略的实施，加快了重工业的发展，而且这些资本密集型的工业集中布局于几个大城市，国家的城市建设投入也集中于这些大城市。在农村，一方面农业资本主义的发展提高了土地和资本的集中度；另一方面，国家对农业和农村的低投入造成了农业部门的衰退和农村生活环境的恶化，大量人口难以在农村维持生活。在此背景下，大量农村人口涌入城市，而且主要是几个大城市，造成拉美城市人口的增长速度远远超过其他国家。从20世纪70年代开始，大城市的人口每10年就翻一番。而城市的产业，缺乏吸纳这些人口的能力，造成了城市居民的贫困化。到20世纪70年代中期，拉美国家城市人口已占总人口的60%，但在工业部门就业的人口比重却只占20%～30%，大约有1/4的城镇居民生活在贫民窟中，城镇人口贫困比例甚至超过农村人口的比例，被学者谓之“过度城镇化”。

过度城镇化又称超前城镇化，是指城镇化水平明显超过工业化和经济发展水平的城镇化模式。城镇化的速度大大超过工业化的速度，城镇化主要是依靠传统第三产业来拉动，大量农村人口涌入少数大中城市，城市人口过度增长，城市建设的步伐赶不上人口增长速度，城市不能为居民提供就业机会和必要的生活条件，农村人口迁移之后没有实现相应的职业转换，造成严重的“城市病”。

“二战”前夕，巴西、墨西哥、委内瑞拉、哥伦比亚和秘鲁五个处于半工业经济类型的国家，城镇化率和工业化率大致相等，都在10%～15%左右。到1960年，工业化比例没有发生太大的变化，而2万人以上城镇人口的比例却增至30%～50%。2000年，拉美的城镇化率已上升到78%，其增长速度居世界之最。但其城镇化速度大大超过工业化速度，造成城镇化水平与社会经济发展水平的脱节。《1995年世界发展报告》中的数据表明，墨西哥的工业化和经济发展水平远远不如奥地利、荷兰和意大利等发达国家，但 1993 年墨西哥的城镇化水平已达 74%，明显高于奥地利的 55%、荷兰的 62% 和意大利的 67%。而且这些国家的首都“首位度”都很高。

拉美的过度城镇化是由诸多因素造成的。首先，19 世纪后期，即在初级产品出口型经济高潮时期，拉美国家的城镇化是由外部因素推动的，并非是工业化拉动的。正如詹姆斯·R. 斯科比所分析的，“欧洲市场和企业对拉美能够生产的各类食品和原料的日益增长的需求，再加之拉美的城市居民对国外制造品所形成的购买力，开始促进贸易的发展，使之达到了在殖民地时代难以想象的水平。同时新技术也促使商业活动进一步加强”。这一切因素都刺激了拉美城市的扩展。但是，这种城镇化主要体现在农村人口向城市集中和商业的增长方面，而很少涉及城市工业能力的增强。因此，这就难以带动整个社会经济的转型。其次，由于拉美各国的国家重建之路异常曲折艰难，国家制度建设尚不完善，导致了在面对城镇化发展所带来的一系列问题时，政府宏观政策无法应对这一挑战。第三，传统文化对人们产生了很大的影响。印第安时代和殖民地时代的历史遗产深深植根于拉美社会，一些人向往并盲目模仿西方国家的生活方式。第四，忽视传统农业的改造与广大农村地区的发展。这些国家在依靠外国资本发展工业的同时，忽视农业现代化和农村的建设，加剧了城乡差距，导致大量农村人口涌向城市，使城市就业、居住、环境和教育设施不足的问题进一步恶化。拉美农村土地改革不尽如人意，大土地所有制的存在使得农村无法吸纳过多的劳动力。农村人口迁移之后，由于不能实现相应的职业转换，造成严重的“城市病”。

拉美城镇化水平虽然已经接近发达国家，但经济发展水平只是发达国家的 1/10 甚至更低，城镇发展质量差。从 20 世纪 90 年代末期，拉美各国政府开始采取一些措施解决过度城镇化问题，包括控制人口增长，增加对农业和农村的投入，重新调整区域空间布局，发展中小城市等。

4. 苏联城镇化模式：政府主导

1917 年俄国十月革命胜利后，在计划经济体制下开始了现代工业化进程，城镇化随之全面展开。1928 年，苏联开始制订国民经济发展五年计划，经济发展步入了快速发展时期。大批工业企业，特别是重工业企业的建成投产，既推动了所在城市的建设，又吸收了大量农村劳动力和人口进入城市，推动了城镇化进程。到 1940 年苏联城镇化水平达到了 32.5%，13 年提高了 14.5 个百分点，年均增长超过 1 个百分点。“二战”后随着经济的迅速恢复，城镇化进程也取得显著进展，1950 年城镇化水平提高到 38.9%，1965 年城镇化水平达到 52.0%，进入 70 年代，城镇化水平在超过 60% 以后速度逐渐放缓。

从苏联的城镇化过程可以看出，由于人口总量少，即使其工业化以重工业起步，且重工业始终占有较大比例，其城镇化依然达到了较高水平。然而，农业和轻工业的滞后也始终影响着苏联经济的健康发展和城镇人民生活水平的提高，而且苏联在严格的计划经济体制下，通过自上而下的政策实现城镇化，城乡“二元结构”特征显著。

5. 亚洲新兴工业化国家城镇化模式：城乡交错发展

上世纪 50 年代以后，东南亚一些国家和韩国选择“出口导向”发展战略，迅速推进了工业化和城镇化进程，并形成了以大城市和周围地区的高速增长为基本特征的经济、技术和社会发展模式。中心城市的空间范围迅速扩张，在城市边缘出现了规模庞大的城乡交错地带。同时由于交通基础设施的发展，不仅使过去独立发展的城市之间发生了密切的联系，而且沿城市之间的交通线形成了新的产业走廊。

亚洲新兴工业化国家出现的人口向少数大城市集中的趋势，是与其人多地少的基本国情密不可分的，特别是东南亚新兴经济体，在面临巨大人口压力和在国际产业分工中处于不利地位的条件下，依托人力资源优势实施出口导向战略，劳动密集型加工制造业在大城市周边地区蔓延，出现了大量“似城非城，似乡非乡”的“灰色区域”城镇化地带。

二、关于城镇化规律的探讨

从世界已经形成的城镇化模式可以总结出一些具有规律性的东西，值得在探索中国城镇化发展道路时加以关注。分析其他国家城镇化进程的特点并从中找出城镇化发展的规律，是研究和探索中国特色城镇化道路的重要内容。

1. 城乡关系是城镇化进程中的主要矛盾

城镇化是农村人口由乡到城的转变过程，因此城乡关系必然是城镇化过程中的主要矛盾。在城镇化起步阶段，发达的农业和农村经济成为城镇化的重要基础。英国早期的城镇化建立在技术革命和制度革命的基础上，现代化工厂的诞生促进了生产效率的提高，带来了巨大的原料需求，促使农业转变生产方式，满足城市产业发展对原料、劳动力和市场的需求。在工业化过程中，城市工业则为农业技术及生产工具进一步改良提供了足够的设备和资金支持。拉美国家由于投资政策的“城市偏好”，造成了严重的乡村凋敝，显著的城乡差距促使大量农民加快向城镇转移，影响了城镇化的质量和大量城市贫民的出现。日本、韩国等亚洲国家在面临比较尖锐的人地矛盾情况下，由于对农业采取了保护措施，在城镇化快速发展的同时，有效避免了农村地区的严重衰退。

2. 市场机制与政府引导相结合是城镇化健康发展的重要条件

美国是市场经济最发达的国家，在城镇化和城市发展的过程中，政府没有及时对城镇化加以有效的引导。过度的郊区化、城市不断低密度蔓延、城镇建设无序以及空间和社会结构性问题日益突出被认为是美国政府对于城镇化和城市发展引导不够的结果。苏联实行高度集中的计划经济体制，采取重工业为主的发展战略，城镇化水平虽高，但城乡人民生活水平却不高，农村经济也严重衰退。而以英国为代表的西欧国家之所以能够较好地解决大量农村人口涌入城市后带来的就业、居住等问题，就是在发挥市场机制作用的同时，政府通过法律规范、规划约束、加快基础设施建设等措施发挥了重要的调控作用。

3. 体制创新是城镇化发展的重要保障

作为社会结构的重大转换过程，城镇化同时受到来自城市和乡村两方面经济社会多因素的影响。从西欧国家的经验来看，城镇化进程本身就是各种相关制度创新的过程。从 1795 年到 1865 年，英国废除了以限制农民迁移为目的的《定居法》，并不断放宽农民迁移的限制，扩大农民的迁移范围和贫民的居住地范围，从而为保证农村人口向城市的迁移提供法律保障。为解决农村移民的住房问题，英国政府颁布了《工人住宅法》，解决了贫民窟的问题。与此相反，因体制创新不足而拖延了城镇化进程的例子也不少见，法国的小农经济就被认为是延缓了农业劳动力的转移，从而延缓了法国城镇化进程的制度因素之一。

4. 可持续发展成为城镇化的重要主题

随着城镇化进程的不断推进，环境保护问题成为当今各个国家都必须面对的一个重要问题。城镇化进程引起的生活方式改变导致了人均能源消耗的大幅度上升和温室气体排放的大量增加，并由此引发了全球性气候变化问题。城市各类废弃物排放显著增加，不断加大对于环境的压力，并成为全球性难题。与此相对应，如何在尽可能减少对自然资源的占用而实现城镇化，成为城镇化过程中需要解决的重点问题，即使是美国这样一个土地等各种资源条件较好的国家也在反思其占地多、能耗高的城镇发展模式。近年来，西方学者提出了以可持续发展和资源节约为主旨的城镇化发展进程中的“精明增长”以及城市扩张中的紧凑发展（Compact City）理念，这些理念越来越成为各国城镇化发展的共识。

第二节　中国的基本国情与城镇化道路的选择

中国特色的城镇化道路既要考虑城镇化的一般性，也要考虑特殊性。没有一般性，就可能偏离城镇化质的规定性，有可能南辕北辙，非驴非马，甚至搞成“四不像”。没有特殊性，一味追求发达国家的发展模式，或沿着发达国家的城镇化道路亦步亦趋，有可能造成巨大浪费，失去城镇化机遇，与现代化目标擦肩而过。所谓特殊性就是要考虑中国的国情，在空间上、时间上、主体上和任何外国都有所不同，所以，中央提出的走中国特色的城镇化道路是十分英明的抉择。

一、中国的基本国情

我国国土面积大但适合人类居住的空间有限，人口众多而人口素质不高，实现城镇化面临着特定发展阶段和社会主义市场经济体制不健全等多方面约束，充分认识我国的基本国情是探索中国特色城镇化道路的基础和前提。人口规模巨大，特别是需要向城镇转移的人口规模巨大，而本身的土地和水资源相对有限；处于经济社会转型和加快实现工业化、城镇化的关键时期，承担着加快产业结构升级和吸纳大量人口就业的双重压力。不可能像发达国家那样通过对外大量移民减轻人口压力，也不可能像他们那样在长达百年的时间内从容地、分阶段地完成城镇化过程。这一切使得我国的城镇化发展面临着世界上所仅见的复杂条件和环境。

1. 宜居土地和水资源不足，人地关系紧张

我国的自然环境不同于美国和欧洲，平原少而山地多。土地资源中山地占33.3%，丘陵占9.9%，盆地占18.75%，平原占11.98%，适宜城镇建设的土地资源非常匮乏。综合高程、年降水量、≥10℃积温、土地利用、土壤侵蚀、地形坡度、地貌等地理因素对人类居住地适宜性的影响分析，一类宜居土地仅占全国国土面积的19%①，而且主要分布在海岸线和东部地区，又与优质农田高度重合。在这些地区既要发展农业，解决粮食保障问题，又要建设城市，享受现代文明，人地关系紧张是必然的。

受自然与人为多种因素的影响，我国的生态环境十分脆弱，国土的一大部分属于干旱和半干旱区域，西北干旱区和青藏高原区生态十分脆弱，而东部季风区因降水集中，却容易引起旱、涝、山体滑坡等自然灾害。这些地区对人类经济活动特别敏感，环境承载能力低下，极易出现生态环境退化现象。从水资源的分布看，我国水资源分布南多北少，东丰西缺，80%左右集中于长江流域及以南地区，但开发利用难度较大。目前我国城市缺水问题十分严重，尤以环渤海和东南沿海地区最为突出。今后城市缺水形势会更加严峻，将从以工程型缺水为主向资源型与水质型缺水为主转变。水资源越来越成为影响城镇化的重要限制因素。

（1）自然地理条件的区域差异

我国自然地理条件存在着巨大的差异，主要表现为三大自然区和三大阶梯，基本决定了社会经济发展的宏观框架，是影响城镇化道路的关键性因素。三大自然区即东部季风气候区、西北干旱和半干旱区、青藏高寒区。其界线：北起大兴安岭西坡，南沿内蒙古高原东南

---

① 参见仇保兴，《第三次城镇化浪潮中的中国范例》，城市规划，2007年第6期。

部和黄土高原西部的边缘，直至与青藏高原东缘相接，此线以东为东部季风区；再沿青藏高原北部边缘划分出西北干旱区和青藏高寒区。三大阶梯是从地势上划分的，青藏高原为最高一级阶梯；其东至大兴安岭、太行山和伏牛山以西为第二级阶梯；再向东为第三级阶梯，这里分布着我国的主要平原和低山丘陵。在此基础上，生态和环境的地域分异更加复杂。温度和湿度是决定陆地地表大尺度差异的主要原因，吴绍洪等在三大自然区的基础上进一步对我国自然地域系统（生态地理区划）进行划分。(1) 根据≥10℃的积温值，辅助≥10℃的天数、最暖月平均温度、最冷月平均温度等，参考土壤、植被和地貌，从北而南将全国划分为9个温度带，加上青藏高原共分为11个温度带。(2) 再根据降水量、相对湿度等，参考土壤、植被和地貌指标，划分出四类地区，即湿润、半湿润、半干旱和干旱地区。(3) 两项叠加形成21个干湿地区。(4) 按照地形的作用和影响，继续细分出49个自然区（如表5－1）。由于人们都愿意生活在气候比较温和、干湿比较适度的地区，因此暖温带、亚热带地区最适合人类居住，而过热和过冷的热带和寒带地区则人口稀少。

表5－1　中国生态地理地域系统

温度带	干湿地区	自然区（个）	主要分布地区
Ⅰ寒温带	A 湿润地区	1	黑龙江北部
Ⅱ中温带	A 湿润地区	3	东北三省
	B 半湿润地区	3	内蒙古东部
	C 半干旱地区	4	内蒙古中部
	D 干旱地区	5	内蒙古西部、宁夏、甘肃西部、新疆北部
Ⅲ暖温带	A 湿润地区	1	山东半岛
	B 半温润地区	4	北京、天津、河北、河南、山东大部、陕西中部、山西东部
	C 半干旱地区	1	山西西部、陕西北部、甘肃东部
	D 干旱地区	1	新疆南部
Ⅳ北亚热带	A 湿润地区	2	上海、江苏、安徽、湖北、陕西南部

续表

温度带	干湿地区	自然区（个）	主要分布地区
Ⅴ中亚热带	A 湿润地区	6	浙江、湖南、江西、四川大部、重庆、贵州、云南大部
Ⅵ南亚热带	A 湿润地区	3	福建、广东、广西南部、云南南部、西藏南部、台湾大部
Ⅶ边缘热带	A 湿润地区	3	云南南部、海南岛大部、台湾南部
Ⅷ中热带	A 湿润地区	1	海南岛南部
Ⅸ赤道热带	A 湿润地区	1	南沙群岛
HI 高原亚寒带	B 半湿润地区	1	青海南部、西藏中部
	C 半干旱地区	2	西藏中部
	D 干旱地区	1	西藏北部
HII 高原寒带	A/B 湿润/半湿润地区	1	西藏东南部
	C 半干旱地区	2	西藏西南部、青海东部
	D 干旱地区	3	西藏北部

资料来源：陆大道等《（2006）中国区域发展报告》，商务印书馆 2007 年。

（2）生态环境脆弱

由于自然与人为多种因素的影响，我国的生态环境十分脆弱，干旱和半干旱区域占国土的大部分面积，西北干旱区和青藏高原区基本处于生态脆弱的境地，而东部季风区因降水集中，却容易引起旱、涝、山体滑坡等自然灾害。国家环保总局 2006 年 6 月发布的《中国生态保护》白皮书显示，我国干旱半干旱地区、高寒地区、喀斯特地区、黄土高原等生态脆弱地区占国土面积的 60% 以上。这些地区对人类经济活动特别敏感，环境承载能力低下，极易出现生态环境退化现象。我国的江河源头、高山地区、边远地区等有林地被破坏，成熟林减少，中、近熟林受到威胁；干旱半干旱地区长期超载过牧，草地面积和质量均大幅度减低，由此而引发的水土流失和沙漠化、荒漠化日趋严重，荒漠化的扩展速度为每年 2460km^2，相当于一个中等县域①。

① 肖金成等《中国空间结构调整新思路》，经济科学出版社 2008 年出版。

黄土高原、滇桂黔喀斯特地区等水土流失最为严重。西北地区的经济与城镇发展主要集中于占国土面积很小的绿洲之内，但其生态环境的承载压力已近饱和。未来城镇发展的重点区域应是沿海地带和中西部地带的平原和盆地，但必须防止人为因素对环境的破坏，而广大中西部地区的大规模城镇建设将受到限制。

（3）耕地数量不足，人地关系紧张

我国山地占 33.3%，丘陵占 9.9%，盆地占 18.75%，平原占 11.98%，土地资源总体质量较差，承载能力较低，适宜于人类活动的地域非常有限，集中在东部地区和中西部的盆地地区。但其间人多地少的矛盾日益突出，我国 90% 的耕地分布于东南部湿润半湿润季风区，正与城镇化高速发展地区相重合，既要发展农业，解决吃饭问题，又要建设城镇，享受现代文明。因此，致使耕地减少过快，浙江、福建、广东等省人均耕地已低于联合国粮农组织规定的最低警戒线（0.053 公顷）。我国耕地面积仅有 18.26 亿亩，人均 1.36 亩。2011 年，我国粮食总产量 11424 亿斤，人均 800 多斤。而且后备资源不足，据国土资源部 2000 年对全国未利用土地评估，可开发的宜耕后备资源约为现有耕地总量的 3.7%，还主要位于西北地区（占 60% 以上）[①]，开发潜力不容乐观。地形地貌和耕地供给的约束基本决定了国家未来城镇的发展空间，在保护优质耕地资源，服从国家粮食安全战略，控制对耕地的刚性占用的前提下，须采用集约、紧凑的国土开发模式。

（4）水资源分布不均，城市供水短缺

我国水资源分布不均，首先表现为南多北少，80% 左右集中于长江流域及其以南地区；而从东西来看，又是东丰西缺，西部山高水深，地面径流少，地下水位低，南方丰富水资源的相当比例分布在开发利用难度较大的西南地区，西北降水少、蒸发大，是缺水最为严重的地区。由于城镇发展加大了水资源的利用数量与强度，目前我国城

① 陆大道等《中国区域发展报告（2006）》，商务印书馆 2007 年出版。

市缺水问题十分尖锐，尤以环渤海和东南沿海地区最为突出。环渤海地区属于资源型缺水，是全国地下水超量开采和地下水漏斗最集中的地区，正在实施的南水北调工程就是为了解决京津冀鲁的工业和城市用水。长三角和珠三角等东南沿海地区主要是蓄水、饮水和市政供水设施不足，以及大部分水体受到污染。今后城市缺水形势会更加严峻，将从以工程型缺水为主向资源型与水质型缺水为主转变，越来越成为影响城镇发展的重要限制因素之一。未来西部地区不可能像东部一样发展更多、更大的城市，城镇化速度和模式不应该与东部地区相提并论；环渤海等地区必将受到水资源短缺的困扰，制约城镇化发展的规模；即使在水资源比较充裕的东南沿海地区，也必须依照高效利用和切实保护水资源并重的原则，加快调整城镇建设布局，完善城镇功能。

2. 人口众多，人口流动规模和空间跨度大

人口众多是我国的基本国情。根据“六普”数据，我国人口达到13.70536875亿人（包括大陆13.39724852亿人、香港7097600人、澳门552300人、台湾23162123人），在占世界7.2%的国土面积上居住了21%的人口。据国家人口发展战略研究课题组公布的研究成果，本世纪中叶我国人口总量峰值将达到15亿。届时中国的城镇化水平预计将达到70%以上，总量超过10亿的城镇人口将成为全球最大的城镇人口群体，这不仅意味着空前的资源环境压力，同时也表明未来将有3亿~3.5亿的人口从农村转移到城市和城镇。

人口数量多，质量低，结构不合理。尽管20世纪70年代实行了控制人口快速增长的计划生育政策，但由于庞大的人口基数和不断改善的医疗卫生保健状况，我国人口总量仍然呈不断增长的趋势。然而，总体人口质量偏低，从科学文化方面看，存在相当数量的文盲、半文盲人口，高素质人才不足，第五次人口普查显示，2000年我国文盲率为6.72%，与世界发达国家相比尚有很大的差距（1994年美国

25岁以上人口文盲半文盲率为0.6%，1991年加拿大25岁以上人口文盲半文盲率为1.0%）；从身体素质方面看，1997年我国的婴儿死亡率为33‰，预期寿命71岁（2000年），而美国、日本、加拿大的婴儿死亡率分别为7‰、3‰，预期寿命分别为77.7岁、82.5岁[①]。由于20世纪80年代生育高峰出生人口开始进入劳动年龄的行列，使得我国劳动力资源十分丰富，大量农民进城势在必行，相对城镇来说，他们的整体素质偏低，缺乏职业技能培训，在劳动力市场中处于弱势地位，增加了其转移任务的艰巨性和长期性。

农村富余劳动力转移分进城务工和就地转移到乡镇企业两种形式。大部分通过流动就业向城镇转移，据2004年国家统计局对全国31个省市区6.8万个农户和7100多个行政村的抽样调查，农村外出务工劳动力近1.2亿人。其中：一部分在城里有了稳定的工作，逐渐成为城里人；另一部分又回到农村务农；而由于人口移动在前，规范化就业滞后，大多数选择“候鸟式”的生活、就业方式，亦工亦农，亦城亦乡，在城乡间流动就业；同时还不断有一些现在农村的剩余劳动力及每年新增劳动力加入转移就业之列。随着农业技术的进步和劳动生产率的提高，推动农民向非农产业和城市转移，农村富余劳动力转移流动是一个长期的历史过程，城乡间的流动就业将继续保持亿人以上的规模。

受地区发展不平衡和利益导向的影响，农民工跨省流动一般由不发达地区流向发达地区，表现出向东流动的趋势。中西部地区为主要输出地，由于东部地区、大中城市就业容量大、收入高，吸引着大量外出打工人员，成为主要输入地，特别是珠三角、长三角地区成为强势吸引中心。2004年，跨省流动的农民工到北京、天津、上海、浙江、江苏、广东、福建7省市的占82%，到大中城市的超过60%。广东是吸引跨省劳动力最多的，占全部跨省流动就业的农民工的40%以上，浙江、上海、北京次之（见图5-1）。随着沿海发达地区一些产

① 联合国人口基金编《世界人口状况（2006年）》。

业向中西部转移，促使中西部农村劳动力就近就地转移也有所增加，达到一定比例。

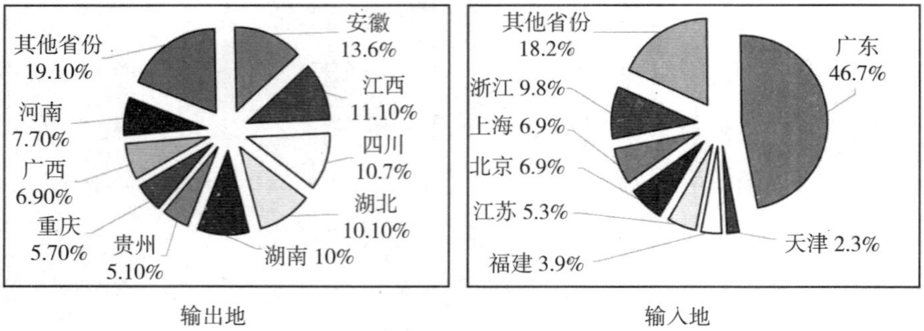

图 5－1　2002 年农民工跨省流动就业的输出地、输入地分布

资料来源：国家统计局农调队 2002 年调查数据

受地区发展不平衡和利益导向的影响，农村富余劳动力呈现出跨省流动，即由不发达地区向发达地区转移，从西向东流动的趋势。不仅人口流动数量大，而且由西至东的空间跨度也相当大。东南沿海地区的务工人员多来自四川、贵州、河南等中西部省份。如此规模和空间跨度的城镇化进程是人类历史上前所未有的。

3. 区域间经济发展水平差异较大

辽阔的地域使我国各地区在自然、经济地理和区域文化方面差异显著，经济发展水平差距较大。改革开放以来，经过多年的建设，虽然各个省区的工业得到长足的发展，但区域差异仍然巨大。2006 年，广东省第二产业增加值 13431. 8 亿元，江苏 12250. 8 亿元，而青海、宁夏只有 300 多亿元，海南 287. 7 亿元，西藏 80. 1 亿元。人均 GDP 也存在很大的差距，2006 年，上海的人均 GDP57695 元，北京 50467 元，而贵州仅为 5787 元，云南和甘肃也未到 10000 元。从第二产业在 GDP 中的构成来看，2006 年，全国平均值为 48. 9%，山西、山东、天津、江苏均达 56% 以上，而海南为 27. 3%（见表 5－2）。以第二产业增加值占全国的比重来看，沿海七省（河北、辽宁、山东、江苏、浙江、福建、广东）接近全国总值的60%，东部沿海的工业化程度远高于中西部内陆地区，工业向东部集中的态势十分明显。鉴于我国工业化的地区差异，集中于东部沿海省市，因此普遍而论，东部的城镇化水平也高于中西部地区。东部地区处于工业化中后期，城镇体系较为合理；中部地区城镇体系框架初步形成，但中心城市在区域经济中的地位不十分突出，缺乏承上启下的次经济中心城市；西部大部分地区处于工业化、城镇化发展的初期阶段，不仅中小城市、小城镇没有得到充分发展，而且大城市发展速度也很慢。多个研究表明，随着经济全球化和信息化程度的提高，这种空间分化现象还会进一步加强。

表5－2　不同省区的工业化及城镇化水平

（2006年）

地区	二产占GDP比重（%）	城镇化率（%）	地区	二产占GDP比重（%）	城镇化率（%）
北京	27.84	84.33	河南	53.81	32.47
天津	57.08	75.73	湖北	44.39	43.80
河北	52.44	38.44	湖南	41.64	38.71
山西	57.83	43.01	广东	51.26	63.00
内蒙古	48.57	48.64	广西	38.91	34.64
辽宁	51.12	58.99	海南	27.34	46.10
吉林	44.80	52.97	重庆	42.99	46.70
黑龙江	54.38	53.50	四川	43.71	34.30
上海	48.51	88.70	贵州	42.98	27.46
江苏	56.60	51.90	云南	42.74	30.50
浙江	54.05	56.50	西藏	27.52	28.21
安徽	43.07	37.10	陕西	53.95	39.12
福建	49.17	48.00	甘肃	45.82	31.09
江西	49.69	38.68	青海	51.62	39.26
山东	57.76	46.10	宁夏	49.22	43.00
			新疆	47.92	37.94

4. 我国仍处于工业化的中期阶段

处于工业化中期阶段是我国又一个重要的基本国情。工业化中期阶段是重化工业和一般制造业同步发展的阶段，也是附加值较高，市场更大，需要劳动力较多的阶段，所以，伴随着工业化，城镇化水平也必然随之提高。工业化初期，主要为农业服务和为城市居民服务，生产规模较小，生产相对分散，劳动者向城市集中的意愿不强。工业化中期较之工业化初期，生产集中化程度更高，劳动者的素质更高，劳动者在城市居住的意愿更强。与此同时，为工业生产服务的第三产业将获得较快的发展，其需要的劳动力更多。所以，工业化中期，一般是城镇化水平提高较快的时期。到工业化后期，重化工业将转移到其他国家和地区，工业高端化和工业自动化程度更高，需要的劳动力较少，且要求素质水平较高的劳动者，出现技术替代劳动力的典型特征，城镇化速度也将趋缓。所以，工业化中期是提高城镇化水平的重要时期，也是城镇化、现代化的重要机遇期。

城镇化与经济发展呈显著的正相关关系。发达国家在城镇化加速时期，这种相关性表现得相当明显。发达国家在整个工业化中期，工业化与城镇化的相关系数极高。1841～1931 年间英国为 0.985，1866～1946 年间法国为 0.970，1870～1940 年间瑞典为 0.967，整个发达国家为 0.997，工业化率与城镇化率曲线几乎是两条平行上升的曲线。应该指出的是，农村劳动力的地域迁移先于职业转换是一种较普遍的现象。大部分发达国家城镇化进程如英国的圈地运动方式、美国自由迁移方式和德国容克买办方式等，都具有地域迁移先于职业转换的特征，但基本上属于同步城镇化模式。

工业化、城镇化、市场化、信息化、国际化是实现现代化的重要内容。在努力发展高技术产业和知识经济，提高国际竞争力同时，我们还必须面对每年数百万高校毕业生和近千万农村人口转移所带来的就业压力问题。经过 20 多年的努力，我国初步建立了社会主义市场经济体制的基本框架，市场配置资源的基础性作用不断加强，但现有的市场经济体制仍处于发展完善阶段。科学发展观作为今后相当一个时期经济社会发展的指导思想，尚缺乏相应的保障机制。户籍制度（特别是附加在户口之上的社会福利）、土地制度、财税制度、政绩考核制度都存在着制约城镇化健康发展的重要因素。

20 多年来，大量的国外资本进入我国，大量产业、原料和成品也来到我国，进出口贸易以及相关的基础设施得到迅速发展，这些都对我国城镇化发展起到重要的助推作用。尤其在加入 WTO 以后，随着经济全球化和我国对外开放程度的不断深化，经济活动更直接进入全球的竞争与合作范围，发展环境更趋于国际化，发展机制和运行方式更进一步与国际接轨。经济全球化大幅度促进了我国沿海地区的制造业、运输业、进出口贸易等发展，将我国经济融入国际经济的大循环之中，同时也带动中西部的大量人口向沿海地区的大跨度流动。由于各地的区位条件和投资环境不同，对外资的吸引能力也就存在着不小的差距，东部沿海和中西部少数地区是我国国际化的重点区域，特别是东部沿海省市成为外资主要投资地。各省市区经济参与国际市场程度的不同造成城镇化的地区差异，它已经成为我国城镇化发展的主要影响因素。一般来讲，经济国际化与我国城镇化水平呈正相关，经济国际化水平较高的地区城镇化水平较高。外商对我国的投资集中在城镇化率高的地区、进出口贸易活跃的地区，如长三角、珠三角、京津冀、山东半岛、辽中南等地区。反之亦然，经济国际化水平较低的地区城镇化水平也较低，经济外向度较弱。

信息化与城镇化具有相互推动和促进作用。信息化一方面间接推动城镇化的扩展，加快城镇化的步伐；另一方面使得集约型城镇化成为可能，使之成为未来城镇化道路的重要方向。以传统工业为引导的城镇化产生大量的环境和资源问题，已成为当前发展的重大难题，而信息化将催生新的以流动和信息、有形和虚拟的网络为支撑、具有多中心、多节点的城市形态，将有利于缓解土地资源紧张和城镇化用地过快扩张等问题。目前，信息化、网络化、数字化程度也已成为城镇化综合实力、城镇生活水平和发展潜力的最重要指标。

5. 传统文化对城镇化发展具有抑制作用

我国巨大的自然、经济地理差异也造就了千差万别的区域文化，而它又反过来影响城镇化过程。文化是一种广泛的社会意识，当今文化力量对于经济发展的作用日益显著，也是经济发展的关键要素。我国传统文化对城镇化道路的影响，主要表现在它与市场经济、对外开放等发展潮流不相吻合，对生产要素的质量、经济社会环境、产业组织结构等方面产生重要的影响。

劳动者具有什么样的文化背景、什么样的价值观念，会左右他们对待生产劳动的态度。坚忍不拔、百折不挠的创业精神与文化有着十分密切的关系。衡量一种文化能否对创业有积极作用，核心的标志在于能否培育大批具有创新精神和创业能力的企业家。改革开放以后，浙商成为中国的第一商帮，这种“重商”的社会氛围是与区域性商业文化密不可分的，“重利”的意识和以财富数量衡量人生价值和社会地位的“职业观”，使其在经商办厂中能获得强烈的激励。他们抓住历史机遇，最终使经济迅速崛起与高速发展。

在一定的硬件条件下，区域软环境上升为主要决定因素。软环境本质上是人的问题，具体表现在特有的价值取向及由此派生的经济、政治、法律观念、行为方式等方面，从而影响市场经济运行模式、政府行政管理模式等。首先，社会占主流地位的经济观念来源于特殊的文化背景。早在南宋期间浙江东部地区就形成了具有浓厚功利主义、能力主义、个体主义色彩的永嘉文化，在此文化背景和社会伦理道德规范下，浙江历史上就有较强的经商传统和意识，且敢于创新，善于吃苦，讲究务实，崇尚个性和个体能力。在我国中西部地区好多地方社会文化传统及社会意识、观念却是相反的情形，市场和商品意识淡泊，缺乏鼓励、促进、保护自主创业的文化因子与风尚。其次，政府执政模式来源于政治文化传统。以政府为中心、政府至上是我国几千年传承至今的心理习惯和思维定势，以至于大多数国民至今还是把自己一切愿望的实现寄托在政府身上，期盼政府为自己做主，特别是在比较封闭的中西部内陆地区，离形成尊重个人自由、权利的社会政治文化还有很大的差距。政府支配整个社会，几乎没有边界的权力干预市场，使之处于扭曲状态。

在不少欠发达地区，民营中小企业发展缓慢或难有突破，其原因不仅是缺少制度环境，政府本位的政治文化传统亦起着抑制作用，各种收费多如牛毛等，而且也缺少必要的人才，缺少民众的基础、认同感，甚至某些传统经济伦理排斥私人办企业、私人占有财产，民营企业家的社会地位低，民营企业的正当权益经常面临侵害。其次，文化的类型决定了产品的品质。劳动者的文化水平、道德水平、个人爱好以及鉴赏能力，将是产品竞争力的主要因素。消费意识和消费品位对企业的产品开发和技术改造产生强大的影响，好的消费者是一种竞争力的源泉，是一种重要的资源。

专栏 5.1　宁波经济绩效的文化因素分析

传统文化“工商皆本”思想与现代市场经济规则相结合，成为宁波区域制度变迁的思想基础。浙东文化的“工商皆本”和“经世致用”的思想是宁波区域经济发展的文化动力因素，在价值观念上表现为“君子爱才、取之有道”的经营理念，现代宁波帮企业家精神的核心沿袭了浙东文化的精神核心，通过创新形成与市场经济规则相符合的文化精神。

宁波从商习惯也是宁波区域经济发展的文化动力因素。旧时，甬人多谋业商界，男孩儿十五六岁出门当学徒，学生意。崇商风气所及，城区、街道巷弄多以集市、店铺、店号集中地冠名，此外，商民信仰、禁忌等习俗也内化为思想、情意、行为，成为文化传统中不可缺少的组成部分。

资料来源：丁耀明《论宁波区域经济发展的文化动因》，《宁波党校学报》2002（6）

我国是一个农业大国，农村人口极多，不愿离开世居的家园，长期以来已经形成依恋土地、依恋家乡的文化情结。随着城镇化进程不断加快，会有越来越多的人或者说大多数人离开农村，成为城镇居民。但也仍将存在这样一个人群，即使城市的大门随时敞开，他们还是愿意回到农村或从事农业，或从事其他行业，过着田园般的生活。因此可以预见，未来我国城镇化水平不会一直攀升，很可能要与发达国家90%左右的城镇化率存在一定的差距。

专栏5.2　青州历史文化传统对经济社会发展的影响

由于青州有“尊贤达”的优良传统，因此青州人民重视教育，崇尚学业，文化教育事业繁荣。自唐代高祖武德五年（622年）科举考试有状元名称以来，至清末1904年最后一名状元，全国共产生了777名文武状元，其中姓名、籍贯均可考证者约440人，山东地区共有36名，其中青州就有6人，数量之多仅次于孔子故乡曲阜（7人）。青州人务实进取，能干事创业。近代以来西风东渐，青州传统文化和传统风俗中的积极因素与西方文化中的先进成分不谋而合，成为促进青州经济发展、社会进步的重要因素。热情好客、尊重妇女、尊师重教等优良传统都值得青州人民发扬光大。

但由于历史、文化、传统等方面的原因，小农意识、小市民意识、计划经济意识仍普遍存在。习惯于纵向比较，看不到横向差距。它所产生的消极影响主要表现在安于现状、不思进取、缺少创新、因循守旧。因此不会像温州人、宁波人那样对市场经济产生强烈的认同感。外出务工挣回的钱大部分用于维持现状、面子或享受。比如，近年来农村婚嫁大操大办的攀比之风盛行。计划经济思想依旧，凡是过去计划经济好的地方，市场经济条件下都普遍处于被动局面。计划经济时代，青州曾经是江北第一县，致使有些人现在还沉浸在过去的辉煌中，存有一种盲目的优越感。有些人虽然口头上说的是市场经济，实际行动上却是按计划经济做，计划经济观念根深蒂固，市场经济观念还没有真正树立起来。

资料来源：张景光《经济社会发展与历史文化传统》，《潍坊教育学院学报》2007年第1期

二、中国城镇化的现状与问题

《“十五”计划纲要》提出“要不失时机地实施城镇化战略”，城镇化首次上升为我国的国家战略，各地纷纷采取各种措施加快推进城

镇化。“十五”以来，加速发展的中国城镇化出现了新的特点，但也存在着比较突出的问题。

1. “十五”以来城镇化的新特点

随着我国经济社会发展内外环境的改变，“十五”以来我国城镇化发展出现一些新的特点。

（1）城镇化步伐继续加快

“十五”计划中首次把“积极稳妥地推进城镇化”作为国家的重点发展战略之一。党的十六大又进一步提出“加快城镇化进程”，确立了“坚持大中小城市和小城镇协调发展，走中国特色的城镇化道路”的方针。城镇化步伐继续加快。城镇化水平已由2000年的36.2%提高至2010年的49.68%，年均增长1.35个百分点。而“十五”期间，年均增长速度达1.4个百分点。

（2）异地城镇化已成为我国城镇化的基本特点

改革开放以来，就地城镇化和异地城镇化成为我国城镇化的两个轮子。1988年以前，乡镇企业在农民就地城镇化中起了主要作用，谓之：“离土不离乡，进厂不进城。”1988年，农民跨区域流动向非农产业异地转移的增长数量已经超过了通过乡镇企业就地转移的增长数量。据分析，1989~2000年，我国就地城镇化人口增加了3192万人，而异地城镇化人口则增加了4300万人；2000~2003年，就地城镇化人口增加463万人，而异地城镇化人口则增加了1014万人。国家统计局抽样调查资料显示，2003年我国外出务工劳动力总数为11262万人，其中跨省流动的劳动力为5620万人，占外出务工劳动力的49.9%，与1993年跨省流动就业的2200万人相比增加了3420万人。可以说，异地城镇化已成为我国城镇化的主体。

（3）城市特别是大中城市吸纳农村劳动力的作用在增强

农业部相关调查资料显示，2001年以来，我国不同行政级别的城市和城镇吸纳农村劳动力的比重发生了一些变化，如表5-3所示，城市（包括直辖市、省会城市、地级市、县级市）吸纳农村劳动力的比重在提高，由2001年的78.3%上升到2004年的82.9%，3年上升了4.6个百分点，年均增加1.5个百分点；而同期建制镇吸纳农村劳动力的比重下降了1.6个百分点，年均下降0.5个百分点，表明建制镇对农村转移劳动力的吸引力有所下降，地级中心城市成为吸纳劳动力的主体。

表5-3　我国不同行政级别市镇吸纳农民就业的比例

（2001~2004年）

	2001年	2002年	2003年	2004年
全国	100	100	100	100
直辖市	8.2	8.4	9.5	9.6
省会城市	21.8	21.2	19.6	18.5
地级城市	27.2	27.2	31.8	34.3
县级市	21	21.1	20.4	20.5
建制镇	13	12.9	11.6	11.4
其他	8.7	9.2	7.1	5.7

（4）城市群等区域组织形态加快形成

随着大城市对人口吸纳能力的增长，大中城市数量也在加快增长。2005年50万人以上城市在城市总数中的比例由1985年的16%提高至33.4%。在一定区域范围内，大中城市集中发展，在空间上涌现出由大运量的高速通道相联结的、庞大的、多核心的城市群。中国目前已初步形成了长三角、京津冀、珠三角、辽中南、山东半岛、海峡西岸、长江中游、中原、川渝、关中10大城市群。在这些城市群中，京津冀、长三角、珠三角三大城市群凭借其集聚效应、规模经济和竞争优势，成为全国和区域性的经济核心地区，而且其在全国经济发展的地位保持上升的态势。2005年与1990年相比，三大城市群地区生产总值占全国的比重由24.9%提高为38.5%。

2. 城镇化过程中存在的突出问题

在我国加快推进城镇化的过程中，也出现了一些不顾国情、急于求成、盲目发展的问题。

（1）城镇化水平统计中包括大量进城的农民工

2007年我国城镇化水平达到44.9%，城镇人口达到5.9亿。但根据2005年1%人口抽样调查资料，全国进城务工经商的农民工总数为1.5亿。这些人的相当部分划入了城镇人口的统计范围，但其并不能与其他城市人口平等地享受社会保障、医疗、住房、子女教育等社会公共服务，形成了“人居城镇、家留农村”的半城半乡状态，只能算是“准城镇化人口”。如果将这些人不计入城镇人口，则我国的城镇化水平要大打折扣，将减少十多个百分点。此外，“十五”以来中国城镇化水平的快速提高还与这一时期大量的“乡改镇”、“镇改街”、“村改居”等行政区划变化密切相关，这些行政区划调整扩大了统计意义上的城镇人口规模，但改为“镇”、“街”、“居”之后的居民生产和生活方式却未根本改变。

2002年，全国共有11个县被撤销后设立了区（河北的丰润，江苏的江浦，六合和丹徒，浙江的鄞县，福建的莆田，广西的来宾、崇左，四川的温江，陕西的长安、耀县）。另外有15个县级市被撤销后改为地级市的区（河北的丰南，江苏的武进，广东的新会、南海、顺德、三水和高明，广西的百色、贺州和河池，海南的琼山，甘肃的张掖、平凉、酒泉和西峰）。这26个县市涉及总人口达1630万人。

即使上述由行政区划涉及的总人口中有1/2为非农业人口（事实上可能总体达不到）而在行政区划改变前就一直统计为城镇人口，那么每年仍至少有700万~800万的城市人口是由于行政区划原因增加的。

（2）土地粗放利用现象十分普遍

20世纪90年代中后期，在地方政府出让土地增加政府可支配收入以及追求地区GDP增长的利益驱动下，城市空间扩展明显加快，建设用地占用耕地的数量迅速增加。1996～2004年，我国的城镇人口从2.99亿增加到5.2亿人，增长了74%，城镇建设用地面积却从1.3万平方公里扩大到3.4万平方公里，增长了160%，城镇建设用地面积的增加，大大快于人口的增加。据相关研究，1991～2000年间我国城市建设用地年平均增加10.2万公顷，2001年新增城市建设用地和征用土地数为1991～2000年间年平均数量的2倍以上，2002年则达到2.5～3.5倍。我国曾经长时期偏低的城市人均占地指标，在十几年时间里已经一跃成为世界前列。调查显示，全国644个城市的人均建设用地已达133平方米，远远高于大多数人均耕地资源比我国多几倍乃至十多倍的欧美发达国家人均82.4平方米和发展中国家人均83.3平方米的水平。

（3）城市建设贪大求洋，提高了城镇化成本和门槛

大量的征地并未用于夯实城镇产业基础，而是大多用于各种“造城运动”。一些城市不切实际地提出过大的发展目标和城镇规划框架，在“修改城市建设规划”的名目下，大面积土地被乱批乱占，集中表现在开发区大面积占地，“国际大都市、新城、生态城、大学城”的规划建设盛行，各市竞相建设“市政中心”、“会展中心”、CBD、大马路、大场馆、大绿地。许多城镇存在大量闲置或低效用地。根据国土资源部2005年6月公布的全国城镇存量建设用地专项调查资料，截止2004年年底，在全国城镇规划范围内还有闲置、空闲、批而未用的土地近30万公顷，相当于2004年城镇建设用地总量的7.8%。尽管有关部门发出《关于清理和控制城市建设中脱离实际的宽马路、大广场建设的通知》（建规［2004］29号），将马路宽度、广场规模等与城市规模挂钩，但实施效果并不十分明显。

（4）城市生态环境恶化

在城市规模不断扩大的过程中，我国不少城市尤其是大城市出现了“城市病”的迹象，主要表现在以下几个方面。第一，交通拥堵。由于规划缺乏长期考虑或预测不准，对汽车消费估计不足，相当多的城市出现了交通拥堵现象。第二，空气污染严重。在1999年进行城

市空气检测的338个城市中，66.9%的城市超过国家空气质量二级标准，其中超过三级标准的有137个城市，占检测城市的40.5%。近年来，城市空气污染情况愈加严重，一些城市出现了“热岛效应”。第三，水源污染严重。据有关资料反映，我国90%以上城市水域严重污染，流经城市的河段普遍受到污染。第四，城市生活垃圾处理率低，处理方式落后。大多数垃圾只能简单填埋，600多座城市中有200多座城市陷于垃圾包围之中。

第三节　中国特色城镇化道路的基本内容

探索促进城镇化健康发展的路径，要遵循城镇化的一般规律，以全面建设小康社会为目标，从我国城镇化发展的国情条件出发，紧密结合改革开放特别是“十五”以来的城镇化实践，按照以人为本、全面协调可持续的科学发展观的要求，坚持循序渐进、集约发展、合理布局、功能完善的原则，促进大中小城市和小城镇协调发展，增强城市和城镇的综合承载能力，努力形成资源节约、环境友好、经济高效、社会和谐的城镇发展新格局。

一、中国特色城镇化道路的基本内涵

城镇化是由农业人口占很大比重的传统农业社会向非农业人口占多数的现代文明社会逐步转变的历史过程。人口向城镇集中或迁移的过程包含了人口、空间、经济、社会转换等多方面的内容，最终体现于现代文明和现代生活方式的传播和扩散。城镇化道路可以理解为实现城镇化这一过程的原则和方式，亦即推动城镇化进程所采取的模式。它涉及城市发展与乡村发展的关系，即随着城镇化推进，城市和城镇发展的同时，农村地区是否能实现农业现代化和农村繁荣；涉及人口、资源与环境的关系，即在生产和生活方式变革的同时，能否实

现土地、水等资源的可持续利用和生活环境的改善；涉及对不同规模和职能城镇之间关系的处理，即不同规模和职能的城镇之间能否形成共生、互补、高效的关系，成为有机统一的整体。

从我国基本国情条件出发，总结我国城镇化的实践经验，深入贯彻落实科学发展观，遵循城镇化发展一般规律，中国特色城镇化道路的基本内涵可以概括为：

与中国人口多耕地少的基本国情相适应，以功能互补的城市群为主体形态，实现大中小城市和小城镇的合理布局与协调发展；以农民工为主体，加快农村人口向城市和城镇的转移；以城乡统筹为主线，实现与农村现代化同步发展；以集约利用为导向，提高各级城市和城镇的承载能力，按照统筹城乡、布局合理、节约土地、功能完善、以大带小的原则，形成资源节约、生态良好、经济高效、社会和谐的城市和城镇发展新格局。

二、大中小城市和小城镇协调发展

坚持走多元化的城镇化道路，促进大中小城市和小城镇合理布局、协调发展，形成合理的城镇体系，实现产业在不同规模城市的合理分工，人口在不同等级城市的合理分布。提高城镇综合承载能力，发挥各级各类城市和小城镇在一定区域范围内的职能作用，实现各类城市的功能互补。

在城市布局上，应合理布局大中小城市，形成既能适应全球化挑战，又能服务农村、农民、农业的城镇网络。包括超大城市和特大城市在内的大城市，是我国参与经济全球化的立足点，是提高我国世界产业分工体系的承载体。大中城市也是我国吸纳农村人口的主要载体。大中城市绝大多数分布在交通干线上，基础设施相对比较完善，产业基础比较雄厚，服务业发展有很大的潜力，随着产业链的延伸和产业配套能力的提高，对劳动力的需求不断扩大。经过改革开放30多年的发展，通过外向型加工工业的发展已积累起一定的综合实力，今后的发展需要通过大力发展高技术和高知识含量的现代制造业和生产性服务业，着力提升经济的整体素质和产业结构的层次。小城市和小城镇是城乡经济发展与交流的桥梁和纽带，随着大城市产业结构的升级和调整，小城市和小城镇应承接大中城市的产业转移，加快劳动密集型加工业和服务业的发展，从而发挥其在吸纳农村富余劳动力等方面的重要作用。我国目前有1.9万多个建制镇，数量众多但规模较小。按照每个县重点发展5~8个城镇估算，全国可重点建设10000~15000个建制镇。

三、以农民工为主体，促进农村人口向城市（镇）转移

城镇化的基础和本质内涵是实现人口由乡村向城镇的转移，城镇化的最终目的是要为人的全面发展创造条件，因此，城镇化的核心是人口，城镇化政策的核心也应是促进人口的城镇化而非促进土地的城镇化。

按照“十一五”规划中提出的分类引导的原则，有两类农村人口应转变为城镇人口并享有城市人口应有的权利，一是在城市已有稳定职业的农村进城务工人员（农民工）；二是因城市建设征地失去承包地的农民。对于后者，按照有关部门关于维护农民关于土地的权益等法律法规，将其纳入城镇户口和享有当地居民的权利，存在的问题并不突出。而对于前者则难度相对较大，主要在于其人口数量多，农民工跨行政区转移以及流动性大，所以，既是城镇化的主体，又是在城镇化过程中需要加大力度重点解决的重大问题。

对于失地农民应针对不同条件，将社会保险与生活保障有机结合起来，使之成为真正意义上的城镇居民。对于失去劳动能力的人口应由城市政府负责完善基本保障；对于劳动年龄段人口可将其纳入城镇职工基本养老保险体系并加强就业指导和职业培训；未到劳动年龄段一次性发给征地安置补助费。近年来，一些经济发达地区和大中城市为解决失地农民的生活保障问题进行了探索，对于一些地区已取得的

经验应及时加以总结和推广。

对于数量众多而只在统计意义上属于城镇人口的农民工，需要落实《国务院关于解决农民工问题的若干意见》，增加地方政府对于农民工的公共管理责任和服务职能，提高其在市镇的生活质量。与此同时，增加农民在县域内的非农就业机会，引导部分农民向中小城市和小城镇转移并定居。

四、以城乡统筹为主线，推动城乡共同繁荣

城镇化作为生产力发展所引起的人类生产方式、生活方式的变化过程，是一个涵盖城镇和乡村两大地域空间的转型过程。在城乡二元体制尚未完全打破的背景下，中国的城镇化还肩负着突破城乡二元结构、协调城乡发展的历史使命。因此，应把城乡统筹置于城镇化战略的核心位置，把城镇化进程与建设和谐社会的进程统一起来。

美国走的是一条城镇化与工业化、农业现代化同步推进的道路。在美国工业化、城镇化过程中，农业一直保持较快发展。农业发展为美国城镇化提供了条件。首先，保证城镇化所需粮食供应。农业生产率的迅速提高解决了粮食和原料问题，并为工业发展提供了广阔的国内市场。从人均粮食来看，1860 年美国人均粮食为 800 公斤，1870 年接近 1000 公斤，到 1920 年，耕地面积从 67 万平方公里增加到 160 万平方公里，增长了 2. 4 倍，人口也增长了 2. 4 倍多，人均粮食增长到 1000 公斤以上。1920 年以后，由于集约使用土地，人均粮食进一步增长到 1200 公斤左右，可见，美国工业化和城镇化所需要的粮食完全建立在本国农业的基础上。其次，农业生产率迅速提高，为大批农业劳动力向城镇转移创造了条件。1860 年实现了以畜力为动力的半机械化，1910 年全面使用机械代替畜力机械，1950 年后农业实现了高度机械化。美国农业从一开始就以欧洲城市为市场，19 世纪由于商业、关税政策及交通发展进一步刺激了农产品出口，1860 年棉花出口量为 89347 万公斤，1853 ~ 1863 年谷物出口的平均价值为 51200 万美

元，美国作为世界农产品出口大国的地位始终没有动摇。

城镇化过程中的城乡统筹就是应建立起城乡经济良性循环，城市特别是中小城市和小城镇要加快劳动密集型加工工业和服务业的发展，促进其对于乡村人口的吸纳能力。引导资本、技术、管理向农村流动，促进农业现代化。通过城镇农产品加工企业向农村地区的延伸，加快农业产业化发展步伐，提高农业生产率，促进农民增收。以小城镇为依托，为农业服务，为农民服务，将建制镇建设成为农村地区的政治中心、经济中心、文化中心、医疗中心和服务基地。以新农村建设为依托，改善农村地区生产和生活环境。充分发挥市场机制的基础配置作用和体制创新，完善城乡之间劳动力、土地等生产要素的合理流动。

第四节　中国特色城镇化的实现途径

我国城镇化方针的演变是对于城镇化规律和中国国情认识逐步深化的结果。未来中国特色城镇化的发展，应以体制创新为动力，以实现农村人口向城市（镇）转移为核心，以农民工为主体，以城市群为主要载体，以科学管理为保证，根据区域资源环境承载力，实现大中小城市和小城镇的合理布局与协调发展，实现城镇化的健康、集约和可持续发展。

一、循序渐进提高城镇化水平，促进城市与城镇健康发展

改革开放以来，我国的城镇化方针经历了从对城市规模限制，到加快城镇化速度，再到对城镇化道路进行引导的演变。20 世纪 80 和 90 年代，中国的城镇化方针基本是以调控“城市人口规模”为核心的。从 20 世纪 80 年代初期的“控制大城市规模、合理发展中等城市，积极发展小城市”，到 20 世纪 80 年代末期的“实行严格控制大

城市规模，合理发展中等城市和小城市的方针，促进生产力和人口合理分布”的方针，再到20世纪90年代末期的“发展小城镇，是带动农村经济和社会发展的大战略”，城市人口规模的控制始终是政府调控的着力点。进入21世纪后，以规模限制为主体的城镇化方针逐步淡化，代之为对城镇化发展速度的重视，我国“十五”计划提出要“不失时机地实施城镇化战略”。党的十六大至“十一五”规划时，则更加注重强调对于速度的把握和不同规模城市（镇）的协调发展，2002年十六大报告提出“要逐步提高城镇化水平，坚持大中小城市和小城镇协调发展，走中国特色城镇化道路”。“十一五”规划纲要则明确提出要“积极稳妥地推进城镇化”。在城镇化过程中要“坚持大中小城市和小城镇协调发展，提高城镇综合承载能力”，坚持“循序渐进、节约土地、集约发展、合理布局”的原则。2007年十七大报告再次提出走中国特色城镇化道路，进一步强调“走中国特色城镇化道路，按照统筹城乡、布局合理、节约土地、功能完善、以大带小的原则，促进大中小城市和小城镇协调发展”。

“十五”时期，城镇化率年均提高幅度超过1个百分点，我国城镇化发展的主要矛盾已从速度缓慢转变为质量不高的问题。城镇化演进的本质是劳动力就业结构的转化，城镇化率的提高应建立在国家和区域工业化水平和经济发展水平的提高之上。而工业化发展需要经过较长的演进过程，回避这一过程试图通过行政或其他手段提高城镇化水平，违背经济发展规律，也势必对中国经济社会的健康发展带来危害。拉美等一些发展中国家的城镇化过程已经证明了这一点。中国未来城镇化的发展应当与城镇环境承载能力以及经济发展的速度和水平相适应，避免过度城镇化现象的出现。

多项实证分析表明，城镇化水平与人均GDP的自然对数存在线性相关关系。进一步的研究则表明，如果中国城镇化一年增长1个百分点，人均GDP增长需要超过10%才能够支撑；如果城镇化水平一年增长0.8个百分点，人均GDP的增长率大体应该为8.5%左右。考虑到我国每年城市的新增就业岗位为800万~1000万左右（“九五”

期间年均城镇新增就业人数804万，2003～2007年年均新增就业约为1000万人），参考国际经验，未来我国10～20年城镇化率总体上保持在年均增加0.8～1个百分点为宜（当然在不同区域应有所差异），这与这一时期我国国民经济发展水平保持在7%～9%左右的增长速度也是相适应的。按此城镇化速度计算，预计在2020年中国的城镇化水平接近60%。

二、集约发展，增强城市对产业和人口的承载能力

我国土地综合利用程度与发达国家的城市比较，属于中高密度类型。但是在中观和微观层面看，土地的粗放利用仍很普遍。近二十年来，美英等国学者提出“精明增长”和“紧凑城市”的理论，值得我国重视和借鉴。我国也应把确定城市合理的建设密度作为一项重要的公共政策，引导城市集约化发展，形成紧凑高效城镇用地格局。

一是修正《城市规划建设用地标准》，参考东京、香港等人多地少地区的城市人均建设用地标准，适度降低我国现行的城镇综合用地总体标准，适当提高土地利用强度，并根据不同区域资源和环境的承载能力制订具体的控制标准。二是实施引导城市集约化发展的公共政策。对于盘活存量土地，加强城市土地再开发的项目给予财税和产业准入方面的支持，以从政策上鼓励走城市用地内涵式挖潜的发展道路。鼓励利用城市地下空间，如地下商场、地下停车场、地下设备间等，并大力加强地下人防工程利用，提高城市建设用地的利用率。三是推进土地市场化进程，优化配置土地资源，调整产业结构，促进老城区焕发新的活力。完善现行城镇用地制度，严格推行经营性土地使用权挂牌出让制度，形成由市场决定土地价格的机制，让价格真正反映土地的稀缺程度和成本。四是对小城市和小城镇的建设用地严格控制。小城市和小城镇由于地价低，容易出现土地粗放利用的问题。可通过规划进行控制，凡未编制规划和规划未依法批准的城市和城镇禁止非农占地，以确保全国范围内的土地集约利用。宜居土地有限、水

资源短缺是我国的基本国情，而我国的城镇化规模将是人类历史上空前的，如果按照传统的城镇化发展模式，将对资源环境形成巨大的压力。在未来城镇化发展过程中必须坚持人口、资源、环境之间相协调的原则，集约利用土地，切实保护好生态环境和历史文化环境，走可持续发展、集约化的城镇化道路，以尽可能低的物质成本消耗和其他自然资源的高效利用，实现城镇化进程中人与自然的和谐。

借鉴日本、中国台湾、香港等在人多地少的基础上实现城镇化的经验，吸取美国在城市扩展方面的教训，在城市规划和管理方面强调紧凑、集中、高效的发展模式，充分挖掘现有城市用地的潜力，加强对现有社区的改建和对现有设施的充分利用，促进城市从外延式扩张向内涵式提升转变。从城镇规划做起，把节地、节水、节能、节材和资源综合利用落实于城市和城镇建设和管理的各项工作之中。加强城市和城镇污染防治力度，降低主要污染物排放总量，走资源节约型、环境友好型、经济发展循环型的城镇化道路，实现城市和城镇环境、社会和经济协调发展。

三、探索不同区域特点的城镇化模式

从我国各地区发展条件和发展水平差异较大的基本国情出发，根据各地经济社会发展水平、区位特点、资源禀赋和环境基础，实施有区别的城镇化战略及相关政策措施，因地制宜地确定不同的城市和城镇发展模式，确定各地城镇化发展的目标，以此实现对国土空间的高效利用，把城镇化过程与重塑全国国土空间格局的过程有机结合起来。

东部沿海地区的城市加强向高技术产业及生产性服务业产业转型，提高城市的国际竞争力。促进网络型城镇体系的形成，形成市镇间合理分工与合作，增强区域整体经济实力。中部地区应加快城市群、城市带的发展，构建带动区域发展的科学合理的城市体系，提高城镇化水平。西部地区在培育和发展西部地区特色产业中，发展能够对区域发展起到显著带动作用的区域性中心城市。东北地区应在国家政策的支持下加强老工业基地和资源型城市的转型。

“十一五”规划中提出要以城市群作为城镇化的主体形态。城市群以经济发达的大城市为核心，通过集聚和扩散效应，带动周边城市和农村的发展，共同形成统一的生产和流通网络。在城市群地区，通过生产要素在城市群地区不同规模城市之间的流动和配置，促进了城乡交流和优势互补，因而城市群是一种高效配置经济要素并促进城乡统筹发展的空间组织形式。城市群发展一体化可有效遏止相邻城市间对经济要素的激烈竞争，城市之间形成合理的功能分工，避免出现大城市过大，小城市过小的“马太效应”。目前应着力促进已初步形成的 10 大城市群的一体化发展。

一是进一步优化空间布局。合理疏散核心城市的部分职能，引导和促进周边城市以及整个区域空间结构的调整和优化，逐步形成合理有序的城镇空间结构。借鉴国外经验，提倡城乡相间的空间发展格局。在加强产业集聚发展形成产业和城镇密集带的同时，充分利用已有河流、林带等生态廊道以及公共绿地、防护林、自然和人工水体，构建结构完善、功能强大的生态系统，保留足够的自然生态空间，提高宜居性。二是优化产业结构。加强城市群中不同规模城市、城镇之间产业分工，增强城市群整体竞争力和可持续发展能力，形成内部结构合理、空间组织有序、资源节约、环境友好的区域产业体系。三是突破行政区界限，探讨城市群管治的体制和机制。通过建立城市群的协调机构，研究制定统一的区域政策，开展区域合作，形成统筹协调机制，提高城市群区域的综合管理水平。

四、逐步形成科学合理的区域空间格局

在全国空间布局上应以城市群为核心，以经济带为联系纽带，以线串点、以点带面。“十一五”规划纲要中明确的四条经济带（沿海、长江、陇海兰新线、京广京哈线）是我国最重要的经济发展轴线，在

这四条发展轴线上分布有100多座城市，所有直辖市、半数以上的省会城市、十大城市群也都分布在这四条经济带上。通过集中发展、集群发展、集约发展，将能吸纳和承载更多的人口，经济规模也会快速增长。中等发达地区在区域空间布局上应以区域中心城市为核心组织区域经济活动，建立比较合理的城市体系。欠发达地区应通过培育具有国家战略意义和辐射带动作用的增长极，形成新的区域性中心城市，带动欠发达地区的发展。对限制开发地区，应重点发展现有城市、县城和有条件的建制镇，成为本地区集聚经济、人口和提供公共服务的中心。以做强中心城市为重点，实行“内聚外迁”的城市发展与人口政策，加快人口空间集中化进程。对禁止开发地区，结合国家出台的就业培训、转移指导、对口支援、生态移民等相关政策，以多种方式推进人口的转移。

五、提高城市规划建设管理水平

我国已步入城镇化快速发展阶段。今后二十年，我国城镇化将持续快速发展，这一时期正是社会结构快速变动、利益关系深刻调整的时期，各种矛盾、问题将会在城市（镇）得到集中反映。按照科学发展观的要求，实现我国经济社会全面、协调、可持续发展，客观上要求有效地发挥政府和市场对城镇化的调节作用，通过加强城市规划和相关政策建设，切实提高城市管理和服务水平。

为推进资源节约型城镇化发展，城市规划和城市建设要从当地地理条件出发，充分论证能源、水土资源对城市布局、功能分区及空间拓展等方面的影响，以此确定适宜的城市（镇）规模和城市（镇）功能。明确规划实施的主体和责任，提高城市（镇）规划的科学性、权威性和约束力，城市（镇）规划要以区域发展战略和区域规划为基本依据。完善法律法规，依法加强对规划实施的监督管理，及时发现和纠正规划实施中的偏差，保证规划全面实施，通过科学的规划，合理引导城市（镇）发展的规模、速度、节奏，优化产业结构和空间结构。

加大对于城市（镇）间生态空间的管制，加强对生态园区和生态廊道的保护，有效发挥其在改善城市（镇）环境质量、维持生物多样性和提高城市（镇）宜居性方面的作用，保障城市（镇）发展中的生态安全。加强城市（镇）发展中的节能降耗工作，减少城市（镇）中废弃物排放量。加强城市（镇）在环境保护方面的基础设施建设力度，提高城市（镇）工业垃圾、生活垃圾的综合利用水平和回收处理水平。加强城市基础设施建设和管理的协调，改变目前部门分割、各自为政所带来的城市基础设施重复建设和低效运行的问题，提高城市基础设施管理和公共服务能力。

六、进一步加快体制创新

从“十五”计划提出加快城镇化进程以来，户籍制度、土地制度、财税和投融资体制以及社会保障制度等成为促进城镇化健康发展的体制创新重点领域。适应走中国特色城镇化道路的要求，需要在上述领域加快综合配套改革的力度，以形成完整的、体系化的制度基础。

目前出现的城镇化过程中用地粗放的问题，有着深层次的制度原因，需要通过土地、财税、基础设施建设投融资体制的综合改革加以解决，才能达到“疏”“堵”结合，标本兼治的目的。在目前采取的严格控制土地的措施、规范土地出让金收支管理以及落实建设用地税费政策等“治标”政策的基础上，需要深化农村集体土地的产权改革这项“治本”的制度改革，使农村土地和城市土地产权制度尽快并轨，实现同地、同权和同价。同时，改革税制，通过征收财产税等方式使城市依靠改变居住环境、吸引人口和提升物产价值增加税收，改变目前城市财税主要来源于工业企业的状况。在此基础上，改革现行财政政策，允许城市政府通过发行市政债券等手段，扩大城镇基础设施建设的资金渠道。

在户籍制度改革方面，抓紧研究建立有序的准入制，进一步放开门槛，完善公安部颁布的以具有合法固定住所为基本条件的户口迁移准入制，允许符合具有可靠职业和稳定收入的外来人口在常住地落户，引导流动人口融入当地社会。鼓励家庭移民，家庭中凡有一人在城镇有固定职业者，允许其家庭成员落户。

在住房保障制度方面，多层面完善外来人口的住房保障制度。制订解决外来务工人员住房问题的长期政策，参照城市住房公积金制度，建立并实行外来务工人员住房公积金制度，对建立公积金账户的外来务工人员允许其以公积金购房和支付房租；建设一批标准较低的廉租房，向包括外来人口在内的无力购房的低收入群体出租。

在社会保障方面，主要是解决资金来源问题和流动人口社会保障的可转移问题。逐步创造条件，实现社保账户全国性可转移。在流动人员个人养老保险账户的可转移问题上应加快在农民工输入和输出大省之间进行养老保险关系转移的对接试点工作，在取得经验的基础上向全国推广。除农村人口流入地城市政府增加投入外，对于目前在一些地区出现的“双放弃”（放弃承包权和宅基地）换社保的做法，进行总结和研究，在完善测算标准和程序的基础上，在全国推行宅基地、承包地换社保的政策。

附录三

中国特色城镇化道路与农民工问题*

肖金成

【提要】 我国面积广大，但适合人类居住的空间有限，人口众多尤其是农村人口多，区域之间经济社会发展差距大，人口流动规模和空间跨度大，大量农民工跨区域流动，导致我国城市化过程呈现出和其他国家不同的特征。中国特色的城镇化就是以农民工为主体的城镇化。城市应提高对农民工的承载能力和吸纳能力，实现大中小城市和小城镇协调发展。国际金融危机对沿海地区外贸出口形成很大冲击，农民工的就业受到影响。对留下来的人应按照市民的待遇完善各种保障，当地政府对待被解雇的农民工应像对待本地市民一样，发放失业保险金或救济金，使他们能找到新的工作。

以科学发展观为指导，探索中国特色城镇化道路，对于促进国民经济良性循环和区域社会经济协调发展，实现全面建设小康社会的伟大目标具有重大现实意义。中国特定的人口规模、城乡关系、区域差异以及庞大的农民工群体，决定了中国必须从基本国情出发，按照中国特色社会主义道路的根本要求，走一条具有中国特色的城镇化道路，不断探索实现中国特色城镇化的途径。在国际金融危机的影响下，东南沿海地区吸纳农民工的能力有所下降，但农民工能否大量回到农村，农村能否重新吸纳他们，值得深入考虑。

一、国情特点对城镇化的影响

我国面积博大，但适合人类居住的空间有限，人口众多而素质不高，实现城

---

* 本文在《中国特色的城市化道路研究》报告基础上改写而成，课题组长：肖金成，课题组成员：申兵、史育龙、李忠、袁朱等。原载《发展研究》2009 年第 5 期。

镇化又面临着特定发展阶段和社会主义市场经济体制不健全等多方面约束，充分认识我国的这些基本国情特点是探索中国特色城镇化道路的基础和前提。

1. 宜居土地和水资源不足，人地关系紧张

我国虽拥有960万平方公里广袤的国土，但土地资源中山地占33.3%，丘陵占9.9%，盆地占18.75%，平原仅占11.98%，适宜城镇发展的土地资源非常匮乏。通过对综合高程、年降水量、≥10℃积温、土地利用、土壤侵蚀、地形坡度、地貌等各地理因素对人类居住地适宜性的影响分析，发现一类宜居土地仅占全国国土面积的19%①，而且主要分布在东中部地区，与优质农田高度重合。在这些地区既要发展农业，解决吃饭问题，又要建设城镇，享受现代文明，人地矛盾相当突出。

受自然与人为多种因素的影响，我国的生态环境十分脆弱，国土的一大部分属于干旱和半干旱区域，西北干旱区和青藏高原区生态十分脆弱，而东部季风区因降水集中，却容易引起旱、涝、山体滑坡等自然灾害。这些地区对人类经济活动特别敏感，环境承载能力低下，极易出现生态环境退化现象。从水资源的分布看，我国水资源分布南多北少，东丰西缺，80%左右集中于长江流域及以南地区，但开发利用难度较大。目前我国城市缺水问题十分严重，尤以环渤海湾和西北地区最为突出。今后城市缺水形势会更加严峻，将从以工程型缺水为主向资源型与水质型缺水为主转变。水资源越来越成为影响城镇化道路的重要限制因素之一。

2. 人口多尤其是农村人口多，人口流动规模和空间跨度大

人口众多是我国的基本国情。2007年我国人口达到13.2亿人，在占世界7.2%的国土面积上居住了21%的人口。现有农村户籍人口9亿多人，虽然高达1亿多的农民工被计入城市常住人口，但未享受城市居民的待遇与福利。据国家人口发展战略研究课题组2007年2月公布的研究成果，本世纪中叶我国人口总量峰值将达到15亿。届时中国的城镇化水平预计将达到70%，总量超过10亿的城

---

① 仇保兴．第三次城市化浪潮中的中国范例［J］．城市规划，2007（6）．

镇人口将成为全球最大的城镇人口群体，这不仅意味着空前的资源环境压力，同时也表明未来将有3亿~3.5亿的人口从农村转移到城市和城镇。

受地区发展不平衡和利益导向的影响，农村富余劳动力呈现出跨省流动，即由不发达地区向发达地区转移，从西向东流动的趋势。不仅人口流动数量大，而且由西至东的空间跨度也相当大。东南沿海地区的务工人员来自于四川、贵州、河南等中西部省份。如此规模和空间跨度的城镇化进程是人类历史上前所未有的。

3. 区域间发展水平差异较大

辽阔的地域使我国各地区在自然、经济地理和区域文化方面差异显著，经济发展水平差距较大。2006年，上海的人均GDP57695元，北京50467元，而贵州仅为5787元，云南和甘肃也未到10000元。就城镇化而言，东部的城镇化水平远远高于中西部地区，2006年，全国平均水平为43.9%，广东为63%，辽宁为58.99%，浙江为56.5%，江苏为51.9%，而贵州却只有27.46%，甘肃只有31.09%。东部地区处于工业化中后期，城镇体系较为完整；西部大部分地区处于工业化、城镇化发展的初期阶段，不仅中小城市、小城镇难以得到充分发展，而且大城市发展速度也很慢。多个研究表明，随着经济全球化和信息化程度的提高，这种空间分化现象还会进一步加强。

4. 面临着发展阶段及体制机制的约束

处于工业化中期阶段是我国又一个重要的基本国情。工业化、城镇化、市场化和现代化是今后一个时期重要的发展目标。在努力发展高技术产业和知识经济，提高国际竞争力的同时，我们还必须面对每年近千万的农村人口转移所带来的就业压力问题。经过20多年的努力，我国初步建立起了社会主义市场经济体制的基本框架，市场配置资源的基础性作用不断加强，但市场经济体制仍处于发展完善阶段。同时，科学发展观作为指导今后相当一个时期经济社会发展的指南，提出的时间不长，各方面的配套工作还未完成，缺乏相应的保障机制。户籍制度（特别是附加在户口之上的社会保障制度）、土地制度、财税制度、地方政府政绩考核制度都存在着制约城镇化健康发展的因素。

附录表 3 - 1　不同省区的工业化及城镇化水平（2006 年）

地区	二产占 GDP 比重（%）	城镇化率（%）	地区	二产占 GDP 比重（%）	城镇化率（%）
北京	27.84	84.33	河南	53.81	32.47
天津	57.08	75.73	湖北	44.39	43.80
河北	52.44	38.44	湖南	41.64	38.71
山西	57.83	43.01	广东	51.26	63.00
内蒙古	48.57	48.64	广西	38.91	34.64
辽宁	51.12	58.99	海南	27.34	46.10
吉林	44.80	52.97	重庆	42.99	46.70
黑龙江	54.38	53.50	四川	43.71	34.30
上海	48.51	88.70	贵州	42.98	27.46
江苏	56.60	51.90	云南	42.74	30.50
浙江	54.05	56.50	西藏	27.52	28.21
安徽	43.07	37.10	陕西	53.95	39.12
福建	49.17	48.00	甘肃	45.82	31.09
江西	49.69	38.68	青海	51.62	39.26
山东	57.76	46.10	宁夏	49.22	43.00
			新疆	47.92	37.94

综上所述，人口规模巨大，特别是需要向城镇转移的人口规模巨大，而本身的土地和水资源相对有限；处于经济社会转型和加快实现工业化、现代化的关键时期，承担着加快产业结构升级和吸纳大量人口就业的双重压力；不可能像发达国家那样通过对外大量移民减轻人口压力，也不可能像它们那样在长达百年的时间内从容地、逐个阶段地完成城镇化过程。这一切使得我国的城镇化发展面临着世界上所仅见的复杂条件和环境。

二、中国推进城镇化进程的意义与农民工问题

城市化是促进城乡、区域协调发展的根本途径。加速农村富余劳动力向城镇地区的转移，提高我国的城市化率，是我国全面进入小康社会的必然选择。城市化进程对解决中国的人口问题至关重要。（1）城市化是解决日益严重的农村富余

劳动力的主要出路。农村经济的进一步发展和现代化进程的顺利进行，需要将滞留在农村的大量富余劳动力转移到城市的二、三产业，摆脱目前严重失调的人口城乡分布格局对国民经济持续健康发展的制约。（2）城市化是提高总体人口素质的重要举措。城市丰富的教育资源和高效的资源利用有利于人口科学文化素质的提高。（3）城市化有利于降低人口出生率。城市人口较高的生活水平、较多的妇女就业机会、较高的教育水平，有利于改变人们的生育观念，提高孩子的养育成本，从而能够在很大程度上降低人口出生率。

城市化有利于解决生态退化问题。造成生态退化问题的根本原因主要是人类对自然资源的不合理利用。在中国西部地区，恶劣的自然环境和贫穷落后的生活方式，造成了人们对土地、草原、林地等自然资源的过度利用，加剧了生态退化。在生态脆弱区减少居住人口，依靠自然的力量恢复生态是最有效的方式。城市化为生态移民提供了条件。考虑到中国因众多的人口集中在农村地区所带来的对自然资源的过大压力，以及遍地开花的乡镇企业所造成的日趋严重的环境污染和资源浪费，城市化对中国可持续发展的重要性更为明显。随着城市化进程的不断进行和城市化率的不断提高，农村居民的数量会不断减少，农民人均收入会不断提高，对土地等自然资源的压力也随之降低，为生态退化问题的解决提供了条件。

城市化是提升中国经济发展水平的根本出路。作为一个需要迅速提高人民生活水平的发展中大国，中国需要保持持续稳定的较高经济增长率。城市作为一种伴随经济发展而出现的人类聚落形态，具有经济上的集聚功能和扩散功能，能够带动周边地区的经济发展，而且城市规模越大，功能越健全，其辐射范围就越广。诺贝尔经济学奖获得者、美国经济学家斯蒂格利茨预言，影响未来世界经济发展的两件大事是美国的高科技发展和中国的城市化。实践表明，我国的城市化率每增加1%，就可拉动当年国内生产总值1%～2%。由此可见，城市化已经成为决定我国经济增长的关键性因素，不加快城市化进程，就难以实现农村经济的现代化，我国国民经济发展就难以跃上一个新台阶。

城镇化是由农业人口占很大比重的传统农业社会，向非农业人口占多数的现代文明社会逐步转变的历史过程。人口向城镇集中或迁移的过程包含了人口、空间、经济、社会转换等多方面的内容，最终体现于现代文明和现代生活方式的传播和扩散。城镇化道路可以理解为实现城镇化这一过程的原则和方式，亦即推动城市化进程所采取的模式。它涉及城市发展与乡村发展的关系，即随着城市化推进，城市发展的同时，农村地区是否能实现农业现代化和农村繁荣；涉及人口、资源与环境的关系，即在生产和生活方式变革的同时，能否实现土地、水等资源的可持续利用和生活环境的改善；涉及对不同规模和职能城镇之间关系的处理，即不同规模和职能的城镇之间能否形成共生、互补、高效的关系，成为有机统一的整体。

按照“十一五”规划中提出的分类引导的原则，有两类农村人口应转变为城镇人口并享有城市人口应有的权利，一是在城市已有稳定职业的农村进城务工经商人员及他们的家属；二是因城市建设征地失去承包地的农民。对于后者，按照有关部门关于进一步深化户籍制度改革的意见，将其纳入城镇户口和享有当地居民的权利的问题并不突出。而对于前者则难度相对较大。主要在于其人口数量多，尤其是跨区域、跨省流动的人口多，已成为一个十分庞大的群体。对于数量更加众多而只在统计意义上属于城镇人口的农民工，农民工所在地政府应加强对于农民工的公共管理责任和服务职能，提高其在市镇的生活质量。

城镇化的本质内涵是实现人口由乡村向城镇的转移，城镇化的最终目的是要为人的全面发展创造条件，因此，城镇化的核心是人口的城镇化，城市化政策的核心也应是促进人口的城镇化。城镇化的基本路径是农民工的市民化，就是让进城务工经商的农民达到一定条件后成为本市的市民，而非永远地顶着农民的帽子，事实上他们中的一大部分长期生活在城市，不可能重新回到农村。他们已经是所在城市的一部分，城市也已离不开他们。宾馆、商店、街道、建筑工地、工业区和居民区到处都有他们的身影，让他们成为城市居民是再自然不过的事。

进城的农民工子女教育问题是农民工问题的一个重要方面。粗略地统计，现在大概有2400万进城务工人员的子女，或者叫农民工子女，其中有800万进了城，还有1600多万留在农村，媒体称他们为“留守儿童”。他们长期远离父母，由祖父母抚养或寄养在亲戚家里，极不利于他们的健康成长，也为老人增加了负担。子女留在老家，实属无奈之举。其根本原因是：农民工的劳动报酬过低。据了解，同样辛苦的工作，农民工的工资收入普遍要比务工地社会平均工资低很多。由于劳动力供给充裕，劳动力市场竞争激烈，农民工报酬增长极为缓慢。马克思曾经分析过，工人的报酬应包括抚养和教育子女的费用。但农民工的报酬中基本上不包括这一部分，他们没有能力将子女带在身边。党中央、国务院对这件事给予了高度重视，多次召开会议讨论这个问题，提出并采取了一系列措施，如让寄宿制学校成为他们的家，让老师成为他们的父母，等等。但要根本解决，还是要提高农民工的报酬，使他们既有吃饭的钱，又有在城里抚养子女和教育子女的钱。农民工输入地的政府应为他们的子女教育打开方便之门。

三、农民工权益应得到充分保障，在法律制度层面加快推进改革

农民工本地化是中国特色城镇化道路的主要途径。今年和去年的两会，关于农民工权益保障问题，成了代表委员们热议的话题，如何解决当前农民工面临的各种困难也成了代表热议的话题。农民工，这一城市化过程中的特殊群体，很多主流报纸都连续进行了关注。作为“两栖人”的农民工为输入地作出了不可忽视的贡献，但当地政府却不能使他们逐步融入进来，成为城市的一分子，导致城市化不彻底。他们的收入不能化为当地的消费，影响当地第三产业的发展。提高报酬，放开户籍，健全保障，促进农民工本地化，就能使“死棋”变为“活棋”。

面对国际金融危机的冲击，一部分农民工返乡，但留下来的仍是大多数。对留下来的人应按照市民的待遇完善各种保障，力求使更多的人留下来，而非让他们一走了之。龙永图在参加中国经济 50 人论坛 2009 年年会时说，中国三十年改革开放最大的成就和推动力之一就是亿万农民进城，特别是内地的农民到沿海地区打工，形成了我们中国经济的比较优势。一定要下大力气把已经转移到当地的农民工变成当地的居民，他们有意愿，有技能，有的还成为了技术骨干，广东等沿海地区的产业发展需要这样的蓝领工人。我们要鼓励沿海地区把一亿农民工转化为当地居民，这样中西部地区的就业压力就会减小。他说，现在有些地方政策鼓励农民工在当地创业，心是好的，农民工在深圳、东莞打工五年、十年、二十年怎么好去创业呢？少部分人可以搞些小创业建个养殖场，但是要让他们搞乡镇企业，村村点火、户户冒烟是搞不成的。

企业为了躲避世界金融危机的冲击，减少用工或解雇一部分职工，都是无奈之举。但当地政府对待被解雇的农民工应像对待本地市民一样，发放失业保险金或救济金，使他们能找到新的工作。发达地区的政府财政资金仍非常充裕，拿出一部分帮助农民工，既能解决农民工的生活困难，又能够扩大内需，繁荣当地经济。如果当地政府放任不管，他们回到原籍，不仅会更加困难，而且会对劳动力输出地政府带来非常大的压力，严重的话会影响社会稳定。如果他们不回原籍，也会对当地的社会稳定形成一定影响。

中国特色城镇化道路需要依靠相关的制度建设和政策设计加以实现。从“十五”计划提出加快城镇化进程以来，户籍制度、住房制度、土地制度、财税和投融资体制以及社会保障制度等成为促进城镇化健康发展的体制创新重点领域。适应走中国特色城镇化道路的要求，需要在上述领域加快综合配套改革的力度，以形成完整的、体系化的制度基础。

在户籍制度改革方面，抓紧研究建立有序的准入制，进一步放开门槛，完善公安部颁布的以具有合法固定住所为基本条件的户口迁移条件准入制，允许符合具有可靠职业和稳定收入的外来人口在经常居住地落户，引导流动人口融入当地社会。城市应该宽容、主动、创造条件去接纳农民工成为城市居民。鼓励家庭移民，家庭中凡有一人在城镇有固定职业者，允许其家庭成员落户。《工人日报》①有一篇文章这样说：高高的户籍门槛下，农民工要融入城市，就不得不在就业、子女教育、社保等一系列问题上体味艰辛与曲折。户籍问题，确实应该引起社会足够的关注。农民工权益保障问题看起来很复杂，包括教育、社保、医疗等方面，但实际上有一个核心，就是户籍制度问题。成都市早在去年就进行了尝试，首先放宽入户条件帮助农民工融入城市。根据2006年成都市制定的户籍改革政策，对取得技师以上职业资格和大学专科以上学历的农民工，以及暂住满3年、拥有合法固定住所等条件的农民工本人、配偶和未成年子女，可在成都办理常住户口。但作为农民工主要输入地的东部沿海城市却鲜有这样的动作。上海市作为中国最大的城市近年在解决外地人包括农民工的户籍问题上迈开了步伐。

在住房制度方面，应多层面完善外来人口的住房保障制度。制订解决外来务工人员住房问题的长期政策，参照城市住房公积金制度，制定并实行外来务工人员住房公积金制度，对建立公积金账户的外来务工人员允许其以公积金购房和支付房租；建设一批低标准的廉租房，向包括外来人口在内的无力购房的低收入群体出租。解决这一问题，就等于打开了农民工入城的大门。针对农民工住宿房源极其紧缺的现状，应采取多种渠道增加农民工住房的有效供应。在招用农民工较多的企业，应该充分利用自有职工宿舍或通过租赁、购置等方式筹集农民工住房房源。在符合规划的前提下，可在企业用地范围内建设农民工集体宿舍。向农民工提供的居住场所应符合住宅安全、消防标准和基本卫生要求，远离危险源和污染源。尤其是工程施工类企业提供的宿舍，应符合建筑施工现场环境与卫生标准

---

① 赵永智编．农民工融入城市需跨“6大门槛”户籍壁垒是核心［N］．工人日报，2012－3－12.

有关的规定。同时，在集中建设的农民工集体宿舍和专供农民工租用的住房，要充分考虑农民工的居住需要和生活成本，并适当配备必要的文化、体育活动等设施设备。在农民工集中的开发区和工业园区，应按照集约用地的原则，集中建设农民工集体宿舍，由用工单位承租后给农民工住，或直接租给农民工，并强调不得按商品住房出售或出租。在农民工较多的城市，政府应出资建设符合农民工特点的住房，以农民工可承受的合理租金向农民工出租。也就是说，今后各城市建设的廉租房，应把符合进城条件的农民工考虑在内。重庆市建设“一天一块钱”的低租房和农民工公寓提供给农民工，并规定凡没有为农民工提供居住场所的单位，按月为农民工发放 40 元—150 元不等的租房补贴。浙江省要求用工单位切实改善农民工居住条件，有条件的要在生活服务设施用地中配套建设农民工公寓，享受经济适用住房的各项税费减免政策。

在社会保障制度方面，主要是解决资金来源问题和流动人口社会保障的可转移问题。逐步创造条件，实现社保账户全国性可转移。在流动人员个人养老保险账户的可转移问题上应加快在农民工输入和输出大省之间进行养老保险关系转移的对接试点工作，在取得经验的基础上向全国推广。应尽快研究社会保障全国统筹问题，以使在农民工群体全面建立社会保障制度尽快成为现实。除农村人口流入的城市政府增加投入外，对于目前在一些地区出现的“双放弃”（放弃承包权和宅基地）换社保的做法，进行总结和研究，在完善测算标准和程序的基础上，在全国推行宅基地、承包地换社保的政策。

第六章　农民工：中国城镇化的主体

【提要】 改革开放后数以亿计的农民工离开农村，进入城市，成为一个特殊的群体。他们中的一部分已被统计为城镇人口，但社会上无论是城市居民，还是农村居民，拟或是他们自己，都不会承认他们是城市人。本章主要论述中国城镇化的主体——农民工问题。第一节阐述农民工的起源与现状，对“农民工”的概念进行了辨析，分析了第一代农民工与第二代农民工或曰新生代农民工的区别。第二节围绕农民工存在的种种问题，如劳动报酬问题、社会保障问题、住房问题、子女教育问题、留守儿童问题等进行分析。第三节探索解决农民工问题的基本途径：市民化、本地化、家庭化。

第一节　农民工的起源与现状

人口向城镇集中或迁移的过程包含了人口、空间、经济、社会转换等多方面的内容，最终体现于现代文明和现代生活方式的传播和扩散。城镇化的本质是实现人口由农村向城镇的转移，城镇化的最终目的是要为人的全面发展创造条件。因此，城镇化的核心是人口的城镇化，城镇化政策的核心也应是促进人口的城镇化。改革开放以来，一批批农民脱离了农业，离开了农村，进入工厂，进入城市，形成了庞大的群体，他们不仅为中国的工业化作出了贡献，也为城镇化作出了贡献。但时至今日，虽然在统计数据上大部分已属于城市常住人口的一部分，但身份问题没有解决，家属没有进城，未能享受城市居民平等的待遇，所以，农民工问题受到社会各界的广泛关注。

一、农民工的起源

改革开放以前，我国实行严格的城乡二元户籍制度，城市居民可以转为农村居民，而农村居民则不能随意转为城镇居民。1984 年 1 月 1 日，中央 1 号文件《关于 1984 年农村工作的通知》中提出：“允许务工、经商、办服务业的农民自理口粮到集镇落户。”1984 年 10 月 13 日，国务院《关于农民进入集镇落户问题的通知》中指出：“凡申请到集镇务工、经商、办服务业的农民和家属，在集镇有固定住所，有经营能力，或在乡镇企业单位长期务工的，公安部门应准予落常住户口，及时办理入户手续，发给《自理粮户口簿》统计为非农业人口。”在此之前，虽然也有农民到城市和城镇务工经商，但在政策上并未合法化。从 20 世纪 70 年代末开始，农村的一部分富余劳动力尝试着进城寻找出路。最初是小心翼翼，甚至是偷偷摸摸的，他们居无定所，身无着落，靠出卖体力干城里人不愿干、不屑干的脏活累活，多数是在建筑工地上当临时工，还时不时地被“清理”。中共中央 1 号文件，终于打破实行了 30 多年的城乡分割政策，使这些自理口粮离乡进城务工经商的农民获得了在城市合法生存的权利。在这之后，数以千万计的农民浩浩荡荡地涌进城市，由此形成了蔚为壮观的“民工潮”。这个时期进城务工经商的农民是第一代农民工，他们进城是奔着挣钱来的，是为了取得“比较收益”，虽然他们并不明白什么是比较收益，但他们明白，只要在城市找到工作，就比种田收入要高。在农村辛苦一年，收入只有几百元，在城里可收入几千元。他们只想挣钱，并未想着在城里长期住下来，更未想使全家在城里定居下来。在城里“打工”，并没有舍弃农业，每到农忙时，他们便放弃工作，回乡收麦种秋或收秋种麦。上世纪 80 年代、90 年代进城打工的人，多生于 50 年代和 60 年代，他们和农业有不解之缘，他们从事过多年的农业生产，“日出而作，日没而息”，面朝黄土背朝天，风吹日晒不得闲。对在城里的工作无论时间长短、生活条件、收入多寡，他们并不计较，他们感觉比农村要好得多。那时的“民工潮”并未出现现在的“农民工”问题，相反，不仅解决了城市的劳动力短缺问题，而且解决了农村富余劳动力多、收入低、税赋重和多数家庭的贫困问题。那时的各级政府的领导及专家学者，对“民工潮”非常恐惧，怕出问题，所以提出“离土不离乡，进厂不进城”，号召各地办乡镇企业，发展小城镇，希望把农民留在本地，不要进城，不要背井离乡。经历了 20 年，除东部沿海地区的苏南、浙南、胶东地区、福建沿海和珠三角地区之外，其他地区的乡镇企业均未发展起来，吸纳的劳动力越来越少。而大中城市随着工业和服务业的发展，需要的劳动力越来越多，不仅城市建设如盖楼、修路需要农民工，工厂也需要农民工。东部沿海地区的“三来一补”企业、合资企业、外资企业，对农民工的需求越来越多，不仅需要本地的农民工，也需要外地的农民工，农民工开始跨省流动，安徽、河南、四川、贵州成为农民工输出的主要省份。本以为要出问题，但实际上什么问题也没有出。虽然外出务工的农民工越来越多，但“民工潮”的概念逐步淡出并被人们所遗忘。

胡锦涛同志在十八大报告中提出：加快改革户籍制度，有序推进农业转移人口市民化，努力实现城镇基本公共服务常住人口全覆盖。“农民工”这一称谓，在民间已使用了很多年，“十二五”规划纲要中，也使用了“农民工”这一概念。“农民工”这一概念虽无歧义，但却蕴涵着对进城务工人员的歧视。此外，“农民工”这一概念也不太科学，因为农民就是农民，工人就是工人，农民工到底是工人还是农民？为进城务工经商的居民“正名”，农业转移人口比较确切，比较科学，体现了党对离开农村进城的人们的尊重。

更为重要的是，十八大报告中不仅是对农业转移人口称谓的变化，而且突出提出了市民化问题，提出了城镇常住人口的公共服务均等化问题，常住人口当然包括农业转移人口。长期以来，农民虽进了城，但没有改变农民身份，没有享受市民们享受的福利和保障，没有享受或很少享受城市政府的公共服务，譬如子女就学、医疗保险、失业保险、养老保险等，改变户籍更是难上加难。近年来，农业转移人口受到了社会各界的关注，党中央、国务院也倍加重视，不断推出新的举措，农业转移人口的境遇得到了明显改善。

城镇化的本质含义就是将进城务工经商的农民转化为真正的城市居民，不仅为工业化提供人力资源，而且将不断扩大市场需求，为经济增长提供新的动力。十八大报告明确提出了市民化、公共服务均等化全覆盖，使这一大批人看到了曙光，也使城乡结构调整，缩小城乡差距迈出更大的步伐。

二、农民工的基本情况

我国农民工现已进入代际转换的重要时期，目前正处在第一代农民工向第二代农民工快速转换的后期，出生于20世纪80年代之后、在异地以非农就业为主的农业户籍人口——新生代农民工逐渐成为主体。据国家统计局公布的数据：2009年，全国农民工总量为2.3亿人，外出农民工数量为1.5亿人，其中16~30岁的占61.6%，据此推算，2009年外出新生代农民工数量在8900万左右，如果将8445万就地转移农民工中的新生代群体考虑进来，我国现阶段新生代农民工总数约在1亿人左右，这表明新生代农民工在我国2.3亿（2008年为2.25亿）职工中，已占将近一半。但从2001、2004、2009三个年度16~30岁农民工数量所占比重的变化来看，总体上呈减小趋势，这主要是由于1985年以后出生的农民工数量增长趋缓所致（表6-1）。

表6－1　农民工的年龄结构

（单位：%）

年龄分段（岁）	2009年	2004年	2001年
16～25	41.6	45.4	49.0
26～30	20.0	15.9	16.1
31～40	22.3	23.2	22.2
40岁以上	16.1	15.5	12.7

资料来源：国家统计局农村司：《2009年农民工监测调查报告》2010－03－19；盛来运、彭丽荃：《当前农民外出务工的数量、结构及特点》；载蔡昉（主编）：《中国人口与劳动问题报告》，社会科学文献出版社2006年出版。转引自国家发改委国土开发与地区经济研究所课题组研究报告，课题负责人：申兵。

三、“新生代”农民工与“二代”农民工成为农民工主体

第一代农民工除少数留在城市或举家迁居城市之外，绝大多数心安理得地理所当然地回到农村，继续从事农业生产，成为农业的主力军。取而代之的是他们的子女，继续他们父兄的事业——进城打工，他们谓之“新生代农民工”。他们来自农村，但和他们父兄有根本的不同。最大的不同是没有受到农业生产的训练，他们生活在农村，但他们没有从事过艰苦的农业生产，农业对他们既熟悉又陌生。他们读书到高中毕业后便进入城市“打工”，有的初中毕业便踏着父兄的足迹进入城市。比起农村他们更习惯城市的生活。他们不再牵挂老家的土地，农忙时期不再回家收秋种麦，土地由“老爸”“老妈”耕种或者将土地委托邻居或亲友耕种，只在春节期间回到老家看望自己的“老爸”“老妈”。他们有一笔账，来往的车费加上误工费让人代劳也足够了。这种做法促进了农业的机械化和专业化，农村出现了机械专业户，代收割、代耕地、代播种，甚至代管理，农村需要的劳动力越来越少。“新生代农民工”陆续到了结婚生子的年龄，结婚的对象多数也是在城里打工的人。第一代农民工男性占多数，一般是结婚后一

个人进城，妻子在家务农带孩子。“新生代农民工”多数是两人都在一个城市打工，需要租房居住，于是有了“住房难”问题。生子之后有的自己带，于是有了农民工子女“入托难”、“上学难”等问题。有的将子女送回农村，让父母帮忙带孩子，于是有了“留守儿童”问题。“新生代农民工”从进城的第一天起，就没有想过再离开城市回到农村，他们是城镇化的坚定支持者。

新一代农民工对土地的情结弱化，思想观念、生活习惯、行为方式已日趋城镇化，代表着农民工的主流，正发生由“寻求谋生”向“体验生活、追求梦想”转变，由“亦工亦农”向“全职非农”转变，由“城乡双向流动”向“融入城市、追求平等”转变。

与传统农民工相比，新生代农民工具有一些新的特点。一是他们的平均年龄在 23 岁左右，未婚者比例大。据全国总工会研究室 2009 年调查，新生代农民工中已婚者仅占 20%，而传统农民工中 80% 以上已婚，这意味着至少将有 8000 万左右的新生代农民工要在外出务工期间解决恋爱、结婚、生育甚至子女上学问题。二是多数人初、高中一毕业就进城务工，缺乏从事农业生产劳动的经历和经验。据调查，目前 89.4% 的新生代农民工不会干农活。三是受教育和职业技能水平有所提高，对工作性质和工作环境的要求相对较高，而且职业更换频繁。四是自我认同和留城意愿与传统农民工差异明显，更倾向于认为自己是城市的一员，强烈希望融入城市社会环境和在城市长期定居。

农业部部长韩长赋有一个访谈，专门谈到新生代农民工的问题，他用的是“第三代农民工”，讲的是上世纪 80 年代后半段到 90 年代出生的这一批人，他概括了四个特点：第一，他们从来没有种过地；第二，这批人都念过书，具有初中文化，是在电视机、手机的伴随下成长起来的；第三，他们中的很多人是独生子女，较之父辈，生活是优越的，没有挨过饿，没有受过冻，温饱问题在他们头脑里没有概念；第四，他们心理平衡度较差，难以接受“被歧视”。

与年龄结构年轻化相对应地是农民工的文化程度整体上有所提

高。2009 年，在外出农民工中，高中及以上文化程度比重达到 23.5%，比 2004 年提高了 6 个百分点，特别是中专及以上文化程度的农民工比重提高了 5 个百分点；分年龄组看，低年龄组中高学历比例要明显高于高年龄组，30 岁以下各年龄组中，接受过高中及以上教育的比例均在 26% 以上，其中 21～25 岁年龄组中接受过高中及以上教育的比例达到 31.1%（国家统计局农村司，2010）。掌握了一定的专业技能、接受过技能培训的农民工的比重也从 2004 年的 28.2% 提高到了 2009 年的 48.9%，表明《2003－2010 年全国农民工培训规划》的实施已初见成效。但是，外出农民工的平均受教育水平仍然比较低，初中文化程度农民工仍然占据绝大多数，外出农民工多数没有参加过任何技能培训，低教育程度的农民工接受培训的比例也较低。

“新生代农民工”的文化水平普遍较高，绝大多数初中毕业，一部分高中和技校毕业，和他们的父母不同，他们有维权意识。认识到他们和城里人天生平等，不认为比城里人低人一等。对现实中不同工同酬，不享受城市居民的福利和保障，没有民主权利等心怀不满，但也毫无办法。专家学者也由过去担心“民工潮”出问题改为呼吁改善农民工的生活条件、经济地位和政治地位，使农民工问题受到了社会各界的广泛关注。

“二代农民工”是和“新生代农民工”相类似的称谓。和“新生代农民工”的概念不同，他们的父母是“第一代农民工”，但他们在城市出生并成长，严格来说，他们是城市人，但他们的身份和他们的父母一样，具有农民的身份。他们的父母是农民工的佼佼者，属于成功人士，但他们解决不了自己的身份问题，也解决不了子女的身份问题。他们多数在城里租房居住，有的有了属于自己的住房，有了固定的职业，子女有的有了固定的工作，有的子承父业。“二代农民工”比起“新生代农民工”的人数要少得多，但他们已远离农村，他们已是地地道道的城里人。但他们对自己的地位却缺乏认同感，他们对现实的职业歧视和身份歧视存在强烈的不满。

“新生代农民工”和“二代农民工”的数量比第一代农民工的数

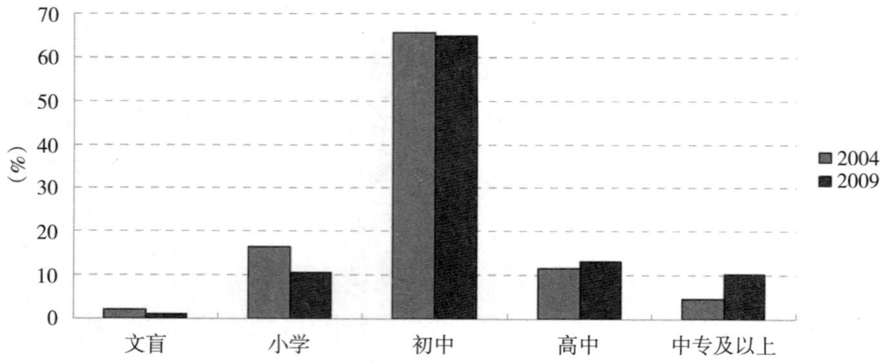

图 6-1　2004 年和 2009 年不同文化程度农民工所占比重

资料来源：国家统计局农村司：《2009 年农民工监测调查报告》2010-03-19；盛来运、彭丽荃：《当前农民外出务工的数量、结构及特点》；载蔡昉（主编）：《中国人口与劳动问题报告》，社会科学文献出版社 2006 年出版。

量多得多。他们生于 80 年代和 90 年代。虽然当时的农村也推行“一对夫妇一个孩子”的计划生育政策，但多数农民并未遵守，农民多数生育两个孩子。此外，80 年代处于第二个生育高峰，因为 20 世纪五六十年代出生的人均到了娶妻生子的年龄。因此，中国的人口红利期还没有结束。从统计数据上看，这一判断也得到了证实。根据国家统计局 2009 年农民工检测报告，全国农民工年度总量为 22978 万人，其中外出农民工 14533 万人，本地农民工 8445 万人。其中，在东部地区务工的外出农民工为 9046 万人，占全国外出农民人数的 62.5%；在中部地区务工的外出农民工为 2477 万人，占全国外出农民工人数的 17%；在西部地区务工的外出农民工为 2940 万人，占全国外出农民工人数的 20.2%。报告认为：随着经济社会的发展，农民工流动出现了新的特征与发展趋势，其中，新生代农民工成为农民工群体的主要组成部分，与第一代农民工相比，受教育程度较高，主动融入城市的意愿强烈。举家外出、完全脱离农业生产与农村生活环境的农民工占据重要的比重，2009 年，举家外出农民工达到 2966 万人。①

① 马晓河等著. 中国城镇化实践与未来战略构想［M］. 中国计划出版社，2011.

从举家外出的人数来计算，不包括在本地务工经商的8445万人，尚未举家外出的农民工数量尚有11567万人，假如他们的家属（爱人与孩子或父母）和他们一起到城市共同生活，城市人口将增加两倍，也就是23134万人。在本地务工经商的8000多万人中，其大部分会移居到当地的小城镇，两者相加，总数超过3亿人。他们是城镇化的真正后备军。当然，他们之中，不可能百分之百地进入城市，更不可能百分之百的进入大城市，但他们是最有可能进入城市和城镇的群体，因为在他们的家庭中，已经有一个或两个人在城市就业，已具备到城市（镇）生活的基本条件。

经过几十年的发展，我国的城镇化取得了较大成就，2006年我国城镇化水平达到43.9%，但总体来看，我国的城镇化是个不彻底的城镇化。根据2005年1%人口抽样调查资料，2005年全国进城务工经商的农民工总数达到了1.5亿人之多，形成了“人居城镇、家留农村”的半城半乡状态。如果将这些人不计入城镇人口，则我国的城镇化水平要大打折扣，将减少十几个百分点；如果按照“五普”口径计入城镇人口，他们又不能像其他城市人口一样享受应有的社会公共产品和服务。事实上，农民进城务工，做了城里人，他们参与创造了当今工业的奇迹。但农民工不能享受城里人享受的社会保障、医疗、就业、教育、住房等社会保障和福利，只能算是“准城镇人口”。两亿多农民工之中，已有1.4亿左右“被城镇化”了，因为在“六五”人口普查中，按照规定，凡在城市生活六个月以上者均被统计为城市常住人口。也就是说，春节后离家到城市（镇）打工的人，凡中途没有回家，均变成了“城里人”。他们中有许多人梦寐以求成为城市人，以摆脱“城市边缘人”或“两栖人”的地位，现在他们稀里糊涂地成为统计意义上的城市人。

第二节　围绕农民工需解决的问题

工业化催生农民由农村向城市的流动大潮，这不是中国的特色，早期的英国、美国，后来的拉美、东亚四小龙都是这样。北京大学社会学系副教授卢晖临认为：中国的特殊之处在于，大量的农民从农村进入到城市，职业上发生了转换，可是他们没有获得在城市居住和生活的制度性安排，缺乏住房、子女教育和医疗保障，他们成了“农民工”。这个过程中农民工被置于一个摆脱不了的困境中：劳动力的生产和再生产发生了空间上的分离，也就是说他们的劳动力被城市雇主使用，可是他们的劳动力的再生产（即劳动力维持和更新）是和城市分离的，很大一部分要依赖农村。在这个意义上讲，城镇化和工业化是高度分离的[①]。农民工进城打工，在使城市漂亮起来的背后，受歧视、报酬过低、权益得不到保障、难以融入城市社会等问题却得不到解决。他们仍是“两栖人”，年年都为铁道部门作贡献。他们不敢拔掉农村的“根”。他们长期在城市工作，但在城里却没有家，他们在工厂工作了半辈子，但不是工人，给他们的称谓是“农民工”。进城务工的农民在城里扎不下根，一个家庭分成两半甚至三地，不能算是正常的情况[②]。时至今日，他们中的绝大多数仍是“农民工”，虽然他们已是统计意义上的城市人口，但他们的家属仍然在农村，处于事实上的“两地分居”状态。他们不享受城市居民所享受的各种福利。他们没有社会保障，没有养老保障，没有医疗保障，没有失业保障，没有最低生活保障。他们没有任何政治权利，不能参与社会管理。他们的根仍在农村，那里有承包地、有宅基地、有不错的住房、有妻子儿女。那里还有无论走多远都甩不掉的“农村户口”。所谓农民工就

① 卢晖临．“农民工问题”的制度根源及应对［J］．人民论坛，2011（11）．

② 肖金成．解决“民工潮”问题的新思路［J］．中国市场，1995（2、3）．

是“两栖人”，亦工亦农，亦城亦乡，自由自在。现在看来，这是城镇化不彻底的结果，也是未来城镇化的最大障碍。30多年来，我们累积了全世界最大的城镇化难题：农民工问题。

一、农民工的报酬问题

关注农民工问题、研究农民工问题的专家学者很多，但都忽视了一个最根本的问题，也可能是有意识地忽视，那就是农民工的报酬问题。城市政府、东部沿海地区的企业对此讳莫如深。现在谈到收入分配问题都认为很不合理，收入分配差距过大，尤其是第一次分配不合理。第一次分配也就是资本与劳动的分配，劳动的主体是农民工。农民工的报酬过低，农民工得到的报酬只能满足自己的温饱，却很难满足其家属在城里的支出，这才是关键问题。

农民只身到城里打工，家属和子女留在老家，并非他们不想生活在城里，实属无奈之举。其根本原因是：农民工的劳动报酬过低。据了解，同样辛苦的工作，农民工的工资收入普遍要比务工地社会平均工资低很多。由于劳动力供给充裕，劳动力市场竞争激烈，农民工报酬增长极为缓慢。马克思曾经分析过，工人的报酬不仅包括工人个人的消费及提高自身能力的费用，还应包括抚养和教育子女的费用，以保证劳动力的再生产，这部分费用是在城市的生活支出而非在农村的生活支出。但农民工的报酬中基本上不包括这一部分，他们没有能力将子女带在身边，只能将其留在农村，由自己的妻子或自己的父母来抚养。他们不仅不能享受天伦之乐，还会使他们子女的身心受到伤害。东部沿海地区经济的发展得益于外向型出口产业的发展，劳动力成本低成为提高产品竞争力的一个重要因素，但却付出了农民工建立健全家庭的代价，付出了城镇化的机遇。问题是劳动力成本是否构成产品竞争力的根本因素，劳动力报酬的弹性是多大。美国劳动者的报酬是中国劳动者报酬的十倍以上，假如将中国农民工的报酬提高一倍，不会影响中国产品的竞争力。由于劳动力成本低，所以出口产品的价格也低，得益的是美国、欧洲发达国家的居民，他们消费了无比便宜的产品，导致了无比严重的浪费，如一次性袜子、一次性打火机、一次性内衣，甚至一次性西装。中国企业耗费了本来就短缺的能源，占用了本已不多的农田，污染了水源和大气，给农民工很低的报酬，却给发达国家的居民作了巨大的贡献。美国和欧洲国家的政府动辄以“倾销”相要挟。

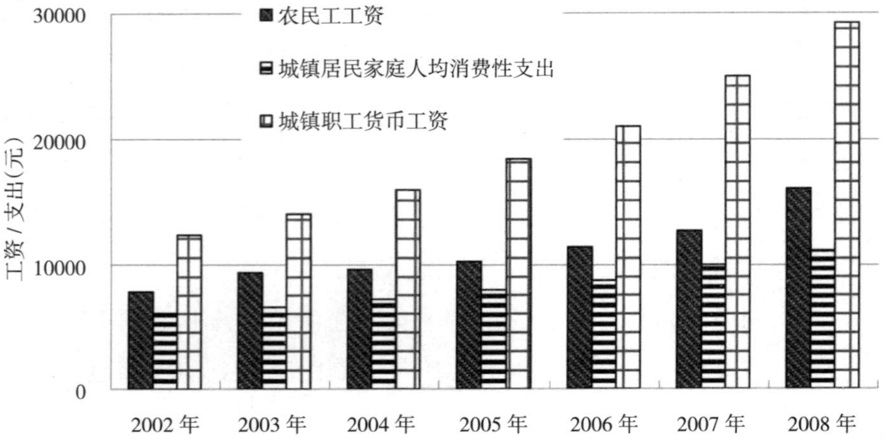

图 6－2　农民工工资、城镇居民人均消费性支出及城镇职工工资对比

数据来源：2002～2007 年和 2008 年农民工工资数据分别引自全国农村固定观察点办公室关于农民工的调查数据和国家统计局关于农民工的监测数据，其余引自相应年份的中国统计年鉴。转引自国家发改委国土开发与地区经济研究所研究报告《农民工市民化研究》，课题负责人：申兵。

马克思在分析资本主义生产方式时，将工人的劳动分为两部分，一是必要劳动时间；二是剩余劳动时间。剩余劳动时间作为剩余价值留给资本家，而必要劳动时间作为报酬用工资的形式支付给工人。作为社会主义的中国却没有将农民工的必要劳动时间支付给农民工，真令人匪夷所思。现在，农民工的报酬已经不是什么主义的问题，而变成农民工在城市生存和发展的问题，已成为农民成为城市居民的最大障碍。如果农民工的报酬不能很快提高，农民进城工作和生活的欲望将大打折扣，那就不仅是“民工荒”的问题，就会延缓城镇化的进程与现代化的进程。

清华大学窦勇与国家发改委宏观经济研究院卞靖认为：我国劳动力市场扭曲首先表现为劳动力价格严重滞后于经济增长。被压低的劳动力要素报酬难以弥补户籍、教育、医疗、住房等成本，在很大程度上阻碍了农村剩余劳动力的进一步流出。据统计，从 1978 年至 2004 年，我国经济高速增长，但工资却只有美国的 4%；在制造业，我国劳动力价格甚至比 20 世纪 90 年代才开始快速增长的印度还要低 10%。在改革开放的发源地珠江三角洲地区，民工的工资 10 年间没有上涨。[①] 时任国家统计局局长的李德水援引一份珠江三角洲地区务工者收入的调查资料时发表感慨，该地区民工的月均工资“只够一天吃四顿炸酱面”。[②]

近年来，外出农民工工资增长速度加快，收入水平明显提高。据有关资料显示，2002～2004 年，农民工月均工资由 659 元上升到 780 元，增长 18.4%；2006 年，外出务工农民的月收入 946 元，比 2004 年增长 21.3%；根据国家统计局农村司 2010 的统计，2009 年，外出农民工月平均收入为 1417 元，比 2006 年增长 49.8%。从不同收入组所占比重的变化情况来看，2009 年，外出农民工月均收入在 600 元以下的占 2.1%，600～800 元的占 5.2%，800～1200 元的占 31.5%，1200～1600 元的占 33.9%，1600～2400 元的占 19.7%，2400 元以上的农民工占 7.6%，其中月均收入 800 元以下的农民工比重比 2004 年下降了 47.5 个百分点。

虽然农民工的工资水平有了较大幅度的提高，但仍显著低于全国职工的平均工资。农民工 2007 年年初的月均工资仅相当于 2005 年 11 月全国职工月均工资的 85.4%；农民工平均每周工作 65 小时，大大超过了城镇职工的平均工作时间，如果按 2005 年城镇职工每周工作

---

① 窦勇，卞靖．劳动力价格扭曲下的农村剩余劳动力转移［J］．中国物价，2012（1）．

② 窦勇，卞靖．劳动力价格扭曲下的农村剩余劳动力转移［J］．中国物价，2012（1）．

47.8小时计算，则2007年年初农民工小时工资仅为2005年全国职工小时工资的62.8%，农民工的相对工资水平就更低了。

在大中城市务工的农民工收入水平相对较高，中西部地区收入增长较快。从务工地点看，2009年，在直辖市、省会城市、地级市、县级市和建制镇务工的农民工平均月收入分别1569元、1425元、1402元、1359元和1348元。分地区看，在东部、中部和西部地区务工的农民工月均收入分别为1422元、1350元、1378元，分别比2006年增长了36.1%、54.3%、48.8%。

不同行业收入水平差别较大，制造业、服务业和住宿餐饮业收入水平偏低，批发零售业和采矿业收入增长相对较慢。收入水平较高的是交通运输业、采矿业和建筑业的农民工，月均收入分别为1671元、1640元和1625元；收入较低的分别是住宿餐饮业、服务业和制造业的农民工，月均收入分别为1264元、1276元和1331元；从收入增幅看，增幅高于各行业平均水平的是住宿餐饮业和建筑业，增幅分别为8.1%和5.9%；收入增幅较低的是批发零售业和采矿业，分别增长3.3%和4.5%。

虽然，农民工的工资近年来有所提高，但扣除物价上升和消费水平提高，农民工的实际报酬仍然过低，仍然难以维持整个家庭在城市的支出，甚至不能维持基本生活支出。实施扩大内需战略，提高农民工的报酬水平将是重要举措。

二、农民工的社会保障问题

农民工至今尚未建立比较完善的社会保障体系，这是一个非常重大的失误。农民从进城务工的第一个月领到第一次工资起就应该强制缴纳各种社会保障金，这既是保护自己，也是维护社会的稳定。计划经济时期，一切由政府包下来，国有企业工人的保障由国家包下来，集体企业的工人的保障由地方政府包下来，农村社员由人民公社包下来，虽然是低水平的保障，但毕竟也是保障。农民进入城市应是率先进入市场经济体制的一群人，他们脱离了原有的体系，不再享受原体制的任何福利。在市场经济体制下，政府应为他们建立新的保护他们利益、维护社会稳定的平台，如建立各种保障体制。说是社会保障，实际上是自己保障自己，只不过由政府代劳而已。如建立社会保障账户，按月由个人和企业缴纳养老保障金，按月缴纳医疗保险金、按月缴纳失业保险金、按月缴纳住房公积金，企业按月为他们缴纳工伤保险金等等。等他们失业时，可领取失业保险；他们生病时，可领取医疗保险；他们退休后，可领取养老金。有了个人保障账户，个人感觉踏实，政府也感觉踏实，社会稳定就有了保障，和谐社会的建立就有了坚实的基础。

农民工由于户籍管理的限制，未能加入城镇职工享有的养老、医疗与失业保障，少数人加入保障水平偏低、覆盖范围有限的农民工社保体系或者不参加任何社会保险。根据国家统计局2009年调查，雇主或单位为农民工缴纳养老保险、工伤保险、医疗保险、失业保险和生育保险的比例分别为7.6%、21.8%、12.2%、3.9%和2.3%，其中中西部地区的农民工参保比例明显低于东部地区。[①]

现在探究农民工社会保障体系为什么迟至近日仍没有建立，我们发现存在深层次的思想意识问题，而且是具有话语权的一部分人的思想意识问题。对农民工进城只是看做权宜之计，并未将其作为城镇化战略的一个重要组成部分来考虑。他们认为农民工的社会保障就是土地，就是一亩三分承包地。农民的一亩三分地既是农民的生产资料，又是农民的社会保障资料。农民工找不到工作就回家种田，承包地和宅基地就是农民工的保障。农民工输入地的政府也设想，农民工年轻时来城市打工，年龄大时再回到农村种田或养老，这是他们的如意算盘，让农民工周而复始永远接受他们的“奴役”。他们精心设置了社会保障“陷阱”，即打工时个人与企业同时缴纳社会保障金，春节前回家探亲时允许将个人缴纳的保险金退回，而将企业缴纳的部分转入

① 马晓河等著．中国城镇化实践与未来战略构想［M］．中国计划出版社，2011：19.

社会保障统筹账户，这也是沿海地区社会保障统筹账户有很多结余的原因。应该说，一些人的糊涂认识与城市政府的“集团利益”共同铸成这不可挽回的大错。

面对国际金融危机的冲击，一部分农民工返乡，但留下来的仍是大多数。对留下来的人本应按照市民的待遇完善各种保障，力求使更多的人留下来，而非让他们一走了之。龙永图在参加中国经济50人论坛2009年年会时说，中国三十年改革开放最大的成就和推动力之一就是亿万农民进城，特别是内地的农民到沿海地区打工，形成了我们中国经济的比较优势。一定要下大力气把已经转移到当地的农民工变成当地的居民，他们有意愿，有技能，有的还成为了技术骨干，广东等沿海地区的产业发展需要这样的蓝领工人。我们要鼓励沿海地区把一亿农民工转化为当地居民，这样中西部地区的就业压力就会减小。他说：现在有些输出地的政府鼓励农民工在当地创业，心是好的，农民工在深圳、东莞打工五年、十年、二十年积累了一部分资金，少部分人可以搞些小创业，如建养殖场、零部件加工厂等，但并非所有人有能力成功创业。假如放任其在农村自主创业，村村点火、户户冒烟，对环境的影响也是不可低估的。

如金融危机到来的时候，很多农民工返乡。假如有失业保障的话，就不用返乡。企业为了躲避世界金融危机的冲击，减少用工或解雇一部分职工，都是无奈之举。但当地政府对待被解雇的农民工应像对待本地市民一样，发放失业保险金或救济金，使他们能找到新的工作。发达地区的政府财政资金仍非常充裕，拿出一部分资助农民工，既能解决农民工的生活困难，又能够扩大内需，繁荣当地经济。如果当地政府放任不管，他们回到原籍，不仅会更加困难，而且会对劳动力输出地政府带来非常大的压力，严重的话会影响社会稳定。金融危机来了，农民工可以“挥之即去”，但能不能“招之即来”却很难说。现在金融危机过去了，当企业得到新的订单时，农民工出现了短缺，东南沿海地区尤其是“珠三角”出现了“民工荒”。从“民工慌”到“民工荒”，是政府没有尽到责任的结果。

2012年1月13日，《参考消息》转引美国媒体报道①：2011年年初，工人短缺问题在中国成为一个尤其令人担忧的问题，因为中国许多劳动密集型产业失去了如果不是数百万、也是数十万的工人。今年，随着城市里的工作越来越缺少吸引力，而且在有些情况下农民工适合的工作也不再那么多，有人预计劳动力短缺问题可能会更加严重。

三、农民工的住房问题

农民工在城市有稳定的职业，其个人和单位为其缴纳住房公积金，他就有权力购买商品房、经济适用房，符合条件的话可租用廉租房，其住房公积金可用于买房，也可用于支付房租。也就是说，让农民工在住房问题上享受与市民一样的待遇。但农民工在打工地的居住状况很差，居住问题除少数城市采取了一定措施之外，多数城市未纳入规划和管理。

1. 农民工的居住状况

根据国家发改委国土开发与地区经济研究所课题组的研究，当前农民工城镇居住状况主要有以下特征：

第一，由雇主或单位提供宿舍与自行租赁市场出租房屋是农民工城镇住房的两个主要来源，农民工住房类型与其行业特点紧密相关。已有调查研究发现，大约有40%的农民工自行租赁住房。建筑业农民工多居住于项目周边的简易临时建筑；制造业农民工多居住于集体宿舍；服务业农民工的住房类型比较多样化，大部分是自行租住市场出租房，主要是“城中村”住房。

第二，农民工住房条件普遍较差，住房设施简陋与配套不齐全问题最为突出。据已有调查研究结果，农民工人均住房使用面积在5～

① 《参考消息》2012年1月13日第16版美媒评述《越来越多农民工返乡不回城》。

10平方米之间，多数低于城镇家庭住房困难的标准（人均住房建筑面积低于13平方米，折合使用面积约为9.75平方米）；但与住房面积相比，其住房设施简陋、卫生条件差等问题更为突出，不利于农民工的身体健康。

第三，农民工在城市中的居住分布特点是“大分散、小集中”，不利于与城市生活的融合。除建筑工棚和单位宿舍外，农民工居住聚居区主要零星分布在与城区结合紧密、交通比较发达的城乡结合部，无论从社区关系上还是空间分布上，均与城市居民的生活社区相隔离。

第四，农民工居住成本支出在其收入中所占比例不足20%，具有提升住房消费的潜力。较差的住房条件与农民工低工资收入有关。农民工仅仅把不到其收入的五分之一投在了住房上面，相对于普通住宅市场中月还贷额占收入50%的警戒线，农民工在住房支出上尚有提升的潜力。但由于他们自认为是城市过客，没有融入城市生活的打算或能力，这影响着他们的住房选择和住房消费行为。

多数农民工不具备在住房市场中自行解决住房的能力，住房条件差、设施配套过于简陋是农民工住房问题的主要表现。住房不仅仅是提供遮风避雨的物质空间，更重要的是为居民提供生活环境和社会交往空间，为民众融入城市劳动力市场和主流社会以及获得各种公共服务创造机会。相比于住房面积的大小，目前农民工住房在空间分布、社区环境和住房设施配套方面表现出的问题更为突出，需要优先考虑解决。

北京大学社会学系副教授卢晖临认为：农民工在一个地方工作，贡献税收，城市政府应该考虑他们的居住问题。许多发达国家的经验显示，他们在发展到我们今天这个阶段，外来工进入城市之后，住房基本上都是通过城市政府集体提供的，再结合市场化的方式。香港差不多60%的人口居住在廉租房里面，新加坡提供类似于公租房和廉租房的人口比例也与此相当①。由于农民工住房问题尚未纳入城市住房

① 卢晖临．“农民工问题”的制度根源及应对［J］．人民论坛，2011（110）．

建设规划，因此，政府在城市规划、财政预算安排方面通常不予以考虑，目前中央政府和地方政府在解决农民工住房问题上尚未形成明确的责任分担和解决问题的可操作性方案，并且，从目前农民工住房来源上也可以看出，政府在其中的投入极少。

2. 农民工未来对居住的需求

随着经济体制改革的不断深化和城镇化的加速发展，我国户籍制度、就业制度、社会保障制度等二元社会体制将会逐步弱化。2010 年中央一号文件提出积极稳妥推进城镇化、深化户籍制度改革、促进符合条件的农业转移人口在城镇落户、鼓励有条件的城市将有稳定职业并在城市居住一定年限的农民工逐步纳入城镇住房保障体系。“十二五”期间，越来越多的农村人口将向城市迁移。

一是举家迁移到城市的农民工比例增加，对居住的需求增加。已有研究表明①，农民工群体的流动形态正在从单一劳动力到城市打工向携妻带子的“家庭化”迁移演变，家庭化移民是目前农民工迁移的总体模式，这就要求在解决农民工住房问题时要充分考虑其家庭因素。

二是新生代农民工成为主体，将持续影响住房市场。2010 年中央一号文件首次将新生代农民工提法纳入中央正式文件，要求“采取有针对性的措施，着力解决新生代农民工问题”，传递出中央对新生代农民工的高度关注。“80 后”、“90 后”的新生代农民工已超过农民工总数的 60%，他们受教育程度整体较高，融入城市生活的愿望强，因此，对城镇住房要求较高，将会影响到整体的住房需求结构。

三是从事第三产业的农民工比重将增加，通过市场租赁住房的需求加大。“十二五”时期是我国从工业化中期向工业化后期转变的过

---

① 农民工正举家进城，如何欢迎［OL］．新华网，http：//news. xinhuanet. com/mrdx/2010－03/18/content_ 13191741. htm

渡时期，同时，也是推进我国产业结构优化升级、实现经济发展方式转变的关键时期。随着我国产业结构的升级、农民工教育培训的加强和新生代农民工文化素质的提高，农民工的就业结构将发生变化。总体来看，外出农民工仍以从事制造业、建筑业和服务业为主，但从事制造业的比重下降，餐饮、娱乐、新型服务业等第三产业正在成为更多农民工就业的重要选择。劳动和社会保障部的调查表明，2006 年农民工从业较为集中的行业主要是外向型制造业和城市服务业，包括电子电器业（13.5%）、制衣制鞋业（11.7%）、住宿餐饮业（9.4%），机械制造业（6.2%）、食品制造业（4.9%）、交通运输业（4.3%）、居民服务业（4%）等[①]。2009 年农民工监测调查报告显示，从事第三产业的农民工约占 40%，主要包括服务业（11.8%）、住宿餐饮业和批发零售业（各 7.8%）、交通运输仓储邮政业（5.9%），上述行业的从业人员比重均比 2008 年有所提升。由于服务业农民工大部分是自行租住市场出租房，因此，随着从事第三产业农民工比重的增加，更多的农民工将通过租赁住房解决其住房问题，农民工对市场租赁住房的需求将增加。

根据国家统计局 2009 年农民工检测调查报告，在外出农民工中，在务工地购买自有产权房的农民工比重为 0.8%，自行租赁住房的农民工比重为 34.6%，居住在雇主或单位提供的宿舍、工棚或者生产经营场所的占 51.8%。42.1% 的农民工雇主不提供住宿也没有住房补贴，住宿费用需要由农民工自行支付，居住成本人均每月 245 元，占工资收入的 17.3%。既然农民工是城市所需要的，城市政府就应该将农民工与居民一样，保障住有所居。对低收入的农民工给予住房补贴或廉租房。重庆市建设的廉租房既面向市民，也面向农民工。重庆市能够做到，东部沿海地区的大部分城市也能够做到。

---

① 现阶段我国农民工流动和就业的主要特点［OL］．国研网，http：//www.drcnet.com.cn/DRCnet.Channel.Web/expert/showdoc.asp？doc_ id = 199971

3. 国外解决外来低收入群体住房问题的经验

城镇化进程中的农民工住房问题，并不是中国所特有的。一些发达国家在经济起飞和城镇化阶段，同样也面临着由于外来低收入移民住房问题难以解决而产生的贫民窟现象。而且，这种贫民窟现象在许多发展中国家的大城市中普遍存在，如拉丁美洲的巴西、墨西哥，亚洲的印度、菲律宾等。联合国人类居住规划署的报告（UN－HABITAT，2003）显示，2001 年全球有 31.6% 的城市人口居住在贫民区，该比例在发展中国家更高达 43%。国外在解决低收入流动人口住房问题的一些做法，可以为我们提供借鉴。

第一，在城镇化快速推进过程中，贫民区为城市中的低收入移民提供了必要居所。工业革命后的英国伦敦、二战后的法国巴黎、美国纽约，在工业化、城镇化快速推进过程中，大量流入的农村人口为寻找低成本住房而在城市非正式居住地或基础设施较差的社区聚居，从而在城市形成许多贫民区。发达国家的经验表明，贫民区是推进城镇化进程的一种缓冲，需要得到正视。

专栏 6.1　印度贫民窟的改造

印度独立之初实行的是清除贫民窟的政策，主要意图是驱赶贫民窟居住者。但是到了 20 世纪 60 和 70 年代，大量的农村人口向城市转移，贫民窟居住者逐步意识到自身的力量，且政治家也开始视其为选票的来源，当局的贫民窟清除政策由此转变为贫民窟改造政策。

上世纪 80 年代末至 90 年代初，世界银行资助的“贫民窟升级”项目启动，帮助两万个孟买贫民窟家庭获得了土地使用权和基本的生活服务。联合国人居规划署的资料显示，印度全国贫民窟居民联合会与促进地区资源中心协会一道，从孟买地方政府手中获得了为贫民窟地区建造 300 套公厕的权利，为 1000 家住户提供卫生设施。与此同时，动员周围地区的贫民窟居民采取一系列改造举措。到目前为止，由印度中央政府资助的、旨在为贫民窟居住者提供基本生活服务（如供水、道路、排污、街灯等）的项目在孟买已经实施了近30年。

资料来源：城镇化背景下的贫民窟挑战及对策：国际经验与启示［N］．中国经济时报．

第二，从国际经验来看，将贫民区纳入城市规划，为其提供各种公共服务和基础设施，是解决城市低收入移民住房问题的一个有效措施。各国解决城市贫民区问题的模式可分为两类：一是对贫民区进行就地升级，如印度孟买由世界银行资助的“贫民窟升级”项目、巴西的“非正式居民区”改造计划；二是拆除贫民区并对其中的居民进行重新安置，如泰国政府通过直接建设住房为贫民区的清拆户提供租住权、伦敦政府在城市外围为贫民区清拆户新建住房进行安置。但从实践中看，贫民区的就地升级要比对贫民区居民的重新安置更有效，因为重新安置的模式通常需要较大的资金投入，并且多数贫民区居民出于对工作和生活便利性的考虑不愿意在安置地居住。解决低收入移民住房问题的着力点应是改善其住房的卫生、安全条件以及其居住区的组织管理。

专栏6.2　巴西“非正式居住区”改造计划

在巴西，相当数量的城市人口居住在非正式的或不合法的居民区中，常常占用公共土地。据统计，贫民区人口约占里约热内卢全部居民人口的25%。这些贫民区是一些外来打工者的家园，但是其卫生条件极差，常常遭受自然灾害和犯罪的侵扰。过去，巴西官方的贫民区政策则是熟视无睹或者威胁驱逐他们。直到20世纪70年代，许多城市的市政当局开始在规划图上暂时包括进了这种居民区。近几年来，这些居民区开始发生转变，当地政府在州政府、中央政府的支持下做出承诺，在社会政治以及地理上把贫民区纳入城市管理。

80年代初期，巴西的巴罗哈日任特和累西腓两个城市，努力规范或把贫民区纳入到城市体系之内，从法律上认可它们。巴西在全国范围实行了新的规划措施，允许把某些居民区指定为“特殊社会利益居住区”，以便于规划和对各个区制定相应的土地使用要求。在累西腓，1987年建立了一套机制，在城市社区的参与下，第一次把“非正规居民区”纳入正式规划并同意提供各种服务和基础设施。在这项法令下，累西腓设立了一个“土地占有合法化委员会”，委员会有多个利益相关方参与，其职能包括，确定并解决每个社会利益居住区的特殊问题、敦促政府履行承诺、使用投资改造整个城市地区和划定要规范的居民区。后来，巴西其他城市，包括里约热内卢和圣保罗也有类似的计划。

巴西应用经济学会 1998 年的一项研究表明，至少 794 个市政当局制定了贫民区或“非正规居民区”的改造计划，其中约 506 个市政当局的改造计划包括在不同形式上实现土地占有的规范化。为了提高城市贫民的生活质量和创造条件动员社会更多的力量参与，巴西正准备补充一系列更广泛的政策，以兑现政府对贫民区在政治上和法律上的承诺，保证投资支持。

资料来源：城镇化背景下的贫民窟挑战及对策：国际经验与启示［N］．中国经济时报．

第三，各国在解决低收入移民住房问题过程中都需要不同形式的政府资助。在解决低收入群体住房问题时，各国通常会通过立法提出解决低收入住房的行政性要求，同时对城市政府给予资金资助。资助资金有两个使用方向，一是为城市政府进行低收入住房建设和居住区改造提供资金支持，如在印度孟买，由中央政府资助的、旨在为贫民窟居住者提供基本生活服务的项目已经实施了近 30 年；在美国，约翰逊政府曾为建设低租金住房的发展商提供低利率贷款。二是为低收入群体提供租金补贴，以美国的“租金优惠券”为代表。

专栏 6.3　美国的“租金优惠券”政策

美国的“租金优惠券”政策也称“租房券”项目，根据 1974 年的住房法案设立，最初被称为第 8 条款存量住房项目。该项目提出的背景是：20 世纪 70 年代美国住房短缺已不再是主要矛盾，取而代之的是低收入阶层所付房租占其收入比重过大。

第 8 条款存量住房项目为收入不高于地区平均收入 80% 的住户提供房租凭证，该凭证将填补家庭收入 25%（后来提高到 30%）与公平市场房租之间的差值。地方住房管理机构限定房客所选的区位，协助房客与房主间的租金谈判，并按市场租金额度，直接支付总租金给房主，在总租金中，房客支付的部分不超过自身收入的

30%。

第8条款存量房部分包含两个方面的内容：租金证明计划（Rent Certificare Program）和租金优惠券（Rent Voucher Program）计划。两者的主要区别是，当持租金优惠券的房客在市场上所找住房的租金，低于政府规定的市场租金时，允许房客保留未花完的优惠券，下次继续使用，也可租住高于市场租金的住房，多出的费用自掏腰包。而参加租金证明计划的房客，则只能在市场上租住不高于政府规定标准、固定区位范围的住房，政府根据住房总租金的实际情况补贴差价。

资料来源：宋博通，20世纪美国低收入阶层住房政策研究［J］．深圳大学学报，2002（9）．

4. 农民工的其他权益

作为“两栖人”的农民工为输入地作出了不可忽视的贡献，但当地政府却不能使他们逐步融入进来，成为城市的一分子，导致城镇化不彻底。农民工的权益和户籍制度联系在一起，户籍制度又和社会福利、土地制度联系在一起，搞得很复杂，解决起来像一团乱麻，无从下手。户籍制度之所以难以解决，关键是福利问题。小城镇之所以欢迎农民进城，不是镇政府责任心强，而是当地居民没有什么福利，其户籍没有什么含金量。华西村和华西村虽然是一个村级建制，其在该村打工的外地农民的户籍也不容易迁入。由此看来，户籍本身并无意义，其关键是附着在户籍制度上的各种福利。所以解决农民工的权益问题应从福利入手。

首先是子女就学问题。进城的农民工子女教育问题是农民工问题的一个重要方面。随着年龄的增长，夫妻均为打工者的子女也到了入学年龄，由于在城里入不了学，只能留在农村接受教育，媒体称他们为“留守儿童”。根据全国妇联2009年公布的数据，全国农村留守儿童达到5800万，他们长期远离父母，由祖父母抚养或寄养在亲戚家里，极不利于他们的健康成长，也为老人增加了负担。党中央、国务院对这件事给予了高度重视，多次召开会议讨论这个问题，提出并采取了一系列措施，如让寄宿制学校成为他们的家，让老师成为他们的父母等。但要根本解决，还是要提高农民工的报酬，使他们既有吃饭的钱，又有在城里抚养子女和教育子女的钱。农民工输入地的政府应为他们的子女教育打开方便之门。农民工举家进城是应该鼓励的，一是说明其收入能够满足其全家的基本支出；二是可以享受天伦之乐；三是负起养育子女的责任。这是真正的城镇化，既有利于社会稳定，又能够扩大消费。城市政府应表示欢迎，并尽可能为他们解决困难。尤其是子女教育，是政府公共服务的重要方面，应享有与市民同样的待遇，一律就近入学，免除一切学杂费，不应有一星半点的歧视。由于在一些城市因打工者的子女入不了学，有人就创办了“打工者子弟小学”，专门招收农民工子女。由于多数农民工子弟学校得不到政府扶助，其义务教育经费没有列入财政预算，被称之为“投资低、收费低、教师薪酬低、教学质量低”的四低学校。[①] 凡有农民工子弟学校的城市均是城市政府的耻辱，凡不让农民工子女免费入学又不让办农民工子弟小学的城市更是城市政府的耻辱。

其次是医疗问题。农民工一般在家加入了农村合作医疗，但远离家乡，生了病不可能跑回老家去。在城里治病，费用很高，农民工很难负担得起。可行的办法是加入医疗保险，生病治疗由医疗保障机构负担绝大多数，个人承担一小部分，使农民工在城市也能够看得起病。

再次是户籍制度问题。这是一个既简单又复杂的问题。如果没有附着在户籍制度上面的各种福利待遇，户籍制度的解决就十分简单，农民工将农村户口迁出，迁入到现在工作的地方。中央 2009 年经济工作会议就提出，2011 年中央经济工作会议又再次提出有序引导符合条件的农民工进城落户。国家“十二五”规划纲要明确：“把符合落户条件的农业转移人口逐步转为城镇居民作为推进城镇化的重要任

① 马晓河等著．中国城镇化实践与未来战略构想［M］．中国计划出版社，2011：19.

务。充分尊重农民在进城或留乡问题上的自主选择权，切实保护农民承包地、宅基地等合法权益。坚持因地制宜、分步推进，把有稳定劳动关系并在城镇居住一定年限的农民工及其家属逐步转为城镇居民。特大城市要合理控制人口规模，大中城市要加强和改进人口管理，继续发挥吸纳外来人口的重要作用，中小城市和小城镇要根据实际放宽落户条件。鼓励各地探索相关政策和办法，合理确定农业转移人口转为城镇居民的规模。”“对暂时不具备在城镇落户条件的农民工，要改善公共服务，加强权益保护。以流入地全日制公办中小学为主，保证农民工随迁子女平等接受义务教育，并做好与高中阶段教育的衔接。将与企业建立稳定劳动关系的农民工纳入城镇职工基本养老和医疗保险。建立农民工基本培训补贴制度，推进农民工培训资金省级统筹。多渠道多形式改善农民工居住条件，鼓励采取多种方式将符合条件的农民工纳入城镇住房保障体系。”到小城市和小城镇的落户障碍已不存在，因为，附着在户口上的福利已很少，甚至根本没有。但农民工的积极性并不高，原因是没有什么实惠。而一旦进城落户，对自己的宅基地和承包地感到担忧，生怕失去承包地和宅基地。农民工在小城市和小城镇打工的仅有一小部分，大部分人在大中城市打工，而大中城市的户籍制度又不放开，造成农民工问题上的二律背反，即欢迎农民工落户的城镇，农民不愿意进来；农民工愿意落户的大中城市，这些城市的户籍又不放开。假如农民工可以享受城市市民的福利待遇和城市的公共服务，户籍就不难解决。户籍说起来就是一张写有文字的纸。

最后是农民工老家的土地问题。土地问题牵涉的问题更多，有很多学者站在农民立场上提出土地私有化，好像一旦土地私有化，农民工就有了进入城市的资本，就能够买得起房，置得起业。实际上农民只有“一亩三分地”，人均耕地多的地区又多是干旱瘠薄，自然条件很差，还顶不了平原地区的“一亩三分地”，顶多能卖几万元钱。如果不允许改变用途，几万元也卖不了。过去，之所以不允许转让土地承包权，就是怕农民工失业后无家可归。所以比较可行的办法是采取城乡挂钩的方式，即“承包地换社保”，农民工转成城市户籍时，将承包地交给当地政府，承包地作价计入农民工社会保障账户，退休后逐年领取，并可以继承。也可以转户时，保留其承包地，任其自由转让给其他人耕种。总之，土地不应成为农民工转户的障碍。目前重庆市实施的就是后者，转户时保留承包地，在不改变用途的前提下，可以自由转让。

第三节　解决农民工问题的基本途径

城镇化战略就是加快推进城镇化，解决农民工问题就是城镇化战略的一部分。我们不能把农民工从城里赶回去后，再让农村的农民进城来。我们也不能等现在的城市衰落了，再在农村建设新的城市。或者为了不让西部地区的农民走得太远而人为地将东部地区的产业转移到西部。这都不是合理的选择，正确的选择是让进城的农民工留下来，让他们的家属进城来。我们推进的城镇化就是农民工市民化、农民工本地化和农民工家庭化。

1. 农民工市民化

城镇化的基本路径是农民工的市民化，就是让进城务工经商的农民达到一定条件后成为本市的永久居民，而非永远地顶着“农民”的帽子，事实上他们中的一大部分长期生活在城市，不可能重新回到农村。他们已经是所在城市的一部分，城市也已离不开他们。宾馆、商店、街道、建筑工地、工业区和居民区到处都有他们的身影，让他们成为城市居民是再自然不过的事。

农民工市民化的本质是让已进城的农民工不管是在大中城市，还是在城市小城镇都能逐步享受与城市居民同等的福利待遇，享受同等的权利与义务，不再是城市的“边缘人”。所谓“化”是一个过程，是一个“改善”的过程，不是“改恶”的过程。即不能一蹴而就，一个晚上就告完成，也不能等到22世纪。也不能只在小城市“化”，大城市就不“化”。有人理解，农民工市民化就是让农民工回到小城市和小城镇，在那里解决户籍问题、住房问题、子女教育问题和政治权利问题，实际上这是无法实现的。因为，小城市和小城镇难以解决他们的就业和收入问题，如果能够解决，它们就不是小城市和小城镇了，就变成大城市和中等城市了。农民工市民化的主要任务是在大中城市而不是在小城市和小城镇。

在户籍制度方面，应抓紧研究建立有序的准入制，进一步降低门槛，改革公安部颁布的以具有合法固定住所为基本条件的户口准入制，允许符合具有可靠职业和稳定收入的外来人口在经常居住地落户，引导流动人口融入当地社会。城市应该宽容、主动、创造条件去接纳农民工成为城市居民。鼓励家庭移民，家庭中凡有一人在城镇有固定职业者，允许其家庭成员落户。国家发改委宏观经济研究院副院长马晓河在一篇报告中建议：户籍制度改革的长期目标是实现城乡二元户籍制度向城乡一元户籍制度的转变。以中小城市与小城镇为突破口，深化户籍制度改革，放开中小城市与小城镇特别是县城与中心镇的落户政策，逐步建立统一、开放的人口管理机制，尽快改变农民工身份转换滞后于职业转换的状况。在此基础上，放宽大城市户口准入制度，允许在大城市有合法固定住所、稳定职业和生活来源的农民转为市民，并享有与当地居民同等的权益。[①] 成都市早在2006年就进行了尝试，放宽入户条件帮助农民工融入城市。根据成都市制定的户籍改革政策，对取得技师以上职业资格和大学专科以上学历的农民工，以及暂住满3年、拥有合法固定住所等条件的农民工本人、配偶和未成年子女，可在成都办理常住户口。但作为农民工主要输入地的东部沿海城市却鲜有这样的动作。上海市作为中国最大的城市近日在解决外地人包括农民工的户籍问题上迈开了步伐，但门槛很高，绝大多数

① 马晓河等著．中国城镇化实践与未来战略构想［M］．中国计划出版社，2011.

农民工难以逾越。

在住房方面，应多层面完善外来人口的住房保障制度。制订解决外来务工人员住房问题的长期政策，参照城市住房公积金制度，制定并实行外来务工人员住房公积金制度，对建立公积金账户的外来务工人员允许其以公积金购房和支付房租；建设一批低标准的廉租房，向包括外来人口在内的无力购房的低收入群体出租。针对农民工住宿房源极其紧缺的现状，应采取多种渠道增加农民工住房的有效供应。在招用农民工较多的企业，应该充分利用自有职工宿舍或通过租赁、购置等方式筹集农民工住房房源。在符合规划的前提下，可在企业用地范围内建设农民工集体宿舍。向农民工提供的居住场所应符合住宅安全、消防标准和基本卫生要求，远离危险源和污染源。尤其是工程施工类企业提供的宿舍，应符合建筑施工现场环境与卫生标准有关规定。同时，在集中建设的农民工集体宿舍和专供农民工租用的住房，要充分考虑农民工的居住需要和生活成本，并适当配备必要的文化、体育设施等。在农民工集中的开发区和工业园区，应按照集约用地的原则，集中建设农民工宿舍，由用工单位承租后给农民工居住或直接租给农民工，并强调不得按商品住房出售或出租。在农民工较多的城市，政府应出资建设符合农民工特点的住房，以农民工可承受的合理租金向农民工出租。也就是说，今后各城市建设的廉租房，应把符合进城条件的农民工考虑在内。重庆市建设“一天一块钱”的低租房和农民工公寓提供给农民工，并规定凡没有为农民工提供居住场所的单位，按月为农民工发放40～150元不等的租房补贴。浙江省要求用工单位切实改善农民工居住条件，有条件的要在生活服务设施用地中配套建设农民工公寓，享受经济适用住房的各项税费减免政策。

在社会保障制度方面，主要是解决资金来源问题和流动人口社会保障的可转移问题。逐步创造条件，实现社保账户全国性可转移。在流动人员个人养老保险账户的可转移问题上应加快在农民工输入和输出大省之间进行养老保险关系转移的对接试点工作，在取得经验的基础上向全国推广。国家宏观经济研究院副院长马晓河建议：以城市社会保障体系覆盖农民工为突破口，逐步实现传统土地保障向现代社会保障过渡①。应尽快研究社会保障全国统筹问题，以使在农民工群体全面建立社会保障制度尽快成为现实。除农村人口流入地城市政府增加投入外，对于目前在一些地区出现的“双放弃”（放弃承包权和宅基地）换社保的做法，进行总结和研究，在完善测算标准和程序的基础上，在全国推行宅基地、承包地换社保的政策。

2. 农民工本地化

农民工本地化是有中国特色的城镇化道路的主要途径。农民工本地化指的是将农民工留在打工的地方，实现在哪儿就业就在哪儿落户，当然这还包括将其家属转化成城市居民。我国的农民工有一个显著的特点，就是超过一半的农民工不是到就近的城市去打工，而是远离家乡，到市域、省域之外去打工。一般是中部、西部地区的农民到东部沿海地区的城市和城镇去打工。在城镇化过程中，是让他们回到家乡去，还是让其就地转为城市居民。这既是一个理论问题，又是一个现实问题。像对农民工市民化概念一样，很多人包括学者对此概念模糊化。我们认为所谓农民工本地化就是创造条件让其尽可能地转化为当地城市居民，这是我国城镇化战略的必然要求，不管是大城市、中等城市，还是小城市小城镇，抑或是农村。

农民工本地化就是异地城镇化。1988 年以后，农民跨区域流动实现向非农产业异地转移的增长数量，超过了就地转移的增长数量。国家统计局抽样调查资料显示，2003 年，我国外出务工劳动力总数为 11262 万人，其中跨省务工经商的农民工 5620 万人，占外出农民工的 49.9%，比 1993 年跨省就业的 2200 万人增加了 3420 万人。由此可见，异地城镇化已成为城镇化的主体。

从 2003 ~ 2009 年农民工就业在东、中、西部分布的情况来看，

---

① 马晓河等著．中国城镇化实践与未来战略构想［M］．中国计划出版社，2011.

农民工的流向主要集中在东部地区。2008 年之前的东部地区比重在 70% 左右（见表 6－2）。2009 年东部地区比重明显下降和中、西部地区比重的明显上升主要是因为金融危机影响程度不同所致。可以预见，未来一段时间内，农民工流动的这种区域格局不会发生大的改变。

表 6－2　2003～2009 年部分年份农民工就业的地区分布

（单位：%）

年份	东部地区	中部地区	西部地区
2003	69.9	14.6	15.2
2006	70.1	14.8	14.9
2008	71.0	13.2	15.4
2009	62.5	17.0	20.2

数据来源：韩俊：《农民工市民化：现状、前景与路径选择》（中国发展研究基金会研究项目：中国发展报告 2010——背景报告），2010－01；国家统计局农村司：《2009 年农民工监测调查报告》，2010－03－19.

从近两年的数据分析，在长三角地区和珠三角地区务工的农民工有所减少。2009 年，在长三角地区务工的农民工为 2816 万人，比上年减少 238 万人，减少 7.8%；在珠三角地区务工的农民工为 3282 万人，比上年减少 954 万人，减少 22.5%；在长三角和珠三角地区务工的农民工分别占全国农民工的 19.4% 和 22.6%，分别比上年下降 2.4 和 7.6 个百分点。在长三角和珠三角地区务工的农民工减少，特别是在珠三角地区务工的农民工减少，其主要原因是国际金融危机导致订单减少，一些外向型企业关闭歇业，导致农民工大量返乡。2009 年下半年东部沿海地区又出现了"民工荒"，也是因为危机到来时，农民工"挥之即去"，但却不会"招之即来"。

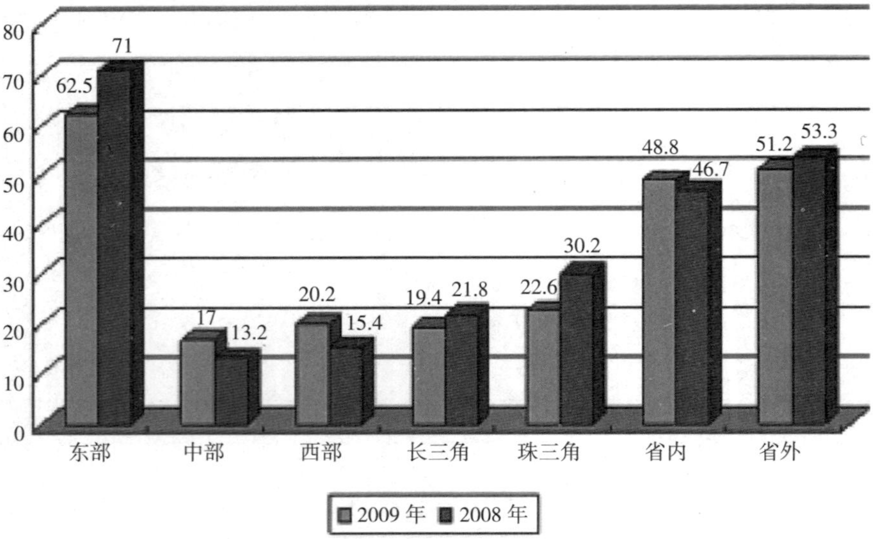

图 6－3　外出农民工就业地域分布比例（单位：%）

数据来源：国家统计局农村司．2009 年农民工监测调查报告［R］．

国家统计局于 2011 年 4 月 29 日发布第六次全国人口普查主要数据公报（第 2 号），广东省常住人口达到 1.04303132 亿人，成为全国人口第一大省。东部地区占全国人口比重比 10 年前上升 2.41 个百分点。公报显示，广东省是全国常住人口最多的省份，占 7.79%，成为我国人口数量唯一一个过亿的省份。我国另外两个人口大省是山东和河南，常住人口分别为 95793065 人和 94023567 人，占全国常住人口总数的比重分别为 7.15% 和 7.02%。从公报显示的情况来看，广东是目前唯一一个常住人口过亿的省份。排名前三的人口大省中，广东省常住人口的比重在过去十年中上升了 1.16%，山东和河南的比重分别下降了 0.02% 和 0.29%。国家统计局局长马建堂指出，第六次全国人口普查数据有个非常明显的特点，就是沿海发达省份的常住人口占全国人口比重增加，内陆欠发达地区常住人口比重下降。也就是说，更多的人口从内陆西部往东部发达地区迁移、流动，这是个双赢的事情。

从农民工就业的地点来看，七成以上农民工在县级以上、省级以下城市务工，尤其以地级城市所占比重最大，而且呈现出明显的上升趋势。其中：直辖市务工农民工所占比重在经历了2004年之间的上升过程之后，近年来呈现出下降趋势；省会城市务工农民工所占比重降中有升，大体保持在20%左右；地级城市近年来所占比重大体保持在35%左右的平均水平（2004、2006、2009），比2000年初期（2001、2002、2003）29%左右的平均水平上升了约6个百分点；县级市务工农民工比重总体上保持下降趋势，但是2009年仍然占18.5（见表6－3）。

目前，20世纪70年代和80年代出生的人口已成为我国异地城镇化的主体，他们文化程度普遍高于其父辈，对工作环境和自我发展有了更高的追求，融入城市的愿望更强烈。而我国大中城市产业结构升级换代也导致人力资源需求结构出现新的变化，低素质、低技能劳动力的需求萎缩，而新兴产业、技术资金密集型产业和现代服务业对熟练技工和高素质劳动力的需求呈增长之势，进而创造新的就业空间和机会。也就是说，异地城镇化已成为新时期城镇化的主体。

表6－3　农民工在不同类型地区就业的分布

（单位：%）

年份	2009	2006	2004	2003	2002	2001
直辖市	9.1	9.4	9.6	9.5	8.4	8.2
省会城市	19.8	18.6	18.5	19.6	21.2	21.8
地级市	34.4	36.8	34.3	31.8	27.2	27.2
县级市	18.5	20.2	20.5	20.4	21.1	21
建制镇	13.8	—	11.4	11.6	12.9	13
其他	4.4	—	5.7	7.1	9.2	8.7

资料来源：国家统计局农村司：《2009年农民工监测调查报告》2010－3－19；盛来运、彭丽荃：《当前农民外出务工的数量、结构及特点》；载蔡昉（主编）：《中国人口与劳动问题报告》，北京社会科学文献出版社，2006年出版；国家统计局农村司：《简明统计资料》，2007（8），http：//www.sannong.gov.cn/ qwfb/nmsr/200705100028.htm。转引自国家发改委国土开发与地区经济研究所研究报告，课题负责人：申兵。

农民工在输入地落户，他们的收入就能化为当地的消费，促进当地第三产业的发展。过去，农民工将工资收入汇回原籍，在老家消费、盖房子，不在打工当地消费，打工当地服务业很难发展，城市规模很难扩大。提高报酬，放开户籍，健全保障，促进农民工本地化，就能使一盘“死棋”变为“活棋”。

3. 农民工家庭化

随着时代的发展，赚钱不再是农民工外出务工经商的唯一目的，在获取更多经济收入的同时，农民工开始日益注重家庭成员的团聚、子女的教育以及家庭生活水平的提高。农民工群体正在发生结构性变化，从以前男劳动力外出“独闯”逐渐演变成现在夫妻二人同时外出务工以及携子女外出流动的形式，农民工家庭化的趋势明显。举家外出、完全脱离农业生产和农村生活环境的农民工已经占到一定比例。统计资料显示，2003 年以来，举家外出的农民工占外出农民工总数的比重一直保持在 20% 左右（见图 6 –4）。

农民工居住形态的稳定性也在不断提高，在现居住地稳定居住的持续时间逐年增加，返回户籍地老家的次数减少，融入现居住地的趋势比较明显。劳动年龄人口平均停留时间为 5.3 年，有一半的人超过 4 年，18.7% 的人超过 10 年（国家人口计生委流动人口服务管理司，2010）。

农民工问题已引起党和国家领导人和人民代表的重视。国家“十二五”规划对“农民工”问题确定了战略与政策，即：坚持因地制宜、分步推进，把有稳定劳动关系并在城镇居住一定年限的农民工及其家属逐步转为城镇居民。特大城市要合理控制人口规模，大中城市要加强和改进人口管理，继续发挥吸纳外来人口的重要作用，中小城市和小城镇要根据实际放宽落户条件。鼓励各地探索相关政策和办法，合理确定农业转移人口转为城镇居民的规模。对暂时不具备在城镇落户条件的农民工，要改善公共服务，加强权益保护。以流入地全

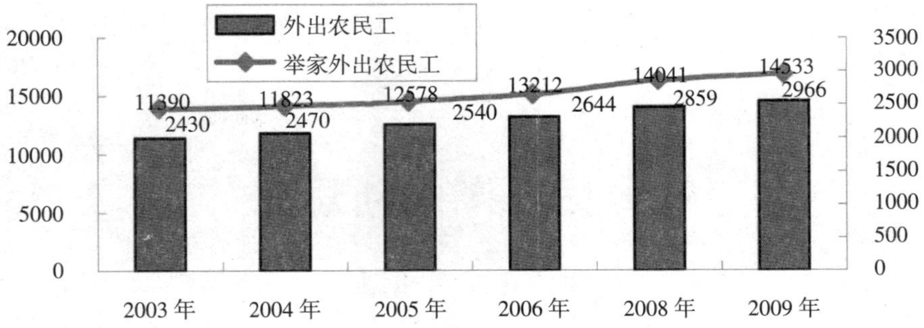

图6－4　举家外出农民工规模（单位：万人）

注：2003～2006年外出农民工为到本乡镇行政管辖区域以外从业1个月及以上的人员；2008～2009年为到本乡镇行政管辖区域以外从业6个月及以上的人员，两者不完全可比，但可以反映举家外出的趋势，特别是考虑2003～2006年举家外出6个月及以上的规模比外出1个月的人员实际更低，则2008年之后规模扩大的趋势更加显著。

资料来源：2003～2005年数据来自盛来运（2008），2006年来自中国农村调查数据，2008～2009年数据来自国家统计局农村司：《2009年农民工监测调查报告》。转引自国家发改委国土开发与地区经济研究所研究报告，课题负责人：申兵。

日制公办中小学为主，保证农民工随迁子女平等接受义务教育，并做好与高中阶段教育的衔接。将与企业建立稳定劳动关系的农民工纳入城镇职工基本养老和医疗保险。建立农民工基本培训补贴制度，推进农民工培训资金省级统筹。多渠道多形式改善农民工居住条件，鼓励采取多种方式将符合条件的农民工纳入城镇住房保障体系。有理由相信，“十二五”期间，农民工及其家属的境遇会得到根本改善，多数农民工不再“被城镇化”，我国城镇化水平和质量将同步得到提高。但愿，“农民工”概念早日成为历史。

附录四

疏导民工潮的新思路*

肖金成　李保平

1992年，中国境内的流动人口已达7000万人之多，进入1995年，已突破8000万。8000万人中，绝大多数是进城务工的农民，其中，全国跨省做长距离迁徙的农民工达到2000万以上。有人说，世界第一人口大国流动着一个世界级人口大国。“民工潮”问题，关系到我国的经济发展战略，也关系到民族的兴衰。

一、“民工潮”是一股不可遏制的洪流

考察世界各国的工业化历程，一般来说，在工业化初期，劳动力资源相对丰富，资本相对稀缺，因此，一般优先发展劳动密集型产业，大量吸收从农业中分离出来的廉价劳动力，以发挥其比较优势，为工业化的进一步发展积累大量资本，并以此促进城市化进程。随着城市化水平的提高，农业中剩余劳动力吸收殆尽，劳动力素质提高，不断使产业结构升级换代，向高级化发展，最终达到工业化、城市化与现代化的目的。但在我国，由于建国初期特殊的国际国内环境，不得不选择一条优先发展重工业的道路。发展重工业所需的大量资金靠农业提供，所以不得不将农村人口控制在农村，城市化过程不仅没有随着工业化过程得到发展，还曾一度推行过城市青年上山下乡的逆城市化过程。50年代我国开始实行计划经济体制，逐渐形成了城乡分割的二元社会结构，实行非农业户口和农业户口分隔管理，严格限制农业户口转为非农业户口。到1978年，农业在国民生产总值中只占28.8%，但当年农村人口却占总人口的82.1%，城市化率只有17.9%。1984年，国务院通知，准许自筹资金、自理口粮、在城镇有固定住所、有经营能

---

* 原载《中国市场》1996年第2期、第3期。

力或在乡镇企事业单位长期务工的农民及其家属进入城镇务工经商。但他们的根仍在农村，他们的妻子和子女在农村，他们在农村拥有住房，他们成了“候鸟”，年复一年，重复着“进城”、“回乡”的路，逐步演变成汹涌澎湃，且愈演愈烈的“民工潮”。一般说，一个国家在现代化过程中，城市化率应超过工业化率。中国则相反，1992 年，中国的工业化率为 48%，而城市化率只有 27.6%，差 20.4 个百分点，甚至低于发展中国家城市化率 38%，相差 10.4 个百分点。但这还不是问题的全部，在改革开放初期的 1980 年，我国人均国民生产总值相当于 300 美元，城市化比率为 19%，即城市人口占全国总人口的 19%，同国际上发达国家发展的相应阶段及其他发展中国家城市化率 20% 的水平相比，只差一个百分点。但 12 年之后的 1992 年，我国的人均国民生产总值相当于 719 美元时，我国的城市化率仅为 27%，与国际上相应的 34.2 的城市化率相比，相差 7.2 个百分点。改革开放十几年来，由于我们没有根本触及严重阻碍经济发展和社会进步的户籍制度，使得这一问题变得日趋复杂和难以解决。

除了户籍这一制度原因之外，形成“民工潮”问题还有更深层次的原因。

1. 城乡居民收入差距拉大，农民种粮比较效益低，是农民进城的直接原因

改革开放以前，中国农民通过工农产品剪刀差方式哺育了中国的工业。到 1978 年，农村与城市居民收入比为 1∶2.4，在改革初期，由于农村改革先行，农民收入一度提高，到 1984 年，农村与城市居民收入比为 1∶1.7 之后，城市居民收入差距又逐渐拉大。1992 年，农村与城市居民收入比为 1∶2.54。我国华东、华北主要产粮区，人均耕地只有一亩稍多一点，有的地区还不到一亩，按四口之家计算，一个劳动力耕作 4 亩地，按每年亩产原粮 1000 斤计算，共收获 4000 斤粮食，每人年消费 500 斤，就要吃掉 2000 斤。扣除农业税和各项提留摊派 600 斤，只剩下 1400 斤，按目前市场里粮价每斤 0.8 元计算，只能收入 1200 元，再扣除种子、农药、灌溉、化肥等费用，所剩无几。农民心里清楚，种粮不赚钱。但为了吃饭，也不得不种田，农村普遍出现了土地细分化、农业副业化、农民兼业化。有人调查发现，一年人均能挣 2000 元的村，劳动力就不出来，收入 1500 元的，也不出来；收入 1000 元以下，农村就没有什么吸引力了，到外边打工几个月就挣来这么多钱。据此可以断定，按照现在的人均耕地数量，粮食产量、粮食

价格、人均收入根本不可能超过1000元。据估计，完全靠种粮为生的农户，基本上处于贫困半贫困状态。提高农民收入，解决农民种粮比较效益较低的问题，已成为理论界的共同呼声。但是，我国的市场粮价已快接近国际市场粮价。发达国家尤其是日本对农民种粮给予了高额补贴，我国有些发达地区也采取工业反哺农业的办法，但就全国来说，对种粮实行补贴，不仅技术上不可行，财政上也不可能。农业是国民经济的基础，粮食是基础的基础，粮食涨价，其他产品和服务自然会涨价，水涨船高的道理是不言自明的。因此，解决农民种粮效益较低的问题，将是十分久远的事情。

2. 地区经济发展不平衡是民工潮形成的重要原因

改革开放以来，我国东部地区的经济增长速度明显快于中西部地区，地区间经济发展的不平衡十分明显，而且差异呈增大势头。1986年，东、中、西三大地带的人均国民收入分别为762元、519元和395元，三者之比为1∶0.68∶0.52，东西两大地带的相对差距为48%。1991年，人均国民收入分别为2283元、1198元和1095元，三者之比为1∶0.52∶0.48，相对差距加大到52%。1992年，东中西三大地带农村经济总收入的增长速度分别为35.7、30.4和23.2。继知识分子等高素质人才“孔雀东南飞”之后，大批的中西部农民也流向东部发达地区。据广东省调查，全省有外来劳动力1200万人，三分之二在城市，其余的在农村种菜种果。这几年，中西部落后地区农民的收入处于停滞或下降状态，不但乡镇企业发展慢，农民非农产业收入增长慢，而且农业增产不增收的情况在这些地区也特别突出。而发达地区农民的收入，靠乡镇企业，靠非农业增长一直很快。近年来，发生了一些奇怪又不奇怪的现象，就是在大批的中西部的劳动力涌向东部的城市和农村乡镇企业的同时，大批东部农村的农民涌入城市务工经商，北京南郊的“浙江村”就是一个比较典型的例子，这是城乡比较效益规律在起作用。我国东部地区是人口密集地区，中西部地区的大批农民涌入东部，必然会把东部地区的农民挤出东部而涌入城市，这也是一个不可扼制的趋势。促进区域间经济的协调发展，国家对中西部地区实施倾斜政策，加快中西部地区的经济发展，也只能抑制区域间经济差距进一步扩大，却很难从根本上解决中西部劳动力过多流向东部地区的问题。

3. 农业剩余劳动力的大量存在是大批农民进城的基本原因

据统计，我国农村现有劳动力4.4亿多人，其中，从事种植业的约占四分之三。每个劳动力可耕种的土地不足4亩。现在一般认为我国农村剩余劳动力1.2亿多人，实际上远不止此数。在现有耕作条件下，种一亩地所需工作量不到15个工作日，这样计算起来，每年的工作时间只有60天。按每年工作时间300天来计算，一个农业劳动力可耕种20亩土地，那就必须使五分之四的农民让出土地，而转入第二、第三产业。劳动力耕种的土地太少，潜在失业，农产品商品化程度太低，这是农业比较效益低，农民收入太少的根本原因。现在，农业剩余劳动力还在不断增加，到本世纪末将达到2亿人左右，随着人口的增加，人多地少的矛盾将更加突出。农民的流动，是追求自身劳动力价值的实现和生产资料再分配的结果，也是中国社会经济发展的历史的合乎逻辑的必然选择。

综上所述，农民进城，农民跨区域流动，也就是“民工潮”，是由一系列原因引发的必然结果，引发这一结果的原因不消除，其问题不可能根本解决。我们不能设想把农民重新拴在土地上，我们没有理由使他们永远处于贫困半贫困状态，我们也没有办法让农民全部回到农村去。可以说，“民工潮”是一股不可扼制的洪流。“民工潮”的存在，可能引发一系列的社会问题，决不可等闲视之。面对这一问题，我们必须冷静思考，认真研究和科学分析。

二、农民进城的正负效应分析

改革开放以后，紧闭30年的城门打开了，大批农民涌了进来，他们给原本宁静的城市带来了喧闹，使本来拥挤的交通更加拥挤，使待业的城市人找工作更难，治安恶化了，刑事案件增加了。农民进城找工作，存在着极大的盲目性，从北方走到南方，从小城市到大城市，找到工作的人，这山望着那山高，找不到工作的人到处流荡。计划生育也出了问题，流动人口中存在着数额庞大的超生游击队，这就是农民进城的负面效应。但除了负面效应之外，还有正面效应，下面我们集中分析农民进城的正面效应。

1. 农民工进城加快了城市建设速度，缓解了城市基础设施与工业发展、城市发展的矛盾

众所周知，我国建筑业长期以来十分落后，由于施工力量问题而使很多建设项目拉长了工期，提高了造价。基础设施和住宅建设更是如此，除了资金等问题之外，建筑业的劳动生产率低，建筑工人的劳动积极性不高是重要原因。农民工进城，成为建筑业的一支主力军。短短几年，城市矗立起一片片高楼大厦，缓解了住房难问题，建起了一座座立交桥，缓解了交通问题。北京、上海、广州、深圳等大中城市的城市建设飞速发展，农民工功不可没。城市现在需要他们，将来必定也需要他们。此外，环境卫生、搬运、维修服务、家庭服务、饮食服务等行业，也都是以农民工为主体，这些行业的发展极大地方便了城市居民的生活。有人认为农民进城增加了城市就业压力，使城市居民失业增加，这不完全符合事实。不可否认，农民工干的多是城市居民不愿干的脏活、累活和危险的活。在公平竞争的劳动力市场上，农民工基本上与城市居民互为补充。农民工信息不及城市居民那么充分，社会关系不及城市居民那么广，文化素质更不及城市居民那么高，城市居民怎么会感到来自农民工的竞争压力呢？何况，至今并不存在公平竞争的劳动力市场。许多城市制订了歧视农民工的政策，对农民工就业规定了许多限制条件。其实，农民工进城不仅没有减少城市居民就业机会，反而增加了许多就业机会，譬如城市增加了许多菜市场，也相应地增加了市场管理人员、税务人员等。饮食摊点增加了，也相应地增加了卫生管理人员。

2. 农民进城务工，降低了工业劳动力成本，将有力地促进我国工业起飞和经济起飞

根据刘易斯二部门模型，发展中国家在工业化过程中，城市工业只有不断地吸收富裕的农业劳动力，才能使劳动力成本保持不变，保证足够的利润，为工业化过程积累足够的资金，这个过程应一直延续到农业剩余劳动力吸收完毕为止，只有到那时，工业化过程才能够完成。美国哈佛大学国际发展研究所所长，著名的发展经济学家德怀特·H. 帕金斯曾这样说过：有些发展中国家，实行劳动力市场分割，劳动力不能自由流动，没有公平竞争的就业机会，造成工资侵蚀利

润，工业化所需的资金始终难以积累起来。从我国国民收入增长与职工工资增长比较中可以看出，我国也存在着这种情况。

附录表 4－1　我国国民收入与职工工资增长比较

年度	1981	1982	1983	1984	1985
国民收入增长率	4.9	8.2	1.0	13.6	13.5
职工工资增长率	6.2	7.6	6.0	21.3	22
年度	1986	1987	1988	1989	1990
国民收入增长率	7.7	10.2	11.3	3.7	4.8
职工工资增长率	20	13	23	13	12.7

从表 4－1 可以看出，整个 80 年代除 1982 年之外，工人工资增长一直远远超过国民收入的增长。正是由于劳动力市场的城乡分割，城市职工工资大量侵蚀利润而引发了严重的后果，诸如企业亏损、消费扩张、通货膨胀等。请大家注意一个事实，城市中的中小企业和农村的乡镇企业，在设备工艺落后、规模不经济的条件下，发展却很快，利润也很高，创造了经济发展的奇迹，靠的是什么？正靠的是廉价的劳动力。国有企业中，建筑业、纺织业发展很快，也与大量利用农村劳动力有关。可见，城乡分割特别是城乡劳动力市场的分割，是中国经济不能健康发展的重要原因。让农民进城，进入公平竞争的统一的劳动力市场，工业劳动力成本就会大大下降，将会有力地促进我国的工业起飞和经济起飞。

3. 农民进城务工经商，增加了城市郊区农民的收入，繁荣了郊区经济

大批农民进城，他们的栖息地选在城市近郊。郊区农民虽有地理之优势，由于传统观念和体制上的原因，有一大部分人并不富裕，外地农民进城，租住他们的房子，使每户都有了数额不少的收入。据调查，北京近郊农村的房租，居住面积 10 平方米大小的房间，每月租金 100 元至 150 元，年租金 1200 元至 1500 元。离城区越近，越接近繁华区，租金越高，如“浙江村”村民的房屋租金，每月 500 元左右。如一家农户租出 30 平方米住房，每年可获得四五千元收入。北京南郊来自浙江的农民，租住当地农民的房子，从事服装加工、批发和零售，短短几

年时间，形成了具有相当规模的服装贸易城。

4. 大批农民进城，缓解了农村人多地少的矛盾，增加了农业投入，为农村经济发展积累了资金

农村的基本矛盾是人多地少的矛盾。长期以来，靠土里刨食，自给自足，商品化程度很低，农民土地越来越少，越来越分散，越来越贫困。农业中投入的活劳动越多，农业的成本也就越高，农业的比较利益更加降低。一大批农民进了城，缓解了矛盾。有人担心，青壮劳力从农村流失，会影响粮食生产，削弱农业的基础地位。其实不然，农民对土地的感情最深，最重视粮食生产。一到农忙季节，大量农民工千里返乡，形成百万民工大迁移的奇观，就是有力的证明。他们在城里取得的收入，带回家里，买种子，买化肥，买农药。为了节约劳动时间，他们摒弃了延续数千年的刀耕火种的耕作方式，租用拖拉机耕地、播种，租用收割机收割，租用柴油机灌溉。赚了钱的农民，购买了拖拉机、收割机、电动机、柴油机等农业机械，使农村社会化服务体系得到迅速建立，促进了农业机械化的实现，长期在城里务工经商的农民，观念有所改变，不愿年年农忙千里返乡，将土地或出租，或转让，或交回集体。这种做法，有利于土地集中和规模化经营。据不完全统计，1993 年农民进城打工，总收入 1410.6 亿元。农民工 6000 多万人，按每人每年带回农村的资金以 1000 元计达 600 亿元，这实在不是一个很小的数目。这些人进城打工，不但赚了钱，而且还学到专业技术，掌握了外地信息，转变了陈旧的观念和落后的生活方式。有的地方出去一个人，带活一个家，甚至带动了一个村。

三、解决“民工潮”的政策选择

80 年代初期，我国贯彻“离土不离乡”的政策，鼓励农民向农村非农产业转移。为了消化农村剩余劳动力，我国支持和鼓励乡镇企业的发展，借助天时、地利、人和优势，沿海地区乡镇企业迅速崛起，产值、利润成倍增长，现在已有 1.2 亿农村劳动力在乡镇企业就业。很多人将解决农村剩余劳动力问题寄托于乡镇企业。但至 80 年代末期乡镇企业吸纳劳动力的速度呈递减趋势（表 4－2），尤其是中西部乡镇企业的发展非常缓慢。

附录表4－2　1979～1993年我国乡镇企业资本对劳动力吸纳弹性变动

年度	资本对劳动力吸纳弹性	吸纳弹性五年移动平均值
1979	0.166	
1980	0.143	
1981	0.139	0.235
1982	0.336	0.448
1983	0.386	0.631
1984	1.24	1.319
1985	1.206	1.283
1986	3.245	1.262
1987	0.156	1.012
1988	0.281	0.71
1989	－0.01	0.131
1990	－0.005	0.161
1991	0.233	0.137
1992	0.38	
1993	0.172	

资料来源：《经济研究》1995年第7期

乡镇企业为中国经济的发展作出了不可磨灭的贡献，但也付出极其昂贵的代价。一是浪费土地。1979～1986年发展的600多万个乡镇企业解决就业6336万人，占有土地667万公顷，约1亿亩，比国家30多年来建设征地总量16万公顷还多得多。据推算，乡镇企业每一个就业机会占用土地1.58亩。二是环境污染。中国的三废污染20%分布于农村。由于“村村点火，户户冒烟”，污染面广，难以治理。三是布局分散，缺乏规模效益。1990年，平均每个乡镇企业拥有职工7.7人，产值为3.8万元。与国有企业相比，人均用地增加三分之一，管理费用增加80%，能源利用率低40%，基础设施投资高20%～30%，资本利润低20%。四是市场风险大，乡镇企业信息闭塞，“船小经不起大浪”，极有可能在市场竞争中被淘汰。在乡镇企业就业的职工处于待流动状态，他们是“民工潮”的强大后备军。

有许多人把发展小城镇作为解决农村剩余劳动力的根本途径。我国有小城镇1.9万多个，不可否认，这是吸收农村劳动力的一个重要场所。但是，小城镇具有天然的缺陷，绝大多数远离交通枢纽，基础设施不配套，不适合发展规模较大的工业项目。关键问题是来小城镇务工经商的农民一般居住在距离较近的农村，他们不会放弃农村的土地和住房。因此，发展小城镇解决不了人多地少的矛盾，反而更会加剧农民兼业化问题。同样，小城镇的收入相对于大中城市而言，存在一定差距，比较效益问题仍难以解决。从表 4 – 3 看出，从 1982 年到 1990 年八年时间，城市人口增长了 3 个百分点，而小城镇人口仅增加了 0. 8 个百分点，其中农、林、牧渔、水利业、建筑业、交通运输邮电通讯业、房地产管理、公用事业不但没有增长反而有所下降。纵观历史，小城镇是自然形成的，是附近农村农产品的集散地，但它绝不是农村剩余劳动力的最终居所。小城镇量多面广，很难统一规划，统一管理。如为了吸收农村剩余劳动力，而把着眼点放在发展小城镇上，很可能是拔苗助长，无济于事。据计算，上海老城区改造可以新增的人口相当于建造 1259 座小城镇。据对昆山市调查，非农产业集中可以节约土地 5% ~ 10%，节约基础设施资金 10% ~15%，小城镇住宅容积率为 800 平方米/亩，而城市为 1400 平方米/亩。

附录表 4 – 3　中国 1982 年和 1990 年在业人口城乡分布

行业	1982			1990		
总计	城市	镇	农村	城市	镇	农村
	15. 7	6. 2	78. 1	18. 7	7. 0	74. 3
农、林、牧、渔和水利业	5. 2	1. 8	93. 0	6. 9	1. 6	1. 5
工业和地质勘探业	48. 2	16. 9	34. 5	52. 6	18. 4	29. 0
建筑业	48. 6	14. 7	36. 8	58. 4	12. 1	29. 5
交通运输业和邮电通讯业	51. 9	24. 5	23. 6	48. 1	21. 4	30. 5
商业、饮食业、物质供销和仓储业	38. 1	25. 5	36. 5	43. 7	28. 4	27. 9
房地产管理、公共事业	59. 1	20. 7	20. 2	61. 7	18. 3	20. 2

资料来源：《中国人口普查抽样资料（1982 和 1990 年）》

农村的根本出路是土地规模化、生产机械化、农民专业化。而达到这一目标的根本问题是如何将 2/3 甚至 4/5 的剩余劳动力转移出来。“离土不离乡”固化了农业改革初期的土地细分化，农民局限在商品率较低的小块土地上，进行半封闭和半自给经营，直接阻碍了生产要素的最佳组合，影响了农业灌溉、排水、病虫害防治、良种培育和推广应用，以及土地开发和整治。农民把土地仅仅当做维持生活的手段，而把增加收入的希望寄托在非农产业上，因而不愿把更多的劳动和资金投入农业，限制了农业规模经济的发展和农村商品化程度的进一步提高。这种政策实施的结果和政策制定者的预期恰恰相反，就是农民“离乡不离土”。

由于长期实行城乡隔离的政策，进城的农民仍然把根深深扎在家乡的土地上。把进城务工增加的收入用于建造住房，在城市家用电器不断升级换代的同时，农民的住房也在不断升级换代。短短十几年，有些地区农民的住房几次翻新，土坯改砖木结构，砖木结构改钢筋混凝土结构。具有讽刺意味的是，城市狭窄拥挤的住房里放置着第三代、第四代高档进口彩电、冰箱和音响设备，在农村宽阔、别墅式的小楼里，住着面带菜色、服饰不整的农民和他们失学在家的儿童。用辛苦和汗水换来的钱，甚至负债建造的住房，他们无福居住，却终年蜷宿在城市工地的窝棚里。多数人过着夫妻分居的生活。据统计，从1980年到1993年，农村居民消费支出增长了3.8倍，而住房支出增长了29.1倍。1993年农村居民人均居住面积为20.8平方米，比1980年增加1.2倍，砖木结构与钢筋混凝土结构的面积分别为人均11.9平方米和2.3平方米，分别比1981年增加3.4倍和21.9倍，楼房比例由1981年的11%增加到1993年的21.9%。富裕地区的农民甚至花大笔的钱建造自己的坟墓。进城务工的农民增加了轻工纺织机械电子产品的产量，得到了上千亿元的收入，但并未进入城市消费，而把大笔资金带回农村，进入农村消费的怪圈。本该用于城市消费的资金被抽走，造成“城市失血”，城市经济循环链被切断，轻工、纺织、电子产品找不到市场。农民把本该用于购买轻工纺织品的资金，用于建造住房，占用了耕地，消耗了燃料和原材料，恶化了生态环境，也加剧了我国基础工业和原材料工业的瓶颈制约。

我们有必要而且必须不失时机地进行新的政策选择。应当鼓励进城务工经商的农民在城市里定居下来，应逐步将流动的农村人口转化为城市非流动人口。

早在1945年中国共产党第七次代表大会上，毛泽东就明确指出了中国城市化的道路。“农民——这是中国工人的前身，将来还要有几千万农民进入城市，进入工厂。如果中国需要建设强大的民族工业，建设很多近代的大城市，就要有一个变农村人口为城市人口的长过程”（《毛泽东选集》合订本第978页）。随着国民经济的发展，农业生产效率的提高，必然会有越来越多的劳动力从农业中分离出来进入其他产业。首先是工业，这就是工业化过程。伴随着工业化的城市化，即人口、社会生产力逐渐向城市转移和集中是社会经济发展的不依人的意志为转移的必然过程。这一普遍过程在我国的现阶段又具有特殊意义。四十年压制城市化或逆城市化的后果就是如今的“民工潮”，而对农业、农村、农民这一系列复杂问题，而对汹涌澎湃的“民工潮”，解决的根本途径就是“城市化”。

“城市化”即让农民进城定居是令人可怕的问题，城市能容纳得了吗？农村人会不会冲击城市人的生活？其实并不可怕，因他们已经生活在城市中，北京、天津、上海、广州进城的农民已达数百万人，在改革初期，这是连想都不敢想的事。据计算，每增加一个城市人口，需增加基础设施投资3750元，住宅投资2250元，共6000元。我国农村“六五”期间乡村固定资产投资累计可达14507亿元，以70%计算，可以实现1.8亿农村人口的城市化。

进城定居的农民再不必过“两栖”生活，而逐步进入城市的主流社会，他们的消费结构必将发生巨大转变，向城市居民的消费结构、消费水平靠拢。住房面积降低，在农村人均住房面积20.8平方米，在城市户均住房面积20平方米已是非常奢侈。相对将提高饮食、服饰、文化教育医疗以及其他社会服务性消费比重，为城市产业发展提供广阔市场，相应将迅速增加城市人口的就业机会。

农民工进城定居，也将改变城市居民的消费结构，使其享有的服务性消费比重大大提高。亚当·斯密在他著名的著作《国民财富的性质和原因的研究》中说过：“在一个政治修明的社会里，造成普及到最下层人民的那种普遍富裕情况的，是各行各业的产量由于分工而大增。”我们传统理解的分工限于一产与二产，传统上理解的社会财富也仅限于有形的商品。实际上，分工的深化主要发生于第三产业，社会财富越来越多地表现为社会服务。在墨西哥，第三产业占国民生产总值的59%，这与墨西哥的高度城市化分不开。而我国第三产业的比重不到四分之一，城市经济仍以第二产业为主。发达国家城市第二产业与第三产业之比为1:2至1:3，我国仅为1:1，小城镇为1:0.5，凡社会的进步是以社会分工为标志，社会分工的深化是以第三产业高度发展为标志，当一部分城市居民特别是双职工家庭可在廉价的保姆市场雇佣保姆，它不仅可以提高城市居民的生活质量，又能提高工作效率。随着老龄人口的增加，这种消费会越来越多。城市居民从高额的储蓄存款中拿出一部分用于服务性消费，由于连锁效应，必将创造出大量的就业机会。

农民工在城市定居，还有另一深远的意义，那就是生育可得到有效的控制。“超生游击队”之所以存在，是因为在高速流动状态下，无法进行有效管理。定居下来的农民接受当地社会的统一管理，便可避免超生多生。另外，在城里生活，消费水平高，生育费用、生活费用都比较高，养育一个孩子的成本比农村高几十倍，迫使他们少生或只生一个。生活方式的改变也将根本转变他们固有的生育观念，“多子多福”、“养儿防老”、“重男轻女”的观念将逐步淡化，并最终消除。农民工进城定居，他们的子女入学接受教育便有了保证。现行的户籍制度和教育体制，造成大量进城农民工子女失学，有的10岁多还未接受启蒙。进城定居的农民，由于子女在城市就学，教育文化费用将大大增加。用于智力投资增加，用于住房的投资减少，有利于改变目前畸形的消费结构和投资结构，也必将带来教育文化事业的繁荣，从长远看，必将促进整个民族人口素质的提高。

四、关于鼓励农民进城定居的政策措施

农民进城是无法阻挡的历史潮流，“城市化”是社会经济发展的必然趋势，它是一个渐进的过程。试图减缓或操之过急都将带来严重后果。因此，除了采取鼓励农民进城定居的政策和转变固有的观念之外，要采取相应的措施，制订并逐步完善管理办法，创造实施这一政策的各种条件。

（一）改革户籍制度，摒弃城乡二元户籍，建立城乡统一的劳动力市场

户籍制度越来越成为劳动力资源合理配置的障碍。改革进行了十几年，却忽略了这一根本制度的改革。改革户籍制度，首先要承认中国人生来是平等的，不应有“身份”的差别，在中国的国土上有生存和劳动的权利。其次是摒弃城市乡村和农业非农业户籍差别，实行出生地、居住地、职业登记制度。对居住地可以分为永久居住、长住和暂住三种，按照区域登记和管理，而不是按居民身份和户口进行登记和管理。面对巨大的农村剩余劳动力压力，某些特大城市的户籍改革，应分阶段进行，应在大城市和特大城市实行居住权制度，居住权分为永久居住权、长期居住权和短期居住权。对各种居住权分别规定相应的条件。如对有固定职业并在本市连续工作三年以上无劣迹记录的人，可获得长期居住权，享有本市公民同等的权利并承担相应的义务。连续一年以上不在本市工作或居住的人，取消其长期居住权。在城市取得长期居住权的农民，应将原居住地所承包的土地交回集体另行分配，或转让给别的农户耕种，不得撂荒。

（二）为农民工进城定居创造必要的条件，建设真正的“安居工程”

1995年国家施行计划，即建造一部分低成本住房，并以成本价出售给中低收入家庭。建议将“安居工程”建造的住房出售对象扩大至进城长期务工经商的农民。古话说“安居乐业”，只有安居才能乐业，只有安居，才会不再流动。

目前，城乡结合部，由于农民工的流入，房屋出租市场相当发达。当地村民为进城的农民提供栖息之所，简易的平房为当地人提供了丰厚的收入。短短几年房租一涨再涨。随着农民工的继续流入，房租有快速上涨的趋势。房租的上涨，增大了农民务工经商的成本，相应会提高所经营商品的价格和劳务价格，助长了通货膨胀。同时也增加了农民工的经营风险。一旦生意亏本，他们便会铤而走险，恶化社会治安。

为平抑市郊日益上涨的房租价格，为进城农民提供相对稳定的栖息之所，政府应划拨一部分土地，银行也应给予一定的贷款支持，让房屋建筑公司在城郊建造一批简易住房，平房或者三层楼房，使用面积每户不超过 20 平方米。建成后租给进城农民，按年租金 120 元/平方米计算，五年即可收回投资。也可出售三年、五年和十年的房屋使用权，也就是采取预收租金的办法，建房资金可一次性收回。由于房屋是简易的，成本很低，投资可于短期内收回，不影响城市统一规划和城市现代化建设。国家实施的面对中低收入家庭而计划建造的“安居工程”住房，即使按成本价出售，中低收入家庭也未必肯买。一是买不起，二是城市居民长期以来支付低房租，而且现行房租水平仍然很低，让其拿出相当数量的资金买房恐怕比较困难。农民历来自行解决住房，进城后以比城市居民高出十倍甚至几十倍的租金租赁住房，也毫无怨言。面向进城农民建造和出租出售简易住房，有可能重新启动目前不景气的房地产市场，为许多陷入困境的房地产公司开辟一条出路，也可为城市的住房制度改革积累一笔经验，促进全国的住房商品化。

（三）走中国特色的城市化道路，大中小并举，重点发展大中城市

农民进城，为中国的城市发展带来了契机，将有力促进中国的城市化进程。选择一条什么样的城市化道路，是争论较多的问题。考虑任何问题，一不能离开国情，二必须顺应潮流。中国的基本国情是人口多，土地少。城市是人口集中居住生活的地方，城市比农村人均居住用地少，城市越大，人均居住用地越少，是不争的事实。根据近十几年的民工流动情况，可以发现，特大城市以及周围的城市群是流动人口主要吸纳的地区。目前，北京市流动人口有 300 多万，绝大多数是农民工。据统计，京、津、沪三市及周围地区吸纳的农民工占全国跨省流动的农民工的 42% 。这不仅反映了我国大中城市特别是特大城市的基础设施有着巨大潜力，也表明了我国城市化的方向。小城市由于人口规模太小，社会分工难以深化，第三产业的发展受到制约，就业机会相对较少，限制了对劳动力的吸纳，很难形成良性循环的劳动力市场。经多元回归分析，城市规模与其职均净产值之间

正相关。城市人口多10万人，职均净产值平均提高58元，其对职均净产值的影响程度高于工业专业化水平和交通条件对职均净产值的影响。特别是，越往内地，城市规模的影响程度明显上升，在边远地区上升为解释劳动生产率差异的第一位因素。城市百元资金利税率在由大到小四个城市规模组（≥100万，50万~100万，20万~50万，≤20万）的平均值分别是30.4元、25.4元、19.4元、18.7元（1∶0.84∶0.64∶0.62）），大城市级明显优于中小城市级。一般地说，基础设施相对比较落后的发展中国家，城市之间交流比较困难，对城市本身的市场规模要求大，而基础设施比较发达的国家，城市之间交通通讯发达，城市的人口经济规模相对较小。墨西哥在40年中增加了5.4倍。1990年，城市人口达到2000万以上，占全国人口的1/4。美国的12大城市集中了美国总人口的1/3，40%的人口集中于大城市。在韩国，仅汉城就占全国人口的20%。日本东京、名古屋、大阪三大都市圈集中了全国人口的45.6%，东京都市圈（东京、千叶、琦、玉、神奈川）已超过3000万人。对世界城市的研究表明，大城市特别是以特大城市为中心的城市群是城市发展的主要方向。由此可见，顺应人口的自然流动，依照经济发展的客观规律，选择一条以大中城市为发展重点的城市化道路，对于我国流动人口问题的解决，加速我国城市化进程，有着非常重要的意义。事实上，北京、上海等大中城市十几年来也正在不断地扩大规模，吸纳人口。

鉴于我国的工业化过程正处于上升阶段，新的产业带将不断生成。新建成的铁路沿线的新的城市将迅速崛起，这些城市有可能成为中国经济的新的生长点。如京九铁路沿线、南昆铁路沿线等，小城市将很快发展为中等城市，中等城市发展为大城市。中西部地区随着交通通讯的发展，资源的开发，城市发展也会很快。我们没有理由限制其发展。何况，促进农村剩余劳动力的转移，应成为我国一项持久的经济政策，因此，理应采取大中小并举，并优先发展大中城市的方针。

第七章　城市与城镇：城镇化的载体

【提要】城市和城镇是城镇化的载体。没有载体或城市和城镇缺乏承载能力及吸纳能力，城镇化进程就很难加快。本章主要阐述城镇化的载体——城市和城镇的性质、功能及承载能力等。第一节对城市的概念进行辨析。第二节论述了区域性中心城市的产生与发展。第三节分析了城镇化的重要载体——小城镇的地位和作用及发展中面临的问题与对策。第四节预测了我国未来城市人口的分布，即城市群吸纳多少人口，大城市吸纳多少人口，小城市及小城镇吸纳多少人口，为城市规划、区域规划提供参考。

第一节　城市的概念

城市是经济社会发展到一定历史阶段的产物，是人们居住和进行各种活动的场所，是人类创造文明和财富的主要载体，是社会进步和文明发展的象征。城市的产生已有几千年，其性质、功能与形态不断发生变化，由少数人居住和活动到多数人居住和活动，由消费性城市到消费贸易性城市再到消费贸易生产性城市，终于发展成人类的主要聚居区和政治、经济、文化综合体。城市是乡村的对立物，又依托农业而存在，其间也经历了城乡不分、城乡分割、城乡融合等阶段。城镇化之于城市和城镇，犹如动物的生命与肉体，如水与水库。城市和城镇是城镇化的载体。

一、城市的产生

革命导师列宁说过："城市是经济、政治和人民的精神生活的中心，是前进的主要动力。"① 两院院士、清华大学教授吴良镛先生在20世纪80年代初就指出："城市是区域的中心，区域是城市的基础。"② 城市的产生经历了相当长的历史过程，其历史可追溯到几千年前。在了解城市产生的历史之前，先要认识城市的概念。

1. 城的产生

根据历史记载，中国的城最初出现于夏代。《吴越春秋》："鲧筑城以卫君，造郭以守民，此城郭之始也""城郭沟池以为固"（《礼记·礼运》）。皮雷纳（Henry Pirenne）说："人类建造的第一批建筑物很可能是保护围墙……它们的设计和修建自然取决于地形以及当地所有的材料。但是总的布局到处都是一样的，包括一块方形或者圆形的地方，围以用树干、泥土或石块做成的壁垒，有壕沟护卫，有大门出入。简言之，是一个围子（enclos）。我们立即会注意到，在现代英语和俄语中，表示城市的词（town 和 gorod），原意都是围子。"中国历代统一王朝中的城"有巨大的城墙环绕着"，但更重要的是它们是"国家的行政机关所在地"，是各级官署和官员的驻地。由于作为国家和地区的政治中心，聚集了相当数量的人口，具有防御体系，筑有城

---

① 列宁，"关于德国各政党的最新材料"，《列宁全集》19卷262~263页。

② 吴良镛，"城乡建设若干问题的思考"，《城市发展战略研究》，新华出版社，1985年出版。

墙以求自保，和周边的农村有了明显的区分。早期的城市并无任何产品和商品，其消费所需靠国民或区域内农民的贡赋，与现代意义上的城市有许多显著的区别。

现代城市的显著特征，一是人口高度密集，二是有明确的分工。分工带来较高的劳动生产率，使得城市成为经济的增长极，并通过城乡之间的市场交流带动乡村的发展。“王公城市”、“官员城市”不是“生产者城市”，而主要是“消费者城市”。由于作为政治行政中心的都城是“真正的经济结构上的赘疣”，并不具有独立的生存能力，它不能不随着经济中心区域的转移而迁移。在漫长的封建社会，城经常随着政治中心的转移而兴废。

2. 市的产生

与“城者所以自守”（《墨子·七患》）不同，市一直是远近四方人们沟通、交流和贸易的场所。不论是在城建立之前或之后，也不论是设在城内或城外，市的名称所突显的始终是工商会聚和经济中心的概念。

《古史考》曰“神农作市”，最初的市是与聚落分离的，只是人们“买卖所之”（《说文》）的去处。《周易·系辞下》说：“日中为市，致天下之民，聚天下之货，交易而退，各得其所。”《周礼·地宫》记载：“大市，日昃而市，百姓为主；朝市，朝时而市，以贾为主；夕市，夕时而市，贩夫贩妇为主。”① 从此可知，市是交易的场所或曰集中交易的地方。据说，最初的市在城的外面，甚至离城有一段距离，逐步聚集在城门附近或城的四周。随着城的扩大，市进入城内，但市被局限在城中的特定地点，“市有垣”（《说文》），市垣四面设门，设有官吏管理。随着城中市坊制度的瓦解，市场活动突破市垣分散到街坊之中。这是依托城而发展的市。但在远离城的农村，随着

① 朱铁臻．城市发展学［M］．河北教育出版社，2010.

交换的产生，交易市场也随之产生。根据《管子·乘马》的说法，大约1200户农户就应“有市”，“无市则民乏”。因此，仅靠官府管制下的“市”是不能满足实际需要的，须以民间自发的集市来补充。汉代王符《潜夫论》称：“天下百郡千县，市邑万数。”这数以万计的市便是设在村落中的民间集市，但这些集市只有极少数发展为城市，绝大多数直到今天仍然保留了当时的特征。

中世纪初期的西欧与中国的最大区别是，封建制度盛行，只有封建贵族盘踞的城堡和主教教座所在地的城镇。最大的城堡只有几百人，或许从未超过两三千人。设置于其中的并非城堡或城镇本身的市政管理机关，而是面向整个城堡区（chatellenie）或主教区的司法和行政机构。新兴的市集（fora）成为商人定期聚会的地点，但更多的商人定居于城堡脚下或者城镇之内。城堡脚下的商人聚居地被称为外堡（forisburgus），或者新堡（novus burgus），以区别于与之相连的封建城堡即旧堡（vetus burgus）。亨利·皮雷纳以简练的语言概括说：“中世纪的城市从12世纪起是一个公社，受到筑有防御工事的城墙的保护，靠工商业维持生存，享有特别的法律、行政和司法，这使它成为一个享有特权的集体法人。”①

3. 城与市的结合

随着国家的建立以及工业化、城镇化的进程，城与市这两种历史上不同的实体逐渐合而为一，现代城市出现了。所谓城与市的结合，既是指地理空间上的合一，也是指功能上和体制上的相互靠拢与融合。

现今日本大中城市的中心地区内大都保存着藩镇割据时代藩主居住的城堡，这就是日本昔日的“城”。城堡周围的闹市区称为“町”，又称“城下町”。除城下町外，还有大寺庙周围的“门前町”和由港

---

① 亨利·皮雷纳．中世纪的城市［M］．北京：商务印书馆，1985.

口发展起来的“港町”。1889 年日本设立了市制，共有 39 个町被列为市，其中大部分是城下町。日文中的“市”源于中文，原来也是“市集”“集市”的意思，现在则用来表述包容了城与町的一个城市共同体。随着东京、大阪、名古屋等由城下町变为市，它们也由昔日的消费者城市变成了生产者城市，兼有政治中心和经济中心的双重功能。

上海在历史上曾有过从市镇到县治的转化。过去的上海城位于现在的南市区。元至元二十九年（1292 年）在上海镇的基础上设立上海县，明嘉靖三十二年（1553 年）始筑城墙，以后又多次整修加固。鸦片战争后，英美法日等国先后在上海城外建立了租界，租界的外国商人曾有过成立“上海自由市”的筹谋。这个计划虽然没有得到有关国家公使和领事的批准，但通过设立工部局的有关章程，实质上享有了自治市的大部分特权。1912 年至 1914 年间拆除上海县的城墙，标志着城与市一体化的开端；而直到第二次世界大战中废除在华治外法权，将各国租界收归上海特别市管辖，才宣告了上海城市一体化的最后完成。

城与市在政治功能和体制上的融合，一方面体现为现代城市继承了原来的行政中心的功能，另一方面体现为市场贸易中心继而发展为经济中心的功能。城市居民不是以耕种土地为生，而是从事商业和工业，按现在的说法就是居民主要从事第二产业和第三产业。

二、城市的性质

根据朱铁臻教授的研究，城市具有三个基本特性[①]：一是空间聚集性。城市不仅聚集了大量的人口、资源和社会经济活动，而且限定于一定的地域之中。二是经济上的非农性。城市是工业、商业、运输业、服务业等非农产业的聚集地，与农业在专业和地域方面有明显的

① 朱铁臻．城市发展学［M］．河北教育出版社，2010.

分工。三是结构上的多样性。城市是由多种多样的许多个体构成的，它们之间的相互作用不仅导致了社会关系的多样性，而且形成了经济、文化活动的多样性。

城市还有一个非常重要的特性，那就是中心性。城市是区域经济的中心，城市不能孤立存在。城市不管大小均有一定范围的腹地，成为城市发展的支撑，同时也带动周边地区的经济社会发展，城市的规模越大其辐射带动的范围也越大。现代城市集中了大量人口和企业，因而，形成了一定区域内的生产、交换、分配与消费的中心。城市以其广阔的市场需求、大量的就业机会、良好的基础设施以及先进的科技文化水平产生着巨大的吸引力和辐射力，发挥着区域经济发展的主导作用。

三、城市的功能

城市功能主要指城市在一个国家或区域经济、政治与文化生活中所起的作用，以及由此而产生的效能。城市一般具有政治功能、经济功能、社会功能和文化功能。从本质上看，可以将其概括为聚集和辐射两大功能，这是对城市与周边城市所有经济往来、交易关联的高度概括。远古的城市首先是政治中心，然后发展为经济中心。现代城市一般经济功能较强，并同时成为一定地区的政治中心，如省、市政府所在地。文化是城市的灵魂，城市人口密集，决定了城市有着丰富多彩的文化活动，并不断产生新的文化艺术形式和新的生活方式。交通功能也是城市的重要功能，城市一般处于比较优良的区位，水陆空交通便利，大的城市成为区域的交通枢纽。依托便利的交通网络，使其与全国乃至世界联系起来，进一步加强了城市的政治、经济、文化功能。

1. 城市的聚集功能

美国著名城市理论家刘易斯·芒福特指出：城市作为一个封闭型容器的本质功能，是将各种社会成分集中起来，并为它们提供一个封闭场所，使之能最大限度地相互作用。但是城市又不仅仅是一个容器，它的“形状和容量”并不是完全预定好的，必须首先吸引人群和各种组织，否则它就无生命可言。对于这一现象，英国城市学家埃比尼泽·霍华德称之为“磁力”。一座城市就是一个巨大的“磁铁”，它通过“磁力线”，吸引着周围众多的人、财、物。这些人、财、物一旦被吸引到城市里来，便会被“磁化”，从而与城市里原来的人、财、物一起放射出更强烈的磁力。[①] 上述磁力理论形象地描述了城市的聚集功能。

城市的聚集功能主要源于它的规模效益，正是规模效益的吸引，将区域中的人口和各类要素，包括第二、三产业，人才、原材料、资金、科技强烈地聚集于此。聚集是一个量变的过程，但聚集到一定的程度，就会引起质变，产生极化效应。城市的极化效应使之成为区域经济社会活动中心和城镇网络的发展极核，其能量和层次随之不断提升。恩格斯对近代城市的聚集效应曾做过生动的描述：“这一切（伦敦）是这样雄伟，这样壮丽，简直令人陶醉，使人还在踏上英国的土地以前就不能不对英国的伟大感到惊奇”[②]；“只有法国这样的国家才能创造巴黎。只有当你看到了这一美丽国家的惊人的财富时，你才懂得这个光辉灿烂、宏伟壮丽的无与伦比的巴黎是怎样产生的”[③]。

---

① 周游等. 经济中心城市的聚集与扩散规律研究［J］. 南京大学学报，2000（4）.

② 马克思恩格斯全集（第2卷）［M］. 第303页.

③ 马克思恩格斯全集（第5卷）［M］. 第551页.

2. 城市的扩散功能

磁力理论是这样解释城市扩散功能和作用的：通过城市“磁场”磁化了的那些“磁化物”——物质产品或精神产品，即使离开了城市，被抛到偏僻遥远的山乡，依然带着城市明显的“烙印”，成为传播城市文明的重要媒介物。

城市在不断聚集、成为增长极的同时，还存在着扩散效应。但不同发展阶段的聚集与扩散主次位置有所不同，在城市迅速成长的过程中，以聚集为主，使城市获得较高的能量；而当能量聚集到一定程度，规模效益开始消失，土地价格上涨，生活费用攀升，扩散将占主要地位，以避免过分聚集带来的非经济性，而追求更高的边际收益。城市扩散功能的大小同其自身能级的高低相关，能级越高，扩散功能越强，扩散的范围也越大。城市在扩散过程中不断得到发展，而更重要的是通过扩散效应带动其周边城市和区域的发展，它体现在空间规模和空间结构两方面。城市的扩散主要通过产业、资金、技术、人才、信息等经济要素的溢出对周边经济产生影响，可以采取直接转移、产业链条延伸及协作等多种方式。

城市扩散功能在空间上的表现形式主要有周边式扩散、等级式扩散、跳跃式扩散、点轴式扩散等，事实上并不存在单一的形式，往往呈现为混合式扩散。以点轴式扩散为例：首先沿着若干交通干线，从扩散源渐次向外扩散，在距中心不同距离的位置形成强度不同的新的聚集；相邻地区扩散源扩散的结果使扩散通道相互联结，成为发展轴；随着经济社会的进一步发展，发展轴线进一步延伸，新的规模相对较小的聚集点和发展轴又不断形成[①]。

---

① 陆大道．区域发展及其空间结构［M］．科学出版社，1995.

3. 城市的其他功能

从理论抽象的角度，城市的功能可概括为聚集和扩散两个方面。然而，从在经济社会实际发展中看，城市的功能则表现为多个方面，包括经济功能、交通枢纽功能、社会文化功能、行政管理功能等。这些功能往往交织在一起，在与周边城市的相互联系、相互作用中，带动整个区域经济的发展。

（1）城市具有市场经济的内生优势

企业是市场主体，城市的活力与企业活力紧密联系，城市在市场经济中的作用大小，在很大程度上取决于是否拥有竞争力强的企业群体和富有竞争精神的企业家队伍。城市各类企业集中、创新能力强、商品交换范围广，决定其具有产生现代市场经济所要求的高效率、高效益的内生机制；有利于市场体系的发育，实现市场的规模化、社会化、专业化和国际化。随着国有企业特别是大中型企业内部经营机制的转换和外部环境的改善，城市的巨大潜能必将充分地释放出来，从而带动我国经济的迅速发展。通过构建企业网络，可以形成以城市和骨干企业为高附加值环节，以周边城市或企业为中、低附加值环节的价值链；可以跨出市区，有选择地与其他企业结成长期、稳定、互惠互利的关系，以打破地方封锁和行业壁垒，促进全国或区域统一大市场的形成。

（2）城市产业结构外向度高，有利于对外经济合作

城市是工业和各类服务业的聚集地，具有综合经济功能，产业层次和外向度较高。在产业结构调整和发展新兴产业过程中，产业向外转移与扩散可以为周边地区发展提供良好的机遇，形成专业化协作网络和沟通产销的流通网络。城市拥有大量资本，并可以从其他地区吸引更多的资本。同时，城市可向周边地区输出大量资本，周边地区也可到城市的资本市场上筹集资金，以满足经济发展的需要。城市拥有众多的信息机构及法律、中介、咨询等机构，可将各项经济活动源源

不断提供的大量经济信息进行有效处理，通过信息网络为周边地区提供方便、全面的服务。城市对外经济技术协作与交流并不局限于经济区内，而是同国内和国际市场相联系。它对经济要素的聚扩、转换呈现出大范围、大规模、多层次、全方位、高效率、高效益的特点，对经济要素的输入、输出、流向和流量具有很大的调节作用，在组织、带动地区参与国内经济联合、开拓国际市场的过程中，发挥着重要的枢纽作用。

（3）基础设施是发挥城市经济功能的基本保证

基础设施是指为城市经济活动、社会活动、人民生活创造共同条件并提供服务的社会性公共设施，包括交通通讯设施，给排水、供电、供气、供热设施，排污、治污设施，城市绿化等环境设施。基础设施是联系城市生产力系统内部各子系统的纽带，起着空间支撑物的作用，成为沟通整个城市经济有机体的物质脉络，为投资商、旅游者、各种人才、居民提供周到的服务和舒适的环境。城市综合经济功能的发挥就寓于基础设施的发展之中，基础设施完善水平是城市经济功能强弱的物质衡量标准，是城市现代化的重要标志。城市的交通通讯设施包括对内对外两个方面及其彼此的联系。如果把所有的联系比作一张网，城市便是网上的纲，发挥着交通通讯中心功能，而这张网则是区域工业化、城镇化的支撑系统和重要的经济布局轴线。

（4）城市具有科技创新与扩散作用

城市具有科教和文化中心功能，是科学技术进步的策源地和区域创新基地。这对周边的影响比物流的传递更具渗透性，科教与技术创新已成为产业结构升级和经济增长最活跃、最重要的因素。城市有较好的物质技术及组织服务条件，而作为统一市场重要组成部分的科技市场直接刺激着科技进步，并具有将科学技术扩散、转移，带动其他地区科技进步的作用。城市向其他地区有偿转让科技成果，出售专利，实际上起到了转移和扩散科学技术的作用。同时，在引进、消化、扩散国内外先进技术的过程中，城市则能起到带动区域内乃至全国的技术进步和产品更新换代的作用。

（5）城市具有经济调节功能

城市将社会再生产中的联系与行政过程中的联系结合在一起，借助经济和行政职能调节区域经济运行。城市拥有一系列的经济管理与调节机构，如金融、物价、财税、劳动工资等执行部门，统计、信息、政策研究、咨询等中介机构，工商、审计、商检、海关等监督机构，司法、仲裁、行政机关等保证部门。它们有利于完善市场经济调节系统，有利于市场体系的发育和规范化、制度化、法制化。因此，城市具有成为大市场、大流通枢纽的条件，在促进全国或区域统一大市场的建立、合理组织商品流通网络中起着重要作用。市场的形成与完善又反过来为管理职能提供了承载体，经济调节网络建立在市场网络的基础之上。

城市是国民经济的主要增长点，其经济运行是各级政府调节的重点。在城市统筹运用经济杠杆，有利于加强宏观经济的综合平衡；以城市为依托加强横向经济联合，有利于发挥地区优势，扬长避短。城市一方面决定着区域经济总体规模与水平，另一方面在促进区域经济结构与布局合理化方面起着重要作用，包括对周边城市起着主导和组织作用。

第二节　区域性中心城市的发展

区域性中心城市对于周边区域来说具有辐射和带动作用，其规模和功能对周边发挥其集聚和辐射带动作用。加快发展中心城市已成为促进城市和区域经济协调发展的重要举措。中心城市具有怎样的特性，具备哪些功能，可以划分为多少层次，对这些问题，有必要在进行实证研究之前先认真梳理，为深入研究奠定理论基础。

一、中心城市的含义

中心城市是相对于经济区和城镇体系而言的。对一般城市来说，中心城市是指在经济上有着重要地位，在政治和文化生活中起着关键作用的城市，它具有较强的吸引能力、辐射能力和综合服务能力。从区域的角度看，中心城市是经济区域中经济发达、功能完善，能够渗透和带动周边区域经济发展的行政社会组织和经济组织的统一体。

1. 促进中心城市发展的主要因素

在一定区域范围内，由于某些城市具备相对有利的条件，因而获得优越的发展机遇，不断吸引各种要素向其聚集，逐渐演变成为中心城市。影响中心城市产生和发展的因素较多，归纳起来主要有两类，即自然因素和人为因素。前者是先天形成的，包括地理位置和自然条件；后者是后天形成的，指经济、社会条件。

（1）产业在空间上的集中

随着工业化进程的推进，产业在空间上不断集中，这为中心城市的形成奠定了物质技术基础。产业在空间上的集中，一是有利于开展专业化生产与经营，提高企业劳动生产率。企业集中于城市，不仅接近市场，便于购买生产资料，雇佣熟练劳动力和出售产品，降低运输成本和交易成本，而且通过企业之间的分工以及大规模高效的集中生产，进一步拓展市场。伴随企业、市场、商业的集中，金融业也相应在城市集中发展，资金流通量增加，利率下降，贷款结算便利，为城市发展提供了有力支持。二是有利于企业获得新技术和新信息，做出正确的营销决策。三是有利于获得规模效益。产业集中于城市是缩短再生产时间的重要条件，在一定限度内，产业集中度越高，规模经济效应越大，经济实力越强，专业化分工与协作程度越深，形成良性循环，使中心城市的聚集效益明显高于其他城市。四是有利于形成新的区位优势。交通运输是影响中心城市形成的重要条件，它可以改变城市的区位条件，形成新的区位优势。城市规模的扩大和产业的集中，能够促进运输网络的完善，从而进一步增强中心城市的区位优势。

（2）市场的形成与扩大

综观经济发达国家中心城市形成的历史，无不与市场的形成和扩大息息相关。中心城市的发展，产生于国内市场形成与国际市场不断扩大的过程中。经过18世纪到19世纪的工业革命，资本主义的大工业生产越来越趋向专业化，国际分工及各国之间商品和货币的流通逐步发展起来，各个国家都被纳入统一的国际市场。大工业在空间上的集中与内外贸易的发达，是中心城市形成的两个基本条件。工业是它的中枢和心脏，商业是它运动的起点和终点，二者互为条件，互相促进[①]。

（3）大规模的人口流动

农业生产技术变革使农业劳动生产率不断提高，一方面为城市提供大量的剩余产品，另一方面由于所需劳动力减少，向城市输送大量剩余劳动力，农村人口大量流入城市，城市人口得以大量增加。从城市发展看，中心城市的发展既能给居民提供较多的就业机会和较好的生活条件，又需要大量外来劳动力，因而，从农村流出的人口一般流向中心城市。人口流动对城市经济的影响是多方面的，随着农村人口的流入，不仅为城市提供了丰富的劳动力资源，给城市提供了新的需求，还促进了各地文化的交流。

（4）城市之间分工的深化

由于每一个城市的形成条件各不相同，各个城市都有各自的特征和具有比较优势的产业部门。城市中产业的分工必然表现为城市间的分工，即劳动地域分工。在此基础上，形成了不同规模的专业性、综合性、功能性的城市，由中心城市、一般城市、小城镇共同组成了分层次的城镇体系。在城镇体系中，每个城市都承担着一定的职能。在

---

① 马野等．中心城市的经济理论与实践［M］．中国展望出版社，1986.

合理分工的有机整体里，中心城市集中了那些辐射力强、影响范围广的产业部门，成为城镇体系的核心，与其他城市相互联系，相互依存。

（5）有利的自然和社会条件

良好的自然环境和自然条件包括大面积平整的土地、适宜的气候、丰富的水资源等是中心城市形成和发展的基本条件。其中，优越的区位最为重要，是中心城市形成和发展的基础。社会条件是指政治、文化、安全、民族、历史、国际关系等，如在产业集中的同时，企业中枢管理部门也不断集中，科学文化事业与信息产业等也在中心城市集中起来，如有些城市就是从国家或地区的政治、行政中心演变而来的。

2. 中心城市的基本特征

中心城市是经济社会发展到一定阶段的产物，是区域空间系统中的一个极核。从规模和结构两方面看，表现为区域经济的增长极、控制器和辐射源。

（1）经济集中程度高、规模大、实力强

中心城市是区域经济活动的聚集点和经济交流的枢纽，或称集散地。相对区域内其他城市，经济规模最大，整体实力比较雄厚，经济势能高于其他城市，其地区生产总值在所属区域中占有相当的比重，人均 GDP 高于区域平均水平。这是中心城市最基本的特征，是发挥其巨大作用的经济基础。

中心城市集中了大量人口。人类是经济过程中的能动因素，既是生产的主体，也是消费的主体。人口的一定数量和密度是社会分工的前提。由于中心城市可以比其他城市提供更多的就业机会和较高的收入，因此能够吸引大量的人口。特别是在高速工业化时期，中心城市人口的增长速度要快于其他城市。随着中心城市经济规模的不断扩大，在城镇体系中比重不断提高，其人口也不断聚集。人口的集中不仅为产业发展提供了丰富的劳动力，同时也有效扩大了城市的消费市场①。

中心城市集中了大量的企业。企业是市场的主体。中心城市为企业发展提供了良好的投资环境，企业特别是大企业竞相在中心城市设厂、建总部、成立办事处等。成千上万的各种规模、各种性质、各种产出的企业形成一个个相互联系、相互依存的企业群体，并由此产生出高效率的生产力及富于竞争精神的企业家队伍。

中心城市集中了各类产业。大量的人口和企业集中于中心城市，必然要求在生产、流通、经营和消费各个环节提供更有效的服务。中心城市是制造业特别是区域终极产品制造中心，它与周边地区存在上下游产业链关系。各种服务业随之发展起来，产业部门逐步齐全，所以服务业的区位选择必然指向中心城市，使之成为金融、商贸、信息、交通中心。中心城市云集着银行、保险和证券公司等金融机构，拥有受众面广、高效率的新闻出版、广播电视、广告咨询等信息传播手段。由于融汇了庞大的人流和物流，有可能成为区域物资集散地或对外贸易中转中心。

（2）社会分工发达，产业结构优化

中心城市社会化大生产程度高，生产的社会分工细致，协作紧密，是专业化分工协作最强的地方。专业化分工不仅发生在城市内部，而且延伸到周围地区甚至更远的其经济触角能够延伸到的地方去，包括城市间、区域间、国家间的分工。中心城市与其他城市、区域间的协作关系，增强了中心城市的发展能力、竞争能力和在客观上组织区域经济的能力。

经济综合性强，企业专业化程度高。从产业结构、行业结构、企业结构和空间结构来看，各方面经济活动相互渗透、相互竞争，构成纷繁多样、较为完整、极具活力的经济体系或产业体系。中心城市的大企业通过与城市内外、国内外企业分工协作可以得到很高的经济效

① 马野等．中心城市的经济理论域实践［M］．中国展望出版社，1986.

益。在经济全球化的时代，分工协作的趋势越明显，不同制造商之间的联系越多。不同国家、不同地区中心城市的地理、历史、经济条件必然会在产业分工上反映出来。每一个中心城市都有自己的特色经济，即每个中心城市都侧重于一个或少数几个经济部门的专业化生产和经营，在全国或区域内有明确的支柱性产业和为此配套的一系列辅助性产业，形成在全国甚至全球有影响的产业集群和城市特色。

第三产业在产业结构中的比重大。第三产业体系与中心城市互为条件。第三产业繁荣之时，才可能确定中心城市的经济、金融、信息、贸易地位。由于第一、第二产业劳动生产率的极大提高，对产前产后服务提出了更高的要求，使原来对商品的竞争转向包括商品和服务在内的“一揽子”竞争或者完全是服务的竞争。这就要求中心城市大力发展第三产业，优化升级产业结构。从发达国家或国内发达地区的经验看，中心城市的制造业就业人数在不断下降，而金融、保险、房地产等行业的就业人数不断上升，第三产业成为城市的绝对主导产业。

（3）人口素质高，科技力量雄厚

中心城市是先进生产力的聚集地，是区域人才、技术、科研、设备以及科研交流集约化程度最高的城市，表现在创新和吸纳创新两个方面。中心城市拥有水平较高的高等院校、科研院所，有相当数量的科学工作者和专业技术人员。这里科技人才荟萃，具备独立的科研与开发能力，是新技术、新工艺、新设备、新产品的研制中心，也是新管理、新工艺、新制度的发源地。同时，中心城市在引进国内外先进技术和向周边扩散过程中，充当承上启下、承外启内、合理嫁接、消化创新的“转换器”角色。总而言之，中心城市是培养人才、开发智力资源、广泛交流和传播先进技术及管理经验的重要基地。

（4）具有较强的综合服务能力和较完备的基础设施

中心城市具有便捷的交通运输网络，包括城市内部及其与外部的联系；有快速的通信方式，包括有线与无线通信网络、信息高速公路与信息港的形成、邮政等各种快速递送形式；有良好的人居环境，包括绿地面积、空气质量、公共娱乐休闲场所、污水与垃圾处理、各类采暖方式等；有方便的服务，包括高效的商业与商务体系、信息处理和传播媒体等。中心城市完善的综合服务体系和较高的基础设施水平，不仅可以满足发展经济的需要，更重要的是提供了与周边联系的高效率的渠道，直接关系到中心城市的生产能力、科技能力及带动周边经济发展的能力。

（5）经济管理和社会文化的中心

劳动分工的深化使企业的决策管理部门从生产中分离出来，企业的组织形式从单一公司型发展到母子公司型。虽然子公司分布于不同地区，但公司总部和主要的管理职能一般集中在中心城市。中心城市往往是行政权力机构的所在地，不同层次的中心城市与不同等级的权力机构相一致；中心城市还是各种党派、组织、团体所在地及其活动、交往的主要场所。经济力量与社会文化力量从来是并驾齐驱的"双轮马车"，社会文化事业发展的规模、速度、水平总是与城市经济发展相一致的。中心城市是生产、传播、应用、储存各种社会文化产品的重要基地，聚集了众多优良的社会文化设施，如新闻出版机构、广播电视台、博物馆、体育馆、图书馆、歌剧院、大型医院、咨询机构等，为交流与传播文化提供了最佳场所，成为区域文明和进步的辐射源。

（6）区域经济网络的核心

经济网络是内密外疏的，以中心城市为核心的经济区就是联系比较密集的地域。由于中心城市是区域经济交流的枢纽点，对外的能量、物质和信息交换量大，因此具有强烈的开放性，与周边地区构成了开放型经济循环系统，不断进行各方面的"对流"活动。各种经济联系纵横交错，彼此渗透，形成多层次的经济网络，如交通运输网络、产业合作网络、城镇体系网络等。经济联系可近可远，不受行政区的限制，没有明确的边界。

在上述经济网络中，城镇体系网络是整个经济活动的"骨骼"系统，中心城市与经济区内其他城市的交易关联所产生的"对流"，形成了经济区空间结构的具体形态。城市经济区的空间表现是由具有不同地理结构、规模结构和功能结构的城市群体，依据内在经济联系整合而成的空间系统。中心城市是区域经济网络和城镇体系的核心，组织和协调区域经济网络空间。

二、中心城市的层次划分

最早出现的中心城市由于交通条件的限制，市场区很小，城市规模也很小，辐射带动能力也很小。随着交通条件的改善，市场区扩大了，城市规模也随之扩大，辐射带动的范围不断扩大。一些城市由于某种机遇，如成为首都或省会城市、成为特区、成为铁路和高速公路的枢纽城市等，城市就会超常规发展，成为区域经济中的增长极。尤其是到了近代，航空业的发展及国际市场的开拓，城市的国际化增强，出现了多座巨型城市。一个区域中，不再只是一座城市，而是若干座城市组成的城市（镇）体系。城市（镇）体系具有层次性，城市规模越大，层次越多。区域中城市的实力有大有小，级别有高有低，在发挥各自综合影响力上具有不同的功能。

1. 对我国中心城市划分的综述

20 世纪 80 年代以来对我国中心城市划分与排序的尝试主要有：

陈田（1987）[①] 通过对全国性城市经济影响区域空间组织的定量研究，提出了 80 年代初我国城市影响区域系统，将 1982 年全国 232 个城市的影响力分成 5 个等级：一级区域经济中心共有 6 个，相当于全国性的大区级中心城市，即上海、北京、天津、广州、沈阳、武汉，西南、西北暂缺；二级区域经济中心 25 个，西安、兰州、重庆、成都、昆明、杭州、无锡、南京、青岛、济南、太原、大连、哈尔

① 陈田．我国城市经济影响区域系统的初步分析［J］．地理学报，1987（4）．

滨、鞍山、长春等15个大区次中心，其余10个城市为省区中心；三级区域经济中心63个，为省级中心和发展水平较高的省内经济区中心；四级区域经济中心96个，为省区一般经济区中心、地方性或专业化城市。总体来看，该系统一、二级区域与我国大区和省区的格局基本一致。

顾朝林在对102个城市实力排序的基础上，借鉴经济区划的D△系理论和Rd链方法，提出了我国I级D△系、九大I级经济区和33个II级经济区。I级D△系城市为上海、北京、天津、广州。九大经济区的中心城市分别为沈阳、北京、天津、上海、武汉、广州、重庆、西安、乌鲁木齐、拉萨。33个经济区涉及的中心城市有：哈尔滨、齐齐哈尔、长春、沈阳、北京、天津、石家庄、包头、太原、济南、青岛、徐州、郑州、上海、南京、合肥、杭州、南昌、广州、南宁、海口、福州、台北、武汉、长沙、西安、兰州、成都、重庆、贵阳、昆明、乌鲁木齐、拉萨。①

宁越敏②等对80年代中期和90年代初我国20个中心城市进行划分。80年代中期，上海、北京、天津为全国性中心城市，沈阳、广州、武汉、哈尔滨、重庆、南京为中心城市，西安、成都、大连、杭州、长春、青岛、太原、兰州、济南、无锡、苏州为区域副中心。90年代初期，上海、北京、广州、天津为全国性中心城市，沈阳、南京、武汉、大连、重庆、哈尔滨为中心城市，成都、杭州、西安、青岛、长春、济南、苏州、无锡、太原、郑州为区域副中心。

国家统计局等部委1992年年底和1998年年初分别公布了我国50个综合实力最强城市③。1992年的50强是：上海（综合实力指数3.838）、北京（3.752）、广州（1.744）、天津（1.652）、南京（1.300）、武汉（1.291）、深圳（1.201）、大连（1.188）、沈阳（1.060）、厦门（1.009）、成都、杭州、哈尔滨、昆明、苏州、长春、

① 顾朝林．中国城市经济区划分的初步研究［J］．地理学报，1991（2）．

② 林涛．90年代以来我国中心城市的发展［J］．城市问题，2000（5）．

③ 同上

无锡、大庆、重庆、长沙、青岛、十堰、佛山、乌鲁木齐、石家庄、合肥、柳州、常州、南通、西安、福州、江门、克拉玛依、扬州、烟台、济南、郑州、宁波、鞍山、锦州、惠州、汕头、韶关、珠海、海口、保定、淄博、南宁、抚顺、威海。1998 年的 50 强被分为两组，第一组 19 个：上海、北京、广州、天津、沈阳、武汉、南京、大连、深圳、杭州、哈尔滨、成都、重庆、西安、石家庄、长春、青岛、济南、长沙；第二组 31 个：昆明、郑州、无锡、太原、福州、乌鲁木齐、南昌、宁波、苏州、兰州、合肥、鞍山、淄博、烟台、贵阳、徐州、吉林、柳州、唐山、南宁、厦门、汕头、大庆、常州、抚顺、东莞、珠海、洛阳、中山、佛山、邯郸。

林涛得到 78 个大城市中心性指数评价结果后，发现前 25 位城市的中心性指数均为正数，高于 78 个大城市的平均值，是我国重要的中心城市，与国家统计局等单位 1998 年公布的 50 强城市中的前 25 位基本一致。他把 25 个中心城市分为三组，第一组（全国性中心城市）：上海、北京、广州、天津、武汉；第二组（中心城市）：沈阳、深圳、南京、成都、重庆、哈尔滨、大连、杭州、西安；第三组（区域副中心城市）：济南、长春、郑州、青岛、苏州、福州、石家庄、长沙、无锡、宁波、昆明。第 26 至第 78 位城市依次为：太原、南昌、烟台、徐州、唐山、兰州、淄博、乌鲁木齐、保定、南宁、汕头、潍坊、合肥、常州、吉林、鞍山、洛阳、贵阳、湛江、邯郸、大庆、齐齐哈尔、襄樊、临沂、抚顺、衡阳、沙市、呼和浩特、新乡、包头、锦州、张家口、湘潭、大同、株洲、柳州、开封、平顶山、焦作、枣庄、丹东、本溪、牡丹江、佳木斯、淮南、黄石、辽阳、鸡西、西宁、阜新、伊春、淮北、鹤岗。

《城市圈域经济论》[1] 一书将其确定的 66 个中心城市划分为四级：一级是上海、北京；二级有 8 个，即天津、沈阳、武汉、广州、哈尔滨、重庆、南京、西安；三级中心城市有 21 个，即成都、大连、长

---

① 高汝熹等．城市圈域经济论［M］．云南出版社，1997.

春、济南、太原、青岛、郑州、兰州、鞍山、抚顺、昆明、长沙、杭州、南昌、石家庄、贵阳、乌鲁木齐、吉林、唐山、齐齐哈尔、包头；四级中心城市有33个，即福州、邯郸、徐州、合肥、无锡、大同、南宁、本溪、伊春、苏州、大庆、鸡西、汕头、柳州、深圳、常州、呼和浩特、阜新、张家口、锦州、牡丹江、西宁、鹤岗、丹东、佳木斯、衡阳、辽阳、黄石、开封、新乡、临沂、保定、淮北。

谢文蕙等人在《城市经济学》[①] 一书中，将中心城市分为四类：一是具有国际影响力的全国性城市，市区人口在500万以上的超级城市，在国家的经济活动中发挥着重大的枢纽作用，即北京、上海；二是具有跨省影响力的地区性城市，市区人口在100万以上的特大城市，在地区性经济活动（如省际经济区）中起着重要的骨干作用，能带动周围数省区的发展，即天津、沈阳、哈尔滨、西安、成都、重庆、武汉、广州；三是省级中心城市，在省域范围内承担经济中心功能，一般市区人口在50万以上的大城市或特大城市，这类城市有38个，都是各省的省会和大型工矿城市、港口城市、经济发达的城市；四是省内中心城市，在省内局部地区承担经济中心功能，行政级别上往往是地级市（但并非所有的地级市都能起到中心城市的作用），这类城市有90多个，平均每省3~4个。

韩涓对35个城市综合排序，得分前五名的依次为上海、北京、广州、天津、深圳。

表7-1　1982~1996年我国前20~25位中心城市一览表

1998（国家统计局）	1996（林涛）	1992（国家统计局）	1991（林涛）	1990（宁越敏等）	1989（顾朝林）	1984（宁越敏）	1982（陈田）
上海	上海	上海	上海	上海	上海	上海	上海
北京	北京	北京	北京	北京	北京	北京	北京
广州	广州	广州	广州	广州	天津	天津	天津
天津	天津	天津	天津	天津	广州	沈阳	沈阳

① 谢文蕙等．城市经济学［M］．清华大学出版社，1996.

续表

1998（国家统计局）	1996（林涛）	1992（国家统计局）	1991（林涛）	1990（宁越敏等）	1989（顾朝林）	1984（宁越敏）	1982（陈田）
沈阳	武汉	南京	武汉	沈阳	沈阳	广州	广州
武汉	沈阳	武汉	沈阳	南京	武汉	武汉	武汉
南京	深圳	深圳	南京	武汉	南京	哈尔滨	西安
大连	南京	大连	哈尔滨	大连	哈尔滨	重庆	兰州
深圳	成都	沈阳	成都	重庆	大连	南京	重庆
杭州	重庆	厦门	西安	哈尔滨	重庆	西安	成都
哈尔滨	哈尔滨	成都	大连	成都	成都	成都	昆明
成都	大连	杭州	重庆	杭州	西安	大连	杭州
重庆	杭州	哈尔滨	杭州	西安	青岛	杭州	无锡
西安	西安	昆明	济南	青岛	济南	长春	南京
石家庄	济南	苏州	青岛	长春	长春	青岛	青岛
长春	长春	长春	长沙	济南	太原	太原	济南
青岛	郑州	无锡	太原	苏州	杭州	兰州	太原
济南	青岛	大庆	郑州	无锡	深圳	济南	大连
长沙	苏州	重庆	福州	太原	大庆	无锡	哈尔滨
昆明	福州	长沙	昆明	郑州	鞍山	苏州	鞍山
郑州	石家庄	青岛	长春		淄博	鞍山	长春
无锡	长沙	十郾	石家庄		兰州	郑州	
太原	无锡	佛山	苏州		石家庄	昆明	
福州	宁波	乌鲁木齐	乌鲁木齐		抚顺	石家庄	
乌鲁木齐	昆明	石家庄	兰州		吉林	抚顺	

注：该表不具备完全的可比性，但基本上可以反映出80年代以来，我国前20～25位中心城市的变化。

资料来源：林涛.90年代以来我国中心城市的发展［J］.城市问题，2000（5）.

2. 我们对各层次中心城市的划分

我们认为从城市目前发展的情况与发展的趋势来看，可把我国中心城市划分为三个层次：一是国际大都市，二是国际化城市，三是区域性中心城市。无论哪一级城市，均辐射一定的区域，都是一个区域经济的核心或与其他中心城市构成一个规模更大的城市群。在其下，又具有层次不同的城市和城镇。任何一个城市，只可能对世界和全国形成重大影响，不可能辐射世界和全国。

（1）国际大都市

具有国际影响力的巨型城市，我们将之称为国际大都市。从中国城镇化的推进及城市发展的趋势来看，这样的大都市有 10 个左右，深（圳）（香）港、上海、北京、天津、广州、重庆、武汉、沈阳、成都、南京均有可能发展成为人口超千万的国际大都市。

表 7－2　中国可能成为国际大都市的城市人口情况表

名称	2009 年市辖区人口（万人）	2030 年城市人口估算（万人）
深港	1000＋700	2500
上海	1331.38	2200
北京	1174.63	2000
天津	802.90	1800
重庆	879.96	1600
武汉	514.97	1200
广州	654.68	1200
南京	545.97	1100
沈阳	512.23	1000
成都	520.86	1000

（2）国际化城市

介于国际大都市和区域性中心城市之间，和世界主要市场区存在密切联系，未来城市人口规模在 500 万～1000 万之间，这样的城市有 20 个左右。西安、杭州、台北、大连、郑州、哈尔滨、青岛、福州、济南、长春、长沙、合肥、石家庄、太原、南宁、乌鲁木齐、昆明、兰州、海口、厦门均有可能跻身于国际化城市之列，受各方面因素制约，很难成为国际化大都市。我国城市人口很难确定准确的数量，原因是：一些城市通过区划调整扩大了范围，将一些农村地区的居民统计进来；一些城市长期不进行区划调整，将已成为城市的地区划在外面。对海口被纳入国际化城市，可能有不同看法，原因是人口规模小，但其吸引力大，承载力强，国际影响也比较大，如采用正确的发展战略，其发展速度将会相当快。

表 7－3　中国国际化城市人口情况表（2010 年）

名称	市辖区户籍非农人口（万人）	市辖区常住人口（万人）
西安	342. 43	650. 3
杭州	307. 52	624. 2
台北	261. 8	261. 8
大连	272. 48	295. 9
郑州	220. 85	425. 5
哈尔滨	339. 98	587. 9
长春	257. 89	390. 8
长沙	189. 52	309. 4
济南	347. 84	433. 6
青岛	275. 50	371. 9
合肥	178. 36	335. 2
石家庄	243. 87	317. 2
厦门	145. 07	353. 1
太原	237. 28	335. 9
南宁	137. 68	343. 8
乌鲁木齐	177. 79	303
昆明	183. 27	354. 5
兰州	187. 84	262. 9
海口	96. 73	204. 7

资料来源：各城市市辖区常住人口数量来自各城市 2010 年第六次人口普查公报。

（3）区域性中心城市

在中国，这样的城市为数众多，地级市的主城区和一部分县级市的中心区均是区域性中心城市，大约有200多座。中国的地级市不是城市，而是一个规模较大的区域，既包括城市，也包括农村。我们可以说其名不符实，却不能因名责实。某某市并不是某某城市，而是某某区域。因为市的本质含义是市场，不是城市，只有和城结合起来才称为城市。如果大家对市的含义有歧义的话，将其改称为州，相信就没有什么话可说了。地级市的中心城区才是中心城市。

表7－4　区域性中心城市按常住人口数量划分（2009年）

人口规模（万）	区域性中心城市
≥200	唐山、无锡、常州、苏州、南通、淮安、阜阳、莆田、淄博、枣庄、襄樊、汕头、佛山、贵阳等
100≤城市人口≤200	邯郸、保定、大同、呼和浩特、包头、赤峰、鞍山、抚顺、吉林、齐齐哈尔、大庆、徐州、盐城、扬州、镇江、宿迁、温州、湖州、台州、芜湖、淮南、淮北、宿州、六安、亳州、泉州、宜春、抚州、烟台、潍坊、济宁、泰安、日照、莱芜、临沂、聊城、菏泽、洛阳、平顶山、安阳、新乡、漯河、信阳、宜昌、鄂州、荆州、株洲、衡阳、常德、益阳、永州、珠海、江门、湛江、茂名、惠州、东莞、中山、柳州、钦州、贵港、贺州、来宾、自贡、泸州、绵阳、遂宁、内江、乐山、南充、广安、巴中、资阳、宝鸡、天水、武威、西宁等城市
50≤城市人口≤100	秦皇岛、邢台、张家口、承德、沧州、廊坊、阳泉、长治、朔州、晋中、运城、忻州、通辽、巴彦淖尔、本溪、丹东、锦州、营口、阜新、辽阳、盘锦、朝阳、葫芦岛等108个城市
≤50	衡水、晋城、吕梁、乌海、鄂尔多斯、呼伦贝尔、乌兰察布、铁岭、辽源、通化、黑河、丽水、铜陵、黄山、南平、龙岩、宁德、景德镇、鹰潭、上饶、许昌、三门峡、黄冈、张家界、怀化、娄底、梅州、河源、云浮、白色、河池、崇左、达州、雅安、玉溪、丽江、普洱、临沧、拉萨、延安、嘉峪关、金昌、白银、平凉、酒泉、庆阳、定西、石嘴山、吴忠、固原、中卫、克拉玛依等57座城市

资料来源：根据《中国城市统计年鉴2010》数据整理

由于区域性中心城市是带动区域经济走向现代化的火车头，因此它越来越受到各级决策者的关注。随着我国城镇化水平的不断提高，各个城市积极调整发展战略，如注重以市场为导向，功能定位各具特色，通过转变经济发展方式，发展第三产业，其规模和质量将迅速提高。目前，地级市中心城区的发展水平较低，而发展潜力巨大，接纳农村人口向城市转移比较直接、方便、容易操作，是国际化都市与一般性城市之间的中心环节，可有效地组织区域经济特别是县域经济的运行，已成为我国城镇化的重要载体。

第三节　小城镇是城镇化的重要载体

外国没有城市和城镇之分，不管大小，只要是不从事农业的人口聚集区都称为城市，从事农业的人的居住区才是农村。我国按照经济和人口两个标准将城市划分为两类：城市和城镇。至 2010 年年末，我国除了有 657 座城市外，还有 19410 个建制镇，建成区户籍总人口 13902. 70 万人，暂住人口 2675. 34 万人，有近 1. 6 亿多人居住在建制镇的镇区内。此外，有 13735 个乡级建制，建成区户籍人口 3236. 76 万人，暂住人口 252. 81 万人。这些乡政府所在地多数也是小集镇，聚集了一定数量的非农人口，乡镇合计，总人口超过 2 亿人。所以说，小城镇也是城镇化的重要载体，为此，将国际上统称的城市化改称为城镇化。

一、发展小城镇的重要意义

最早认识小城镇重要价值的是费孝通先生，他在一次讲话中指出：现在我们把“城”、“镇”放一起，指初级城市，在人口上是 1 万到 10 万的小城市①。这种城镇实际上是从农村贸易中心和政治中心

---

① 费孝通．“谈小城镇建设”，城市发展战略研究［M］．新华出版社，1985.

逐步发展出来的。我们必须看到这种小城镇在社会主义现代化建设中的地位和作用。它正是城乡的纽带，是城乡发展的必要环节。费先生讲得很清楚，小城镇多数是农村的政治、经济、文化中心，也是农村一定区域范围内城与乡、工与农的结合部，又是城市体系的基础。因此，发展小城镇具有十分重要的意义。

1. 发展小城镇是提高我国城镇化水平的重要途径

我国城镇化水平比较低，不仅低于世界平均水平，而且还低于近20个低收入国家的城镇化水平。城镇化是现代文明的标志，是生产力发展到一定阶段的必然趋势，要加速实现工业化和现代化，必须同时提高城镇化水平。从我国的实际情况出发，要使大量农村人口在很短时间内进入大中城市既不现实也不可能，因为城市基础设施的容量和劳动力的需求都难以满足。中国的大多数城市，基础设施都严重不足，城市的管理能力也不能适应实际的需要，因此，农民进入大中城市的速度和规模必须与城市的发展，尤其要与产业对劳动力的吸纳能力、城市的基础设施及管理能力相适应。而遍布全国的数万个星罗棋布的小城镇正可以满足这一需求。小城镇是农村之首，城市之尾，既便于接受大中小城市的经济辐射，又便于向广大农村扩散。发展小城镇，便是目前比较现实的途径。中国有1600多个县城，还有1万多个建制镇，加快这些城镇的建设，对于带动中国广大地区的经济尤其是农村地区的经济发展，意义和作用极大。从发展的趋势看，必然会有相当一批经济发展较快，自然生态条件较好的小城镇发展为中小城市，甚至发展为大城市。这既是城市发展的客观规律，也是我国社会发展的必然要求。

2. 发展小城镇是乡镇企业发展的要求

乡镇企业的发展在很大程度上取决于小城镇建设的速度和质量。我国乡镇企业的发展需要解决的问题很多，其中一个最为迫切的问题是要相对集中。集中布点搞好小城镇建设是乡镇企业进一步发展和农业劳动力转移的需要，也是我国社会、经济发展的一项重要决策。乡镇企业和小城镇建设是互为促进的关系，发展小城镇既有利于吸纳农村富余劳动力，促进乡镇企业集中连片发展，也有利于合理调整企业布局，培育和发展第三产业。

引导乡镇企业逐步向小城镇集中，使乡镇企业的发展与小城镇建设结合起来，既是乡镇企业进一步发展的客观要求，也是把工业化与城镇化进程结合起来的重要途径。通过小城镇的发展，使目前分散地分布在乡村中的工业企业，集聚到小城镇，就可以带动小城镇中服务业的更大发展，从而为农业富余劳动力就近向第二、三产业转移，提供更多的就业机会，同时也是中国农业逐步走向现代化的需要。

3. 发展小城镇是中国经济新的增长点

到 2020 年，我国的社会生产力、综合国力、人民生活水平将再上一个大台阶，为 21 世纪中叶基本实现现代化奠定坚实的基础。为实现这一目标，必须首先实现两个根本转变，即实现从计划经济体制向社会主义市场经济体制的根本性转变和粗放型发展方式向集约型发展方式的根本转变。不断扩大市场需求，是实现经济发展的基本条件。发展小城镇，可吸纳一定比例的农村人口，大量的基础设施建设将扩大巨额的市场需求，对经济发展增加巨大的动力。乡镇企业向小城镇的集聚不仅使其提高规模和集聚效益，实现集约型发展，在扩大就业，增加居民收入的同时，市场需求也将同步扩大。

二、建制镇的性质

我国乡镇一级行政区划的基本格局是在 20 世纪 50 年代形成的，目前，全国共有乡镇 4 万多个，建制镇 1.9 万多个。一般来说，镇政府所在地规模比乡大，人口比乡多，在“五普”时镇政府所在地统统统计为城镇人口。

镇的原意是驻守军队的地方，后来演化为乡村间的商业中心。一般理解，乡域为农业地区，镇域为非农业地区，即镇是“点”，乡是“面”。1980 年代废除人民公社制度时，镇由“点”变成了“面”。作为一级政府，乡镇互不统属。二者的区别仅仅在于，乡镇政府所在地人口的多与少，镇是有中心的区域，而乡是无中心的区域，乡政府所在地其实只是一个大村庄。在城镇化战略的推动下，作为镇域内的居民有向小城镇聚集的趋势，同时也能够就近接受城镇的服务，而乡域内的居民则难以享受镇域居民的待遇。建制镇是在小城镇的基础上建立的。有很多小城镇具有悠久的历史，也有很多镇是由乡改过来的。历史上，小城镇曾经起过带动经济发展、促进经贸流通、方便群众生活的作用，尤其是在以人力畜力为主要交通工具的时代，小城镇作为区域经济发展的中心，成为商品的集散地和集中贸易的场所。随着城市的兴起，生产要素渐趋向城市集中，区位好的城镇迅速发展为城市，如汉口、佛山、景德镇等。绝大多数小城镇，则在原规模徘徊。

小城镇发展是一个自然历史的过程。历史上的小城镇，多是农村地区的经济贸易中心。周围农村的居民，是城镇商户的需求者，辐射半径一般 5 ~ 10 公里，周围的人口和富裕程度决定着城镇的繁荣程度。改革开放后，在东部地区和中西部地区的城市郊区，形成了一批以工业和商业为主的小城镇，但并不是小城镇的主流。绝大多数的小城镇仍旧是周边农村地区的商贸中心。城市、城镇和农村是中国这一特定社会所形成的三种不同的社会聚落形态。城镇一头通向城市，一头连接农村。对城市来说，它代表农村，是城市向农村进行经济、科技、文化辐射的落点；对农村来说，它是一定区域的中心，代表城市联结农村。不难看出，建制镇的性质是农村的区域性经济中心、政治中心和文化中心。

未来 30 年，是中国城乡经济社会和人口变动最剧烈的时期。可以预见，农村人口在城镇化不断加速的过程中大量流入大中小城市和城镇。一部分村庄将消失，大部分村庄的一部分村民将永久离开生他养他的故乡。现在，已经出现的“空壳村”和“空心村”现象，将越来越普遍。很多村庄，除了春节和农忙季节，已见不到青壮年。有些人悲叹村庄经济的衰落，但这是不以人的意志为转移的。江阴市辛桥镇，计划在十年内将所有农村人口迁入城镇，以腾出村庄占地，并使全部居民过上现代生活。这只是发达地区一个个别的例子，但代表了未来发展的趋势。与农村经济衰落相反，城镇经济方兴未艾。

三、建制镇的规模

建制镇不仅应成为农村区域的经济中心，还应成为农村区域性政治中心和文化中心。镇域规模太小制约了经济的发展和镇区规模的扩大。有的省平均每个乡镇的辖区只有 50 平方公里，平均管理半径只有 4 公里。在这么小的地域范围内，进行工业化和城镇化，必然导致企业和小城镇布局不合理。更为严重的是，虽然各乡镇的规模很小，但都是一级独立完备的政府机构，“麻雀虽小，五脏俱全”。各乡镇政府在自己的行政区域内发展经济，从而在各乡镇之间造成了严重的行政分割，导致城镇发展滞后，造成大量“村村像城镇，镇镇像农村”的低水平建设问题。改革开放以后，特别是 90 年代以来，体制环境和经济发展水平与 50 年代有了很大的不同，许多地方感觉到行政区划已经成为制约其发展的重要因素。

改革开放以来，江苏省经历了撤小村并大村、乡改镇、撤乡并镇、建立中心镇这样一个过程。如江苏省江阴市，20 世纪 90 年代，将全部 28 个乡改为镇，现在，又决定重点发展 7 个中心镇。如果当时不设那么多的建制镇，对中心镇早作规划，把周边乡镇的一些企业放到中心镇，既促进了中心镇的发展，又节约了耕地，基础设施也不用搞重复建设。

建制镇的规模包含两项内容，一是镇域面积，二是人口。封建时代，以人畜作为交通工具，管理半径很小，因此，土地面积是确定行政区划的决定因素。现代社会，随着机械力的利用和道路的畅通，空间不再成为决定性因素，而人口规模上升为决定性因素。城镇要建设，经济要发展，市场要繁荣，要办教育和各种社会事业，都需要资金。资金来源于居民的贡献。有了人，才有需求，商人才有钱赚，才有人开店办厂。因此镇域人口必须达到一定规模，才有人来办工业办商业办各种事业，否则，连开理发店都赚不到钱。现在很多建制镇镇域人口不到3万人，镇区人口不过几千人，企业很少甚至没有。从我国东部发达省份来看，虽然这些地区人口密度很高，但城镇规模小，数量多、布局不合理的问题依然存在，而且大部分城镇仍然没有摆脱自然状态。一部分城镇是在商品生产和交换中逐渐形成的，一部分城镇是依托乡镇企业发展形成的。这些小城镇的发展拉动了经济，但是，其历史局限性也制约着经济进一步健康发展。小城镇布局过密，城镇布局缺少在宏观层面上的考虑，削弱了中心城镇功能的发挥。城镇之间一般仅相隔五六公里，个别甚至仅一河之隔、一路之隔。由于城镇的面积偏小，致使生产要素和社会资源难以聚集，重复建设现象严重，同时也导致了管理成本居高不下，各类机构冗员充斥的问题。因此，应大幅度扩大镇域面积，使每个建制镇能够辐射现在3～5个乡的面积，人口达到5万～10万人。通过完善城镇基础设施建设，集聚人口和经济要素，使镇区人口逐步达到1万～3万人。只有这样，小城镇的作用才能够发挥。

四、建制镇存在的突出问题

目前的行政体制、乡镇规模以及布局等多年累积的矛盾加剧了调整乡镇区划的紧迫性。针对乡镇数量多、规模小、功能弱，基础设施和社会公益事业重复建设，利用率不高等突出问题，应进一步理顺关系、完善职能、优化功能，努力把中心城镇发展成为特色明显、功能较强的新型城镇。

1. 城镇布局不合理，建制镇规模普遍较小

东部地区的建制镇镇域面积普遍较小，而西部地区的建制镇人口普遍较少。从中西部欠发达地区来看，近年来，乡镇布局不合理给经济发展造成的制约逐步显现出来。由于城镇规模偏小，一方面城镇基础设施无法形成规模效益，现有的小城镇聚不住人流、物流、资金流，形不成中心城镇；另一方面，一般城镇自身财力有限，无力进行高质量的小城镇规划和建设，造成了小城镇建设上质量不高，出现了严重的“建了镇，不见镇”的现象，难以形成具有带动作用的真正意义的城镇。许多城镇沿过境省道、国道以及与之垂直的十字街发展，缺乏必要的产业支撑和科学规划，出现了大量“一条街，两张皮，鸭舌帽子一般齐”的两、三层临街小楼，小楼的背后就是农田的小城镇。从我国东部发达省份来看，虽然这些地区人口密度很高，但镇域面积小、数量多、布局不合理的问题依然存在，而且大部分城镇仍然没有摆脱自然状态。由于城镇的面积偏小，致使生产要素和社会资源难以聚集，重复建设现象严重，同时也导致了管理成本居高不下，各类机构冗员充斥的问题。

2. 建制镇的地位不明确，功能不完善

在城镇化战略的推动下，作为镇域内的居民有向小城镇聚集的趋势，同时也能够就近接受城镇的服务。而乡域内的居民则难以享受镇域居民的待遇。一般来讲，小城镇的工业、商业及其他服务业比乡所在地发达，税收也比较多，基础设施和社会事业可用增加的财政收入解决，而乡所在地的基础设施和社会事业只好靠当地农民作贡献。在积极推进城乡一体化的今天，城镇和农村的关系可概括为农村支撑城镇，城镇带动农村。

乡镇并行的体制，将经济中心和政治中心割裂了。现在多数建制

镇镇区的辐射范围有几个乡的面积，已成为该区域的经济中心，但并非是该区域的政治中心，其政治中心被几个乡所分割。乡政府所在地虽不是经济中心，但因为是政治中心，乡政府便利用其政治资源和政治影响，极力将经济要素导向乡政府所在地，以便有朝一日将本乡也改为镇。如江苏某县级市将所属所有的乡都改为镇，后来发现要素分散，影响聚集经济效益时，才极力提倡发展中心镇和重点镇。

由于建制镇设的数量过多，建制镇过于密集，导致支撑城镇发展的能力减弱。有关调研表明，近年来，乡镇镇区的常住人口中，非农业人口的比重并未有显著提高，而包括乡镇企业、村办企业、私营企业在内的中小企业向镇区集中的趋势也并不明显。近些年来，小城镇对当地劳动力的吸纳能力在下降，也未形成要素集聚所需的规模人口。产业支撑和人口规模与城镇发展的要求都不相适应。要素集聚不足，城镇的辐射服务功能不强，有效支撑城镇发展所需的“市气”也不足。

3. 建制镇的建设资金没有法定来源，导致资金严重不足

建制镇政府作为一级政权，直接面向广大农民和城镇居民，应为镇区居民和所辖地的农民提供公共服务，如教育、医疗、文化体育设施等，以方便居民，服务居民。应有稳定的资金来源，而从现有的税制中，留给镇政府的税金很少。很多地方实行乡财县管，使镇政府支配的资金更少。普遍认为现在是财权上收，事权下放。“上面千条线，下面一根针”，这个针就是指乡镇政府，现在这个针很软，其功能不强，关键是财政体制不适应建制镇发展的需要。

五、发展小城镇的基本经验

我国小城镇的发展一般都是在原有的基础上经历了起步、拓展、完善、提高等几个阶段。从小城镇的发展历程看，以下四个方面经验

是值得重视的。

1. 产业带动，以市兴镇

选准一个产业，搞活一方经济，在不少经济发达地区，乡镇企业的发展是小城镇建设的基础。同时，由于小城镇发挥了凝聚效应，又带动了乡镇企业的健康发展。在长江三角洲和珠江三角洲地区，相当一部分城镇开辟了工业集中区。在中西部地区，一些相对成型且具有一定规模的农村专业产销市场，逐步发展为新型小城镇，成为推进小城镇发展的一条切实可行的路子。

2. 多方筹资，综合开发

各地在发展小城镇建设过程中，充分依靠农民群众的力量和政策的吸引，发挥当地的各种优势，广辟资金渠道，创造了多种形式集资建设小城镇的经验，如“谁建谁有，谁管理谁受益”的政策，改善投资环境，吸引农民进镇投资。综合开发就是根据小城镇规划，对基础设施、生产和公用设施、居民住宅等，从征地、拆迁到设计、施工进行统一组织实施。可以采取多种形式，如成立专业开发机构进行成片开发等。近年来，一些地方在小城镇开发和建设工业小区、商贸小区等，对促进第三产业的发展，节省耕地，集中治理环境污染等方面起了积极作用，成为小城镇综合开发的一种重要模式。

3. 统一规划，合理布局

针对一些县市在小城镇建设中一哄而起、盲目发展等问题，不少省市注重加强领导，统一规划，合理布局，在土地征用、基础设施、建筑设计、工程质量以及道路、供水、排水、电力、通讯等公益和市政设施建设上，统筹安排，不断完善，力求实现规划布局合理、使用功能齐全、基础设施完善、建筑风格独特、环境清新优美的目标。

科学的规划是小城镇建设的首要环节，要改变小城镇建设中盲目建设、无序发展、乱搭滥建的状况，促使其健康有序发展。规划要有科学性和超前性，既要立足当前，又要着眼未来。要确定适度规模，要根据城镇的发展潜力和趋势，合理确定面积、人口和经济容量等。小城镇内部的工业、商业、旅游、文化、住宅等要进行功能分区，统筹安排，还要注意节约用地和保护环境。

4. 循序渐进，稳步发展

针对小城镇建设中存在的操之过急、贪大求快的现象，国家建设部从1994年开始进行小城镇建设试点，作为全国小城镇建设的引路工程，其重要经验是循序渐进、稳步发展。

小城镇的发展不论在数量上，还是在规模上都要和农村经济发展水平相适应，既不能超前，也不能滞后。小城镇的基础是非农产业，而非农产业的发展要有一个渐进过程。因此，小城镇的建设也要有一个渐进过程，不可能一蹴而就。一定要避免不顾客观条件，脱离非农产业发展实际，突击发展小城镇的操之过急的做法，防止“不顾条件，盲目攀比”、“只重数量，不顾质量”、“不切实际，贪大求快”的做法。要从本地区的客观情况出发，量力而行，尽可能利用和改造现有小城镇，分层次地进行小城镇建设。

第四节　我国未来城市人口分布的预测

立足我国国土开发空间格局的现状，结合各城市建成区人口的增长趋势，2030年我国城镇人口将达到10亿人左右。[①] 这些人口将分布

① 学术界关于该问题的研究比较多，这里借鉴了其他学者的研究结论。初步估算，到2030年，我国的人口将达到15亿人，城镇化达到70%。

在不同层级的城市，形成以城市群和以区域性中心城市为主要载体，以城市群之外的县级市和建制镇为补充的，大中小城市协调发展的格局。

一、2030 年：城镇人口的预测

2005 年 9 月，在中国国际城市论坛上，肖金成以《中国城镇化与未来中国的城市》① 为题，对 2030 年的城市人口及大中小城市的数量进行了预测，现摘录如下：

未来 20 年，是中国城乡变动最剧烈的时期。2004 年中国的城镇化水平已超过 40%，也就是说，已有 5 亿多人居住在城市和城镇，但仍有将近 8 亿人居住在农村，按照城镇人口每年增加 1 个百分点计算，到 2030 年中国的城镇化水平将达到 70%。根据预测，2030 年中国总人口将超过 15 亿人，届时居住在城市和城镇的人口将超过 10 亿人。现在城市和城镇人口 5 亿人，假设 2030 年居住在城市和城镇的人口是 10 亿人，那就是比现在的人口翻一番。假如说空间结构不发生变化，每一个城市和城镇增加一倍的人口，农村人口将从现有的 8 亿人，减少到 5 亿人，也就是说有 3/8 的人将移居城市和城镇。中国农村的人口将减少 1/3 以上。用两句话来表述，就是未来有 1/3 的村庄要消失，或者说所有村庄中 1/3 的人口要转移出去。这就是我们未来 20 年中所要发生的变化，未来 20 年有 3 亿人将移居到城市和城镇。这些人会到哪里去，这些人想到哪里去，哪些城市和城镇能够接纳他们，这就是我们要研究、要考虑、要预测的问题。根据我们的研究，农村人口进入城市，其目的是寻找就业岗位，提高收入及改善居住和生活条件。和近几年一样，大中城市仍是他们转移的主要方向。

人多地少是中国的国情，从资源节约和土地节约利用的角度，大城市有利于减少土地的占用，有利于基础设施的共享，有利于服务链的延伸，而且大城市能够提供更多的就业岗位。从近些年来劳动力的

① 肖金成．中国城镇化与未来中国的城市［OL］．国际城市网，2005-9-14.

流动趋势可以看出，北京、上海、广州、深圳等沿海的大中城市是农民工转移的主要方向。而小城镇正好相反，随着工业的集中布局和在大中城市的产业集聚，小城镇的就业岗位不会增长太快。20 世纪 80 年代末期，小城市的乡镇企业就业人数增加一亿人，而现在这些城镇的就业人口不但没有增加，而且还在减少，小城镇人口的数量也没有大幅度的增加。我们曾经希望更多的农村人口转移到小城镇去，但是小城镇新增就业人口在减少。小城镇的企业数量少，一旦在一个企业失业，他们很难再找到新的工作，所以，小城镇它不能成为吸纳农村人口的主要方向。当然，小城镇将成为农村地区的经济中心，它要承担服务农村、服务农业和服务农民的功能，起着不可替代的作用。未来有一批农村人将向小城镇集中，从事商贸和社会事业，更多农村人口或者是农业劳动力将向大中城市集聚。

未来，9.7 亿城市人口如何分布，预测如下：

1000 万人以上的城市有 10 个，承载人口 1 亿人左右。这 10 个城市可能是上海、北京、天津、重庆、广州、深圳、武汉、杭州、南京、沈阳。现在上海已经超过了 1000 万人，北京的人口实际上也超过了 1000 万人。未来上海和北京很可能超过 2000 万人。根据现在的数据，北京的城市总人口是 1400 万人，那么城市的固定人口是 960 万，常住人口，就是没有户口的人 300 万以上，城市人口已经超过 1200 多万。北京市这一个城市未来的人口很可能要翻一番，所以到 2020 年至少会超过 2000 万人。

500 万人左右的城市大概有 20 个，承载人口 1 亿人左右。这些城市可能是成都、西安、长沙、南昌、郑州、苏州、宁波、佛山、济南、青岛、石家庄、大连、长春、哈尔滨、南宁、兰州、温州、福州、乌鲁木齐、昆明等。这些城市将会有 500 万人左右，有的超过 500 万人，有的可能是 300 万～400 万人。

100 万人左右的城市将有 200 个左右，承载的人口 2 亿左右。现在的地级市的城市人口多数都将超过 100 万。

50 万人的城市将有 500 多个，承载人口 2.5 亿人左右。现在的城市有660个左右，除了200个超过100万的城市，其他的都将达到50万。一部分县城的人口将超过50万。

未来10万人左右的城市将有1000个左右，承载人口1亿人左右。我们现在有1600多个县，其中1000个县城将成为10万人口左右的小城市。

现在有20500个建制镇。2030年建制镇的数量将会减少，将保留1.5万个左右，人口数将保持在1.5万左右，承载人口2.25亿人。现在多数建制镇的镇区人口都在5000～1万人，未来人口会有所增长，但是增长的幅度不会太大，因为建制镇的人口规模都在3万～5万之间，所以移民到镇区的人口不会太多。这个数量加起来共9.75亿人，也就是说将近10亿人。

随着城市规模的扩大、数量的增加和城市之间交通条件的改善，尤其是高速公路和高速铁路的修建，城市群将在中国大量出现。实际上城市群已经出现在中国大地上，如珠三角城市群、长三角城市群、京津冀城市群、辽中南城市群、山东半岛城市群、中原城市群等。为什么谓之城市群，就是一个区域有很多大小不等的城市罗列其中，由于交通条件改善，时间距离越来越短，有时是一小时甚至半小时。比如说中原城市群，郑州到洛阳到开封到新乡一个小时都可以赶到。我们想想从北京的东城到西城，也需要一个小时，而他们从一个城市到另一个城市也仅仅一个小时。随着区位差异的缩小，功能互补性增强了，区域经济一体化逐步实现，各个城市确定了各自的城市功能，以便加强城市之间的合作。另外有利于消除城市之间为争夺经济要素而出现的恶性竞争，这将是中国区域经济一个非常具有特色的亮点。

二、关于城市群承载人口的预测

2011年，国家发改委国土开发与地区经济研究所的“优化国土空间格局研究”报告中对城市群承载的城市和城镇人口进行了预测：

依据当前十大城市群的人口分布和经济分布，未来十大城市群将通过进一步集聚人口和疏散经济要素两种途径，达到与其他地区经济的均衡发展。[①] 根据目前 GDP 的占比情况以及世界各地区距海不同距离范围内人口分布百分比的经验，到 2030 年，十大城市群承载的人口规模应该占总人口比重在 50% 左右，城市群区域的城镇化率达到 80% 左右。通过人口增长率预测的人口规模与 GDP 占比预测的人口规模加权，得到十大城市群未来的人口规模。十大城市群涉及的 105 个城市中，大部分都具备发展成为大城市的条件。

表 7－5　十大城市群未来人口分布趋势预测

城市群名称	GDP 占全国比重（2009 年）	区域的人口数量（2030 年）	城市人口数量（2030 年）
京津冀城市群	9.85	11847.47	9477.98
辽中南城市群	4.41	5169.46	4135.57
山东半岛城市群	7.43	8770.89	7016.71
长三角城市群	17.61	16206.82	12965.46
海峡西岸城市群	2.91	4066.01	3252.80
珠三角城市群	9.44	6589.90	5271.92
关中城市群	1.60	3538.81	2831.04
中原城市群	3.23	6044.41	4835.52
川渝城市群	5.42	13826.01	11068.81
长江中游城市群	2.50	4633.50	3706.80
合计	64.40	80703.26	64562.60
占全国的比重	64.40%	53%	64%

除十大城市群地区外，湘东城市群、江淮城市群、北部湾城市群、吉林中部城市群、黑龙江西南部都市群、天山北坡城市群及各地的区域性中心城市也将聚集一部分城市人口，这些地区将解决 2 亿人左右的城镇化问题。

① 根据波兰地理学家 J. 斯塔泽夫斯基把距海岸 50 公里的范围划分为沿海岸聚集区，距海岸 50 公里～200 公里，定义为直接联系区。全世界 200 公里以内的陆地，其总面积不到地球陆地总面积的 1/5，但集中的人口却超过世界总人口的半数以上。

其他城市和县城及建制镇将为大约2亿人提供城镇发展空间。根据我国县城人口的现状，结合国外城镇化的经验，2030年，城市群区域之外的县城和重点镇的城镇人口估计在1亿人左右。

三、不同等级城市人口规模预测

2011年，国家发改委国土开发与地区经济研究所的“优化国土空间格局研究”报告中对不同规模的城市和城镇承载的人口进行了预测：

北京、天津、沈阳、大连、青岛、济南、上海、南京、杭州、宁波、福州、厦门、广州、深圳、成都、重庆、西安、郑州、武汉、长春、合肥、长沙等22个城市，发展的基础条件比较好，发展潜力比较大，这些城市都具备形成大都市的基本条件。根据2030年十大城市群人口的比重，结合各城市人口增长速度，预测后取整数，得到如下结果。

2030年，人口超过1000万的城市有北京、天津、上海、重庆、沈阳、南京、广州、深圳、成都、西安等10个城市，这10个城市将为1.4亿人提供城市发展空间。

2009年，268个地级市中市区人口超过200万的城市有24个，人口在100万～200万的有79个城市，人口在50万～100万的有108个城市，人口在50万以下的有57个城市。根据城市分布的特点和城市的性质，人口在50万～100万的地级市在2030年都有可能发展成为100万～300万人口的城市，人口在100万～200万的地级市在2030年可能发展成为300万～500万人口的城市，200万以上的可能发展成500万以上的大城市。依据这个特点以及人口在城市群的分布状况，初步估算，到2030年人口在100万以上的地级市大概有211个，大约可以为7亿人提供城市发展空间。

表 7－6　268 个地级市城市人口分布情况（2009 年）

人口规模（万人）	2009 年城市数量
⩾200	石家庄、唐山、太原、无锡、常州、苏州、南通、淮安、合肥、阜阳、莆田、南昌、淄博、枣庄、郑州、襄樊、长沙、汕头、佛山、南宁、贵阳、昆明、兰州、乌鲁木齐等 24 个城市
100⩽城市人口⩽200	邯郸、保定、大同、呼和浩特、包头、赤峰、鞍山、抚顺、吉林、齐齐哈尔、大庆、徐州、盐城、扬州、镇江、宿迁、温州、湖州、台州、芜湖、淮南、淮北、宿州、六安、亳州、福州、泉州、宜春、抚州、烟台、潍坊、济宁、泰安、日照、莱芜、临沂、聊城、菏泽、洛阳、平顶山、安阳、新乡、漯河、信阳、宜昌、鄂州、荆州、株洲、衡阳、常德、益阳、永州、珠海、江门、湛江、茂名、惠州、东莞、中山、柳州、钦州、贵港、贺州、来宾、海口、自贡、泸州、绵阳、遂宁、内江、乐山、南充、广安、巴中、资阳、宝鸡、天水、武威、西宁等 79 个城市
50⩽城市人口⩽100	秦皇岛、邢台、张家口、承德、沧州、廊坊、阳泉、长治、朔州、晋中、运城、忻州、通辽、巴彦淖尔、本溪、丹东、锦州、营口、阜新、辽阳、盘锦、朝阳、葫芦岛等 108 个城市
⩽50	衡水、晋城、吕梁、乌海、鄂尔多斯、呼伦贝尔、乌兰察布、铁岭、辽源、通化、黑河、丽水、铜陵、黄山、南平、龙岩、宁德、景德镇、鹰潭、上饶、许昌、三门峡、黄冈、张家界、怀化、娄底、梅州、河源、云浮、白色、河池、崇左、达州、雅安、玉溪、丽江、普洱、临沧、拉萨、延安、嘉峪关、金昌、白银、平凉、酒泉、庆阳、定西、石嘴山、吴忠、固原、中卫、克拉玛依等 57 个城市

资料来源：根据《中国城市统计年鉴 2010》数据整理

2030 年，人口在 100 万以下的城市和城镇，包括部分地级市、县城、建制镇等，将为大约 2 亿人提供城镇发展空间。

第八章 城市群：推进城镇化的主体形态[①]

【提要】城市群是在区域经济发展到一定阶段的产物。在国家“十一五”规划纲要中，将城市群确定为推进城镇化的主体形态。本章论述了城市群的发生、发展及对经济社会发展的重大影响。第一节阐述了城市群内涵、基本特征和形成机制。第二节研究了城市群产业发展，城市群内各城市的产业分工及相互影响。第三节分析了核心城市与所在区域的协调发展问题，提出城市群的发展必须通过核心城市与城市群区域的协调发展才能实现的观点。

第一节 城市群的基本特征与形成机制

进入21世纪，我国区域经济发展的重要特点是城市群的出现。国家“十一五”规划纲要明确：“要把城市群作为推进城镇化的主体

① 本章许多内容取自肖金成、袁朱等编著的《中国十大城市群》一书，袁朱、李娟等对本书作了很大贡献，欧阳慧、蔡翼飞、刘保奎等帮助绘制了图表。

形态；已形成城市群的发展格局的京津冀、长江三角洲、珠江三角洲等区域，要继续发挥带动和辐射作用，加强城市群内各城市的分工协作和优势互补，增强城市群的整体竞争力；具备城市群发展条件的区域，要加强统筹规划，以特大城市和大城市为龙头，发挥中心城市作用，形成若干用地少、就业多、要素集聚能力强、人口分布合理的新城市群。”这是中国共产党对促进城镇化进程和区域发展的战略决策，对我国经济和社会发展必将产生重要而且深远的影响。

一、城市群的基本特征与界定标准

随着经济全球化和区域经济一体化进程的演进，在一个区域内，资本、信息、资源、技术等逐渐形成一个相互依赖、相互作用的网络，城市便是支撑这个网络系统的关键节点。作为一种重要的空间组织形式，城市群的出现有利于解决行政区划分割造成的区域经济联系松散、产业分工不合理、生态环境治理缺乏整体性等问题。以大都市为核心的城市群已经成为经济最为活跃的区域，并开始主导国家经济乃至全球经济。

1. 基本概念

城市群是在工业化、城镇化进程中出现的区域空间形态的高级现象，能够产生巨大的集聚经济效益，是国民经济快速发展、现代化水平不断提高的标志之一。对城市群概念的表述，学者们莫衷一是，但认识在渐趋一致，即城市群是由很多城市组成的，彼此的联系越来越紧密，共同对区域发展产生影响。本文所谓的城市群是在特定的区域范围内云集相当数量的不同性质、类型和等级规模的城市，以一个或几个特大城市为中心，依托一定的自然环境和交通条件，城市之间的内在联系不断加强，共同构成一个相对完整的城市“集合体”。

2. 主要特征

城市是一个区域的中心，通过极化效应集中了大量的产业和人口，获得快速的发展。随着规模的扩大，实力的增强，城市对周边区域产生辐射带动效应，形成一个又一个都市圈或城市圈。伴随着城市规模的扩大和城际之间交通条件的改善，尤其是高速公路的出现，相邻城市辐射的区域不断接近并有部分重合，城市之间的经济联系越来越密切，相互影响越来越大，就可以认为形成了城市群。城市群的出现是一个历史的嬗变过程。

（1）功能高端化

城市群往往位于交通通讯枢纽、内外联系便利的经济比较发达的区域，人口众多，腹地广大，经济强劲，新技术、新思想活跃，是连接国内、国际要素流动和资源配置的节点以及科学技术创新的孵化器和传输带。城市群多集外贸门户职能、现代化工业职能、商业金融职能、文化先导职能于一身，空间密集程度较高，成为区域政治、文化、经济核心区，对国家、区域乃至世界经济都具有不可替代的中枢支配作用。

（2）结构等级化

城市群的空间形态表现出明显的等级结构，至少有一个或多个规模较大、经济发达和辐射功能较强的中心城市，这些城市是城市群的中心和增长极点。在这些城市的周边分布了大小不等的二级城市和三级城市，并穿插了众多小城镇。还有相当大面积的农业地区和农村。

（3）分工合理化

城市群的发展使区域经济的组织与创新能力加强，产业结构与空间布局不断优化。作为有机整体，城市群内部存在着密切的联系，包括资源、金融、市场、信息以及一些集团公司控制的更紧密的联系在内的要素流动，按照市场经济规律合理配置，形成城市间日趋合理的职能分工。受规模经济内在要求的驱动，大量不同等级规模的企业或一系列配套产业及相应的上下游产业等集中连片分布，形成有特色的分工与合作网络，使各城市优势互补，以实现资源的集约利用与效益的最大化。

（4）城乡一体化

由于城市功能各异，具有较强的互补性，使得中心城市与周边城市、各城市之间以及城市、城镇与农村之间存在紧密的经济联系，特别是现代交换手段与频率的不断翻新，在城市群各个层次上，表现为人流、物流、资金流、信息流等多种流态的集聚与辐射形式，又进一步增强区域内部的互动能力。中心城市的作用呈现逐级传递特征，即中心城市对区域内其他城市辐射，其他城市再对区域内其他地区辐射，有力地推动城乡协调发展。中心城市、中小城市、小城镇和农村互促互进，城乡各种要素统筹配置，公共产品共享，人口自由流动，城乡界限模糊，城镇化进程加快。

（5）交通网络化

城市群雏形一般沿综合交通走廊展开，并随着交通等基础设施的改善而不断扩大。城市群拥有由高速公路、高速铁路、航道、通讯干线、运输管道、电力输送网和给排水管网体系所组成的区域性基础设施网络。发达的交通运输、信息等网络构成城市群空间结构的骨架，将大中小城市串联一体，因此，区域性基础设施建设与城镇空间结构相互协调。以不同等级、规模、性质的城市为节点，每个城市都具有一定的集聚和辐射范围，它们相互嵌套，有机结合，共同形成千丝万缕的节点网络城市格局。以往离散型、极核型的城市空间布局向点轴型、网络型演变，日益显示城市群体从线性联系到网络联系的巨系统特征。

（6）发展动态化

城市群不是封闭和孤立的，而是一个开放系统，对内对外都保持着社会、经济、文化和技术等广泛交流。随着生产力发展和市场化水平的提高，不同层次、不同类型的区际联系强度越来越大，导致城市群的范围、结构、性质等发生改变，不断向其高级形态进化。城市群的发展是渐进的连续的过程，既包括区域内多维连续与协调发展，又要考虑与相邻区域互动互进的联合与协作，甚至发挥对更大区域范围的影响和联动效应。城市群的形成和发展始终处于动态变化之中，从简单到复杂，从低级到高级，当其范围、功能、结构、对外联系或其他相关要素发生变化，都会导致城市群内部的连锁反应乃至城市群范围的改变。

3. 与都市圈、城市连绵区等相关概念的区别

和城市群相关的概念有很多，比如都市圈、城市连绵区、城市带、组团式城市等。由于这些概念存在着一定的共性，有时将其混用。但其实城市群与其他概念是有区别的。

城市连绵区是城市群的一种特殊形态，指以若干个数十万以至百万人口以上的大城市为核心，与周围地区保持强烈交互作用和密切社会经济联系，沿一条或多条交通干线，大小城镇连续分布的巨型城市一体化地区。

城市带是指在一条交通干线上分布了大大小小多个城市。和城市群概念不同的是，城市带所强调的是城市分布的形态，但城市之间不一定存在密切联系，而城市群强调城市之间的经济联系及相互影响。多数情况下，也属于城市群的特殊形态。

组团型城市和城市群极为类似，在经济联系、功能互补、交通发达程度方面都可谓典型的城市群，本质区别是，前者是一个呈分散状布局的城市，是现代大都市为避免交通拥堵和环境恶化通过建立新区形成的多中心格局，也有将周围的城市扩展进来，从而形成一个新的组团型城市。而城市群则是由多个城市组成的集合体，无论如何发展也不会成为一个城市。

都市圈一词出现和使用的频率极高。此概念起源于日本，日本在太平洋沿岸分布了（东）京（横）滨、（大）阪神（户）、名古屋三大都市圈，共同构成东海道城市群。因此，可以认为，每个城市群都

有一个或多个都市圈。都市圈属于同一城市场的作用范围，一般是根据一个或几个大都市辐射的范围为边界并以该城市命名。如长三角城市群有上海都市圈、杭州都市圈和南京都市圈，京津冀城市群中有（北）京（天）津都市圈，长江中游城市群有武汉都市圈，中原城市群有郑州都市圈。

二、城市群的界定标准

判别城市群并无单一固定的标准，因时间、空间的不同而变化，城市群的边界是渐变的，没有精确现成的模型可用。界定城市群需要有效把握其本质内涵，采用定性定量相结合的方法。

1. 有一到几个较强经济实力的特大城市

大城市或曰大都市处于城市群的核心与支配地位，对整个区域经济社会活动起着组织和主导作用，促进其他城市和地区的全面发展。城市群的核心是一两个或以上的超大或特大型城市，也可以是多个规模相近的大中城市。核心城市具有开放性、服务性、创新性，具有对区域经济社会发展能量与要素进行高效、有序、合理聚集与扩散的功能，主要表现为工业生产、就业、金融、商贸、物流、人才技术信息、决策功能等级化效应，同时又向周边扩散。

2. 完善的城镇体系

城市群属于高城镇化水平区域，由于各国各地的自然、历史、文化、经济、社会状况差异巨大，城镇化水平也难以确定单一的标准。一般来说，我国现阶段城市群区域的城镇化水平应超过全国平均水平以上较为合理。城市群具有完善的城市等级体系，在空间上与某一级城镇体系地域单元相重合，还可能包含几个较低层次的城镇体系。由少数特大、大型以上核心城市与多数中小城市及市镇相互串联而成的城市群体，层次分明，各规模等级城市之间保持金字塔结构比例关系，中间不发生断层，上下不缺层，城市的职能作用通过城市网络依次有序地逐级扩散到整个体系，产生较高的城市群体能级效应。

3. 一定规模的人口与空间

城市群内城镇数量多，分布稠密，人口规模大、密度高。虽然不同地区的差别非常悬殊，但综观国内外城市群的发展过程，结合我国国情，人口和空间规模与密度的标准大致为：面积 5 万平方公里左右，区域人口 2000 万人以上，人口密度 400 人/平方公里左右，中等以上城市 10 个左右，城市密度 2 个/万平方公里左右。

4. 较高的产业发展与分工协作水平

城市群内非农产业比重较高，特别是第三产业增加值占 GDP 的比重较高。一般来说，城市群的第二产业、第三产业增加值合计占 GDP 比重应达到 70% 以上。在市场一体化、资源配置一体化的前提下，城市间、城市与区域间产业配套合理、分工互补、协作密切，产业的梯度转移顺畅，分工协作程度较高。

5. 完善的基础设施网络

城市群内基础设施网络是由公路、铁路、航空、水运与通讯等许多现代运送方式叠加而成的综合性、一体化系统。多种运输方式间相互贯通，速度快、密度高、运量大、技术领先，将核心城市、一般城市和小城镇以及相关区域连接成为一个有机整体。城市群拥有包括大型交通通讯枢纽，如规模相当的海港或空港或多条国际航线在内的成熟的基础设施网络。

三、城市群形成的阶段划分

从城市群的萌生、发展到成型，需要经历一个较为长期的过程，其在空间形态上也会呈现出一定的变化，究其实质，由企业所主导的经济活动及其由此所带来的集聚和扩散效应构成这一过程持续演进的基本动力。对城市发展的研究较多，但观点基本是一致的，大体上是将城市发展过程划分为四个阶段，而城市群是城市发展演进过程的高级阶段。

1. 分散发展的单核心城市发展阶段

该发展阶段为城市群发展的最初阶段，也即萌芽阶段。城市主要表现为单核心向外蔓生发展，分散的城市间规模等级差别较小，大多数城市沿交通干线分布，也有少数城市分布于远离交通沿线的地区。因此，主要城市中心的吸引范围非常有限，城市间的经济联系仅限于狭窄的交通沿线的城市之间，远离交通沿线的城市间以及这些城市与交通沿线的主要城市间仅有微弱的经济联系。城市间专业化生产联系差，各城市周围被不同的农业地带所环绕。这一阶段又可分为两个时期：低水平均衡发展时期：这是以经济活动分散孤立、小范围的封闭式循环为特征的空间结构；极核发展时期：这是形成单一中心、核心—边缘式发展为特征的空间结构时期，城市和边缘区竞争加剧，但城镇之间共生作用尚弱，城市经济结构比较简单。在这一时期，一些具有较好区位条件和基础设施发达、交通便利而且创新能力强的城市迅速发展成为区域经济的“增长极”，直接承接更大范围甚至国际化、全球化的要素转移。

2. 城市组团发展阶段

在该发展阶段，交通干线重要中心城市侧向联系的交通干线发展。起初的侧向联系首先从重要城市中心开始，并与远离交通干线的边远城市相连接，这极大地优化了两个中心城市和边远城市间的功能结构。随着交通干线的延伸以及在交通干线上较大规模城市的建立，各城市市场区域进一步扩大，城市以内城为中心继续向外扩展，而原有的联系密切的城市开始形成城市组团。在这一阶段，容易形成以多核心为特征的空间结构，基本部门体系以垂直发展为主，前、后向联系纵深发展，共生作用加强，企业由极核中心向外围扩散十分显著，形成次级核城市向较低等级城镇逐步发展的城镇体系。

3. 都市圈阶段

在这一阶段，区域内城市间相互联系通常需要相对长的时间，这取决于与交通干线间有着密切联系的支线网络的发展。那些位于交通干线上的主要城市继续接受较高级城市的辐射，自身又对次级城市扩散其部分功能，开始扮演地区中心的角色。不久，来自边远城市的交通支线得以建立，除了通过交通干线间的联系外，它们之间的直接联系开始得到发展。然后，更小的城市便通过起初的干线开始发展，不久它们也开始连接起来。这种相互联系的过程继续沿着干线和支线，与日益增加的专业化生产相对应。通过空间经济联系以及集聚与扩散作用，各城市试图改进其在交通网络中的地位。出现了以大城市为核心的不同等级城市相互依存的都市圈。

4. 城市群形成阶段

在这一阶段，都市圈综合交通走廊的发展以及城市等级系统的出现是成熟的城市群的重要特征。都市圈综合交通走廊的发展可以追溯到都市圈内城市间的联系，这种联系已经不能满足都市圈整体发展的要求，需要在更大的空间范围中发展都市圈整体与外部的社会经济联系，这种联系在很大程度上是都市圈功能空间竞争的结果。城市群内各城市间的共生互控效应逐步加强，城市功能分工日趋明确，产业结构与产品结构梯度转移的波及效应逐渐明显，不同等级城市间纵向联系的行政隶属关系逐步弱化，同一等级城市间的横向联系进一步强化，城市群地域结构的功能组织方式日益优化，城市群地域结构开始形成。

四、城市群的空间扩展

城市群在各个发展阶段呈现出不同的空间结构特征，伴随着城市群的空间演进，城市群的空间也在不断扩展。但是，在实践中，由于各种条件因素的非均质性，特别是交通条件和基础设施的较大差异，城市群的空间扩展模式也会发生变形。按照城市群空间扩展的宏观形态，可以把城市群的整体外推划分为三种模式：

1. 团状空间扩展

这种空间扩展模式大多都分布在平原地区。它以核心城市为中心，向周边扩展，形成一个圆弧，城市群主体部分都在其范围之内。团状空间扩展模式的形态表现为核心城市的功能强大，城市节点和结节地域在城市群的伸展轴上均匀地分布。我国的中原城市群和长江中游城市群就是比较典型的例子。

2. 带状空间扩展

这种空间扩展模式主要分布在河谷地区，沿交通线扩展成为明确的空间指向。由于自然地理条件的限制，城市群向外均匀扩展的态势被打破，致使其回避限制条件而沿着几条主要轴线向外延伸。如果城市群向外延伸受自然地理条件的限制较小，则城市群呈现出典型的带状；如果受到的限制较大，则城市群表现为组团与廊道形式的带状。这类城市群通常规模比较小，等级较低，我国的关中城市群和海峡西岸城市群就是比较典型的例子。

3. 星状空间扩展

这种空间扩展模式没有非常明显的地域特征。它或者是由于自然地理条件的限制，或者是受放射形城市交通网络的影响，导致城市群的伸展轴沿着三条或三条以上的轴线向外扩展，大中城市数量增加，集聚与扩散并存，城市群的圈层结构表现出不规则的变形，空间形态呈现出星状。这类城市群的规模通常较大，等级较高的东京、纽约、伦敦等一些世界级的城市群都属于该类型，我国珠三角城市群、长三角城市群和京津冀城市群的空间形态也都属于该类型。

4. 多中心网络化空间扩展

在城市群内部同时存在着几个在规模、功能等方面相当的城市，且经济要素和经济活动在空间上也表现为集中与分散相结合，在向心发展过程中，城市间的吸引范围不断袭夺、削弱或加强，城市群体内部的联系进一步密切，位移扩展和跳跃式扩展并存，两个或多个都市之间由于引力加强和影响空间的临近，会出现互为影响区、互为空间环境的局面，城市群体空间向多中心网络化的空间结构演化。沿交通走廊的扩展使它们进一步聚合，同时新生的次级交通走廊也成为城市群扩展的方向，波及至城镇化发展的低谷区，形成交互式的扩展局势，人流、物流和信息流等可以便利地进入这些网络体系，从而促进多中心网络化的空间模式的形成。如辽中南城市群、山东半岛城市群和川渝城市群都具有这种特征。

综上所述，城市群空间结构实际上是点—线—面系统逐步完善的过程。不同规模等级城市“节点”是城市群地域结构形成、演化的动力源；连接各“节点”的线状交通设施（干线铁路、干线航道、公路）综合交通走廊所形成的不同级别的城市发展轴，是城市群区域城市间“流”（人流、物流、信息流、资金流）的传输线，是城市群地域结构的骨架；在城市群区域多条城市发展轴的基础上，逐步充填多条发展轴间的发展空间而形成地域结构单元——“生长面”。之后，城市发展轴进一步延伸发展，形成城市发展轴—生长面—城市发展轴的循环递进的演化过程，每次演化所产生的城市群规模更大、功能更合理、空间结构更复杂，最终形成城市群地域结构。

从动态着眼，城市群的空间结构的特征、规模层次和空间演化的趋势，主要由三个基本要素构成。首先是伸展轴。它以城市群内部、城市群与外部环境联系的交通通道为轴心（包括干线铁路、高等级公路、内河航运线等），形成产业分布带和经济发展轴，并且沿着这些交通干线向外辐射。因此，交通网络的分布、数量和密度在相当大的程度上决定着城市群的扩展方向和速度，影响城市群的形态类型和城市群对外的扩展。第二，节点和结节地域。它是城市群形态构成、集聚和扩散经济要素的主体，包括都市圈、大中小城市和小城镇。它们的结构、规模和空间分布受制于城市群的演化阶段，决定城市群类型演化的趋势。第三，轮廓线。它是指从平面和立体方面感知的城市群边缘形态，包括三个层次：城市群外缘区域（城镇集中分布区域和城镇密切联系的地区）、都市圈的外缘线、城市建成区集中连片部分的外缘线。轮廓线的变化标志着城市群向外扩散的进程。

五、城市群演进的动力机制

在城市群的形成和发展过程中，市场机制是城市群空间演变的动力源，政府机制是城市群空间演变的推动力，通过政府和市场的共同作用产生集聚和扩散效应，从而影响和改变着城市群的发展演变。

1. 市场机制

在市场经济条件下，城市群的空间扩展主要还是依赖市场机制。市场力决定了经济活动的发生以及其中的企业行为，并且由此引发了人口的空间集聚，这些都构成了城市群空间格局的前提和内容。

经济活动在城市群演进过程中起着决定性作用。经济发展使城乡矛盾渐趋突出并最终打破城乡空间结构系统的平衡，在空间上产生了适应变化的内应力，也引起其他要素（如技术、用地结构等）的变化，增强了空间结构的适应能力，形成城市群空间的外延扩展。经济运行的规模决定城市群扩展的规模，产业发展的结构特征决定城市群结构，经济发展的周期性规律决定城市群扩展的波动性。当经济处于高速发展阶段时，带来实际收入水平的提高和建设投资的增加，促使城市群空间的加速扩展，并以外延式扩展为主；反之则导致城市群空间扩展的停滞并以内涵式扩展为主。

企业是经济活动的主体。从劳动地域分工和工业生产组织理论角度，为了获得最大效益，企业纵向联合、空间分散的生产组织方式，比横向联合、空间集聚的生产组织方式要优越；而纵向分离、空间分散的生产方式最为优越。做出这种论断的主要原因不仅与企业纵向分离的形式有关，而且与它们分离的原因有关。一般而言，企业纵向分离有三种形式：一是制造业部门内部的分离；二是技术开发部门与制造部门的分离；三是技术开发领域存在的分工。而企业纵向分离的原因主要有两点：一是降低成本；二是不具备相关的知识。前者表明企业如果想要自己生产也可以完成，只是出于降低成本等原因而委托其他企业生产，而后者表明自己不具备生产所需要的知识，只能依赖外部组织。企业采用纵向分离、空间分散的生产方式，不仅降低了生产成本，而且汇集了外部知识，提高了产品和企业的市场竞争力。但从企业的联系费用、知识和信息的有效传递距离看，企业在空间的分散又不可能离得太远，还需要空间上的适度集聚。城市群内集群经济的产生以及工厂企业在城市群内迁移都是上述两个方面综合考虑的结果与反映。

企业的纵向分离、空间分散除了基于成本和竞争力的考虑外，还与城市群空间扩展过程中自身市场规模不断扩大有关。在城市群形成和发展的过程中，随着经济要素和人口的集聚，社会对各种最终产品和中间产品的需求也在急剧增加，这最终导致了企业规模的扩大和生产专业化程度的提高。为满足社会和专业化生产的需求，企业开始纵向分解生产活动，把部分加工生产向城市外转移，给予同行业别的独立厂家去生产。在经济全球化和区域经济一体化的背景下，城市的国际化与开放性水平进一步提高。新的形势使得传统的决定经济集聚的因素有所削弱，城市发展产生了新的动力，出现了“生产转包”的城市发展形式。在“生产转包”的过程中，城市群空间扩展变化最为显著的是，核心首位城市逐步成为公司总部、研发基地、金融中心和人才的集散地；而城市群体系中的其他城市根据比较优势的原则，成为大量的分厂或占地多、技术含量低的简单的加工组装企业聚集地，促进了城市空间的外延扩展。随着城市群内不同等级城市间“生产转包”的进行，企业在城市群内部开始形成合理的布局，而城市群地域结构也随之发生重大变化。

因此，从某种意义上说，企业的纵向分离既是城市群形成的基本原因，也是城市群形成的重要结果。在“因”和“果”的相互关系中，形成了企业之间高度的分工与协作和较大的市场规模，最大限度降低了企业内部的管理成本和外部的交易成本，赢得了城市群整体竞争优势，实现了城市群的动态演进和扩展。

2. 政府作用

作为城市规划、城市管理以及基础设施供给的主体，政府对城市群的空间扩展模式也起到了关键性作用。一般而言，政府作用于城市群的行为主要有引导性行为和强制性行为两种。政府引导性行为是指政府通过制定相关政策、供给基础设施、建立协调机制和培养人才等方式改革和完善投资环境，提高经济要素配置的效率，促进城市和城市群发展的行为。实行引导性行为的政府主体包括城市群内所有的城市政府，实施的手段主要包括产业发展规划、空间布局规划、城市规划以及各种类型的基础设施规划等。政府的强制性行为是指通过行政管理手段决定城市的设立及其区划范围、参与城市的管理和协调城市群内部的事务等行为。实行强制性行为的政府主体不仅包括城市群内所有的城市政府及其上级政府，而且包括具有官方性质的中介机构，实施的手段基本都是行政强制手段。

3. 市场与政府的合力

经济学理论认为市场因外部性而失灵，政府因内部性而失灵，因此，只选择市场或只选择政府都是不完善的。尽管在市场机制的作用下经济要素能够在城市群间合理有序地流动，但如果没有政府行政、经济、法律等支撑体系作保证，没有政府对基础设施的投入，城市群的空间扩展将受到很大的制约。特别是在绝大多数城市群的扩散主要沿交通干线进行以及城市群内的城市建成区扩展也是自市中心沿交通干线呈触角式增长的情况下，市场和政府的合力机制愈显重要。只有市场机制和政府机制同时发挥作用，才能最大限度地减少市场失灵和政府失灵，促进城市群规模和体系的合理化，释放城市群的整体功能。

4. 城市群各个阶段的动力机制

集聚与扩散两种机制贯穿于城市群发展的始终，是一种既矛盾又统一的空间过程。在聚集与扩散机制双重作用下，城乡空间格局发生着演化和交替。随着相近的城市不断聚集和扩散，区域经济发展和城镇化水平不断提高，逐渐形成城市群的轮廓。在城市群形成的初期阶段集聚是主要的驱动力，在成长阶段集聚与扩散是主要的驱动力，在形成阶段扩散是主要的驱动力，在成熟阶段扩散是主要的驱动力。正是通过城市群内部不同等级城市的集聚和扩散作用，把城市群内各城市紧密地联系在一起，构成合理的城市发展体系、产业发展体系、技术扩散体系、市场组合体系和功能分布体系。

(1) 以集聚为主导的空间联系阶段

集聚是城市空间存在的基本特征与形式，表现为向心聚合的倾向和人口增加的趋势。促使城市集聚的因素主要有：交往活动的需要、就业与收入、较高的可达性、经济规模效益、城市中心区地位的象征性和吸引力等。长期不断的集聚，将使集聚区突破内部张力平衡，形成向周边地区的扩散，如此循环往复。城市及其群体是经济活动、社会活动和文化活动的中心和创新源，集聚功能产生了城市经济的高效益，其根源来自于集聚经济效益和信息经济效益。

在城市群发展的初期阶段，产业在空间上集聚的动力来自于外部规模经济和外部范围经济。所谓外部规模经济，是来自企业外部的成本节约优势，是指同一产业的企业或一组密切相关的企业由于聚集在同一地区，通过产业功能所获得的外部经济，整个系统的总体功能大于其各个部分功能之和，每个企业都能获益，超出部分来源于集聚造成的有利环境。所谓外部范围经济指企业因产业领域或经营区域的广泛而获得的经济利益。在这种情况下，产业组织是垂直分离的或纵向分化的，专业化的企业之间通过外部交易网络，共同完成生产经营活动。在城市群空间扩展过程中，随着城市“极化”作用的增强和优势产业得以确立，外部规模经济为产业发展提供了额外的边际收益。为了获得这部分收益，那些与城市优势产业关系密切的辅助性、补充性产业开始向城市内聚集。具有异质性的产业及其活动的集聚，使得任何一项经济活动都有足够的个体与之相适应，从而可以减少社会经济活动彼此的损失。由于这种不同产业间相互的关联效应和产业本身的集聚效应，形成外部规模经济和外部范围经济，据此产生了产业的集聚经济。产业的集聚吸引了人口的集中，在需求的指向下，一些相关的经济活动及人口就近选址，聚集在一起的人口和经济活动又会产生正的外部性，在人口和市场规模不断扩大的条件下，以服务社会为目标形成的第三产业甚至一些与集聚经济无关的产业随之也集聚于城市，城市集聚经济逐步形成。

（2）以扩散为主导的空间联系阶段

扩散表现为一种离心的运动趋势，是城市向外扩张、蔓延的行为在地域空间的传播过程。随着城市群的不断发展，中心城市在规模达到一定程度后，开始向城市群内部相关城市，甚至城市群外部进行产业扩散，以带动整个城市群产业结构的优化升级。在这一阶段，产业扩散成为城市群之间相互联系的主要方式。随着城市规模的不断扩张和城市群发展阶段向前推进，产业和人口的迅速集中，必然造成城市集聚不经济，使产业发展的成本大大提高，产业的边际产出被拥挤成本、通勤成本、土地价格和劳动力价格提高所抵消。生产要素成本和报酬发生了变化，那些产品附加值低的产业和劳动密集型产业，就会失去大城市的集聚经济效应，而不得不向城市外围地区扩散。产业扩散的结果是在中心城市的周围形成若干个中小城市，这些城市的产业之间由于存在着密切的关联效应而联系紧密，最终以中心城市为核心形成城市群。当然，产业向外扩散除了前面分析的被动扩散外，还有主动扩散。所谓产业被动扩散是当城市中产业集聚膨胀到一定程度而导致集聚不经济时开始的，同样地产业扩散导致了一批卫星城市和一些中小城市的兴起，从而最终形成城市群。被动扩散是在城市产业集聚膨胀到一定程度而产生的新的集聚经济体，是产业的扩散而形成的，世界上很多城市群，如美国五大湖城市群、欧洲西部城市群形成的过程中，被动扩散就起到了很大的作用。所谓产业主动扩散一般是由官方或半官方机构的组织协调下进行。当然，在城市群形成的过程中，被动扩散和主动扩散经常同时存在同时进行。因此，如果说集聚经济为城市规模的扩大提供了拉力，集聚不经济则为城市群体系的建立提供了推力。从产业角度来分析，城市群是产业集聚和扩散所形成的结果。在产业的集聚与扩散中，基于产业链关系的城市群体系逐步建立。

由于城市群的集聚和辐射功能存在着重叠性，使得城市间的竞争不可避免；加上辐射的影响及其产业同构现象比较严重，直接或间接导致了内耗性的竞争。但是，城市群功能竞合发展是必然选择，它将贯穿于经济整合的过程中，只是在不同的发展阶段，城市功能的竞合效应是有差异的。但总的情况是，随着城市群的发展，城市之间功能的竞争将逐渐向合作过渡。

在城市发展的初期阶段往往以少数几个功能为主，如政治、军事功能等，随着城市的发展其功能也不断增多，即为城市功能的集聚。为满足城市内部及周边地区的需要，各城市就会建立比较完整的功能体系。尽管功能全，但服务能力弱。“弱而全”的功能体系，在城市经济由封闭逐步走向开放的过程中，与其他城市之间产生了争夺经济要素的激烈的竞争。但如果城市功能过度密集地集中在一个城市，超过了一定时期内城市的最大利用限度、最优发展规模等方面的限制时，必然会产生城市病。此时，中心城市的功能就会向临近的城市扩散。城市功能的扩散过程，使得城市内部“弱而全”的功能体系被打破，城市之间的功能由竞争向合作转变。进入城市群发展的成熟阶段，在市场力和政府力的共同作用下，城市群内部通过密切的社会经济联系构成一个有机整体，在与外界不断进行能量交换的过程中，系统产生了自组织功能，不断调整和优化自身结构，合理配置城市功能，提高城市群整体的经济效益和对外服务功能。由不同规模的城市等级体系在空间上整合所形成的城市群，有利于汇集区域整体力量，形成区域竞争优势，增强对国内外经济要素的吸引力从而创造出更大的经济效益。由此可见，城市群经济的整合以连横合纵，形成相互竞合为导向，最终在功能上互补共同促进，使产业群落、市场群落和城市群落高度连接成整体，实现城市群内部各城市的互利共赢。

（3）以网络化为主导的空间联系阶段

随着城市群以及城市基础设施特别是城市之间交通通信基础设施的不断完善，城市群内部各城市发展相对稳定，于是便进入了复杂的相互依赖的阶段。在这一阶段，城市群内部的空间联系主要是网络化的发展联系，区域网络化组织发展成为推动城市群发展的主要动力。区域内的网络化组织包括由交通运输、通讯、电力等物质性线路组成的物质性网络和由市场中各种要素流动形成的非物质性市场网络两种。物质性网络组织对城市群的形成可以分为两种情形。在工业化发展的初期和中期，在一些交通运输业发达的港口城市，凭借其经济、发达的交通运输网络发展相应的传统产业，如石油、化工、钢铁工业等，由于规模经济的内在要求，大量的不同规模的相同的产业、一系列的配套产业、前后相关联产业和服务产业等兴起带动一定区域范围内若干城市的迅速发展，这些城市之间通过诸如产业关联等方式存在着紧密的联系，凭借其优越的地理位置和发达的交通运输网络而形成一定地域范围内的城市群。如美国波士华城市群中的几个主要城市波士顿、费城、纽约、巴尔的摩等都是大西洋沿岸重要的港口城市，它们的兴起和城市群的形成与方便的交通运输条件具有直接的关系。另外一种情形是相邻近的城市之间通过主轴线的联系而形成城市群。相互邻近的城市之间，通过空间相互作用而逐渐形成由铁路、公路、管道、通讯线路、电力等各种线路形成的网络，不同等级规模的城市均可以通过发达的交通运输网络扩大它的腹地范围，增加它和邻近城市之间的相互联系，各城市之间既可以借助网络中的主要发展轴线进行产业布局，又可以开展分工协作，形成各具特色的分工体系，从而形成城镇体系结构比较合理的城市群。

第二节 城市群的产业发展

城市群是城镇化进程发展到一定阶段后，在具备特定地理条件的区域内出现的空间再组织现象，这种空间组织变迁正是以产业在不同等级的城市内进行重组为主要内容的，是产业结构调整和升级的空间表现形式。城市群产业结构以及地域分工的调整与优化成为推动城市群发展和竞争力提高的决定性因素。

一、城市群产业结构的演进

现实中“发展确实是按照主导部门带动其他部门增长，由一个行业引发另一个行业增长的方式进行的”[①]，“现代区域经济增长的实质是产业部门的成长和推进过程。但在经济发展的不同阶段，各产业部门在经济发展中所处的地位不相同。一般而言，成长首先从在产业系统中处于主要支配地位的一个或几个产业部门开始，通过‘扩散效应’影响产业相关链上的各个产业，带动促进这些产业的发展，从而推动地区经济增长”。[②] 城市群的产业结构是国民经济的部门系统和区域系统相交叉的产物，正是产业结构的不断调整在很大程度上担负起城市群持续发展的任务。

首先，现代产业发展的“不可分性”决定了产业结构有着自身的矛盾运动，它会带动经济体实现增长。现代经济的发展使得各产业的发展不可能再彼此相互独立，它们之间存在的各种各样的联系使得其彼此的发展处于一种互动的格局中，而在这种格局内部就包含了新结构产生的可能。在产业之间互动的状态中，产业结构突破了单纯生产要素黏合剂的功能，实现自身不断地变换并由此带动城市群经济的增长。产业结构由一种形态向另一种高级形态转换的过程也就是经济实现增长的过程。各国工业化的经验表明，结构变动特别是产业结构的变动构成了工业化时期经济增长的主要内容，没有结构变化就没有经济持续增长。

其次，在资源稀缺性的约束下，与城市群资源禀赋相适应的合理的产业结构的生成与发展，可以维护并保障城市群比较优势的实现，反之，则可能会从根本上动摇城市群经济发展的根基。区域经济发展尽管拥有不同的资源禀赋，却都会同样面临资源稀缺性。资源稀缺的

① 艾伯特·赫希曼. 经济发展战略［M］. 经济科学出版社，1991：56.
② 张敦富，杨世祺. 中国投资环境［M］. 香港吴兴记书报社，1993：105.

存在使得人类不得不面临一个选择的问题：在一定的生产力发展阶段，人类不可能满足自己所有的需求，只能从中选取部分予以满足，选择的过程就是把有限的资源配置在一定量目的产品的生产中，这样便形成了组合资源和生产的框架，也就是产业结构。所有资源均是在一定产业结构的框架内进行组合投入以实现产出的。产业结构作为区域各种要素的集合而发挥作用。不同的产业结构决定着不同的资源投入，这样，城市群产业结构与本区域资源禀赋的协同状况如何，在很大程度上决定着区域经济能否持续发展。如果产业结构与本区域资源禀赋状况不符，则意味着经济的增长只能发生在特定的少数部门，而不是在所有部门同时产生。某些部门孕育着投资和就业能力，而另一些部门却蕴涵和酿造着使经济进步遭受不良干扰甚至破坏的行为。各产业的发展就会因为缺乏通过联系效应以促成新的产业的直接刺激而受到约束，从而无法维持区域经济的持续增长。反之，如果产业结构与区域自身的资源禀赋相适应，增长就不会局限于少数几个部门，产业的普遍发展会在长期中改变目前的结构状况，这样就会带动区域经济优势的不断演化，从而在区域利益的不断增进中实现经济的持续增长。

再次，产业结构形成于一定的资源禀赋结构，而作为发展要素动态化发展的结果，产业结构本身的动态化又可以有效地促进发展要素的动态化发展。区域经济发展中优势的转换其实就是一个依靠科技等非劳动、非资本要素投入对经济增长贡献度不断上升的现代经济增长过程。在生产力发展的低水平阶段，不同区域所具有的不同的传统资源结构决定着区域发展的过程，到了现代社会，传统资源对于现代区域的发展只构成一种基础性的依托，真正的导向在于现代资源的不断形成并占据主导。随着信息技术的发展和迅速传播，产业信息化和信息产业化使经济增长的基础转向了高科技，技术要素在整个生产力系统中的制高点使它成为产业结构高度化的核心。在当前区域经济一体化逐渐加快的过程中，生产资源对于区域的重要性不在于其继承性而更多地转向创造性转化过程，这种创造性不仅表现为对高级和专用生产要素的创造，还表现在一地区如何有效地利用和配置本地资源以构筑凤巢吸引其他区域的资源，这种吸引能力也决定于生产要素的利用组合关系——产业结构，因为，只有在更为先进的产业结构框架中，资源才能得到更大程度的投资回报。

二、产业各具特色的城市耦合为城市群的整体优势

城市群的形成过程也是其内部不同规模、不同等级城市产业特色形成的过程，各城市根据自身的基础和特色，承担不同的职能分工，从而使得城市群具有区域综合职能和产业协作优势。城市群的形成是在城市间产业和职能分工协作的基础上经济一体化的结果。城市群内部的产业结构调整和生产力的合理布局，以及由此形成的分工合作和优势互补是构成城市群整体效应和综合竞争能力的基础条件。

作为城市群组成部分的城市必须要有自己相对明确的功能与定位。每一个城市都面临着提升功能和增强竞争力的挑战，应对挑战的有效途径之一就是寻求城市与区域的整体协调发展，以城市群汇集区域的整体力量来增强其在国际分工中的有利地位和控制能力。在这个过程中，只有通过城市功能的错位，才能真正实现区域与城市的共同繁荣和资源的有效配置。在城市群内部，城市之间的竞争不可避免，但它不应该是盲目竞争和不公平竞争，城市发展不是一场你赢我输的赌博，相反，在解决问题的过程中，彼此合作，错位发展，可以共同制胜。

以日本东海道城市群为例。东海道城市群包括京滨都市圈、坂神都市圈和名古屋都市圈。京滨都市圈包括东京、横滨、神奈川、千叶、崎玉、群马、枥木、茨城等县（也称首都圈）。这一城市密集地区是日本经济的核心地带，是制造业、商业、不动产业、运输通信业、金融保险业、高技术产业、文化产业的中心，其制造业、服务业产值占全国的2/3以上。这一国家经济中心地位是由其内部城市在产业和职能分工基础上形成的聚集优势所取得的。核心城市东京依托发达的都市型工业和生产性服务业，发挥着政治、金融、科教文化、信息中枢职能。拥有海港及空港优势的神奈川和千叶成为都市圈中工业

和物流产业集聚地。这两个城市石油产业销售额占都市圈的91.4%，占全国的33.2%；化工业销售额占都市圈的50.5%，占全国的17.1%；电气机械产品销售额占都市圈的35.4%，占日本全国的12.8%（1998年）。横滨港、成田机场的国际交流、国际物流及临港产业不仅在都市圈，而且在日本均占有重要地位。位于东部的多摩发挥高科技产业、研究开发机构和大学较为集中的优势承担着研发和科研的职能。同时，商务和商业职能也在强化。位于东北部的埼玉是东京中心区部分政府职能的转移地，承担着政府机构、居住、生活和商务职能。位于北部的茨城成为以筑波科学城为主体的大学和研究机构集聚之地。筑波科学城拥有60多个科研、教育、企业机构及政府、科研机构，其科研人员数量占日本国立科研机构人数的一半。这一区域为提升京滨都市圈的科技竞争力发挥着重要作用。

三、产业集群的发展和向外围区域的扩散

在城市群形成的早期，即工业化初期，大机器生产对于产业空间产生了扩张要求，依托良好条件（包括区位条件、产业基础、资源条件等）迅速发展起来的中心城市成为区域经济发展的增长极，极化效应吸引区域内各种经济要素向中心城市加快集中，许多中心城市成为国家或区域的制造业中心。但随着城市群的发育成熟，制造业开始向中心城市的外围区域逐步扩散，区域产业集群逐步成型。

城市群的产业竞争力最终要看能否形成产业集群。日本丰田轿车零储存的实现依靠的是它200公里范围内的400多家零部件配套企业，每家配套企业在多少时间内将零部件运到哪个地点都有严格规定。由于市场竞争的加剧，为了在有限增长的市场需求中争取更大的份额，企业越来越依赖于产品的不断创新和技术的不断进步，越来越依赖于分工的细密及协作范围的广阔，即产业素质的提高和生产体系的完善。随着区域竞争的加深，为降低生产成本、刺激创新、提高效率，大量相关企业以主导产业链为基础，在特定的地理范围集中，形

成有机的产业群落。这种产业集群以其地理集中、专业灵活、创新环境、合作竞争的优势，提升了整个区域的竞争能力。有竞争力的产业集群正在成为城市群区域经济增长和繁荣的源泉。

以京津冀城市群为例。依托北京、天津、唐山等中心城市的制造业基础，目前京津冀区域基本形成了电子信息、汽车、装备制造、冶金和石油化工五大产业集群。京津地区是电子信息产业比较发达和集中的区域，电子信息产业在区域高新技术产业中占有相当大的比重，是带动区域高新技术产业发展的支柱产业。在汽车制造业从过度分散走向高度集中的大趋势下，京津冀也在谋求和加强彼此的分工与合作：北京着重轿车、越野车的整车制造，天津在发展经济型轿车的同时注重轿车零部件的发展，河北则围绕京津的汽车整车制造发展零部件制造业和专用汽车制造。在装备制造业的发展方面，京津利用已有的产业基础，在优势领域着力开展自主开发和创新方面的合作，成为高端产品的研发和制造基地，并且将河北作为产业配套和协作基地，延伸产业链条，力争在全国装备制造业竞争格局中占有一席之地。京津冀的冶金产业主要集中在唐山和邯郸，石油化工正在向天津和沧州方向转移，合理分工、协调发展的产业格局正在形成。

随着中心城市土地、劳动力成本的上升以及与周边地区交通设施的完善，促使制造业，特别是技术成熟、社会平均利润率较低、适于规模化生产的一般性制造业外迁。在很多情况下，制造业首先由中心城区向郊区等周边地区转移，随着城市整体的发展，制造业进一步向其他城市包括海外转移，制造业产值和就业比重随之下降。许多大都市的产业结构调整反映了这一过程。以美国为例，从 20 世纪 60 年代以后，制造业在美国重要中心城市的比重开始下降。1960 年，美国制造业就业的 67% 集中在中心城市，但到 1980 年下降为 25.8%，到 1992 年下降为 13.9%，1997 年再降至 12.1%。而中心城市周边地区，包括郊区的制造业比重则在增加。1972 年，郊区制造业的就业比重占纽约、洛杉矶、芝加哥、费城、波士顿、旧金山、匹兹堡等大都市区的 53.4% 至 78.2%。

在中心城市制造业比重下降的过程中，符合大都市功能、以服务设计制造业、印刷包装业、珠宝业、食品加工业、钟表加工业以及电子工业等产业为主要形态的都市型加工业则在中心城市得以发展，成为中心城市制造业的主体。都市型加工业以产品设计含量高、技术密集和非标准化生产为特色，满足中心城市高素质就业者的需求，增值率高，并且适应于中心城市生态环境等。以美国纽约市为例。纽约市是纽约都市区以及纽约—新泽西—长岛联合都市区的中心城市，在19世纪末已成为美国最大的制造业中心。进入20世纪50年代后，纽约产业转移与重组的步伐加快。1950年，纽约市制造业人数占全部非农就业人口的30%，2000年时这一比例降至6.5%。为数不多的制造业就业人数则主要集中于服装业、印刷业、小型物品等都市型工业中。1997年纽约市这三个行业就业人数占全部制造业就业人数的58.6%，其中服装业占38.2%。1981～2001年，纽约市服装纺织业、皮革制品、印刷出版业以及纺织品的就业区位商分别由2.44、1.51和1.77、1.66上升为3.14、1.70、2.13和1.99。再以东京为例，其制造业在1961年时达到顶峰，随后则持续下降，1977年降至25.1%，1998年则为17%。1994年，东京5个中心城区制造业从业人数不到11万人，其中出版印刷业就业人数占87.1%；这5个区占首都圈33个区制造业就业总数的16.5%，出版印刷业就业人数则占33个区的56.9%。2000年，包括出版印刷、服装、皮革行业在内的时尚、信息型相关产业销售收入占东京都工业销售收入的1/3左右。

四、核心城市的服务业快速增长

城市群的核心城市在制造业外迁的同时，迅速进行职能的调整和转换，金融、管理、专业服务和信息传播等服务业的机构和就业明显增长，服务业成为核心城市的主导产业。以北京市为例。2006年，北京按常住人口计算的人均GDP达到6210美元①，主要得益于服务业持续快速发展。1978年全市服务业比重仅为24%，1995年服务业比

① 按常住人口计算。

重超过50%，1998年服务业比重超过60%，2006年超过70%，年均提高1.7个百分点。与之相应，服务业从业人员比重也快速提高到70%左右，这标志着首都服务业主导型经济已经确立并将进一步巩固。

2006年，北京市有7个行业增加值占GDP的比重超过5%，其中5个占全国的10%以上。按北京新的产业统计，文化创意产业占10%，信息服务业占10%，旅游业占7%，物流业占6%（见表8－1、表8－2）。

表8－1 北京市重点服务行业（门类）基本情况（2006年）

行业门类	增加值（亿元）	占GDP比重（%）	区位商★	行业门类	增加值（亿元）	占GDP比重（%）	区位商★
金融业	963.1	12.5	3.5	批发和零售业	726.1	9.4	1.3
信息传输、计算机服务和软件业	680.7	8.8	3.3	房地产业	478.8	6.2	1.5
科学研究技术服务业、地质勘察业	399.3	5.2	4.5	交通运输、仓储和邮政业	448.4	5.8	1
租赁和商务服务业	402.6	5.2	3.2	教育	368.1	4.8	1.5

注：★区位商为行业增加值占全国同行业增加值的比重与北京GDP占全国GDP比重的商。数值越大，表明比较优势越明显，对全国的影响力越大。目前国家仅公布2005年的门类数据，故区位商参考2005年数据。

表8－2 北京市重点服务行业（部门口径）基本情况（2005年）

门类	增加值（亿元）	占GDP比重（%）	门类	增加值（亿元）	占GDP比重（%）
文化创意产业	700.4	10.2	旅游业	482	7
信息服务业★	718.1	10.4	物流业	400	6

注：★按照《国家统计局划分信息相关产业暂行规定》，信息服务业除国民经济核算体系中信息传输、计算机服务和软件业门类外，还包括数字内容等其他信息内容服务等。

从目前发展较为成熟的城市群来看，随着人口和住宅郊区化现象的出现，在交通设施改善和大型购物场所的发展需求推动下，零售商业以及与之相关的批发业由城市中心地区向郊区或外围地区迁移而以产品设计、广告、市场营销、法律、金融、保险、会计、公关等为主要内容的生产性服务业在城市中心地区集聚。核心城市由制造业中心向生产性服务业和信息中心转变，生产性服务业成为核心城市以及整个城市群经济增长的推动力。

生产性服务业主要面向生产企业，即用于商品和服务的进一步生产的中间性投入服务。生产性服务业能够细化和深化专业分工，降低社会交易成本，提高资源配置效率，扩大国际国内服务市场，在现代经济发展中具有不可替代的作用。因此，没有生产性服务业的大发展，就没有新型工业化的实现。尽管各国对生产性服务业划分的标准还不统一，但普遍认为交通物流、金融服务、技术研究与开发、信息服务和商务服务等行业构成生产性服务业的主体。结合我国统计分类标准，生产性服务业主要包括金融业，信息传输、计算机服务和软件业、交通运输、仓储和邮政业、租赁和商务服务业、科学研究、技术服务和地质勘察业等五大门类。此外，商贸流通业中的批发业对组织生产、活跃流通、扩大消费具有重要作用，在大多数国家也归为生产性服务业。

以纽约市为例，2002 年与 1980 年相比，批发和零售业就业所占比重下降了 2 个百分点，生产性服务业比重则上升 14 个百分点。2003 年，纽约市就业人数最多的四个部门中，金融和保险以及科学与技术服务业位列其中（另外两个是政府部门、卫生保健和社会救助），其就业人数占全部就业的 17%。

北京市 2006 年生产性服务业实现增加值 2958.8 亿元，占全市 GDP 的 37.6%，占全市服务业增加值的 53%。且五大行业增加值占全市 GDP 的比重都超过了 5%，成为国民经济支柱行业。

表 8－3　北京生产性服务业增加值和占比情况（2006 年）

	生产性服务业	金融	信息服务	交通运输	科技研发	商务服务
增加值（亿元）	2958.8	974.1	688.5	458.3	424.5	413.4
GDP 占比（%）	37.6	12.4	8.7	5.8	5.4	5.3

五、城市群内各城市的产业分工

城市群内各城市产业分工格局是各城市适应全球、国家或区域内外部环境变化，在彼此的竞争中形成和调整的。城市群的核心城市以其科技、资本和产业的优势，在产业结构调整中通常起着先导作用。核心城市通过产业结构的调整加强了实力和地位，也使周围地区获得了新的发展机遇。其他城市则以各自的发展基础和优势条件通过竞争适应核心城市的产业结构调整，形成各自的产业特色。但值得一提的是，在一定条件下，非核心城市并不单纯是核心城市辐射的简单接受者，而是可以凭借新兴产业的发展，建立新的职能分工并形成与核心城市的抗衡局面。经济全球化及新兴产业的出现就提供了重要机遇，使得一些非核心城市能够建立新的产业优势并提高自身在城市群体系中的地位。

美国旧金山—奥克兰—圣何塞城市带中新兴城市圣何塞凭借高新技术产业迅速发展。第二次世界大战结束时，圣何塞尚是规模不大的一般城市，但从 20 世纪 50 年代开始，圣何塞利用北部硅谷高新技术产业发展的机遇，积极改善交通、供水、公园、机场等市政基础设施，吸引高新技术企业投资，以电子业为主导的高新技术产业快速成长，城市由此迅速发展。1950 年到 1970 年间，人口从不足 10 万增加为 45 万，地域面积从不足 17 平方英里扩大到近 140 平方英里，1990 年，人口超过旧金山成为美国西海岸的最大城市，形成了对核心城市旧金山的强烈挑战。为了应对来自周边城市的挑战，旧金山则加快了产业结构调整的步伐。一方面，将传统制造业，特别是资源依赖型工业转移到周边中小城市，另一方面，积极促进金融、保险、不动产、贸易等服务业发展，并为满足“硅谷”新工业区的需求，利用港口优势发展物流业。经济结构调整为旧金山经济发展带来了新的动力，尽管人口仅占大都市区的13%，但仍得以在西岸地区处于领先和主导地位。

由此表明，城市群中的各城市在竞争中合作，在合作竞争中形成和维持各自的竞争力和地位，共同发挥协作和集聚优势支撑着城市群的发展和整体竞争力的提升。

第三节　核心城市与城市群区域的协调发展

在城市群的发展中，核心城市与所在区域协调发展至关重要，直接影响和决定着城市群的发展进程和发展水平。促进城市群的发展，必须要通过促进核心城市与城市群区域协调发展才能够实现。

一、一或几个城市凸显为城市群的核心

城市群形成，首先是一两个城市迅速扩大，再扩散辐射，不断加强与周边城市的联系，促进区域经济一体化的过程。一个城市群体内具有不同层次、不同规模和不同性质的城市，也必然有一个或几个城市，它们是一个城市群在特定范围内自然形成区域经济网络的核心和现代科技文化交流的信息中心。核心城市一般要同时具备以下四个条件[①]：（1）必须是经济发达的城市，在城市群区域内居首位或第二位的城市；（2）必须是多种工业综合发展的城市；（3）必须是商业贸易发达的城市；（4）必须是多功能综合发展的城市。我们称这些城市为城市群区域的核心城市。

① 姚士谋，朱英明，陈振光等．中国城市群［M］．中国科学技术大学出版社，1992.

二、核心城市与城市群区域是相互促进、不可分割的有机整体

核心城市是城市群区域发展的中心，城市群区域是核心城市成长的基础，两者是相互补充、相互促进、不可分割的有机整体。一方面，核心城市的发达程度直接决定了城市群区域的整体发展水平。核心城市的经济实力与人口、用地规模都是第一位的，代表了城市群的经济发展水平与城市经济基础设施的水平，是城市群整体发展水平的综合体现。同时，核心城市是带动城市群区域发展的基本力量，其集聚和辐射效应对整个城市群区域经济发展具有举足轻重的影响。判断一个城市群的发达程度，首先要看其核心城市的发展水平。核心城市的发展水平高，对城市群区域的辐射带动作用就强，城市群区域的发育程度就好。例如，在我国发育比较成熟的城市群长三角、珠三角、京津冀，其核心城市上海、广州、深圳、北京、天津也是我国最发达的城市。同样，核心城市地位不突出、实力不够强，城市群的发展就缺乏龙头带动，发展进程相对也就受到一定的制约。另一方面，核心城市的发展也需要依托城市群区域的发展，任何一个城市的形成和发展都离不开一定的地域范围，城市的发展都有它辐射的经济区域。核心城市所在的城市群区域整体水平不强、经济活力不足，也必定影响核心城市的发展壮大。

三、核心城市与城市群区域的城际交通联系

高效、完善、统一的基础设施体系是实现城市群区域内各种生产要素及产品在空间流动的必要保障，也是降低整个区域交易成本，进一步促进区域间分工，从而促进整个城市群区域经济一体化的重要途径。同时，大型基础设施建设也是影响城市群区域空间格局的重要因素。交通基础设施建设滞后，往往造成城市群区域之间经济联系相对

松散，严重阻碍经济一体化进程。要加强核心城市与城市群区域的交通通达性，建立以核心城市为中心，包括高速公路、城际铁路、空运、海运在内的一体化综合交通网络，通过一体化的交通体系来促进经济一体化的实现。

加强交通通达性对于跨行政区的城市群区域来说尤为重要和迫切。由于交通在经济发展中的基础性作用已成为共识，因此，城市群区域内各个城市普遍重视交通基础设施建设，一般都形成了各自的交通网络，但由于行政分割，城市之间的交通联系不够畅通，城际交通不发达，影响城市群区域的经济一体化进程。因此，在城市群发展中，应当高度重视加强城市群区域交通的统一规划建设，加强城际交通联系尤其是核心城市与城市群区域的交通联系，发展综合交通网络，促进交通基础设施一体化。

四、核心城市与周边城市的分工和协作

实现资源优化配置，形成优势互补、合理分工、协调发展的产业分工体系是城市群区域产业发展所追求的目标。要实现这一目标，需要突出核心城市在产业发展中的龙头带动作用，加强核心城市与城市群区域的产业联系和合作。核心城市应当加快产业结构升级，将一些技术需求层次较低的产品生产，如处于产品生命周期成熟阶段的产品或新兴产业中已经标准化、劳动密集型产品的生产向周边地区转移和扩散，加快发展技术含量高的制造业，大力发展现代服务业，完善城市综合服务功能，提高城市的辐射带动能力。相反，核心城市与城市群区域缺乏有效的产业联系与合作往往成为制约城市群发展的最大障碍。由于核心城市产业结构调整缓慢，与城市群区域产业层次不能拉开，竞争大于合作，产业出现同构现象，城市群区域就难以形成合理高效的产业分工体系。以长三角城市群为例，长三角的发展就得益于核心城市上海和其他城市之间的产业错位发展，形成了服务业与制造业分工协作的产业分工体系。

附录五

中国将形成十大城市群*

作者：肖金成　袁　朱

所谓城市群是在特定的区域范围内云集相当数量的不同性质、类型和等级规模的城市，以一个或两个特大城市为中心，依托一定的自然环境和交通条件，城市之间的内在联系不断加强，共同构成一个相对完整的城市“集合体”。

目前，我国将形成十大城市群：京津冀、长三角、珠三角、山东半岛、辽中南、中原、长江中游、海峡西岸、川渝和关中城市群。其中京津冀、长三角、珠三角三大城市群在未来20年仍将主导中国经济的发展。

进入21世纪，我国区域经济发展的重要特点是城市群的出现。国家“十一五”规划纲要明确：“要把城市群作为推进城镇化的主体形态；已形成城市群发展格局的京津冀、长江三角洲、珠江三角洲等区域，要继续发挥带动和辐射作用，加强城市群内各城市的分工协作和优势互补，增强城市群的整体竞争力；具备城市群发展条件的区域，要加强统筹规划，以特大城市和大城市为龙头，发挥中心城市作用，形成若干用地少、就业多、要素集聚能力强、人口分布合理的新城市群。”这是党和国家对促进城市化进程和区域发展的重要战略决策，对我国经济和社会发展必将产生重要而且深远的影响。

一、城市群的概念

所谓城市群是在特定的区域范围内云集相当数量的不同性质、类型和等级规模的城市，以一个或两个特大城市为中心，依托一定的自然环境和交通条件，城市之间的内在联系不断加强，共同构成一个相对完整的城市“集合体”。对城市

---

* 本文原载《中国经济时报》，2007. 3. 29

群概念的表述学者们并不一致，但认识在渐趋一致，即城市群是有很多城市组成的，彼此的联系越来越紧密，共同对区域发展产生影响。城市群是工业化、城市化进程中，区域空间形态的高级现象，能够产生巨大的集聚经济效益，是国民经济快速发展、现代化水平不断提高的标志之一。

和城市群相关的概念有很多，比如都市圈、都市连绵区、城市带、组团型城市等。由于这些概念存在着一定的共性，有时将其混用。其实城市群与都市圈的概念是有区别的，城市带与都市连绵区也各有定义。

有关都市连绵区的研究相对深入、全面，它是城市群的一种具体形态，概念上强调以都市区为基本单元，指以若干个数十万以至百万人口以上的大城市为核心，与周围地区保持强烈交互作用和密切社会经济联系，沿一条或多条交通干线大小城镇连续分布的巨型城市一体化地区。

城市带和大都市带的含义基本相同，都是指在一条交通轴线上分布了大大小小很多个城市。大都市带顾名思义是分布了很多大城市。和城市群概念不同的是，城市带所强调的是城市分布的形态，但城市之间不一定存在密切联系，而城市群强调城市之间的经济联系及相互影响。

组团型城市和城市群极为类似，在经济联系、功能互补、交通发达方面都可谓典型的城市群，但本质的区别是前者是一个呈分散状布局的城市，是现代大都市为避免交通拥堵和环境恶化通过建立新区形成的多中心格局，也有将周围的城市扩展进来，从而形成一个新的组团型城市。而城市群则是由多个城市组成的集合体，无论如何发展也不会成为一个城市。

都市圈一词出现和使用的频率极高。此概念起源于日本，日本在太平洋沿岸分布了东京、大阪、名古屋三大都市圈，共同构成太平洋沿岸东海道城市群。因此，可以认为，每个城市群都有一个或多个都市圈。都市圈属于同一城市场的作用范围，一般是根据一个或两个大都市辐射的半径为边界并以该城市命名。

城市群的出现是一个历史过程。城市是一个区域的中心，通过极化效应集中了大量的产业和人口，获得快速的发展。随着规模的扩大，实力的增强，对周边区域产生辐射带动效应，形成一个又一个城市圈或都市圈。伴随着城市规模的扩大和城际之间交通条件的改善尤其是高速公路的出现，相邻城市辐射的区域不断接近并有部分重合，城市之间的经济联系越来越密切，相互影响越来越大，就可以认为形成了城市群。

二、中国将形成十大城市群

我国拥有13亿人口，且大多居住在东中部生态环境较好的地区，这些地区的城市数量比较多，规模也比较大，随着城市化水平的提高，无论是城市数量还是城市规模将进一步扩大。近年来，高速公路的修建极大地改善了城市之间的交通状况，城市间的产业联系与经济合作不断加强，区域经济一体化的进程加快。除前述京津冀、长三角、珠三角三大城市群之外，还将涌现出新的城市群。现在已露端倪的有山东半岛城市群、辽中南城市群、中原城市群、长江中游城市群、海峡西岸城市群、川渝城市群和关中城市群。城市化速度加快、城镇体系不断完善、城市群健康发展，既是“十一五”期间区域经济发展的特征，也是国家区域经济发展的重大战略。

20世纪90年代，中国经济的显著特征是长江三角洲、珠江三角洲和京津冀三大城市群不仅发展速度快，而且经济规模占全国的比重越来越高，成为中国经济发展的引擎。未来20年，长三角的腹地将继续扩大，浙江大部、江苏大部、安徽一部分地区都将进入城市群的范围。珠三角地区将和香港、澳门实现区域经济一体化，其优势更大，辐射力更强。京津冀城市群中的各大城市特色和优势十分明显，互补作用强，北京具有政治、文化和高科技的优势、天津具有港口和制造业的优势，石家庄具有商贸业的优势，尤其是天津滨海新区的开发开放成为国家战略，对城市群发展的影响更大。一旦突破行政的藩篱，发展的潜力就会迅速释放出来。可以肯定，三大城市群在未来20年仍将主导中国经济的发展。

山东半岛城市群以济南、青岛为中心，包括烟台、潍坊、淄博、东营、威海、日照等城市。发挥临海和靠近日、韩的区位优势，制造业和农产品加工业发展势头很猛，带动了山东全省的发展。随着城市群对外辐射力的增强，城市群的范围将不断扩大。

辽中南城市群以沈阳、大连为中心，包括鞍山、抚顺、本溪、丹东、辽阳、营口、盘锦、铁岭等城市。该地区城市高度密集、大城市所占比例最高。沈阳是东北和内蒙古东部的经济中心、交通和信息中心，全国最大的综合性重工业基地。大连是东北亚地区重要的国际航运中心，东北地区最大的港口城市和对外贸易口岸。辽中南地区工业化起步已近70年，在工业化推动下形成了中部城市密集圈和沈大城市走廊。近年来，逐步形成了以沈阳、大连为中心，以长大、沈丹、沈山、沈吉和沈承五条交通干道为发展轴线的城镇布局体系，提高了地区城市化水平。

中原城市群以郑州、洛阳为中心，包括开封、新乡、焦作、许昌、平顶山、漯河、济源在内共9个省辖（管）市。中原城市群位于河南省中部地区，依托中原这块肥沃的土地，孕育了若干个中外闻名的大都市，如洛阳、开封、许昌等，几经兴废，其风韵犹存。郑州虽是后起的城市，由于其得天独厚的交通优势，得以后来居上，成为中原城市群的中心。区域内人口密度达665人/平方公里，是我国人口密度最大的区域之一。各城市发展势头强劲，经济联系日益紧密，基本形成了以郑州为中心、1个半小时通达的交通网络，具备了一体化发展的基础和条件。

长江中游城市群以武汉为中心，还包括黄石、鄂州、黄冈、仙桃、潜江、孝感、咸宁、天门、随州、荆门、荆州和河南省的信阳、江西省的九江和湖南省的岳阳，其中，12个为地级城市，3个为省直辖县级市。目前区域内部已形成一定的经济联系，随着武汉市综合经济实力的增强，区域内的经济联系将更加紧密。武汉号称九省通衢，东西有长江黄金水道，南北有京广铁路，经济实力和辐射影响力都很强。长江中游城市群将是我国具有优越的区位条件、交通发达、产业具有相当基础、科技教育资源丰富的城市群之一，在我国未来空间开发格局中，具有举足轻重的战略地位和意义。

海峡西岸城市群以福州、厦门市为中心，包括漳州、泉州、莆田、宁德四市。福州是福建省的省会，厦门则是我国改革开放后中央确定的四大经济特区之一，吸引了大量台商的投资，经济总量迅速扩大。海峡西岸城市群与台湾隔海相对，既是开展对台合作，促进和平统一的基地，又可在合作中加快发展。加快海峡西岸经济区建设，将进一步促进海峡两岸经济紧密联系，互利共赢，推进祖国统一大业。鉴于海峡西岸特殊的地理位置，国家“十一五”规划纲要明确提出：“支持海峡西岸和其他台商投资相对集中地区的经济发展。”海峡西岸城市群是海峡经济区的核心地区，在国家政策的支持下，城市发展、经济合作、对台交流等都会取得更快更好的进展。

川渝城市群是以重庆、成都两市为中心，包括自贡市、泸州市、德阳市、绵阳市、遂宁市、内江市、乐山市、南充市、眉山市、宜宾市、广安市、雅安市、资阳市四川的14个地级市和渝西经济走廊等县市。从城市等级体系来看，除了成都和重庆为特大城市以外，自贡、绵阳、南充为大城市，雅安、资阳为小城市，其他城市为中等城市。重庆市是全国四大直辖市之一，直辖后城市规模迅速扩大，经济实力不断增强，其对周边的辐射力也在增强。成都是四川省的省会城市，城市发展也很快。未来，要继续完善城市之间的交通体系建设，加大核心城市的辐射效应，使城市群的一体化程度进一步提高。

关中城市群是以西安为中心，包括咸阳、宝鸡、渭南、铜川、商州等地级城市。关中是中华民族的发祥地，周、秦、汉、唐均建都于此。关中城市群是陕西经济的核心区。经历新中国成立以来五十余年的建设开发、改革开放，而今已成为我国西部地区唯一的高新技术产业开发带和星火科技产业带，是西北乃至西部地区的比较优势区域。新中国成立以来，关中一直是全国生产力布局的重点区域，在全国区域经济战略格局中定位为陕西乃至西北地区的重要生产科研基地。形成了高等院校、科研院所、国有大中型企业相对密集且能够辐射西北经济发展的产业密集区，在全国区域经济发展中占有重要地位。

据统计，上述十大城市群的土地面积占全国总面积的9.99%，2005年，人口所占比重为35.02%，而GDP所占比重为52.83%。也就是说，十大城市群以不到1/10的土地面积，承载了1/3以上的人口，创造了1/2以上的GDP。从资源环境承载能力和未来发展潜力来看，十大城市群将聚集更多的人口，创造更多的GDP。因此可以说：十大城市群将成为我国最有发展潜力的地区，将成为我国国民经济的十大支撑点。

除了上述十大城市群之外，以长珠潭为中心的湖南东部，以合肥为中心的江淮地区，以长春、吉林为中心的吉林省中部，以哈尔滨为中心的黑龙江西南部，以南宁为中心的北部湾地区，以乌鲁木齐为中心的天山北坡地区等都有希望发展成为新的规模较大的城市群。

目前世界公认的大型城市群有五个，它们是：美国波士顿—纽约—华盛顿城市群、北美五大湖城市群、日本东海道城市群、法国巴黎城市群、英国伦敦城市群。有学者认为：长三角将成为世界第六大城市群。我们预测：再过若干年，全世界十大城市群将有五个可能在中国。

第九章　城镇化进程中的土地资源利用

【提要】我国现行土地管理制度既不利于效率提升，也不利于社会平等和社会稳定。城市建成区的经济密度低，而城市居住区的人口密度高，既浪费了土地资源，又不利于居民生活质量提高。依“土地财政”运转为中心来规划城乡建设用地，可能使我国城市化变为居民“无产阶级化”的过程，政治家和社会各界应高度警惕。

第一节　土地规划管理与以人为本

中国现行土地制度存在严重弊端，但改起来却很难。其原因可能是认识问题，也可能与体制的僵化有关。

从表面看，土地制度改革的确没有急迫性。农业连续 9 年增产，2011 年的粮食产量已经达到了 2020 年的规划水平。尽管城市扩张的速度很快，但按照国土资源部披露的信息，我国耕地面积不仅没有减少，还略有增加。土地作为生产要素，一直以低价格支撑我国经济高速增长，为中国发展作出了贡献。这些成就似乎说明现行土地制度是基本适宜的。但笔者认为，这个判断是肤浅的。如果土地制度改革早早到位，这些领域的成绩会更大、更巩固。

土地制度改革需要锐气，需要大局观。改革的最终出路其实不复杂，难在思想不解放。但说到底，所谓解放思想其实是按社会经济规律办事，并非搞什么创新。换句话说，如同其他改革一样，土地制度改革就是要建立一整套有利于提高民生质量的关于土地利用的公共游戏规则。民生质量决定于效益、社会平等和政治稳定。依笔者之见，我国现行土地制度的很多方面既牺牲了效率，也丢失了平等，更不利于政治稳定，可以说乏善可陈，实在是非改不可。

土地管理制度改革包括两个大的方面，一是涉及土地产权的微观制度构造；二是与国家土地规划管理相关的宏观政策调整。这里先讨论与城市化相关的国家土地规划理念问题。

人口空间布局规划必须奉行以人为本的总体理念，具体要遵守以下原则：

一是健康原则。心理学的研究表明，人口密度对人的身心健康有重大影响。居住区人口密度越高，人们彼此之间越不友善，心理生理越容易发生故障[①]。

二是自由原则。人口迁徙政策要尊重人的基本的自由要求，不可以非法无端强制。所谓自由当然不是“目中无人”的自由，而应该是在不妨害他人（包括公共）利益的前提下行使自由。

三是公序原则。没有公共秩序，就无法维护公共利益。城市化过程中的人口流动也必须维护公共利益。国家法律对“公共利益”的定义会有变化，这种变化是人类文明程度的函数。通常，夸大公共利益会成为不当强制的理由。对土地实行用途管制，是现代国家的通行做法，有利于维护公共利益。

四是平等原则。城市化过程中涉及一系列利益关系的调整，包括土地利益关系。通常，以国家权力直接干预土地权利转换相比市场调

---

① Le vine R, etc. , 1994, Helping in US cities. Journal of personality and social Psychology, 67, 69 - 82. 转引自 S. E. Taylor L, A. P. Peplau D, O. Sears，社会心理学，谢晓非等翻译，北京大学出版社，2004 年。

节，会造成更大的不平等。以市场调节为主，国家权力介入以弥补市场对平等的过度伤害为目标，会有利于保障平等。

五是效率原则。通常，作为人口的载体，土地要素的边际报酬相等，会实现土地资源配置效益的最大化。在土地用途管制的前提下，每一类土地的边际报酬相等，也可看做对效率原则的遵守。土地的经济密度也可以是土地利用效率的重要指标。人口作为经济要素，其中劳动力要素的边际报酬相等，则会实现劳动资源配置效益的最大化。通常，在自由竞争的前提下，劳动者追逐个人收益最大化，有利于形成全局的劳动资源配置效益最大化。

六是可持续原则。广义地说，把效率放在更大的空间和更长的时间维度里进行评价，可持续原则也就是效率原则。人口空间布局规划在考虑短期效益的同时，还要考虑环境因素、社会平等要素。通常，这些因素所涉及的“公共性”的强度不同，范围也不同，因此决定了不同政府层级之间应有合理的权利配置。

目前，我国涉及土地要素的人口空间布局存在的主要问题包括：

一是人口布局的历史因素与现代性要求的反差越来越大。历史上因为战争原因，也因为某些外来植物的引入（如土豆、玉米等），我国一些不很适合人类居住的地方也住了大量人口。目前我国的贫困人口主要与此有关。这些地方的人口要达到全国平均生活水准需要极高的投入，乃至极高的转移支付。大量移民是解决问题的出路。如何移民又是问题，是山上移到山下，还是山上移到城市？我们认为，循序渐进地走后一条路，才是解决问题的根本之道。

二是人口自由流动要求与城乡社会分割制度相冲突。这是本书突出关注的问题，这里不提。

三是人口布局的资源可能性与僵化的规划理念相冲突。在中国土地资源问题上，一个“老生常谈”是说中国缺少土地，于是产生了不少貌似正确、实则错误的土地规划政策。中国拥有完全可以让国民住得更好的土地资源。本章下文将进一步讨论这一问题。

四是人口常住地与住房财产所在地严重不一致。中国农业转移人口虽然在城市工作，但他们的住房财产多在农村。多年的政策不协调使这个问题越来越严重。

五是城市平均人口密度与大型居住区密度严重不一致。我国城市建成区的人口密度与欧美国家没有显著区别，但城市的居民区的人口密度显著高于欧美国家。这种违反人口布局规划的健康原则的情形既与政治体制有关，也与城市规划理念有关。

六是城市功能区的政府规划标准与人性化规划标准不一致。中国城市正在建造越来越多的大绿地、大广场，但把居民居住区挤压在城市的一个角落；公共部门或“公共利益”占地的比重很高。通常，城市居民区占城市建成区的面积只在25%左右。城市绿地是不是只能是公共的，只能由政府来维护，私人能不能养护绿地，这些问题都需要认真反思。

七是城市功能区的“围子性质”与现代城市风貌的要求不一致。我国城市的功能区多被大墙圈起来，居民区会圈墙，政府办公区会圈墙，大学也会圈墙。这种城市由一个一个“围子”所组成，不仅破坏了城市风光，也造成城市交通极大拥堵。

八是农业人口居住方式与农业现代化的要求不一致。这是近些年出现的新问题。农业人口需要分散居住。但一些地方却引导所有农村人口集中居住。

九是人口布局规律与政府科层设置规则不一致。按我国目前实行的政府科层序列设置规则，一个镇无论其人口规模大小，要进入“市”的建制很难；一个村即使有数万人口，也不可能被看做一个城市。这种情形不利于推进我国城市化进程。

十是城市自然发展与政府“造城”之间的冲突。在城市化的自然过程中，一些居民点会演变为城市，一些城市则会衰败，变为小型居民点。在政府掌握过多资源的情况下，这种自然过程会被扭曲，使得一些城市尽管已经发生了产业“空洞化”现象，仅仅因为其为区域政治中心，便继续按城市规模去打造，形成巨大的土地资源浪费。

要解决以上问题，首先要转换土地规划理念，按照现代人口布局原则调整土地规划政策。理念变了，我们才会主动去变法立制。

第二节 土地立法的“所有权幻觉”及相关讨论

可能因为现行土地制度的合理性被纳入了官方意识形态，并被渗透到启蒙教育之中，以至在土地制度改革讨论中至今存在一种难以逾越的思想壁垒，笔者将其称为“所有权幻觉”。

土地制度的所有权幻觉有两个特点，一是把一定的所有权类型看做社会主义制度的不变的核心要素，无视所有权形式的历史意义的重大演变；二是给予不同所有权类型以不同的价值判断，无视所有权类型与资源使用自然属性相互匹配的技术性质。这是一种背离土地立法的民生本义的蒙昧主义心态。不抛弃这种蒙昧主义，中国的土地制度改革没有希望。

一、土地古典私有制向土地社会所有制转变

关于土地私有制，我们头脑里有一个根深蒂固的、古典的土财主“黄世仁”形象。这种形象不仅中国有，西方也有。这种所有权形式下的土地所有者，缺少一个代表社会公众利益的政府对土地其所有权进行约束，土地的主人就是一个绝对权力拥有者。地主因而让度自己的权利。政府的首脑（皇帝、国王等）自己往往也是地主。

与这种土地私有制类型相比，现代工业化社会的土地私有制有很大变化。一是在农业生产领域，家庭农场主既是土地所有者，也是劳动者，土地私有不再是租佃关系的基础，公司化的农场也可能是社会企业。二是土地用途受公共利益的极大约束，表现为基于民主政治的土地规划和土地用途管制。这种规划约束和用途管制极大“伤害”了所有权行使，以至所有权在不同国家、不同领域和不同程度上出现了所有权的“名义化”。三是现代国家普遍提升了公共利益（主要是环

境利益）在利益关系中的权重，压缩了土地经营中“自由”行动空间。例如，农业领域的农场主事实上只拥有利用土地肥力和光照空间进行农业生产的权利，其土地的私有权仅仅体现为对此项权利的保护和激励。即使对这种权利的使用，国家也进行干预。例如，美国政府规定，农场土地的低洼处不允许进行耕作，必须栽种减少流水速度的多年生植物。四是在国民经济中农业经济比重日趋降低，同时，地租收入作为土地要素的报酬在国民收入中的比重也在下降（一般在10%以下）。土地资源的拥有者在国家社会经济中完全丧失了决定性的地位。五是土地价格下降，古典的土地定价公式已经失去意义[①]。按照古典的土地定价公式，如果1亩地的地租为200元，市场一年定期存款利率为3%，则地价为6667元。但依笔者的了解，地价一般为地租的8倍左右，为16000左右。笔者认为，这种地权贬值现象之所以产生，还是反映了现代国家通过一系列手段对土地私有权进行分割的结果。土地私有权越来越不“完整”，现代国家将越来越多的私权运行的后果放在公共利益视角下进行评价，并有了越来越多的干预土地私权的依据。代表公众利益的政府会依据土地的公共性，分割土地的私人权利，并基于公共利益对土地的利用进行干预。干预的措施形成法律，地主不得不遵守。土地的继承、交易、使用，土地的拥有数量，乃至地主与佃户之间的利益分享关系，都会成为法律条款规范的对象。[②]

概括地说，现代文明国家的土地私有制尽管仍受核心法律条款的保护，但其社会意义已经与古典私有制完全不同了。土地所有者凭借私人土地所有权对他人不再有生杀予夺的控制力，我们不必对这种私有制有谈虎色变的恐惧。现代国家的政府十分强大，地主们掌控国家

---

① 古典的土地定价公式为：土地价格 = 地租/市场利率。市场化国家的农地价格普遍低于这个公式决定的价格，一般为这个价格的1/2～1/4。我国地价高昂与国家土地规划缺陷和土地投机盛行有关。

② 这里所做的讨论有大量文献可资佐证。读者可参考中国社会科学院农村发展研究所宏观经济研究室编《土地制度改革：国际比较研究》，社会科学文献出版社，2009年。

命脉的时代早已过去了。

从中国现实看，笔者赞成社会主义社会的产权结构应包括公有制，甚至可以说公有制应占主导地位。农村集体经济资产主要是土地。在土地产权关系上要重新认识我国的土地“公有制”的内涵。其一，国家对公共性极强的土地可以实行国民共同共有，建立土地的国家所有制。我国70%以上的国土不能直接成为企业和个人从事经营性活动资源，而只是一般公共资源，可以实行国家所有制。其二，国家对其他土地的使用进行用途管制和规划约束，用税收杠杆对其“公共性”导致的成本和收益进行调节，也是土地公有制的实现形式，而不必对这些土地直接建立国家所有制。其三，公有土地的使用权也可以“物权化”，成为公民的财产，例如农民的土地承包权可以通过“长久不变”政策成为农民的土地财产权。国家要像保护类似农民的私人存款一样去保护他们的土地财产权。

按照这个思路，土地公有制其实无处不在，只是公有的形式不同而已。在这个理念基础上安排土地制度改革，我们将会摆脱很多束缚，建立起城乡统一的土地市场，提高土地资源的配置效率，为建立适度土地密集型农业、提高我国农业竞争力创造制度基础。

笔者要特别指出，这里提出的“社会所有制”只是一个分析性概念，并不是说私有产权这个概念要被抛弃。特别从法律用语上说，这个概念仍需要，只是我们要明白，这个概念的内涵已经与农业时代完全不同了。因为这个变化，我们需要对与此相关的一系列理论问题做更深入的讨论。

二、延伸讨论1：产权社会属性必须适应资产自然属性

要分清土地资产公共性与私人性两种属性，公共性问题通常需要公权处置，但对于不具有公共性的私权的维护要靠权利的自由行使，公权应尽量避免干预这种私权的行使。

拿土地来说，其使用的某些方面会有公共性，所以要有规划和用

途管制，但土地的交易一般不会影响用途，因为所有权（或承包权）变化以后，新的权利主体也可服从规划和用途管制。同时，在土地用途已经确定的情况下，土地肥力等自然条件的利用，也大体不是公共性问题。这种因土地自然属性引起的私人属性，就不适用公共产权，即不需要为此建立共同共有产权。

土地的公共性与土地经营的私人性其实是土地属性谱系的两个极端，这个谱系包括土地的环境功能、群体承载功能、亲自然观光功能、交通承载功能、工商活动承载功能、食品原料产出功能、私人居住功能等。在这个序列中，大体上每项功能的公共性依次是递减的，而私人性依次是递增的。适应土地这一系列自然属性的产权形式也是一个谱系，依次是国家共同共有产权、社区共同共有产权、按份共有产权和私有产权。这四类产权依次对公共品的适用性降低，或对私人品的适用性依次提高。例如，对主要承担环境功能的土地可实行国家共同共有产权，即国家所有制；对主要承担居住功能的土地，最好实行私人土地所有制。在更多的情况下，土地具有多种功能，这时可在法律上确立一种所有权，同时用其他权利约束土地的使用，实现对土地权利的分割。例如农用地可实行私有制或准私有制，同时用国家规划管制权对农用地实行用途管制。

以上是一种抽象的理论推定，在实践中可存在名义的所有权和实际的所有权不同程度背离的情形。例如，英国的土地在法律上归国王所有，而土地的使用权就成了实际的所有权。就像一位英国教授对笔者所言：英国人早已忘记土地归国王所有。中国农地可在法律上实行社区共同共有产权（即集体所有权），而土地承包权可通过此项权利长久不变等规定，使其实际上真正转变为农民的土地财产权。

更需明确指出的是，以上讨论虽然仍使用了土地私有制这个概念类别，但鉴于土地功能的复杂性以及国家的土地规划手段、土地用途管制手段的运用，这种私有制已经完全不同于前述“古典私有制”，而具有社会所有制的特点。

三、延伸讨论2：要集体产权，但不要集体经济

集体产权在法理上也可被称为“社区共同共有产权”。这种产权形式自古以来就存在，例如，社区道路、社区宗教设施、基于宗法关系的祭祖设施、社区公学、社区公地（通常以低租金租给社区穷人）等，在古代社会已经很常见。这种集体产权，通常只涉及社区的公共生活，与社区的平等和秩序有关，而与社区农户的经济活动无关，所以，它不能等同于集体经济。

中国农村集体经济的特点有四：第一，资产（特别是土地）由一个社区的成员共同所有，社区成员因退出社区时不能将资产量化分割后带走，意味着社区成员事实上没有退出权。第二，社区共有资产不仅包括了经济学所定义的“公共物品”，更包括了经济学所定义的“私人物品”。以上两点是传统集体经济最关键的特征。第三，社区共有资产的处分事实上掌握在社区领导人手里，社区领导人的产生或由上一级政府任命，或由社区成员选举产生。第四，在传统集体经济的产权结构中，公共事务与私人事务交织在一起；属于私人物品的经营性资产所产生的收益，通常会被用来满足社区公共需求。

符合前述四个特征的传统集体经济很少见，中国是很少的特例之一。19世纪有空想共产主义者做过一些实验，很不成功。目前在以色列存在有集体经济，但它与以色列处于战争状态有关，且效率相对不高，特别对年轻人缺乏吸引力。大规模的集体经济在二次世界大战以后出现在社会主义国家，但更严格意义上的集体经济应该存在于北朝鲜。中国目前的农村集体经济已经有了一定变化。

从理论上说，集体产权有其存在的根据，甚至可以说它会伴随人类社会永久存在。但集体经济则完全不同，它只是一定历史时期的政治产物。我们需要集体产权，但不需要集体经济。集体产权只适用于农民社区的公共品的使用。集体产权具有合理性，并不等于集体经济具有合理性，这个新理念需要树立起来。

四、延伸讨论3：无论集权手段还是民主手段都不应撤销私权

如前所属，在土地属性的谱系中，其公共性因强弱不同，或可对土地建立共同共有产权，或可仅仅对私有产权行使的公共性方面进行公权干预，但不可撤销私有产权。对于不具有公共性的土地利用活动，土地的使用者应该独立行使权利。对这种权利的自由行使，即不能靠政治集权进行干预，也不能靠“少数服从多数”这类公共事务处理原则来处置。例如农民的承包地征收（或流转）这件事，涉及了资源的经营性配置，不论征地是不是与公共利益有关，当事人或政府都应该和土地承包者一对一地谈判，绝不能由多数人的决策替代少数人的意志，撤销少数人的土地权利。即使是因公共利益征地，在发生异议的情况下，法院也要针对农户走法律程序，不能依多数人的态度对少数人直接采取法律行动。再例如关于农地的使用，在已经通过公权进行土地用途管制的情况下，对农民利用土地肥力进行播种、收获以及土地肥力的培育等私权，也不能用集权或民主的方式进行干预，更不能撤销这种权利。一言以蔽之，公权对私权的干预只应限于公共性目的，更不能将干预权转变为撤销权。

第三节　现行土地制度弊端

我国现行土地制度存在根本性缺陷，必须进行彻底改革。本节基于前述理论分析，进一步讨论土地制度改革的现实必要性。

一个好的制度，应是能确保提高相关资源的利用效率的制度，同时也是有利于确立社会平等和社会稳定的制度，而我国现行土地制度在这三方面已无多少可取之处。

一、土地要素利用效率的损失

从理论上说，地块的位置相近、用途相近，若因市场不完全造成价格差异，必然产生效率损失。在土地管理和土地交易的实践中，我国土地要素的效率损失表现为以下几个方面。

第一，城市建设用地浪费严重。我国因城市化带来耕地减少的程度超过多数发达国家城市化快速增长时期的耕地减少程度。在土地资源比较紧张的发达国家中，其城镇化率提高较快时期，英国（1771～1850年）的耕地面积基本没有减少，日本（1920～1960年）的耕地面积略有增加，法国（1851～1954年）耕地面积以0.324%的速率减少，但其草地和森林面积有显著提高。[①] 我国实行耕地“占补平衡”政策以后，按官方的数据，耕地没有减少，但占优补劣的问题突出。城市建成区面积的扩大可视为优质耕地的减少。在“九五”时期和“十五”时期，我国城市建成区面积的增长速度很快，达到了5.34%。尽管在“十一五”计划期的前两年，城市建成区面积的增长速度开始下降，但仍然达到了3.84%。这种情形导致我国城市建成区面积的扩张超过城市人口的增长速度，以至城市人口密度持续下降，东部城市甚于西部城市[②]。

第二，因所有权制度及其对土地规划体制的负面影响，我国住房建设用地被限于城市，且多是平原地区的优质耕地，浅山区土地的房地产开发基本被堵死，形成住房建设用地的紧张。

第三，土地所有制缺陷和城乡土地市场价格差异巨大，也引导农民多占宅基地，造成农村土地的巨大浪费。与日本比较，1954年日本乡村的住宅占地面积是耕地面积的6.8%，而我国村落占地是耕地的13.3%，超过日本的1倍还多[③]。保守估计，通过村庄整治，我国的

---

① 主要资本主义国家经济统计集［M］．世界知识出版社，1962.

② 中国统计年鉴（2009）［M］．中国城市统计年鉴（2008）［M］．中国统计出版社．

③ 主要资本主义国家经济统计集［M］．世界知识出版社，1962.

村落占地（约17万平方公里）可以节省出约1亿亩地。这些土地足够未来几十年搞经济建设之用。据相关农村调查，我国农村空宅数占有效总样本宅数10.8%。根据课题组调查数据和国家统计局第二次农业普查数据所做的综合分析①，结果如下表。

表9－1　全国农村闲置住房和村庄闲置土地的价值估算

	空置房屋总价值	闲置土地总面积	闲置土地总价值	价值总计
以大范围村庄调查数据为基础计算（条件1）②	11627亿元	2.2亿亩	19555亿元	31182亿元
以河北省典型调查数据为基础计算（条件2）	26914亿元	1.1亿亩	9777亿元	27891亿元

注：1. 上表计算中，空置房屋分为3类，钢筋混凝土、砖混合其他。比例按全国数据来自第二次农业普查资料确定。价值按我们的调查数据确定，为2008年价格。2. 土地价值按年地租率200元/亩和银行一年期定期储蓄利率计算。

第四，二元体制影响我国农业竞争力提高。随着城市化的推进，粮食生产的比较优势会出现结构性的下降，即一部分山区耕地会逐步退出耕作，从而导致粮食减产。据调查，山区的农业劳动生产率目前是平原地区的一半，以后还会降低。我们将越来越依赖平原地区的粮食生产能力。但因为二元体制造成劳动力转移的不稳定性和所谓“半城市化”缺陷，加上城市建设用地价格过高因素，给农村耕地流转造成困难，农业规模经济难以提升。据调查，我国农村耕地流转比率约为10%，且多为家族内部流转，难以产生农业规模经济。在这种情形下，我国农业已经难以进一步采用劳动节约型技术，农民不得不大量使用化肥、农药增产粮食。随着我国城市工资水平的提高，这种小规模农业的机会成本将持续上升，不利于我国农业在国际上保持比较优势。

① 计算中参考国家统计局第二次农业普查数据来自“第二次全国农业普查主要数据公报”，新华社2008－02－21消息。

② 我们的调查涉及11个省份，得到有效农户样本1650个。时间为2008～2009年。

第五，传统集体经济存在一种“内部人控制”自增强机制，产生显性的和隐性的两种监督成本。如同一切组织都存在“内部人控制”现象一样，传统集体经济也不例外，且更胜一筹。在一个社区范围里对公共品很难产生过度需求，这是公共品的外溢性决定的。但因传统集体经济包含了对私人物品的控制，所谓权力的“含金量”很大，内部人控制的激励作用也相应增大。集体经济越是强大，这种内部人控制的激励作用也越大。在传统集体经济越是强大的社区，家族控制公权运作的特征越是明显，最突出地反映了内部人控制的自增强机制。社区通常存在的监督会发生成本，因对内部人控制的无奈，社区成员消极作为也是一种成本，可称隐性成本。

二、扩大社会不公

农民的财产性收入是农民收入的重要来源之一，而农民的主要财产是土地。多年来，土地“交易”一直是国家与农民关系的核心问题。这里有必要在数量上对这一关系做一个概略考察。

新中国成立以来的非农建设用地占用数据一直没有精确统计，研究者使用的数据多有不同。表 9－2 是由笔者所认为的比较可靠的信息来源而整理出的数据。

表 9－2　1952～2010 年我国非农建设用地占用情况

1952～1978 年	1979～1990 年	1991～1996 年	1997～2005 年	2006～2010 年	总计
2315 万亩 *	1220 万亩 *	2646 万亩 **	2745 万亩 **	1150 万亩 **	10076 万亩

* 依据郑振源《土地利用文集》（中国大地出版社，2007 年）推算。** 依据《全国土地利用规划》（国土资源部 2011 年发布）等有关资料计算。

农民因超出 1 亿亩土地被占用而向社会贡献了多少资金，是一项很不容易算好的账。按照市场经济的原则，即使政府征用土地，也应按照市场价格来支付土地购买费用。这应该是估计农民在出让土地中利益损失的一个基础。但市场价格的数据很难得到，因为在市场扭曲的情况下，无法确定一个合理的市场价格。我们也不能把各地最终土地使用价格拿来计算，一是因为这个价格根本无法获得，二是这个价格有很大的投机因素。但可以根据国民收入分配的一般规律，对农民的土地利益损失做大略的猜测。这样猜测的依据有两个：第一，按照一般经济理论，在比较充分的竞争态势下（假设如美国经济），国民收入一般分解为三大要素的收入，即利润、地租和工资[①]，而地租收入一般占到国民收入的 10%。第二，1949 年以后，我国农民作为土地使用权的所有者，在他们的土地被大量转为非农用途的过程当中没有获得过地租收入，只是在改革开放以后，农民才能从土地被占用上获得很少数量的“补偿费用”[②]。不难想见，中国农民在这方面失去的收入总量是相当大的。

住房市场的价格扭曲加剧了国民收入的不合理分配。城市住房市场价格畸高有多种原因，而二元体制是关键性原因之一。据测算，今后一个时期，我国城市每年新增人口需要 500 万套住房，按每套房子 40 万元价格计算，需要资金 2 万亿元。考虑到居住改善性需求，总共需要 4 万亿元资金。而 2009 年我国住房市场的总投资规模是 6 万亿元！这其中包括了住宅区基础设施建设的费用。这 6 万亿元，按照一套住房平均 40 万元的价格来计算，是 1500 万套住房！国家第二次经济普查数据表明，我国 2008 年“总承包和专业承包建筑业企业”的住房竣工面积竟然达到 13.4 亿平方米，就是说，100 平方米的单元房共盖了 1340 万套！这意味着超量供应的高价房屋由城市居民买单，由此，通过住房市场和税收渠道将城市居民的收入转入了房地产商和城市政府手里。同时，住房市场还将国民储蓄和养老金转化为即时总

---

① 经济理论分析中还会有一个“余值”，作为技术进步的报酬，但在实际的国民收入分配中，全部收入被分配为工资、利润和地租。

② 按 1997 年的《中国统计年鉴》，1996 年支付的征地费区区 63 亿元，而这年是土地征用量比较大的一年。

需求，扩大了国民经济总量的不平衡，促成了通货膨胀危机。

公共品分配与私人物品分配交织在一起，既造成了私人物品分配的平均主义，又破坏了公共品分配的普惠原则，产生了分配的“双重扭曲”。因为受经营性资产处置惯例的影响，社区原住民通常反对将来自集体资产的收益作为公共品分配给社区居住的外来人口，破坏了公共品分配的普惠性原则；又因为集体资产被当做社区公共品产生的源头，以至在分红时以社员身份为对象进行，不顾及社员对资产的关心与负责程度，产生了平均主义的低效率。在农村经济发达地区，我们看到总有集体社员反对外来人口享受社区的公共品，造成社区公共生活的封闭性和本地原住民与外来人口之间的裂痕。这是令地方政府伤透脑筋的难题。

三、制造纷争，影响农村社会稳定

1. 堵塞中产阶级形成通道

一个稳定的社会，最关键的要素，一是中产阶层占国民多数，二是国民有统一的民族文化认同，三是民主政治发育成熟。历史经验证明，前两个条件大体具备后，第三个条件才能形成。

中国实现城乡一体化以后，社会进步将出现标志性的变化，即中产阶级[①]将成为人口的多数。换句话说，城市化过程不是人口的机械转移，而更应该是人的财产积累水平与社会权利保障水平的全面提升。一个社会，已经壮大的中产阶层有这样几个特点：第一，他们确有安身立命的必要财富，特别是在基础设施好的环境里有独栋房屋，或与此等价的金融资产。第二，他们收入较高，可以保证家庭支出的

① 笔者近期参加了中国改革与发展研究院（海口）举办的专门讨论中等收入问题的国际会议，我国理论界尚没有严格区别中产阶层与中等收入阶层这两个概念。一个国家在没有实现现代化的历史时期，可以有中等收入阶层，但不一定有符合本文定义的中产阶层。中产阶层是现代化社会的特征。

恩格尔系数在20%以下，也就是说，他们通常衣食无忧。第三，他们对公共事务关注度高，具有维护社会公正与法制的自觉意识。第四，中产阶层主要成分是受雇佣者，其中包括现代部门的体力劳动者。如果没有这部分成员，中产阶层不会是社会的多数。第五，他们自己承认自己是社会的中产阶层。这后一点经常被人们忽视，但却十分重要。一个阶层如果自己不承认自己是中产阶层，就很难对社会具有基本认同。这样特性的中产阶层只能在高度繁荣的工业化、城市化社会才能产生。因工业化、城市化才能伴随城市化农场主阶层，使农场主进入中产阶层的行列。中产阶层壮大以后，更深入的政治体制改革的风险将大大降低，国内更容易实现各种形式的民族和解，中华民族将真正在世界强大起来。

中产阶层的主要财产形态是房屋。中国城市的中高收入阶层所支付的高房价，主要是为土地支付的，但在法律上，百姓不能拥有土地所有权，土地的使用权规定为70年。这种情形让中高收入者气馁，不可能有中产阶层心态。世界上，除少数城市型国家和纽约这类城市外，一般发达国家的中产阶层拥有或住有独栋房屋，那是真正的房屋，楼房里的单元居所一般归低收入居民使用。

大部分中国家庭拥有独栋房屋的社会意义重大。拥有独栋房屋并对房基地拥有所有权的情形下，人们更易建立财产主人的心态，同时产生平和感、富足感。如果中国70%的家庭拥有带有一定面积院落的独栋房屋，社会心态将有显著不同。从国外经验看，居住在独栋房屋的居民还会有新的社会交往形态，从而提高社会的组织化程度，而社会组织化程度提高有利于社会稳定。

大部分中国家庭拥有独栋住宅还具有重大的经济意义。维护独栋住宅会产生远大于单元房的支出，有利于第三产业发展，扩大就业规模。拥有独栋房屋的家庭会有很不同的消费偏好，例如追求较多闲暇时间，较多地购买庭院维护工具等，从而增加消费支出。

2. 危及国家粮食安全

土地制度改革将还决定未来国家粮食安全。中国粮食供应与土地的绝对量关系不大，而与优质耕地的数量关系密切。山区土地被大量撂荒是经济竞争规律决定的，农民出于比较收益的考虑，愿意放弃土地肥力差的山区耕地。随着未来国际市场粮价下跌趋势的出现，山区耕地被撂荒的趋势还将加剧。这是我国农业经济中的减产因素。平原地区优质耕地被大量转变为建设用地，并不是农民行为的后果，而与国土规划及土地制度有密切关系。这是又一重粮食减产因素。这将严重影响未来中国粮食安全，并影响未来中国社会稳定。按国土资源部的数据，尽管我国耕地面积在城市化加快条件下还略有增加，但优质耕地资源减少却是不争的事实。正是优质耕地的数量决定中国农业的竞争力和未来粮食市场的供需均衡。

3. 制造农村社会纷争

在传统集体经济系统中，公权按科层制的集权原则或少数服从多数的票决原则直接处置资产，例如，农民土地承包权不仅在官方的政策表述中被看做农民的财产权，更在经济分析中被看做“私人物品”，但在法律规定中，也在实践中，常常由公权处置。法律规定，村民的三分之二表决通过，就可以变更所有人的土地承包权。这种私权受公权干预的现实，是引起农村社会冲突的重要原因之一。在珠三角地区的就发生过愿意拆迁的“大部分”农户殴打“钉子户”的事情。

强拆农民房屋的法律基础是农村宅基地的集体所有制，于是，为了“集体利益”，农民家庭就不得不服从所谓由“公共利益”产生的“规划”。农民世代居住的房屋会突然变得和“公共利益”冲突起来。把“少数服从多数”的公共决策机制用来拆毁居民的房屋，强制其搬家，为现代文明国家所罕见。居民的世代居住权要高于公共规划权，其法理基础应是居民的房屋及其宅基地的私人所有权。

土地制度中公权覆盖私权后，放大了“集体经济成员权合理性无解”的难题。通常，社区公共品的分配限于社区成员。在公共品数量较少时，人们不会对社区成员做严格的资格甄别，原因在于公共品有其效果的“外溢性”；在更大的区域里，如果不同社区的公共服务水平差别不大，人们对不同社区成员的流动更不会计较。社区成员的资格如何确定，其合理性事实上是“无解”的。一定的文化状态，也会对资格的认定发生影响。但是，一旦在社区成员间分配的不只是公共品，例如珠三角地区广泛存在的社区分红，一个社区的成员就一定会计较本社区成员的数量变化。珠三角等地常见的外嫁女保留成员权、复转军人与大学生回迁农村户口、市民身份回归农民身份等问题，至今在困扰各地的地方政府。就这样，“集体经济成员权合理性无解”这个难题被放大了。笔者在珠三角等地看到各式各样的处理“成员权”问题的办法以及由此产生的矛盾。

传统集体经济的公权扩展结构造成广泛的“无责任负债”现象。在比较成熟的市场经济条件下，多个自然人组成的按份共有的有限责任债权结构、个体户与民间借贷者构成的无限责任债权结构，均是成本与收益对称的结构，不容易发生过度负债情形。但传统集体经济体制将成员的资产完全掌握以后，会产生“分红刚性”，村干部借此获得集体成员的“合法性认同”。这种分红刚性所产生的压力，是当前集体经济负债的基本原因。

第四节　再创 270 万亿 GDP 的国土资源在哪里

GDP 是中国人的一块心病。GDP 挂帅不对，但没有 GDP 万万不可。GDP 是反映一个国家物质财富数量的基本指标。物质丰裕的社会固然不一定精神文明，但物质匮乏的社会却注定难有精神文明。今后一个时期，如果我们国家的 GDP 不能保持 8% 左右乃至更高一点的增速，很多麻烦会集中发生。但GDP的创造需要资源。近些年到各地调研，地方负责人几乎众口一词，说他们的发展缺乏土地。土地是经济活动的要素之一，若果真没有土地，发展就会受到限制。从根本上说，中国的土地资源并不构成对经济长期快速增长的绝对约束。土地资源是一个问题，但这个问题是有答案的。河北临城县发展山区产业化农业、提高土地资源的综合利用水平，给这个答案提供了重要启示。

一、一个大略估算的土地资源大账

2012年，中国的GDP总量超过50万亿人民币。我们没有满足，也不应该满足这个水平。中国未来发展的目标是世界强国富国，人均收入水平要达到世界先进水平，经济总量要达到世界第一。资本积累速度不是大问题，人力资源要靠技术进步来改变人均资本装备水平，也不是大问题。能源问题要靠技术进步和能源价格调整来解决，可以乐观待之。土地面积难以靠技术进步增加，但可以靠提高土地资源综合利用水平来满足经济发展的需要。后者正是本章要讨论的问题。

如果中国社会经济改革节奏能把握好，使中国能避免大的社会动荡风险，中国经济发展仍可有很好前景。笔者粗略估算，如设定中美经济增长率分别为9%、2%，则中国经济总量可在2030年前后赶上美国。若按汇率的购买力平价计算，这个时间还可提早。另假设中国人口增速递减，美国人口按1%速率增长，中国人均年收入水平可在2040年和美国看齐，那时，中国经济总量可达约320万亿人民币以上（如按市场汇率计算，这个数据还要高一些）。大略来说，在未来约20年里，中国还要创造270万亿的GDP，就达到了具有标志意义的新阶段。也许有人质疑这里的估算，例如，可以说人均收入进一步提高后，经济增速可能下降。这种质疑不无道理。但这里估计的是相对水平。中国的增速会下降，美国的增速也会下降。因此，大的趋势应该是可以成立的。

中国的土地资源能允许我们再生产270万亿GDP么?

中国GDP总量的90%以上主要靠城市经济部门生产出来。各类城市主要集中在平原、河谷地带，其周边土地大多是我国的优质耕地。这些城市经济部门占了大约1亿亩土地（大于城市建成区面积），平均1亩地产出GDP近50万元。近些年国家对农田占用严格管控发挥了作用，每新增1亩建设用地产出GDP约220万元。按这个数据推算，我国GDP总量达到350万亿，还要占用优质耕地1亿亩以上。我国优质耕地每亩可产出粮食约1吨，这意味着要损失1亿吨粮食产量，占到现有粮食产量的18%左右。

1亿吨粮食能不能用其他土地生产？很难。我国土地品质差异很大，山区土地的粮食产出往往是优质耕地的1/3左右。山区土地灌溉困难，又因为土地分割细碎，机械化耕作不易，且离市场比较远，综合劳动生产率低，农民耕作的成本很高。这是山区土地被撂荒的主要原因。所以，扩大山区土地利用来增产粮食是行不通的。

依靠土地整理来增加优质耕地，是我国近些年努力做的工作，其主要办法是提高土地的平整度，增加灌溉设施，便利机械耕作。但我国水源较好的地区已经没有多少土地整理的潜力，其他地区即使花巨大代价整理出可灌溉的土地，水源也仍然是一个问题。

好的办法是限制平原、河谷地带城市的继续扩张，依靠提高土地利用率的办法来提高这些城市的经济规模。可以通过努力将大约1亿亩现有仅城市经济部门用地（大于统计概念的城市建成区）的平均GDP产出能力逐步提高到210万/亩，还有约10万亿的GDP靠农业部门提供，另外100万亿的GDP则应通过山区非农业用地转变为工商业用地来提供。考虑到我国第三产业的发展潜力，这种估计不算冒进。

经济地理专家把我国土地资源按人口居住适宜程度分为5类，分别是“高度适宜地区”、“比较适宜地区”、“一般适宜地区”、“临界适宜地区”和“不适宜地区”。从长期看，后3类地区的人口要大幅度减少，90%以上的中国人会居住在前两类地区（现在接近20%）。国土的直接经济利用价值主要是前两类土地。

我国高度适宜人类居住的土地约14亿亩，现有农地约10亿亩左右，这些农地或已经是高产优质农地，或有可能被改造为优质耕地。这部分土地目前承载人口约4亿，在保持耕地不变的情况下，人口增加1倍达到8亿也不是问题。这10亿亩农地应主要满足国人的粮食、蔬菜、淡水养殖的需要，是中国人食品安全的根本保障，再不敢多占耕地用来搞建设。

我国第二类土地，即“比较适宜地区”，一共有42亿亩土地。这些土地大约2亿亩为城乡建设用地，约8亿亩为耕地，其余多为林地和未利用土地。让中国经济今后30年里活起来的土地正是这一部分。目前农民撂荒的耕地也是这个地区的土地。在这部分土地中，如果盘活现有2亿亩建设用地，生产出来100万亿GDP绰绰有余。这部分土地还可以承担两个功能，一是发展低密度住宅，满足中国中产阶层对独栋房屋的需要；二是大力发展经济林，增加替代粮食的农产品。土地资源的数量满足这两种需求没有任何问题。

二、案例分析：河北临城县提高山区土地综合效率的标本意义

临城县地处太行山南段东麓，全县山区、丘陵和平原各占1/3，应该刚好分属人类居住“高度适宜地区”、“比较适宜地区”和“一般适宜地区”这三个类别。全县800万亩土地，20万人口，水资源也比较丰富。尽管人均有40亩土地可供利用，但这个县却是国家级贫困县，农民收入低于全国平均水平。原因是这个县平原地区集中了60%的人口，主要生产粮食，而丘陵和山区的土地在过去没有很好体现资源价值。丘陵地区主要为麻片岩地貌，土地肥力很差，未利用土地达45万亩。山区土地森林覆盖率比较高，有很多旅游资源，但旅游业因交通瓶颈未能得到很好发展。

1998年以后，县委、县政府筹划了三件大事，分别是核桃产业链培育、工业园区建设和旅游业发展。后两件事情因体制原因和交通瓶

颈还没有显著成绩，第一件事情已经干得风生水起，生机盎然。这三件事情都值得讨论总结。

政府在总结过去发展扶贫项目的经验教训的基础上，采取了新的核桃产业发展思路。政府以全方位服务为宗旨，调动民间投入积极性，形成了市场引导的产业化扩张局面。政府服务的重点是抓规模、抓产业链、抓科技含量。目前全县核桃种植面积近 33 万亩，其中优质薄皮核桃近 14 万亩。进入盛产期的核桃每亩给农民带来纯收入在 3000 ~ 5000 元之间。目前，临城县的核桃产业在整个太行山东麓区域已经形成了发展高地，其育苗和田间管理方面的科技优势开始向全国辐射。

临城县利用劣质土地发展核桃产业在全国利用二类土地方面具有代表性。我国二类土地的经济价值已经显现。临城县的麻片岩构造带的土地土层薄，石块多，过去一直是未利用土地。在科技人员的指导下，当地核桃种植者依靠在地里挖沟、回填客土的办法，解决了核桃树的栽培问题。用类似的办法，在中国很多的山区、丘陵区、干旱荒漠区已呈现大规模扩大种植核桃的趋势，极大地提高了土地利用率。核桃种植不仅增加了植被覆盖率，改善了山区小气候，还增加了山区农民的收入。

据国家林业局披露，中国核桃产量在近 20 年里产量增长 8 倍，到 2010 年年底，我国核桃种植总面积已达 3600 万亩，核桃坚果产量 128 万吨。核桃被誉为“21 世纪的超级食品”，替代粮食、油料的效果极为显著。

中国核桃消费总量很大，但人均消费量仍然很低，人均核桃占有量仅为 0. 38 公斤，随着中国居民经济收入水平的不断提高，核桃产品的市场需求量必将越来越大。核桃树气候适应性强，在我国 40 多亿亩二类土地上，将核桃扩大至 1. 5 亿亩以上，使人均核桃占有量达到 1. 5 公斤，是完全可行的。考虑到出口扩大的可能性，这个数据还嫌保守。我国仅太行山区可种植核桃的土地资源也在 2000 万亩以上。

临城县的未利用土地发展工业也有条件，但限于土地政策，工业进山的体制壁垒很高。根据临城县同志介绍，在这些地区投资的经济成本并不高，只是平原地区规划了大面积的各类开发园区，它们稍有成本优势，投资者就不愿意来浅山区投资。如果政策调整到位，拿出未利用土地的 1/4 发展工业，保守估计可为该县带来 1000 亿以上 GDP，该县人均 GDP 可增至 50 万以上，仅此一举就可以使该县摘掉贫困县帽子，进入富裕县行列。

临城县山区的旅游资源丰富，小气候宜人，但也因土地政策限制，带来许多困扰。可供旅游的地区至少有 1 万亩农村建设用地，如果盘活这些土地，认真搞好规划，允许城市资本与农民合作开发旅游业，不仅会改善农民居住环境，还可扩大就业，并可增加 30 亿～60 亿 GDP。

三、提高山区土地综合利用率的若干讨论意见

多少年来，中国的地方领导人没有不说缺乏建设用地的。中央国土资源管理部门面对这种压力应该保持冷静，本着全局利益和“以人为本”的国家治理原则来把握土地政策。笔者提出下述若干土地规划与管理政策的调整意见，供决策部门参考。

1. 对上述人类居住“高度适宜地区”和“比较适宜地区”这两类土地，采取不同的土地规划与用途管理政策

对第一类土地，要用壮士断腕的决心，严格控制建设用地的增长。除重大公益建设用地外，应停止建设用地指标发放。应要求这一地区的经济建设主要使用存量建设用地的调整和再开发。要学习佛山市的做法，实行“三旧改造”，把旧厂区、旧村庄和“城中村”的土地利用好，提高土地的使用效率。特别要用好现有开发区的土地，坚决杜绝低经济密度建设项目上马。在开发区要尽量挤出土地多搞一些住宅建设。

对第二类土地，要适当放活管理办法。“增减挂钩”指标要向这类地区倾斜。对农业利用条件差的荒地，应鼓励其用于工业建设。城乡建设用地市场统一的改革，可在这类地区率先启动。二类土地还可以发展独栋房屋建设项目，满足区域内城市居民的住房需求。让二类土地地区的住房条件优于一类土地地区，吸引经济资源向这类地区转移。

2. 用“农业保护区政策”替代“基本农田保护政策”

在上述两类地区，可建立“农业保护区”。在农业保护区内，除了国家基础设施建设对土地的需求以外，不准用任何土地搞任何非农建设，以防止地方政府借口利用废弃地搞非农建设项目。农业保护区的现有集体建设用地的少部分转变为专业农户居住地，其余大部分逐渐复垦为耕地。

一类地区的所有基本农田都应纳入农业保护区，二类地区条件好的基本农田纳入农业保护区，一些坡地、高海拔地、零星小面积坝子地不必纳入农业保护区。

鉴于农业保护区包括大量现有村庄占地和其他未利用土地，也可以适当包括一些林地，其总面积可在20亿亩以上。

3. 做好木本粮油生产的全面规划，大力推动木本粮油经济的现代化

目前，山区丘陵地区的经济林发展很快，现有某些产品的高回报率将会消失，有的产品还可能相对过剩。平均利润率规律对任何农产品都终究会起作用，最终任何农产品都将只能获得平均回报。要让地方政府清楚地明白这一点。国家有关部门要提出指导性意见，对大宗经济林种植面积要有一个预警指标。

第五节　管好用好城乡建设用地

我国城市化过程一些评论界人士被批评为“土地的城市化”，这种批评并不为过。城乡建设用地的规划管理体制以及农地征收、扩充城市建设用地的管理制度，的确存在诸多严重问题。认清问题的症结所在，提高城乡建设用地的利用效率，关乎国运民祉，必须引起政治家和社会各界的高度重视。

一、解放思想，调整城市功能区土地利用规划

让中国人住得更宽松一点，更健康一点，同时又不多占用耕地，甚至基本不扩大城市面积，有没有可能？我们认为是有可能的。

在表 9－3 中，第 2 列数据是现行城市功能区规划通常会采用的指标。这个指标系列数据取自西北某城市新区的规划文件，具有代表性。其中工商用地在 30% 左右，住宅区则仅仅为 25.1%。按这个规划，如果 1 平方公里的人口密度是 1 万人，每人的住房面积按 35 平方米计算，容积率为 1.4。这样的小区一般应建设 6 层左右的楼房，绝不可能盖有利于健康、满足中产阶层需要的独栋住宅。

如果调整规划，按表 3 第 4 列的数据做功能区规划，拿 30% 的土地面积规划小型独栋住宅，每户占地 160 平方米，可允许 1875 个家庭（4 口人）建造独栋房屋，其中房基占地 100 平方米，绿地院落 60 平方米。这样，7500 人就有了独栋房屋。另外安排 8% 的土地建造楼房，安排 2500 人居住，人均 35 平方米，可形成容积率 1 左右、楼层 3 层左右的花园式住宅区，其中绿地面积可占到 5%。这样的楼房可供低收入人群居住。

这个方案主要是压缩了公共机构和公共绿地面积，但同时增加了道路面积和私人绿地面积，总的绿地面积可达到 24%，远远超过了通

表 9-3　城市功能区规划不同指标的比较

通行指标（取自某市规划方案）		调整后指标	
1	2	3	4
交通	18.56%	交通	22%
工业	14.44%	工业	15%
住宅区	25.10%	独栋住宅区	30%
		低密度楼房住宅区	8%
公共机构	8.85%	公共机构	5%
商业用地	11.43%	商业用地	8%
绿地	16.62%	大公共绿地	8%
物流仓储	3.17%	物流仓储	2%
公用设施	2.05%	公用设施	2%
	100.22%		100%

行规划的16%的绿地面积比重。其中可考虑8%面积的大公共绿地主要用来栽树，独栋住宅区的私人绿地可用来种植花草。这样可以降低城市政府的绿地维护费用。如果改变城市居住文化，不再圈墙堵路，22%的土地用来修路不仅不会发生拥堵，还会解决停车问题。

我们在本书提出这样一个细节问题，绝非庸人自扰之，拿区区小事烦人。中国如果真要走向繁荣，必须有一个心态健康的中产阶层，这一点我们在本书第三章及其他处已经做过讨论，这里只是具体讨论改善中国人居住质量的一种可能性。我们不缺少建设用地，尤其不缺少供老百姓盖房的建设用地。

关于上述提议，我们曾与涉身城市规划的官员做过讨论，他们并不否认这一方案在技术上的可能性，而是担心城市“土地财政”的运转。我们认为，解决这一问题仍需要转变观念。现在“土地财政”运转的消极后果越来越明显。我国城市建成区的经济密度仅仅为日本的十分之一。一些地方为了吸引工业资本，宁愿建造“花园式工厂”，也要限制住宅用地的供应，抬高房价。“土地财政”实质上是城市居民在购房时用祖辈的积蓄补贴投资者的资本。另一方面，我们征用农民土地时，征地价格总体偏低，又一次补贴了工商资本。这种城市化方式，使我国的城市化同时是居民们的“无产阶级化”，与西方城市化伴随中产阶层的崛起形成强烈反差。

二、“增减挂钩”政策是解决城市建设用地来源的重要渠道

基于“增减挂钩”试点政策这个平台，我国农村近些年兴起迁村并居热潮。我们通过实地调查，认为“增减挂钩”政策的实施利大于弊。如果对相关政策进一步规范，相关工作也可以有利无弊。

第一，从长远看，中国农民的大部分村庄必须改造，农民也有必要改善自己的居住条件，否则，中国的城乡二元结构就难以消除。调查表明，农民非常渴望改善居住条件，如果费用合适，农民喜欢住在基础设施比较好、以低层楼房为主的新社区。如果农民居住在旧村庄，尽管房屋的占地面积比较大，但多出的宅基地并不能成为“货币化”的收入，对农民生活水平的提高无所裨益。

第二，关键是现在越来越多的农民已经不是真正的农民。即使有的农户还在经营小块土地，但因为专业化服务的原因，他们大多不用大型农具，也不用农产品仓库；多数农民也已经不散养牲畜，所以，他们集中居住在小城镇没有什么大问题。

第三，总体看，村庄整治（主要是增减挂钩政策的实施）能提高了农村土地利用效率。据国土资源部提供额的数据，一般农用地整理可新增耕地5%～8%，如果结合村庄整治工作，新增耕地是10%～15%。农田产出率可以提高10%到20%。由国土资源部披露的数据推算，通过村庄用地整治（包括村民搬迁后复垦村庄占地等），相关区域可新增耕地5%～7%，这个数字比我们的案例调查略小，我们认为，国土资源部的数据是一种保守估计。但即使按这个保守估计，增减挂钩产生的经济效益是巨大的。按官方统计推算，我国城市建成区平均每亩可产生GDP约50万元，而每亩土地的边际GDP产出近年明显上升，2008年的边际产出约为225万元。假设未来20年中国经济按9%的速度增长，即使假设土地的GDP边际产出不发生变化，则今

后20年经济建设对土地的需要为累计不超过7300万亩土地。村庄闲置土地1.1亿亩，若考虑到现有部分农村居民还要集中居住的情形，可节约出土地达1.5亿亩，扣除掉城市建设用地，可新增耕地7700万亩。新增建设用地7300万亩土地最终全部用来发展城市经济，每年可提供新增GDP达164万亿之多。当然，这是一种远景估计。无论如何，通过村庄整治，所谓城市建设用地短缺问题完全可以化解。

第四，村庄整治引起的农村居民集中居住，还会带来投资需求。依据近年我国城乡人口变动趋势计算，今后20年一共由农村转移到城市的人口为3.26亿。笔者尝试利用现有统计资料估算这些人口进城后对中国投资的拉动作用，感到比较勉强。但很清楚的一个事实是，这部分人口约为现有中国城镇人口的一半，这部分人口进城至少意味着中国的城市总规模再增加50%；这个人口量也正好是过去23年里中国城市人口增长总量，即使不考虑人均投资水平的增长和资本系数（总资本和总产出之比）的提高，也意味着今后20年中国将继续保持强大的经济增长动力。

第五，农民迁居新区以后，精神面貌和社区治理结构都会发生变化，有利于推进基础民主政治的发展和社会稳定。按笔者的调查研究，传统村庄易结成以家族为纽带的抗争力量，常常酿成难以通过法制途径解决问题的群体性事件。与之比较，城市生活也会有利益摩擦，但通过法制途径解决问题的可能性比较大。所以，乡村居住结构变化对社会稳定有积极意义。

三、“增减挂钩”政策需要进一步完善

以迁村并居为主要方式的农村集体建设用地再开发，好处甚多，但在实践中的确也存在不少问题，因此需要有关部门严加规范。目前需要注意的几个方面是：

第一，在村庄整治、实行集中化居住过程中，一定要尊重农民意愿。一个地方的迁村并居，哪怕对农民有再大的好处，只要农民想不

通，就不要强制。一户农民，十年不愿意搬家，就十年不动他，即使政府给了他很大的补偿。

第二，不要搞“搬净赶绝”。多方面的研究证明，专业农户不适合集中居住；只有分散居住，才能适应农业生产的需要。按我们的调查，尽管大部分农户愿意进城过城市生活，但专业农户是不会选择进城的。而一个农户会不会成为专业农户，需要一个过程。农户很难在短期内下决心做专业农户。只有尊重农民意愿，特别是不去强制那些游移不定的农户搬离村庄，才能为专业农户的成长创造空间。从农业规律上看，真正的农民并不适合集中居住，因为他们有自己的产品仓库和生产资料仓库，他们需要就近进行农业田间操作。所以，有的国家用法律规定农民必须居住在自己的田庄上，而不能住在城市。

从更长远发展的趋势看，应该以统筹城乡发展、加快小城镇建设为核心目标来调整农村人口结构、配置公共行政资源。未来的趋势是，现有农村居民如果不再以农业为主，政府可以用政策引导他们直接进入城市居住，其中多数可以集中到小城镇。他们的土地可以用市场化的办法集中到专业农民手里。对于专业农民，还是让他们分散居住到现有村庄，以方便他们从事农业生产。专业农民分散居住后，传统的村庄概念将消失，每一个专业农民居民点将只保持很小的规模，村委会也就没有意义了，农民办理公共事务将到镇政府所在地去。也可以把大约2万~5万人口的镇称作“市”，成为县辖小城市。在中国，实现这个远景目标需要一个比较长的过程，但像广东等经济发达省份，可以较早地朝这个方向迈进。

第三，对于已经基本脱离农业生产的农村居民来说，与其把他们搬迁到“大村庄”，还不如一次到位，直接让他们居住到小城镇或更大的城市，免得再过十几年后又一次折腾。

第四，新建集中居住小区的设计、建造不可马虎，要从长计议。一些新建集中居住小区城不像城，村不像村，农民住不合适，脱离了农业生产的居民最终也不喜欢，迟早会逃离这样的小区，造成投资浪费。新建集中居住小区应该按照城市标准建造。哪怕慢一点，但应好一点。还要懂得，脱离农业的农村年轻人今后大多会选择各类已有城市，留在新建集中小区的主要会是一些农业服务领域的劳动者，所以，小区也不要建得太多，不能到处建立小区。应该在一个较长的时期内让脱离农业的农民逐步离开农村到城市，而不仅仅是农村的小区。

村庄合并工作在近十几年里一直在我国各农村地区按部就班地推行，有的地方搞过了头，以至出现了不少麻烦。近一个时期，有重要媒体肯定了某种似是而非的主张，说在中国要推行“大村庄制”，似乎想给村庄合并的热潮再烧一把火。不可盲目地推行“大村庄制”，特别是中央政府应避免提出这种口号。

村庄合并有两种基本方式，一是单纯做行政兼并，让几个行政村合并成一个行政村，农户并不搬迁；二是在行政合并的同时，让农民集中居住，形成比较大的居民点。从我国现实看，这两种村庄合并方式都有某种积极意义，但一旦搞过了头，也会发生很大问题。

因地制宜地做一些村庄的行政兼并，是有意义的。由于农村大量向城镇转移劳动力，我国许多村庄的人口规模大大下降，大部分行政村有 30% 以上的人口常年工作在城镇，有的村庄干脆有多半人口常年不在村庄。这种趋势越来越明显。对于人口数量变化大的村庄，适当合并一些是可以的，这样做有利于节约公共支出，提高行政效率。随着交通通讯事业的进步，村庄适当合并也不会妨碍农民获得有效的公共服务。

但行政村的地域范围也不宜过大。既然行政村还保持公共服务职能，就要方便农民办事。农民在一顿饭的时间里若能步行到村庄公共事务中心办一件事情，那么，这个行政村的大小就是合适的。相反，如果行政村大到农民花大半天的时间才能到村中心办一件事情，这个行政村就过大了。如果行政村过大，农民到镇上办事与到村委会办事可能区别不大。

如果搞实质性的村庄合并，即让农民集中搬迁到某地集中居住，就要非常慎重。在某些情况下，几个村的农民集中居住对于更有效地利用土地资源，扩大建设用地来源，是有好处的。我国农村的非农占地达十多万平方公里，容积率非常低，提高土地利用效益的空间很大，而办法之一就是适当让农民集中居住。东北某地三个村庄占地1500 亩地，合并居住后仅占地 300 亩。这种情形在全国具有普遍意义。按这种办法，全国节约出来几万平方公里土地完全是可能的，我们也不愁国家缺乏建设用地。

第五，“增减挂钩”政策还是要坚持，指标甚至可以扩大，试点范围也可以扩大。需要管束的是地方的具体做法。可以考虑再执行一个“挂钩”政策。一个城市，经济密度大，挂钩指标就多一些，经济密度小，指标就少一些，以鼓励各地提高存量土地的利用效益。

第六，山区更不要过分强调集中居住。目前，我国农村移民趋势和村庄衰落趋势山区甚于丘陵地带，更甚于平原地带，形成了山区建设用地的更多浪费。中国现有山区农户 5000 多万户，其中约一半农户的居住地可开发高档山区住宅，以满足“逆城市化”进程中高档住宅开发的需要。现有法规不允许农村建设用地向社会开放，阻碍了山区土地开发，致使高档住宅（别墅等）建设在平原地区占了大量优良耕地，早有修订的必要。在严格规划的前提下适度开放山区的房地产开发，是一件利国利民的好事，应该考虑放行。

四、农村土地征收制度改革需要改弦更张

2012 年以来，中央政府关于农村土地征收补偿制度的改革方案受到社会各界的高度关注。也许这一制度的改革是十八大以后打响的深化改革的第一枪，公众自然会将对改革的期待聚焦在这里。然而，农村土地征收补偿制度的改革却是一件难事。

国家对农村土地征收补偿制度已经做过多次调整。在较长的时间里，国家几乎无偿取得农村集体土地用于经济建设。后来国家确立了对农村土地征收的补偿办法，体现了计划经济的意识，也产生了这种弊端，不得不反复调整。近年的办法是中央政府不再对补偿标准作出统一规定，而要求各地通过补偿必须确保失地农民的生活水平不下

降。这个规定同样有明显弊端，再次进行改革实属必要。中央政府最后究竟出台一个什么样的改革方案尚不得而知，这里不妨基于逻辑的和现实的可能性对改革本身做一个大略分析。

全面的农村土地征收补偿制度改革应该包括三个基本方面：

第一，要确定征地行为发生的条件和征地的范围。政策研究界通常认为，征收农村土地的前提是区分用地项目的公益性和非公益性，且只有公益性建设项目才可以征收农村土地。我们认为，仅有这种区别还不够。某些公益性建设项目完全可以不用征用农村集体土地。例如，因城市扩张，一个村庄进入了城市版图，政府可以通过投资提升这个村庄原有的幼儿园、养老院的水平，而对其所使用的土地不必征收为国有土地。只有重大公益性建设需要使用农村集体土地，才可以通过征收的办法将农村集体土地转变为国有土地。理论是不易区分重大公益性建设和一般公益性建设，但可以使用列举法来界定这种区别，并明确由一定层次的人民代表大会确定本级政府辖区的重大公益性建设项目。有了这方面的规定，就可以防止错误的征地行为。至于非公益性的商业占地，就完全不必以征地的办法解决土地来源问题。工商业项目需要使用农村土地时，可以让当事各方讨价还价，自然也就没有补偿标准问题。讨价还价形成的价格会发生分配问题，也需要有一个公正的处理办法。

第二，要解决征收土地的程序问题。这个环节虽然很重要，但政策研究界的歧义很少，这里不比细论。

第三，最重要的是征地行为发生后的补偿标准问题，相关的还包括因讨价还价而发生的商业性占地高额报酬的分配问题。这方面政策研究界多有似是而非的看法，实在需要澄清。

我们认为，确立所谓标准的前提是必须区分农业用地和农村建设用地这两类土地，并建立不同的征收补偿机制。

在大多数国家，农业用地的交易如果不涉及土地用途变化，交易价格不会太高；一块农业用地的买卖价格，大体上是这块地所发生的地租的10倍左右，超过20倍已经属于不正常。如果超过多了，那已经是一个政治行动，而不是商业行动。如果发生用途转变的情形，农业用地被征收后转到了二级市场卖了高价，农民或农村集体要不要分享“增值收益”？笔者以为并非一定要分享。道理很简单，增值收益是由用途变化造成的，而用途变化是政府规划造成的，政府占有增值收益自是应当。至于政府拿了这个钱是否需要返还一部分给农村、农民，那又是一个政治问题，经济学家不易回答。

农村本来的建设用地（主要是农民的宅基地）被征用就完全不同了。因为农民的这类土地本来属于建设用地，并不是政府规划赋予它这个属性，所以，征用这类土地应该参照当地城市建设用地市场来确定补偿标准，例如，一亩地该 1 百万就 1 百万，该 1 千万就 1 千万。农民因此而发大财也不必惧怕，可征收一种累进性的特别税加以调节。决不能因为公益性建设的理由拒绝支付这样一个“市场价”。

现在的政策在确定征地补偿费时完全不区别农业用地和农村建设用地，严重地侵害了农民利益，极为不妥。

国务院的改革意图披露以后，坊间流传什么补偿标准将提高 10 倍的消息，我们认为是无稽之谈。这还是一种计划经济的思路。未来不论怎么样改革，中央政府都不必由自己确立一个全国通行的标准，更不必一刀切出 10 倍的增长幅度。现在各地的基础标准不尽相同，怎么会在此基础上增长 10 倍？

农村土地制度改革是一件大事，需要慎重决策。2008 年党的十七届三中全会曾有很好的改革指导思想，但落实不力，一直拖到现在。事已至此，再用一点时间做认真研究，更广泛地征求各界意见，使得改革办法更成熟一点，也不失为明智之举。

第六节　总体改革思路

党的十七届三中全会关于农村改革的决议提出了土地制度改革的基本方针，即“明晰产权，用途管制，节约集约，严格管理”。笔者认为，这个方针是正确的。本章分析所产生的关于土地制度改革的意见，在逻辑上与这个方针有一致性。土地改革要摆脱一切陈旧观念的束缚，把人的福祉放在制度安排的首位。坚持这个标准的要义，是处理好平等与效率的关系，在私人领域坚持效率标准，合理安排土地权属类型；在公共领域坚持平等要求，以土地规划的法制化、民主化实现公共目标。

土地所有权改革要有灵活性，不必拘泥严格的用语。例如，城市土地的使用权长期化和农村土地承包权的长期化均有实质意义，不排斥保留名义上的国家所有制和集体所有制。

一、合理确定土地制度的公权边界

明晰产权的本质是合理确定土地制度的公权边界。本章已经指出，土地所有权类别要与土地的自然属性或功能相匹配。满足这一要求的主要改革举措陈述如下。

凡具有环境功能，而不直接产生盈利的土地，均归国家所有。与道路、江河、海洋等有关的土地，尽管可能成为私人经济活动的场所，但其显著符合经济学关于公共品的定义，也归国家所有。

凡目前归国家所有的各类经营性土地，继续归国家所有，但使用权可永久化，以促进土地市场形成。目前归集体所有的各类经营性土地，即使在城市规划圈以内，可继续归集体所有，不再征收为国家所有，以实现集体建设用地和国家建设用地市场的统一。

农村公共设施用地继续实行集体所有制（农村社区共同共有），且土地使用权也归社区所有。农村经营性用地可继续实行集体所有制，但土地使用权（或承包权）可永久归农民专业合作社或农户，农户可自由进出合作社。

城乡住宅用地可在所有权不变的情况下，将土地使用权永久归于业主。

二、以科学规划为基础，全面建立国家对各类土地的用途管制权

1. 加大力度保护农业用地，以“农区土地保护制度”替代“基本农田保护制度”

如果没有土地用途管制，农地也可能被用来做建设用地，若大量农户这样做，可能会影响农产品供求平衡，从而影响到国家食品安全，形成农户私人利益与公共利益之间的冲突。为克服这种冲突，只需对土地用途管制即可，不必建立土地的国家所有权。

改变县区以下的行政区划制度，设立“农区区划制度”，将农区直接划归县区政府管辖，并禁止除交通等基础设施建设以外的其他任何非农建设，全面保护农区土地。目前实行的基本农田保护制度因一系列原因常常难以制止基层政府变相蚕食农地。

2. 调整涉地税种、税率的设置，使其反映不同类型土地的稀缺性

在不同类型城市可根据土地人口密度和经济密度设置不同的土地使用税率，以提高土地的利用效益。要重新核定平原地区城市用地的规划指标。住宅区用地的容积率必须在 5 以上。新辟工业区的经济密度每亩地的 GDP 应在 1 千万元以上。除“增减挂钩”政策留下的口子外，应在 3 年后原则上停止平原地区城市建设用地供应。凡利用增减挂钩政策增加城市建设用地的，减一亩，只能增半亩以下。不同城市可差别对待。

3. 扩大浅山区建设用地面积，满足中产阶级的独栋房屋建设需求

开放浅山区建设用地市场，让中国 70% 的家庭住独栋房屋，是当

前我国实施“放开产权”的一个极有意义的举措。中国缺少的是平原优质耕地，而农业利用价值低的山坡地、小面积河谷地、坝子地并不缺乏。后一类土地用于农业很难具有竞争力，被农民撂荒的趋势不可逆转。浅山区的村庄日趋空心化，其村庄用地也可开发为低密度住宅区，满足城市居民对独栋房屋的需求。

扩大浅山区建设用地要跟伴随严格的土地用途管理和使用方式管理的立法行动。立法宗旨是禁止私人圈占“大庄园”，防止环境遭受破坏。

4. 支持荒原荒山土地的公益性开发，调动全民改造山河的积极性

随着我国国民富裕水平的提高，一部分国民越来越有意愿投入公益性土地开发，对此应予以支持。开发的范围、程度、方式，要建立在科学论证的基础上，并设立考核办法。对成功的公益性开发予以奖励，对无益的开发应予制止、撤销。被开发的领域必须要求开放，不准将其以任何形式转变为私人庄园。被开发的土地所有权、使用权性质不变。

三、推动土地规划与土地用途管制的法制化

土地规划和土地用途管制办法应全部由各级人民代表大会通过和颁布执行，形成各级土地法规。[①]

中央政府可制定《土地基本法》、《土地规划法》、《国土总规划法》和《农区土地保护法》，并借助《物权法》，形成约束地方土地立法的上位法。地方政府可根据地方情况确定不同层级的土地规划法和土地用途管理法。

---

① 我国立法制度应该有大的改革。各级人民代表大会都应有立法权。乡镇一级人民代表大会应有权制定自己的法律，前提是不违反上位法。若不建立这个基本制度，地方土地利用规划就难免受到践踏。

第十章　城镇化进程中的社会治理方式转换

【提要】城镇化的重要任务之一，是实现城乡社会治理方式转换。克服社会治理的二元结构，是城乡社会治理改革的基本任务。城乡基本公共服务均等化是城乡社会治理改革的核心所在。本章阐述了城镇化过程中社会治理问题，尤其是对快速城镇化地区的社会稳定、社会治理、城乡产权关系的转换及户籍制度改革问题。解决快速城市化地区的社会治理问题，对于推进我国城镇化进程具有重要意义。

第一节　注重城乡统筹治理，实现城乡社会治理一体化

一般地说，社会治理是指以政府为基础的国家机构和城乡其他权威机构给城乡社会提供公共品的活动。城乡政府或城乡其他权威机构构成了城乡治理的主体。在城乡治理活动中，治理主体的产生方式、组织机构、治理资源的整合以及它和城乡社会的基本关系，构成了城乡治理机制。

城乡治理的基本目标是维护城乡社会的基本公正、促进城乡社会的经济增长以及保障城乡社会的可持续发展。城乡治理活动要向城乡社会提供以下公共物品：（1）城乡社会安全与秩序；（2）城乡社会的基本平等，包括城乡社会的基础教育、居民健康保障、低收入人群扶助、养老计划支持等；（3）对农业生产的必要支持，包括农业科学技术的普及应用、农产品市场开拓与价格稳定计划以及农业生产基础条件的改善等；（4）城乡社会的基础设施；（5）城乡地区的环境保护等。

广义地说，城乡治理机制包括以下内容：（1）城乡治理权威机构的产生方式，其中可能的方式包括民主选举、上级派出、民间协议产生等；（2）城乡治理权威机构中政府机构和其他准政府机构、民间机构之间的关系；（3）城乡治理中的财政关系，包括财政收入的筹措方式和财政支出使用的基本规则等；（4）城乡治理机构的基本职能与部门分工等。

一切国家的社会转型过程同时也是人口结构的变化过程，变化的基本趋势是城镇化。在未来几十年里，我国乡村人口的绝对数量将稳步下降，一大批自然村将消失，更多的小城市将逐步成长起来。城乡治理应促进这个过程有序地推进，而不是为这个过程的推进设置阻力。未来真正的农村将是专业农民的居住区域，大量农区将以小型专业农民的居住点为主。社会主义新农村的建设也不是要广大农民永远定居在农村。专业农民将以农产品和农业生产资料的交易以及各种农业服务与城市经济建立密切联系，实现城乡经济的一体化。适应这种经济上的一体化，城乡治理也要实现城乡统筹安排。要将县辖小城市、小市镇建设成沟通城乡经济的纽带，将中心村建设成基础设施完善的居民点，并支持专业农民投资建设生产和生活设施并举的小型居民点。在这样一种城乡人口布局的基础上，要在更大的范围里以新的机制部署城乡基本公共品的供应。公共服务功能主要由小城市、小市镇来承担。

2008 年 10 月召开的党的十七届三中全会提出了加快我国城乡经

济社会一体化步伐的战略构想，这对于深化城乡治理改革具有重大意义。会议通过的“决定”在城乡治理方面提出了重要政策主张，其主要内容是：2020 年之前中国农村经济体制更加健全，城乡经济社会发展一体化体制机制基本建立；农村基层组织建设进一步加强，村民自治制度更加完善，农民民主权利得到切实保障；城乡基本公共服务均等化明显推进，农村文化进一步繁荣，农民基本文化权益得到更好落实，农村人人享有接受良好教育的机会，农村基本生活保障、基本医疗卫生制度更加健全，农村社会管理体系进一步完善；资源节约型、环境友好型农业生产体系基本形成，农村人居和生态环境明显改善，可持续发展能力不断增强。落实中央这些意见将是未来城乡治理改革的长期任务。

若做简单概括，城乡基本公共服务均等化就是消灭城乡社会管理的制度差异，使公共财政覆盖所有人口，使农民社会身份完全市民化，变为“城外市民”。

若做进一步的分析，可以认为“城乡基本公共服务均等化”实际上是一个过渡性的政策主张。当经济发展到一定水平，例如，当达到发达国家水平、城市化率在 80% 以上时，城乡的概念将完全不同，“城乡基本公共服务均等化”将不再有实际意义。在这种情形下，所谓“三农”以及农村的公共服务有这样一些特点：

第一，农村人口将是一个人数较少的群体，其数量占总人口的比重在 20% 左右。在农村人口中，农业人口占总人口的比重不过在 10% 左右。

第二，农民基本上成为专业农户，他们的收入水平会超过国民平均水平；他们有能力享有超过社会平均水平的公共服务和其他服务。

第三，农村人口布局会发生重大变化。农村人口主要分布在少数特色村和专业农户居民点。专业农户所在居民点不过十来户人家或者更少，其自身不会有很多公共服务，甚至没有自己的管理机构；他们完全通过融入城市社会来享有公共服务；他们会归属于城市社区，而“乡村社会治理”的概念将不复存在。

第四，仅仅因为专业农户的职业特点以及他们的居所离城区较远，他们在融入城市生活时会有一些不便，这是他们的一种“牺牲”。即使在发达国家，年轻人也不喜欢务农，能够坚持务农的人们往往具有某种文化偏好。

显然，上述条件一旦具备，“城乡基本公共服务均等化”将不再有多少意义。当然，我们国家要实现上述目标，还需要一个较长的历史时期。

在现阶段，“城乡基本公共服务均等化”的政策主张仍具有现实意义。笔者以为，这一政策主张的内涵主要包括：

（1）农民有权和现有城市居民一样，平等地享有各项社会保障权利。这是指农民和其他居民一样，在同一社会保障制度下承担义务、享有利益。某些类型的社会保障会有不同的台阶，但这种台阶仅仅和参保交费水平有关，而与人的身份无关。

（2）政府提供的教育、文化设施和卫生医疗设施平等地向包括农民在内的所有居民提供，并尽可能地帮助居住分散的农户便捷地享有这些服务。

（3）区别专业农户、兼业农户和稳定脱离农业的“假农户”，用利益杠杆引导后两类农户向城市或新建大型居民点集中，使他们完全融入城市生活。

（4）政府通过乡村道路建设，降低农民享受城市生活的难度。

（5）实现城乡基层组织建设一体化，逐步将乡村治理转变为城市治理，将分散的农业居民点归属到城市社区。

第二节　社会治理理论概述

治理一个区域与治理一个国家有相似之处，治理的成功与否大体有四个判别标准，分别是效率水平、平等程度、稳定状况与可持续发展潜力。下面就前三个方面的理论要点做一扼要陈述。

一、以合理产权安排奠定效率基础

建立合理的产权制度是良好社会治理的重要基础。

科学合理的产权制度是公共领域与私人领域分治的基本条件。共同共有产权可以在公共领域发挥积极作用，而按份共有产权与私人所有产权适合在私人事务方面发挥作用。乡村治理的主要任务是要解决公共领域的资源配置问题，不可以把共同共有产权的利用范围盲目扩大到农业生产等私人事务领域。

当前我国乡村社会治理的一个突出问题，是本来用于处理公共事务的村“两委”将公共权力延伸到了土地要素配置领域，使村干部的权力“含金量”过大，滋生了腐败条件，导致农村社会不稳定。这是目前乡村民主政治发展的最大障碍。

四种产权形式适用于不同的财产或福利类型。

1. 用途管制约束下的私人所有（或形式共有、实质私有，或承包权物权化）

世界上没有绝对的私人产权，尤其没有绝对的私人土地产权。普遍存在的是政府对土地实行用途管制情形下的私人产权。

一切私人经济活动对土地的占用，都适合土地的私人所有或形式共有、实质私有。这种所有权类型适合的第一种经济活动是直接农业生产。直接农业生产活动具有强烈的私人属性，之所以如此，是因为农户按照市场规律生产可以满足个人利益，且至少不直接危害公共利益。如果没有土地用途管制，农地也可能被用来做建设用地，若大量农户这样做，可能会影响农产品供求平衡，从而影响到国家食品安全，形成农户私人利益与公共利益之间的冲突。但是，为克服这种冲突，只需将公权用于土地的用途管制即可，不必建立土地的国家所有权。

这种所有权类型适合的第二种经济活动是宅基地利用。私人适当的宅基地利用方式并不侵害公共利益，因此对宅基地不必实行任何形式的共同共有产权。实践中也可能出现侵害公共利益的宅基地利用方式，政府可以用规划和用途管制对不当方式进行限制，同样不必建立共同共有产权。

2. 私人合作所有（按份共有）

在国际上，农业领域针对土地建立按份共有的产权形式甚少，但在我国有某种特殊意义。因我国农户土地承包面积比较小，而一些设施农业的土地利用有较强的不可分性，农户不得不在土地利用方面进行合作。但这种情形会随着土地流转增多而逐渐变少。

大田作物生产，完全不需要建立土地的按份共有产权结构。

农民专业合作社是一种重要的按份共有产权形式，但它适应于农产品流通、加工和生产服务领域，多数情况下不需要引入土地利用领域。

3. 社区公共所有（集体共同共有）

中国自古以来就有村社集体所有的财物，包括土地。因为这类财物不会量化到个人或家庭，这种产权类型属共同共有产权。农村旧时代的庙产、公共水塘等公用设施宜实行共同共有产权。现代中国农村的少部分设施也可实行共同共有。

我国现行农村集体经济制度也属于共同共有产区类型，但其并不适应农业集体生产。土地承包权的长期化意味着农村经济领域的共同共有制度解体。

4. 国民共同所有（国家所有或国民共同共有）

凡私人及私人合作经济活动直接占用土地，以及社区公共事务所需土地以外的其他土地，都适合国家所有。与道路、江河、海洋等有关的土地，尽管可能成为私人经济活动的场所，符合经济学关于公共品的定义，也可归国家所有。换句话说，我国大部分国土可归国家所有。

以上四种土地所有权类型对应的土地数量，还是国家所有的土地（国民共同共有）在比例上占绝对优势，估计可占国土面积的98%左右。所以，尽管引入一定用途的土地的私人所有制度，国家所有的主导格局不会改变。

二、以社会建设创造社会平等条件

1. 社区民主政治参与热情是社会经济发展到一定阶段的产物

传统乡村社会很难嵌入民主政治。历史上的村庄社会，村容村貌的维护主要靠宗法关系发挥作用；为数不多的公共支出则依靠乡绅捐助和宗教劝慰实现；村庄内部纠纷的处置以及其他公共事务的主持仰赖各类乡绅，他们就像“志愿者”。这种治理方式比民主政治的成本低。

传统乡村社会是“没有积累的社会”，相近的说法则定义传统乡村社会为自给自足的社会。这种社会生产方式基本没有变化，相应地，其公共生活也比较简单，通常按惯例习俗处理公共事务，所以很少有需要讨论的新的公共事务。大家都是习俗的接受者，所以，“一致同意”事实上成了公共事务决策的通行原则，只是这种“一致同意”并不真正和谐美妙，因为居民通常以牺牲自由来服从习俗。

“少数服从多数”这种民主政治原则的应用在传统村庄显得奢侈，

民主政治更需要在市场化社会运用。调查表明，农民选举村干部的主要目的是想通过自己的选票影响物质利益分配，约束村干部侵吞集体财物。这只反映了现代社会关系开始冲击传统村庄社会，并不意味着乡村社会有了强烈的民主政治需求。

从世界历史大视野看，民主政治的规则发端于上层社会，它替代基层社会的传统规则需要漫长时间。一个国家可以有一场民主革命，或可以有一部民主宪法，但其社会治理方式与民主政治完全可以风马牛不相及，例如印度社会大抵如此。像美国这样的国家，基层社会的改造也经过了极为漫长的过程，也许到奥巴马当总统，才算有了一个标志性的成就。

2. 中国经济社会发展极不平衡，不同发展程度的乡村社会对民主政治有不同程度的需求

现实变迁总显示为渐变的谱系，并不是与理论家定义相一致的纯粹的结构。但理论还是有意义的，对渐变谱系的反映只是需要改变理论假设的条件，以使理论与现实保持一致。现实的中国乡村社会当然不是纯粹的传统社会，但也不是完全市场化的社会。我们大体可以这样认为：中国乡村社会正处于由传统乡村社会向市场化社会的过渡时期，相应地，中国乡村社会对民主政治的需求也处于增长过程之中。落后的乡村更接近传统乡村社会，而发达地区的农村则更接近市场化社会，它们对民主政治的需求依次递增。有数据表明，我国农村地区的市场化程度在改革开放以来有显著提高，总体上西部、中部和东部的市场化程度呈依次提高态势。农村地区规模以上的市场数量，说明了不同地区的市场化程度差异。

更深入地看，乡村社会越发达，其实越蜕变为城市社会；其农业变成了城市化分工体系的一个分支，专业农户也卷入城市经济系统，变成了“城外市民”。所以，当我们说发达的乡村社会才有对民主政治的需求时，其实是指城市社会对民主政治的需求。换句话说，“发

展乡村民主政治”这个表述，其实是一个虚假表述，应该表述为“发展城市民主政治”。一个区域，一旦它产生了对民主政治的需求，就意味着它已经是城市化的社会。也许我们仍然按习惯把一个地区称为乡村社会，其实它在本质上已经是一个城市型社会结构。

事实上，我们在珠三角看到，那里的村庄已经高度非农化，尽管在我国行政建制上把它们看做乡村，并且使用“乡村治理”这样的政治术语来指称一类工作，但从工作内容上看，已经和农业关系不大。这里当然也存在“表述的滞后”对实际工作的消极影响，甚至可以说这种影响还很大。正因为如此，我们才会认为，有必要通过理论认识的深化，及时转变政治用语，以消除似是而非的政治用语的影响。

3. 我国农村地区对民主政治的需求与农村经济的市场化程度高度相关

乡村社会对民主政治的需求之日，也就是乡村社会的解体之时，同时也是城市社会替代乡村社会之时。这当然是一个渐进过程，但不论这个过程有多长，转变的性质不会有变化。

如果我们不再把乡村理解为一个自然概念，这个结论就容易被接受。当农业经济高度发达、农民物质生活水平达到或超越城市水平时，农民的公共生活也不再和城市居民有本质差异。在这个阶段，以社会活动方式区别城市和乡村不再具有实际意义，乡村治理和城市治理应该具有统一性，农民变成了“城外市民”，农村居民点的社会管理应该是城市管理的延伸。这样一个结论，的确在理论上与政策批评上有一定颠覆性。当我们要求典型的乡村社会实现民主自治时，其实它并不需要民主政治；当我们发现它需要民主政治时，它已经是一个市场化的城市社会。可以认为，“乡村民主治理”是一个很吊诡的表述。

我们理应避免这种尴尬：当我们依照大众语言在持续念叨“乡村民主治理”时，却发现在某一天，传统农业主产区的专业农户居民点收缩到不能撑得起村民委员会存在的地步，而发达地区整体转型的村庄则完全变成了城市的一部分！

4. 在我国社会治理实现由二元结构向城乡统一的治理结构转变的过渡时期，村庄社会管理主体“多元化”是必然趋势

目前，村庄治理模式由于治理权力、治理主体和治理资源、治理手段的单一化，使得其越来越不能满足日益“多元化”的利益需求，我们要发展“多元化”的治理模式，积极整合空间力量、民间力量、社会力量。建立真正代表农民利益、能够独立主张农民诉求的治理主体，需要解决的根本性问题就是确定和重塑治理主体之间的权力边界，鼓励和发展“多元化”的治理主体。法制上对这些治理主体予以支持和鼓励，整合、拓展“多元化”治理资源，以“多元化”治理手段为途径。尽管“多元化”治理模式还需要在实际生活中继续摸索，但我们相信，没有任何阻力能够阻止它在中国农村的大地上开花结果。

建立乡村多元化治理模式包括发挥“两委”的作用，重视农民合作社组织、农村志愿者组织乃至乡村宗法关系网的作用。其中，重点还是要加强以村民自治制度为核心的乡村法治建设。尽管践行我国村民自治制度遇到不少制约因素，这一制度对于启迪民众的民主意识、法治意识仍有重大意义。即使我国实现了城乡统一的社会治理，城乡社会治理也要以民主政治为基础。

三、以综合治理创造社会的稳定条件

社会治理的底线目标是促进社会稳定，保障社会秩序；高的目标是创造社会活力，增进社会和谐。任何社会皆如此，与意识形态无关。美国大思想家罗尔斯也把社会稳定看做社会公正的内涵之一。对社会稳定问题的学习、研究表明，以下几方面的关系对于理解社会稳

定十分重要：

1. 社会稳定与私人财产权的强度呈正相关。

2. 社会稳定与收入分配的平等程度呈正相关，而与人均收入水平无直接关系。

3. 社会稳定与社会的组织程度呈正相关。社会的组织程度越高，社会越稳定；反之，则社会越不稳定。对社会组织程度要正确理解。

4. 社会稳定与公共领域的竞争程度呈正相关，与垄断程度成反比。民主政治有利于提高公共领域的竞争程度。

5. 社会稳定与社会自治、权力下沉程度呈正相关。对于一个大国，正确处理中央和地方的关系，有利于国家稳定。

6. 社会稳定与民族认同程度呈正相关。1949 年之后，我国在民族认同建设方面有重大工作失误，给国家稳定埋下隐患。

以上理论表明，促成社会稳定必须采取多项措施。

第三节　突破快速城镇化地区的社会治理困境

改革开放 30 余年，我国出现若干快速城市化地区，但据我们的调查研究，这些快速城市化地区的社会治理不同程度存在严重问题，特别是社会稳定问题突出。解决快速城市化地区的社会治理问题，对于健康推进我国城市化具有重要意义。

一、快速城市化地区的社会治理困境

快速城市化地区的社会治理困扰，与传统农村集体经济的缺陷有重要关系。中国传统集体经济的特点有四：第一，资产（特别是土地）由一个社区的成员共同所有，社区成员因退出社区时不能将资产量化分割后带走，意味着社区成员事实上没有退出权。第二，社区共有资产不仅包括了经济学所定义的“公共物品”，更包括了经济学所

定义的“私人物品”。以上两点是传统集体经济最关键的特征。第三，社区共有资产的处分事实上掌握在社区领导人手里，社区领导人的产生或由上一级政府任命，或由社区成员选举产生。第四，在传统集体经济的产权结构中，公共事务与私人事务交织在一起，属于私人物品的经营性资产所产生的收益，通常会被用来满足社区公共需求。

传统集体经济在一定历史时期有其政治上的优越性。在革命政权建立之初，传统集体经济因其对经济资源的直接控制，有利于初生革命政权在财力困顿条件下动员物质资源维护政权稳定。在计划经济条件下，传统集体经济有利于实现全社会关键物资的统一分配。

但传统集体经济的弊端也十分明显。

1. 公权不当干预私权。在传统集体经济系统中，公权按科层制的集权原则或少数服从多数的票决原则直接处置资产。例如，农民土地承包权不仅在官方的政策表述中被看做农民的财产权，更在经济分析中被看做“私人物品”，但在法律规定中，也在实践中，常常由公权处置。法律规定，村民的三分之二表决通过，就可以变更所有人的土地承包权。这种私权受公权干预的现实，是引起农村社会冲突的重要原因之一。在珠三角地区就发生过愿意拆迁的“大部分”农户殴打“钉子户”的事情。

2. 公权覆盖私权后，放大了“集体经济成员权合理性无解”的难题。通常，社区公共品的分配限于社区成员。在公共品数量较少时，人们不会对社区成员做严格的资格甄别，原因在于公共品有其效果的“外溢性”。在更大的区域里，如果不同社区的公共服务水平差别不大，人们对不同社区成员的流动更不会计较。社区成员的资格如何确定，其合理性事实上是“无解”的。一定的文化状态，也会对资格的认定发生影响。但是，一旦在社区成员间分配的不只是公共品，例如珠三角地区广泛存在的社区分红，一个社区的成员就一定会计较本社区成员的数量变化。珠三角等地常见的外嫁女保留成员权、复转军人与大学生回迁农村户口、市民身份回归农民身份等问题，至今在困扰各地的地方政府。就这样，“集体经济成员权合理性无解”这个难题被放大了。笔者在珠三角等地看到各式各样的处理“成员权”问题的办法以及由此产生的矛盾。

3. 公共品分配与私人物品分配交织在一起，既造成了私人物品分配的平均主义，又破坏了公共品分配的普惠原则，产生了分配的“双重扭曲”。因为受经营性资产处置惯例的影响，社区原住民通常反对将来自集体资产的收益作为公共品分配给社区居住的外来人口，破坏了公共品分配的普惠性原则；又因为集体资产被当做社区公共品产生的源头，以致在分红时以社员身份为对象进行，不顾及社员对资产的关心与负责程度，产生了平均主义的低效率。在农村经济发达地区，我们看到总有集体社员反对外来人口享受社区的公共品，造成社区公共生活的封闭性和本地原住民与外来人口之间的裂痕。这是令地方政府伤透脑筋的难题。

4. 传统集体经济的公权扩展结构造成广泛的“无责任负债”现象。在比较成熟的市场经济条件下，多个自然人组成的按份共有的有限责任债权结构、个体户与民间借贷者构成的无限责任债权结构，均是成本与收益对称的结构，不容易发生过度负债情形。但传统集体经济体制将成员的资产完全掌握以后，会产生“分红刚性”，村干部借此获得集体成员的“合法性认同”。这种分红刚性所产生的压力，是当前集体经济负债的基本原因。

5. 传统集体经济存在一种“内部人控制”自增强机制，产生显性的和隐性的两种监督成本。如同一切组织都存在“内部人控制”现象一样，传统集体经济也不例外，且更胜一筹。在一个社区范围里对公共品很难产生过度需求，这是公共品的外溢性决定的。但因传统集体经济包含了对私人物品的控制，所谓权力的“含金量”很大，内部人控制的激励作用也相应增大。集体经济越是强大，这种内部人控制的激励作用也越大。在传统集体经济越是强大的社区，家族控制公权运作的特征越是明显，最突出地反映了内部人控制的自增强机制。社区通常存在的监督会发生成本，因对内部人控制的无奈，社区成员消极作为也是一种成本，可称隐性成本。

6. 传统集体经济的“明星”注定是极少数。那些“明星”集体经济的领导人通常需要来自社会（或上级）的额外激励，而额外激励存在的前提是“明星”集体经济数量不能太多。如果全社会集体经济都能达到“明星”水平，额外激励不复存在，“明星”也就必然暗淡下去。这是一个“学明星”（如“农业学大寨”）的二律背反。遗憾的是，人们通常不懂这个道理。我国政府为普及传统集体经济“明星”的经验耗费了大量行政资源，甚至到现在也执迷不悟，很是令人痛惜。

二、改革突破路径

解决传统集体经济问题的根本出路，是彻底与目前这种集体经济切割开来，在适当范围里保留集体产权，树立全新的公有制为主导的观念。

创新公共管理制度的主要目标是，建立城乡社会保障转换接轨的通道，实现城乡公共服务一体化。改革农村财政管理体制，实现政府公共财政城乡全覆盖。农村社区实行“政经分开”，提高社区公共服务质量。依据人口布局新形势，因地制宜划分社区范围，调整行政隶属关系，增强公共服务效率。

广东等地在农村集体经济体制改革中已经迈出的两个步骤，有重要实际意义。

第一步是建立股份社。股份社的建立虽然没有根本解决传统集体经济问题，但通过股份的量化固化，为新的改革奠定了一种技术基础。

第二步是顺德、南海等地先后开展的“政社分开”改革。笔者以为，这项改革的意义重大。政社分开以后，前述“集体产权”继续保留，由村委会或社区居委会行使管理权，主要解决公共服务问题。股份社管理与社区公共管理分开，股东大会或股东代表大会行使股份社的管理，前述公权与私权交织在一起的弊端就有条件克服。股份社相对独立，和社区公共服务的关系更加清楚，为进一步深化改革创造了条件。

更深入的改革要做下面几件事：

第一，对集体产权（社区共同共有）要视不同情况，或者完善管理，或者过渡为国民共同共有产权。在农业区，可以保留集体产权，但应仅仅限于公共性资产，用于公共服务，并且要向所有居民开放。在城市，考虑到公共品的规模效益利用，可以将集体产权过渡为国民共同共有产权。地方政府可以将集体公共性资产收归政府，同时全部承担公共服务责任。

第二，发展私人物品（对应经营性资产）的按份共有产权，如发展农民专业合作组织等。目前，我国合作社经济不规范问题相当突出，决策层持有一种“先发展、后规范”的态度，笔者以为应予纠正。

第三，对现有股份社要进行彻底改革，办法是将目前仍具有社区共同共有产权特征的组织，改造为按份共有产权组织。改造的主要办法是适度开放农户股权交易，建立股份社的自由进退机制。

第四，通过清产还债的办法，解决村级经济的债务问题。对于没有足够现金流还债的村社，可以拍卖经营性资产还债。拍卖所得不足以还债的村级经济组织，可以按破产处理。

以上改革需要一整套细致的操作办法，下文予以讨论。

三、改革的若干关键举措与配套改革方案

1. 关键举措一：创新公共财政制度，实现公共财政城乡全覆盖

（1）主要改革目标

建立适应城乡一体化要求的公共财政管理体制，逐步实现城乡公共财政全覆盖。

（2）改革要点

农村社区建设纳入乡镇以上政府财政预算体制。农村社区集体经

济收入中的集体留用部分纳入公共预算收入，公共预算支出不足的部分由上级政府预算补足。村（社区）预算支出包括公共安全、公共卫生、环境治理、公共设施建设与维护、社区福利等。

（3）配套改革

——推进财政预决算公开试点，试行政府财政总预算和总决算、部门预算和决算公开，并逐步细化到“项”级科目。

——实行参与式预算，扩大公众对区、镇（街道）、村（社区）三级财政预算案制订的参与度，优化财政支出结构。

——建立财政重大资金追加的人大（村民代表会议）审议制度，完善对政府部门预算追加的审批程序。

——完善城乡社会保险体系。

2. 关键举措二：改革农村集体经济制度，建立产权明晰、功能明确的基层组织系统

（1）主要改革目标

理顺各种形式集体经济之间的关系，为建立城乡统一的社会治理模式创造条件。

在村（社区）层次上把村委会（居委会）的公共服务职能与资产经营管理职能分开，村委会（居委会）提供公共服务，股份社负责资产经营管理职能。

彻底改革股份社。把现行成员不易退出“共同共有”的股份社产权结构改造为真正的产权可交易的“按份共有”产权结构，创造出股份社解体、重组和股份“实物化”的公平合法路径，实现产权明晰化。

按照市场化的原则改造现有股份社，使股份具有可交易性，股份社具有开放性。建立股份交易中心。政府成立股份交易监管机构，制定交易规则。股份社的资产由交易中心代管。各个股份社仍然拥有农地使用和未来农地转用的权利。

大力发展农民专业合作社，积极稳妥推进农业规模化经营，保护农民权益，建立与国际接轨的支农政策体系。

（2）改革要点

将目前有赢利能力的资产划归股份社，其他公共资产划归村委会（居委会）管理。

股份社不再承担任何公共服务职能。股份社的资产由俱乐部性质的共同共有资产通过改革转变为可交易、可注销、可退市的按份共有财产。

按照市场化原则改造现有股份社，使股份具有可交易性，股份社具有开放性。

建立股份交易中心。

交易中心参照我国证券交易所的有关规定，实行会员制。交易所由会员投资建设。交易所清算时，资产按会员投入比例分配。交易所资产划为股份，股份可转让、析出。交易所的经营由会员代表大会任命的经理部门负责。

交易所建立时，政府为交易所的控股股东。一定期限后，政府可转让股权，退出交易所。

交易所的会员可投资建立营业部，营业部的数量不受限制。

个人、法人均可交易任何股份社的股份，但须委托营业部进行交易。

政府成立股份交易监管机构，制定交易规则。

各股份社的股份必须进入股份交易中心交易。股份社仿照股份公司管理，其资产和分红账目等资料通过股份交易中心提供的技术平台向社会公开，给交易者提供出价依据。

预计股份交易中心的存续时间为 5 ~ 10 年。当所有股份社注销以后，股份交易中心也清算解体。或者股份交易中心在 5 年内承接新的职能，转变为一般的资产交易机构。

（3）配套改革

——通过物业管理改革，进一步促进村委会（居委会）职能转变。社区普遍建立合作社性质的物业管理社，村委会（居委会）短期内与物业管理社合署办公，一定期限后可分离改制。

——在更大的地域范围建立物业专业服务公司，给各小区的物业管理社提供服务；物业管理社本身不拥有物业服务设备和专业服务人员。此项改革的详细办法另行提供。

——规范股份交易，建立原始股东保障基金。可考虑股份交易收取手续费。

——建立股份社注销退出机制。股份社只有在注销时才能退出股份交易中心。股份社的注销要全体股东一致同意。

股份社注销时，对股份社的实物资产按协商一致的原则进行分割，其中包括对土地使用权的分割。在进行此项分割时，必须明确土地的位置、四至及其他与土地属性有关的必要信息。土地使用权资产的归属须在土地管理部门备案，由土地管理部门发给当事人土地使用权证。

在实物资产分割时，遇到实物资产单元在经济上、技术上不可分割的情形，股东之间可用货币找补的办法保全资产的完整性，以实现资产单元完整地归属某一股东。货币找补交易不需经过股份交易中心。

股份社注销后，土地使用权的流转按照国家有关法规办理，其他资产可自由交易，不再借助股份交易中心实现交易。

股份社的股份在股份交易中心交易以后，3 年内不得注销，以便通过市场关系形成合理的资产价格。股份社的注销要经过政府批准。

——加强股份社管理。股份社的资产和分红账目向社会公开，给交易者提供出价依据。对股份拥有的最大规模进行限制，其限额可做定期调整。鼓励股份社聘请专业经理人组成管理机构经营股份社。股份社的其他经营管理继续执行现有政策。

（4）关键论证

鉴于此项改革有重大突破，我们提出如下论证意见。

股份社曾经被看做是一项制度创新，但在实践中有很多弊端。我们经过认真研究讨论，认为简单取消这个制度是不合适的，但应对这项制度加以改造。

农村股份社向股东负责的主要有两项职责：一是处理物业出租租金收入和农地投包收益的分红事宜；二是控制本股份社农地使用和未来农地转用的权利，确保股东对农地变性增值（征地补偿款或共同开发的收益）享有排他性的利益索取权。我们认为，以物业出租为特点的经济活动不需要组成股份公司，农村股份社作为一个分红协议组织，相当于股份公司的股东成立一个法人组织来处理分红事宜，而实际经济生活中不存在此类组织，这完全是由经济规律决定的。在实践中，可以将建立在农地变性的未来增量收益基础上的所有权剥离出来，将现有资产租金作为存量收益所对应的股权市场化、实现可交易。

从调查看，各地股份社与村委会之间、股东社员之间、股东社员与理事会之间以及股份社成员与本社区成员但非股份社成员之间，都容易发生利益摩擦，形成社会不稳定因素。我们的改革方案有利于打破农村社区，通过流动改造旧的社会纽带，建立全新城市社区。

这项改革的最大意义是有可能把一个成员不易退出“共同共有”的产权结构改造为真正的“按份共有”产权结构，甚至有可能使“股份实物化”，由此有利于农民建立产权明晰的合作经济。这项改革的成功，不仅有理论意义，也具有极为重要的实际意义。全国有大量类似的产权结构可通过这个办法解决产权不明晰问题。

这项改革还有利于农民增收。股份交易中心以镇为单位建立，可降低股份社的管理成本，更多地给社员分红。若股份交易中心以交易手续费来满足办公开支的需要，则意味着所有分红都可分配给社员。

我们不主张简单取消村（社区）的公共资产。在一些市场经济国家，甚至中国古代，某些社区也有公共资产，其收益用来满足公共支出的需要。目前，“农村”社区向所有居民服务，具有开放性，其服务范围比股份社大，这是一个优点，应予保持。在资产数量较少的情况下，建立这种成员不易退出的“共同共有”产权结构，没有明显的弊端。也可以探索用资产办的部分收入偿还集体债务。

在目前条件下，“壮大集体经济”日益成为特殊利益集团的诉求，我们必须本着解放思想的要求，反省这一口号。成功的农业发展实践证明，农业直接生产过程不适合安排共有产权结构，尤其不适合安排共同共有产权结构。家庭经营模式完全适应农业规模经营的要求，不需要组成按份共有的股份公司，尤其不需要股份社这类共同共有产权结构。今后“壮大集体经济”的主要任务主要是发展农民专业合作社，其适应范围主要是农业技术和流通服务领域。要落实中共中央十七届三中全会制定的改革方略，通过改革在农业直接生产领域产生一大批独立拥有土地使用权的专业农户，实现农村农业用地产权的明晰化。

3. 关键举措三：建立注册农户制度，培育专业农户

（1）主要改革目标

建立适应市场经济要求的农地保护利用制度，农户各地承包权永久不变。认真贯彻中央关于农民土地承包权长久不变的改革精神，强化农民的土地财产权。目前凡是能够明确承包到户的农地，一律不再要求农户参加任何类型的股份社。在集体农户一致同意的前提下，集体与农户订立永久承包合同。

实行“注册农户”制度，构造全新农村微观经济基础。建立注册农户制度旨在更有效地瞄准支农政策实施对象，提高支农效率，加快农业发展和农民收入增长步伐。

对于加入股份社的农地，要通过股份社改革，最终实行农地实物承包权的永久化。股份社改革方案如前所述。

（2）改革要点

“注册农户”制度，是政府认证主营农业的农村居民家庭资格的一整套信息管理制度。

“注册农户”资格的认定可考虑以下因素：

——农户的主要收入应来自种植、养殖、渔业捕捞等农业生产活动。大量购买土地使用权从事出租经营的“地主”，不得认证为“注册农户”。

——农户达到一定经营规模。各地可因地制宜，采取不同的标准。本项制度起步时，标准不宜太高。

——农户的劳动力可以兼业务工，但农户至少应有一个劳动力以常年务农为主。

——在改革的第一阶段（如两年内），可规定“注册农户”必须是示范境内常住户籍居民。一些政府的法律规定，农户必须居住在农村。

——对于大公司经营的农业，可将承包户定义为“注册农户”，而不是公司老板。这项规定有利于减缓目前存在的城市资本大规模在农村圈地搞大农场的趋势。在一定时期以后，可以放宽这项规定。

“注册农户”必须同时符合以上各项条件。

目前已经出现的非农村居民圈地办农场的情形非常普遍，是否将这些农场主纳入注册对象，是一个问题。建议暂时搁置这个问题，未来如何处理可从长计议。

围绕“注册农户”的政策设计主要是：

——“注册农户”的认证机构为各级农业管理部门。可由各级政府农业管理部门下辖的农经站主管此项业务。政府依托农民专业合作社对“注册农户”进行服务和管理，以降低服务和管理成本。政府鼓励“注册农户”组织起来发展经济、维护自己的权利。

——注册机构代表政府与“注册农户”签订协议，由协议规定政府和农户之间在经济往来中的责任、义务和权利。政府向“注册农户”承诺对他们的政策支持，“注册农户”承诺提供农产品的数量、质量以及对农业资源的保护等。

——政府对农村的投入分为三个类别，分别是农业支持投入、公共基础设施投入和一般性社会保障投入。其中政府支持农业发展的各项投入以“注册农户”为瞄准对象。为了保持政策的连续性，可以考虑继续保持目前农业支持的某种普惠性，但新增农业支持项目或新增权益只针对“注册农户”实施。

——“注册农户”认定的有效期为5年。“注册农户”可以申请撤销注册。

——政府对“注册农户”进行免费技术培训。

——在目前条件下，政府鼓励农业用地的流转在“注册农户”之间进行。农业用地的流转对象必须合理排序，其序列由法律加以规定。

——政府鼓励“注册农户”实现“耕者有其田”。“注册农户”可通过“股份交易中心”购买股份，实现土地使用权。“注册农户”之间可自愿通过股份调整、置换，形成股权的实物化，并在股份交易中心注销股份。在一定时期，对“注册农户”的土地实物量进行规模限制，其最大规模可定期调整。

（3）配套改革

建立农地保护基金。每亩地由政府补贴“注册农户”200元（今后可视情况增加），计入为农户设立的专门账户，但由政府通过农田整理项目予以支出。

实行农地贷款抵押制度。农户抵押土地时，由农民专业合作社担保。农户不能偿还贷款时，土地由专业合作社收回，返租给农户经营，农户以产品或其他财力向合作社支付租金。

广泛组建以专业农户为基础的农民合作经济组织，扩大合作社的经济实力。

注册农户作为示范市民，归属所在区域的居民委员会，并享有与居住在市区的市民完全平等的权利。注册农户的注册资格作为职业身份，是享受各类惠农政策的依据。

注册农户可以组成各类专业经济组织，按组织章程享有各种权利。

政府提倡注册农户分散居住，成为“城外市民”。政府将本着节约用地的原则制定注册农户和其他专业农户居民点的规划。在安排现有农村居民集中居住的工作中，将根据各种实际情况，尽可能保留一定数量的房舍，安排专业农户居住，不搞搬尽拆尽。

政府提倡那些未被认定为注册农户但仍然从事少量农业活动的市民尽可能放弃农业活动，但要遵从市民意愿。政府的惠农政策主要向注册农户倾斜。

（4）关键论证

鉴于此项改革有重大突破，我们提出如下论证意见。

2010年，中央一号文件提出“按照存量不动、增量倾斜的原则，新增农业补贴适当向种粮大户、农民专业合作社倾斜”。这个意见在导向上有积极意义，但落实时有一定难度。“种粮大户”之类的概念认定不很容易操作。

我国大陆地区已经有一部分境外、国外农业投资者，这些投资者利用了我国大陆廉价劳动力，从事高附加值农业，利润比较高，不必享受国家财政补贴。同时，我国各地的农业户籍居民在不同程度上脱离了农业生产，国家支持农业的有关政策不应再覆盖这部分人口。这部分人口的社会保障应纳入城市社会保障体系。

目前国家支农在总量上已经超过欧盟，但分摊在农户上平均水平不高。过大范围实施支农普惠政策，既增加操作成本，又会诱导基层干部虚立农户数量，套取国家补贴资金，形成国家财力的浪费。

户籍主要反映公民的生活居住地点信息，但在国民经济管理中，户籍却成了获取管理信息的依据，产生诸多弊端。现有户籍关系呈现复杂状况，户籍信息越来越不能反映市民和农民划分情况，更难作为国家支持农业的依据。在现实国民经济管理中，迫切需要将国民登记系统和农业支持系统分开设立，以提高支农效率。

目前国家在“三农”方面的投入有诸多功能不清的问题。国家的支农政策和社保政策有完全不同的功能，但在农村领域这两个功能具体实施时的区分并不很严格，影响政策效果。例如，目前四项直补的在操作中往往不管农户是否真正务农，使这些补贴事实上成了收入补贴，未能很好地发挥促进农产品增产的作用。农村社会保障政策固然提升了农村居民的福利，但和城市的社会保障分属不同系统，遗留了以后要解决的问题。现在必须考虑把支农政策和农村社会保障政策区别开来，并创造条件使农村社会保障制度系统过渡到城乡统一的社会保障制度。

考虑到专业农户必须有专用生产资料仓库和农产品仓库，不适合居住在城市，这种规定很有现实意义。对“注册农户”不能盲目搞“迁村并居”，要针对他们的需求设计专业农民居住点。

4. 关键举措四：改革城乡社区管理制度，实现城乡社区管理一体化

（1）主要改革目标

允许农民“带地变市民”，全面推行农民市民化。农村社区所有户籍人口均为市民，由政府颁发统一的户籍证明文件。市民不论从事任何职业，一律权利平等。

全区按照市民居住区域分为居民社区，归属街道办事处或镇政府管辖，但一些有特色的村庄可继续保留村庄名称以及相应的公共管理组织。

（2）改革要点

坚决保护农民土地权益，承认并保护农民带地变市民。现有村建制下的脱离农业的市民在集中居住后，如果还拥有土地财产，不论土地使用权具有何种形式，其权利保持不变。

居民社区可以制定自己的市民公约，用以维护社区秩序。公约可以作为法院审理民事纠纷的法律依据。

居民委员会的负责机构通过竞选产生。居民社区同时是民主选举的“选区”，用以产生镇街人大代表和区人大代表。

居民委员会的公共开支在区财政或镇财政列支。可按照社区的不同经济状况划分类别，社区有收入的，可以减扣财政拨款，扣减比例可体现对社区创收的激励。

由村庄拆除而搬迁进入新社区的市民，不应要求统一集中居住，尽可能打散居住。不拆并的村庄可以以原村或原村民小组组合成立居民社区。

专业农户不单独成立居民委员会，按就近原则归属到某个居民社区。

居民委员会实行党政合一制度。党组织领导人通过成功当选居民委员会主席、副主席和委员，履行相关职责，体现党对居民社区的领导。党组织领导人未能当选居民委员会职务时，可免除其党组织领导人的职务，吸收、推举或委任居民委员会的领导做党的负责人；新产生的党组织领导人如果无法成为居民委员会领导，通过教育居民社区有关机构的党员履行党员义务、贯彻党的方针政策，体现党的领导。

居民社区的公共服务经费由街道办事处财政统一安排。街道办事处可在居民社区建立派出服务机构，并委托居民委员会代管①。

厘清原建制村与股份社的关系。由建制村改制而来的居民社区，若其设有资产办，则资产办的收益可继续抵充公共服务经费。若资产办的收益形成原建制下市民的直接收入或间接收入（如养老金账户、医保基金账户交款等），则把相关资产划归股份社，相应地，市民从股份社获得相关收入。此项改革意在使资产办资产完全成为共同共有的资产。政府经过一定程序可收购这些资产。股份社的改革如前所述。

从2012年开始，所有农民的一切权利向城市居民看齐，实现基本公共服务的均等化、一体化。

农民身份转变为市民身份后，原有一切与土地和其他集体资产有关的权利继续保留。

原有地方财政支付的各种针对“三农”的补贴，凡按身份发放的部分，转为农民养老基金的统筹账户；原有上级财政拨付的各种针对“三农”的补贴，凡按身份发放的部分，请求上级同意，转为农民养

---

① 按照国家最新文件，全国城市的居委会办公经费由财政统一列支。

老基金的统筹账户。

各级财政针对“三农”的补贴，凡已经按农地经营面积发放的部分，继续发放给实际务农的专业农户。

（3）配套改革

扶持社会组织健康有序发展。降低准入门槛，简化登记办法，对公益慈善类、社会服务类、工商经济类等社会组织实行直接申请登记制，充分调动民间力量和资源参与社会建设。设置社会组织扶持发展专项资金，建立社会服务创新中心和社会组织孵化基地。拓宽社会组织融资渠道，建立健全公益慈善类社会组织向社会筹款或接受社会捐助制度。完善社会组织的等级评估和监督制度，对评估结果靠前的社会组织给予承接公共服务优先权。支持运行良好的行业协会、商会在行业管理、行业自律等方面发挥更大作用。在政协设立新社会组织界别。

（4）关键论证

厘清以下三个概念：

——社会企业：社会企业不是纯粹的企业，也不是一般的社会服务，社会企业透过商业手法运作，赚取利润用以贡献社会。所得盈余用于扶助弱势社群、促进小区发展及社会企业本身的投资。社会企业重视社会价值，多于追求最大的企业赢利。

——公益创业：社会组织和企业在经营过程中，将社会价值与经济价值创造性地融合的过程。核心内涵主要包括两个方面：一是非营利机构采用创造性的商业运作模式提升其社会价值，二是企业通过创造性地满足社会需要而提升其价值。公益创业是一种混合模式，从公益创业承担组织的性质来说，这种模式既包括营利组织的活动也包括了非营利组织的活动以及与政府跨部门的合作。

——公益创投：公益领域的创业投资。它的投资主体企业或基金会为创业过程中的社会企业注资，帮助其成功创业，并通过投资间接地帮助解决社会问题。公益创投在运作方式上类似商业投资行为，它与商业投资本质的区别在于其投资目标的非营利性：公益创投不要求回报，或者将投资回报继续用于公益事业。

农民本来就应该是市民，只不过住在市区外头。农民市民化，是对我们原有制度的一个纠正。这个改革完全符合改革的大方向，没有任何浪漫主义的成分。

有一些地方成批变更农民的户口，同时收走了农民的土地，既导致农民的不满，也引起中央高层决策者的批评，不应该效仿。我们提出的改革办法允许农民带土地变更身份，有利于维护农民权益，在全国有示范作用。

按国家现行法律，农民转入“设区的城市”并获得社会保障以后，应该把土地交还集体。我们提出的改革办法是成建制地把农民变为市民，土地没有办法交还集体，也不能交给国家，这说明国家的法律有漏洞。面对这个漏洞，我们在改革中应该以维护农民利益为重，给国家今后修改法律提供实践依据。重庆已经做了此项改革，得到中央的认可。

为了保障社会稳定，一些附着在农民身份上的利益（如计划生育家庭的养老补贴等），以不取消为宜。新转市民的二胎生育间隔时间可适当拉长。

这项改革是否会大幅度增加财政负担？我们认为不会。目前示范在户籍人口范围里已经建立了覆盖率很大的城乡统一的社会保障制度，即使放宽外来人口入户条件，也不会增加财政负担。

这项改革可以从体制上更大程度地保障社会稳定。根据我们的研究，传统农村社会在与市场经济碰撞过程中具有天然的不稳定性。在以血缘关系为纽带的传统乡村社区，一个人的事，就是一村人的事；政府和一户人家发生“冲突”，也就意味着和一村人家发生“冲突”。正因为如此，我们常能看到农民的“集体上访”，而很难看到城市居民的同样行为。城市里的“群体性事件”也可能发生，但一般是偶发的，未经过策划的；而农村社区发生的“群体性事件”往往是经过策划的和有组织的行为。所以，在现代化过程中，彻底颠覆传统乡村社会有利于社会稳定。我们提出“由村庄拆除而搬迁进入新社区的市民，不应要求统一集中居住，尽可能打散居住”的措施，正是出于这种考虑。这里略去对这个问题的更详尽的论证。

有人可能从“保护中华历史文明”的角度来反对此项改革建议，但我们认为这种反对是没有道理的。历史总在变迁，文明形式也在不断更替。不能认为只有农村才能承载中华文明，城市也有此种功能。在中西文明比较研究中可以发现，中国历史文明的承载者更多的是城市，而西方文明的承载者则更多的是乡村。西方的强大过程是城市化过程，它们的农村社会的瓦解促成了新的文明的建立。效率、平等、自由、民主、科学等理念是伴随西方的城市化而兴盛的。为了中国的强大，必须城市化，必须把农民变为“城外市民”，必须使农民融入市民社会。所以，我们要坚定信心，坚决地推进这项改革，为中国形成一个稳定的社会结构，探索一条改革之路。

我们提出“居民社区的党组织通过竞选居民委员会委员体现自己的领导地位；如果党组织不能在竞选中获胜，主要从事党务工作，不得干预居民委员会工作”，是“两委矛盾”的根本解决之道。党要治党，更要管政。党不管政，就丧失了党的基本职能。

第四节　改革人口登记制度

人口登记是公共管理的基础性制度，将很多涉及公民身份的公共服务与之联系起来，使这种登记拥有一定的“含金量”，在世界上也不少见。但这个制度在我们国家却成了一个“问题”——它承载了权利保障的不平等，特别是城乡居民之间的权利不平等。

一、现行人口登记制度的非公正性

现行人口登记制度的最大弊端是有失社会公正。现代文明社会赋予公民自由迁徙的权利，这项权利的主旨是公民可以自由地选择就业和生活的目的地。一个人一旦决定在某地生活或工作，并在这个地方取得合法固定住所，就应该与当地公民一样享有平等的各项社会权利，并平等地获得当地政府的基本公共服务，而人口登记只是对公民这项权利的确认而已。改革开放以来，我们有 2 亿以上的农村人口迁居到城市工作或生活，其中相当一部分因为现行制度不能登记为城市合法居民。一些小城市的“城市户籍居民”进入了大城市，也因为现行制度未能登记为大城市的合法居民。这两部分公民的合法权利在不同程度上受到了伤害。此外，因农村地区的土地集体所有制以及伴生的集体经济制度将“集体利益”与社区成员联系在了一起，使得一些城市居民要成为农村地区的户籍居民，也遇到了麻烦。同样的原因，使得一些已经在城市定居且可以获得合法户籍登记的农业专业人口，也不愿意变更自己的户籍登记地，即不愿意将自己的户口转入城市。显然，现行人口登记制度以及农村产权制度等，不仅未能帮助我国公民确立其应有的权利，还引起许多困扰。

目前，有的地方政府推出的农民“以宅基地换城市住房，以承包地换城市社会保障”的所谓“双置换”改革思路，也有可能发生不公正，我们以为不是一个推进户籍制度改革的好办法。农业转移人口进城后如果能够购买或租用合法住所，有稳定职业和收入，他在本质上与城市原住民没有什么区别；城市居民没有承包地，也没有宅基地，他们不需要也不可能拿这两样东西换取城市生活权益，农业转移人口也不需要这样。农业转移人口通过在城市工作获得收入，他们应该有能力购买或租用住房，也有能力缴纳社会保障基金，不需要非放弃自己在农村的宅基地和承包地不可。当然，农民的承包地和宅基地是有价值的资产，通过这些资产的“变现”，他们会在城市有更好的生活水准。但这种资产变现的交易，应该出于农民自愿，而不能是农民进城定居的前提。如果由政府用“一刀切”的办法来安排这种交易或“置换”，并不符合平等交易原则，农民的利益难免受损。正确的做法应该是大力推动农村产权改革，发育农村不动产市场，使农民的不动产在交易中能得到合理的价格。有了这个条件，农民在进城时方可以与政府之间进行平等交易。

二、农业转移人口进城需要什么样的“门槛”

人类世界是拥挤的，而拥挤会产生“外部成本”。毋庸否认，农业转移人口进入城市也有这个问题，在中国尤其如此。让所谓外部成本“内部化”，使新移民和原住民之间的利益关系得到合理调整，就需要我们在本书已经提及的“公序原则”。

我们不赞成大量人口拥向少数大城市，随便居住在临时破败的建筑物当中，或者像印度一些城市一样，干脆让一些人露宿公共场所。理由是：第一，目前已经事实上存在零散的“贫民窟”，如果有鼓励政策，“贫民窟”的规模会更大。简而言之，在我国，大量城市居民区的景观甚至要比欧美国家的贫民区还要差，我们还要差到哪里去！第二，“贫民窟”居民大量存在，城市政府事实上管不了他们，结果他们就成了城市的边缘人口，这样等于把全社会的“二元结构”复制到了城市，问题还是没有解决。这些人口的子女的成长将极为困难。第三，大规模“贫民窟”的存在会使大城市的产业结构呈现“大而全”的特点，劳动密集型产业会有相当规模，结果会挤压其他地方经济发展空间，加剧其他地方经济的“空心化”，不利于全国经济协调发展，结果导致畸形区域经济结构长期难以纠正，使国民经济发展遭受重创。放任“贫民窟”扩张实在是浪漫主义的想法，很不可取。

我们赞成将“合法固定住所”作为农业转移人口进入城市并登记为城市注册居民的唯一“门槛”。我国公安部的负责同志曾提出过类似的主张。按这个意见，“合法固定住所”这一概念需要廓清。一般来说，由当地政府的建设规划或其他相关法规所承认的住房就是合法住房。政府应该对住房的容积有规定，并最好建立一个“标准住房”的概念。例如，20 口人不能全都声称某 30 平方米的套房是自己的“合法住房”。“固定”一词也需要定义。一家人不能在某套房屋中住一周后再移居到违章建筑中，然后申请登记为这套住房的合法居住者。居民是否拥有某套住房的产权，或者租住一套住房的时间长短，将是判定“固定住所”的重要依据。显然，公安部只适合作出原则性的规定，而对“合法固定住所”的具体认定可由各地城市政府自己做主。各城市政府对“合法固定住所”的不同认定，将形成各城市的不同的“准入门槛”。

仅仅将“合法固定住所”作为不同城市的“准入门槛”有其一定的公正性。这个标准不再区分迁徙者是否为农业人口，任何人或家庭只要取得“合法固定住所”就将登记为某城市居民。这无疑是一个进步。按我们的估计，依据这个改革思路，我国现有进城农民及其家庭成员中大约有20%可以很快获得城市居民登记；而原来拥有城市户籍的人口及现在留居大城市的大学生也基本可以在他们工作和生活的大城市获得户籍登记。如果再有其他配套改革措施出台，还会有更多的农业转移人口陆续获得大城市的户籍登记，但这些配套改革措施出台需要一个过程。

由“合法固定住所”产生的“准入门槛”有无不公正性？不能说完全没有，但要消除其中的不公正性需要一个过程。我国至今还没有实行全国统一的社会保障制度，社会保障标准甚至在一个省内部也不统一，各地城市政府对某些社会保障项目的补贴水准也不相同。这种状态存在的原因是我国不同地方的劳动生产率和居民收入有很大差别，特别是相当一部分农民处于半失业状态。在这个背景下，一些城市政府只能针对特定人群提供标准较高的公共服务，一旦放开服务限制，城市政府的财力不允许，也有失公正。例如，如果没有“合法固定住所”的限制，一个边远地区每年只劳动3个月的农民可以“自由”地登记为上海市的户籍居民，并享受与原住民一样的社会保障利益，那么，有理由相信上海必须接纳数亿新增人口，其后果是上海公共财政的崩溃。而如果上海对这类新增居民另眼相待，那么户籍登记改革就丧失了意义。这就产生了难题。

人们也可以去想象一种浪漫主义的户籍改革思路。例如，所有大城市都自由接纳户籍登记，而不论他们有无“合法固定住所”；当新增人口来到以后，可以强力没收现有居民的一部分房间接纳他们；可以大幅度提高税率增加财政收入，以便向新增人口提供生活补贴。总之，可以采取一系列办法搞“削富补贫”，让大家过上平均生活水平。

理性的户籍登记改革办法应该避免浪漫主义。中国是一个大国，各地经济发展不平衡，要在全国建立标准划一的公共服务体系，给每一个公民提供完全相同的社会保障支持，目前还难以做到。以后在每一个省区能建立标准统一的公共服务体系就很不错了。特别是我们国家因为一些历史原因（包括我们的错误）使大部分农民处于半失业状态，要他们与充分就业人口一样获得相同的保障是不现实的。这种情况下，就要正确对待“准入门槛”这个事情。如果用激进的态度要现有大城市居民给农民“归还历史欠账”，改革就很难进行下去了。

其实，有了正确的改革思路和一些配套改革措施，一些难题的解决也不会很慢。从短期看，在暂时保留有差别的社会保障政策的同时，要确立基本公共服务平等的制度。例如，目前在全国范围里特别是在农村地区推行最低生活保障制度，就体现了一种基本公共服务平等的性质。这种保障不论“门槛”里还是“门槛”外，都要实行。要注意，这里讲的是“基本”，而不是“全部”。从长期趋势看，我们可以更乐观一些。目前提出的改革思路会使得“门槛”相对高度越来越低。随着农民进城落户的数量越来越多，农村留下的人口数量越来越少，农民的经营规模会提高，半失业状态就会逐步变成充分就业，农民的收入就会提高。那时，地方政府就会提供城乡统一的公共服务支持，甚至会向农民提供更多的公共服务支持，农民也不会大规模要求进城落户了。

专栏 10.1　一个“以房管人”的户籍制度改革方案（要点）

现行人口登记制度在 20 世纪 50 ~ 60 年代逐步形成，经过几十年的运行，其缺陷日益明显，已经完全不能适应社会进步的需要，必须予以改革。为加快改革步伐，规范改革的基本做法，特制订本方案。

人口登记制度改革要“以人为本”，着力破除城乡分割的二元社会管理体制，保障公民的自由迁徙权利，为构造城乡统一的劳动市场提供条件。人口登记制度改革的核心是建立符合上述原则的人口属地登记办法。

改革方案要体现社会公正、地方自主、高效运行和简化管理的原则。

人口登记分为户籍登记和暂住登记两种类型。公民一律在户籍登记地依照当地标准建立“纳税和社会保障账户”，并在户籍登记地行使公民的各项基本权利，包括选举权、被选举权和公共福利享有权等。公民在异地获得暂住登记的，可以建立临时“纳税和社会保障账户”，其公民基本权利应在户籍登记地行使。

公民只能在一个社区进行人口登记，依据本方案的规定以及地方相关条例可以获得户籍居民资格，也可以登记为暂住人员。

公民必须在常住地进行户籍登记。公民在常住地必须居住在标准住房中，标准住房可以是公民的产权房屋，也可以是租住房屋。

标准住房必须由地方法规加以规范，其面积大小和位置可以由县级或县以上的地方政府规定，但家庭人均室内卧室和卫生间面积之和不应小于 12 平方米；单套标准住房的室内卧室面积和卫生间面积不得小于 30 平方米。标准住房的有关具体规定要与社会规划相衔接，并要遵守国家有关法律法规。

城市违章建筑、楼房地下室和其他办公用房不得用作户籍登记的标准住房。

一处标准住房只能登记一个户籍居民家庭，家庭成员可以是一个人，也可以是夫妻和其直系亲属。

已经在一个社区登记的户籍居民，即使其住房不符合标准，也应保留户籍居民资格。

“常住地”是指一年中在标准住房居住半年以上的地方。但有关组织长期外派的工作人员与长期在外旅行人员可以在原长久居住地登记户籍。退休老人随子女异地居住可以在原居住地登记。居住在异地工作场所的人，不论时间长短，也在原长久居住地登记户籍。

一套标准住房在一定时间里只能用于一次户籍登记。各地方政府可以对时间的长短自行规定，但时间最少为 1 个自然年。

地方政府为必须为户籍居民建立纳税和社会福利账户，以记载户籍居民的公共权益项目。

公民在拥有或租用两处以上标准住房的，必须将经常居住的一处标准住房作为法定居住地。

在社区没有标准住房的临时居留人员不论居留时间长短，均在原居住地进行户籍登记，但应申请暂住居民登记，登记办法由当地政府规定。暂住登记不收取费用。

在宾馆、饭店以及其他符合规定的场所临时居住人员可以不直接向公安机关申请暂住登记，具体事宜由公安机关规定。

公民在一个社区不再拥有或租住标准住房，必须在当地注销登记，相关纳税和社会福利账户同时冻结。公民在一地注销户籍登记后，必须在一个月内完成在新的居住地登记事宜。

公民在一个社区不再拥有或租用标准住房，但仍在本社区工作的，其户籍登记变更为暂住登记，其纳税和社会保障账户也变更为临时纳税和社会保障账户。该公民及其一同生活的其他家庭成员应在拥有标准住房的地方重新登记为户籍居民。

公民因家庭破产等原因在户籍登记地丧失标准住房，并在异地也没有标准住房的，户籍登记地政府应为其提供廉租房或帮助其租用其他住所，并保持其户籍居民资格。

农民在城市购买或租用到标准住房后，依照本方案可以登记为城市户籍居民，享有与其他新登记的户籍居民同等社会权利。

农民登记为户籍居民后可以保留在农村的承包地、宅基地和其他不动产。国家鼓励农民以合法方式将耕地、宅基地和其他在农村的不动产自愿转让他人，地方政府和村集体不得强制农民转让或没收。

三、对进城“门槛”的进一步讨论

户籍制度改革讲很多年了，到现在还不好说有什么人铁定地赞成目前这个制度。但为什么到现在也没有形成一个方案，更不用说形成一个法律文件？对于户籍制度改革步伐的蹒跚，一方面的确是有难处，因为涉及的利益平衡问题比较复杂；另一方面可能是技术思路有些问题。能不能像有的改革一样，把户籍制度改革先放一放，什么时候水到渠成，让它自然化解。有这个想法的同志无非是说等经济发达到一定程度后来化解这个问题，但我们已经看到在我国经济发达地区并没有解决这个问题，反倒使这个问题更加复杂，例如，那里的户籍壁垒不仅发生在城乡之间，也发生在农村社会内部。可见，我们不能等。

持浪漫主义想法的同志常常对“壁垒”十分恼火，因此会提出很激进的改革设想。但我认为户籍制度也应有一个渐进改革的方案，不能想在一个早上解决所有问题。激进的改革可能又是一纸空文，不能得到实际落实。

在思想上要有这样一种观念：壁垒不见得总是坏东西，有的社会壁垒要消除，但有的社会壁垒就不可能消除，甚至还是社会发展的需要。一个小姑娘在同样一张沙发上一屁股坐在爷爷旁边，爷爷高兴；但一个下属一屁股挤坐在上司旁边，上司就不高兴了。这就是一种壁垒。一个社会会有各种各样的壁垒，有的壁垒不仅不会对社会有很大危害，反而可能会降低社会的运行成本，提高社会运转的效益。所以，我们要正确看待社会壁垒。但是，我们国家户籍制度从城乡分割的层面上看，可以说一无是处，有的历史上的“好处”，也是虚假的，现在对它进行改革是完全必要的。不过，我们也不赞成城市不设立任何门槛，只是门槛要有某种公正性，特别不能以先天的家庭出身做门槛。此外，门槛也不是绝对的，在一定过渡期里门槛可以高一点，过渡期结束后就可以低一些；还有的门槛在过渡期结束后可以完全取消。

正是基于上述理念，我们才提出上述户籍制度改革的一些具体设想。

改革的基本技术性思路是通过控制住房来控制城市人口，我以为再没有比这有更好的办法。一个城市政府连住房也控制不了，又怎么能控制人口？用这个办法的前提，就是要对住房情况掌握清楚，户籍登记机关要有一个社区住房清单。现代社会，即使不做户籍制度改革，一个社区政府本来也应该掌握住房情况。在计算机技术普及的情况下，做这项工作也不难。

按照这个改革方案，一些城市的住房价格会上升，房租也会上升，但这是没有办法的事情。但从长期趋势看，这个方案不会对房价有重大影响。

这个方案实际上给一些人进入条件好的大城市设立了门槛，这似乎显得违背了“迁徙自由”原则。但是，从渐进改革的角度看，这个方案已经有了极大进步，因为这个门槛是针对所有人，而不单单是针对农民。从长期趋势讲，这些门槛也会降低，只是在过渡时期内给地方一定的设立门槛的自主权。

这个方案与过去相比有进步、易操作、方向正确，容易平稳过渡到终极目标。所谓终极目标就是一个公民或一个公民家庭，只要进入一个城市居住，且住所符合城市规划标准，就必须允许其登记为户籍居民，并很快享有各种权利。我所设计的方案保留了一定的门槛，还给地方留下了抬高门槛的一定的自主权，但到条件成熟以后，这些门槛可以取消。关键在于这些门槛并不是专门针对农民的。

按这个方案，一些收入较好的城市务工农民很容易成为户籍居民。例如，已经住在城市的商贩、技术工人，都有可能成为户籍居民，城市政府应该欢迎他们。不要担心城市因此会不堪承受，因为这些人早已住下来了，城市早已承接了他们，只是他们没有取得户籍居民身份而已。如果说城市扩容太快，那也是城市政府规划的标准住房建设规模太大。既然盖了房子，就应有人居住，否则岂不是浪费？这些人口也有能力纳税，或者有可能纳税，他们自然应该享有城市提供的公共福利。

这个方案实施的两个技术关键，一是全国“纳税与社会保障账户”的建立，另一个是住房的普查和“标准住房”的确定。我以为这样两件事情是社会管理的基础性工作，迟早要做，现在配合人口登记制度改革来做，正逢其时。

后　记

我们做完这本书最后的一些技术性工作，有了如释重负的感觉。虽然用时较长，拖了一段时间，但我们对自己的工作还是比较满意的。

从接到撰写这本书的任务到现在，差不多过了一年时间，这段时间不算很长，但我们对中国城镇化问题的思考已经有很多年了。我们发表关于中国城镇化问题的论文、评论也有很长时间。肖金成的专业领域是区域经济，但通过对中国区域经济问题的研究，发现给区域经济带来活力的是城市以及城市群。于是，肖金成用不少精力研究思考城市和城镇化问题。从1995年起，肖金成开始关注农民工问题，曾到农民工比较集中的地方——北京浙江村调研，撰写了题为“农民进城的正副效应分析”的内部报告，并于1996年以“疏导民工潮的新思路”为题分两期在《中国市场》杂志摘要发表。1998年，撰写了《城市化：牵动经济社会发展的牛鼻子》，先后在《河北经济》和《锦绣中华》杂志上发表。2002年，主持“完善区域性中心城市功能研究”课题，课题报告由中国水利出版社出版，书名为《打造中心城市》。2007年，主持“中国城市群研究”课题，研究报告由经济科学出版社出版，书名为《中国十大城市群》。2008年，主持了“中国特色的城市化道路”课题，2010年，参与研究“农民工市民化”课题。某种程度上书稿内容是这些研究报告的浓缩，是集体智慧的结晶，所以，在这里要向参与研究的杨洁、申兵、汪阳红、李忠、袁朱、欧阳慧、刘保奎等表示衷心地感谢！党国英的专业领域是农村发展研究，同样的，在研究工作中发现，如果没有城镇化进程发生，农村发展也无从谈起。2004 年开始，国家提出要建设社会主义新农村，反倒让人感到城镇化的重要。只有把新农村建设看作城镇化进程的有机组成部分，新农村建设才有条件进行。就这样，我们两人从不同的角度出发，都高度关注中国的城镇化。也因为我们并非城市规划与管理的专家，而是受各自学科领域的具体问题的牵引，开始关注城镇化问题，这就使我们对中国城镇化问题的观察视角与他人有很多不同，也许我们更能看到城镇化与中国全局经济之间的相互关联性。所以，基于这种自信，当我们收到《国家发展战略研究丛书》主编要我们撰写此书的邀请时，便欣然应诺。

严格说来，这不是一部学理性很强的学术专著，而是一部探讨中国现实问题的资政著作。但我们对相关现实问题的讨论以我们的专业知识为依据，未敢让自己对现实问题随便做出判断。从研究工作的深度来说，应该讲，我们虽然在书中也反映了很多关于城镇化的“直观性事实”，但更多情形下，我们所讨论的还是所谓“整理性事实”和“标准性事实”。这是我们对自己的要求。

全书十章中，第一章为共同撰写；第二章、第三章、第四章、第六章、第七章、第八章为肖金成执笔；第五章、第九章、第十章为党国英执笔。党国英进行了总纂，肖金成编审定稿。

关于中国城镇化问题，政策研究领域已经有不少文献出版。我们在自己的书里对他人的研究表达了足够的尊重，从我们的引文、注释中可看出这一点。因为相关研究卷帙浩繁，有的作者的作品难免与我们失之交臂，引用一些学者的观点也未全部标注出来，对此我们深表歉意。对我们的作品会有批评意见，这是完全可以肯定的。我们希望通过一定渠道得到这些意见，以提高我们对中国城镇化问题的认识水平。

作　者

2013 年 1 月 8 日，北京

参考文献

1. 国家统计局编．成就辉煌的20年［M］．中国统计出版社，1998.

2. 蔡孝箴主编．城市经济学［M］．南开大学出版社，1998.

3. 叶舜赞主编．城镇化和城市体系［M］．科学出版社，1994.

4. 包宗华著．中国城镇化道路与城市建设［M］．中国城市出版社，1995.

5. 胡序威．区域与城市发展［M］．科学出版社，1998.

6. 王春光，孙辉著．中国城镇化之路［M］．云南人民出版社，1997.

7. 国家计委国土开发与地区经济研究所研究报告．我国城镇化进程和对策研究［R］. 1996.

8. 中华人民共和国国民经济和社会发展第十一个五年规划纲要［M］．人民出版社，2006.

9. 马凯主编．《中华人民共和国国民经济和社会发展第十一个五年规划纲要》辅导读本［M］．北京科学技术出版社，2006.

10. 杜平，肖金成，王青云等．西部开发论［M］．重庆出版社，2000.

11. 张荐华，林珏编著．乡镇企业的崛起与发展模式［M］．湖北教育出版社，1995.

12. 胡必亮，郑红亮著．中国的乡镇企业与乡村发展［M］．山西经济出版社，1996.

13. 周一星著．城市地理学［M］．商务印书馆，1995.

14. 魏后凯著．面向21世纪的中国城镇化战略［J］．管理世界，1998（1）.

15. 顾朝林，胡秀红．新时期的中国城市发展新动向［J］．城市问题，1998（3）.

16. 联合国人居中心．城镇化的世界（沈建国等译）［M］．中国建筑工业出版社，1999.

17. 陆大道等．中国区域发展报告（2006）［M］．商务印书馆，2007.

18. 王梦奎等．中国特色城镇化道路［M］．中国发展出版社，2004.

19. 肖金成等．打造中心城市［M］．中国水利出版社，2005.

20. 傅崇兰，周明俊．中国特色城市发展理论与实践［M］．中国社会科学出版社，2003.

21. 王一鸣．中国城镇化进程、挑战与转型［J］．中国金融，2010（4）.

22. 马晓河等．中国城镇化实践与未来战略构想［M］．中国计划出版社，2011.

23. 景普秋．中国城镇化与工业化互动发展研究［M］．经济科学出版社，2003.

24. 李善同，许绍元．促进城镇化健康发展的若干建议［J］．中国发展观察，2008（4）.

25. 程必定．从区域经济视角重思城市化［M］．经济科学出版社，2010.

26. 肖金成，高国力等．中国空间结构调整新思路［M］．经济科学出版社，2008.

27. 韩俊主编．中国农民工战略问题研究［M］．上海远东出版社，2009.

28. 国务院发展研究室课题组．中国农民工调研报告［M］．中国言实出版社，2006.

29. 韩俊，崔传义，金三林．现阶段我国农民工流动和就业的主要特点［J］．发展研究，2009（4）.

30. 尹德挺，黄匡时．改革开放30年我国流动人口政策变迁与展望［J］．新疆社会科学，2008（5）.

31. 王兴周，张文宏．城市性：农民工市民化的新方向［J］．社会科学战线，2008（12）.

32. 赵树凯．农民流动三十年［J］．发展，2008（2）.

33. 简新华，黄锟．中国农民工最新情况调查报告［J］．中国人口·资源与环境，2007（6）.

34. 韩长赋．中国农民工发展趋势研究与展望［J］．经济研究，2006（12）.

35. 劳动和社会保障部课题组．关于民工短缺的调查报告［OL］.2004－9－14. http：//news. xinhuanet. corgi.

36. 韩俊．农民工市民化：现状、前景与路径选择（中国发展研究基金会研究项目）［R］．中国发展报告（2010），2010（1）.

37. 刘传江，徐建玲．第二代农民工及其市民化研究［J］．中国人口·资源与环境，2007（1）．

38. 全国总工会课题组．关于新生代农民工问题的研究报告［N］．工人日报，2010－6－21.

39. 吴红宇，谢国强．新生代农民工的特征、利益诉求及角色变迁［J］．南方人口，2006（2）．

40. 国家人口计生委流动人口服务管理司．2009年中国流动人口生存发展状况［R］．2010－4－2.

41. 盛来运，彭丽荃．“当前农民外出务工的数量、结构及特点”，蔡昉主编．中国人口与劳动问题报告［M］．社会科学文献出版社，2006.

42. 国家统计局农村司．2009年农民工监测调查报告［OL］．国家统计局网站，2010－3－19.

43. 国家统计局．2006年农民工生活质量调查［OL］．国家统计局网站．

44. 陈先运．农村剩余劳动力测算方法研究［J］．统计研究，2004（2）．

45. 刘洪，夏帆，张玉肖．湖北农村剩余劳动力转移的实证分析［J］．中南财经政法大学学报，2003（6）．

46. 肖金成等．京津冀经济合作论［M］．经济科学出版社，2010.

47. 彭志胜．安徽省农村剩余劳动力转移动态预测［J］．安徽农业科学，2005（11）．

48. 张雅丽．中国工业化进程中农村劳动力转移研究［M］．中国农业出版社，2009.

49. 周健．中国农村剩余劳动力的界定与估算方法研究［J］．统计研究，2009（8）．

50. 马野等．中心城市的经济理论与实践［M］．中国展望出版社，1986.

51. 陆军．城市外部空间运动与区域经济［M］．中国城市出版社，2001.

52. 周游等．经济中心城市的聚集与扩散规律研究［J］．南京大学学报，2000（4）．

53. 林涛．90年代以来我国中心城市的发展［J］．城市问题，2000（5）．

54. 汪前元．中心城市在转型中的功能、地位、特点［J］．湖北大学学报，1998（3）．

55. 谢文蕙等．城市经济学［M］．清华大学出版社，1996.

56. 高汝熹等．城市圈域经济论［M］．云南出版社，1997.

57. 储传亨等．城市科学概论［M］．中共中央党校出版社，1987.

58. 周游等．发挥中心城市作用，推进城乡一体化发展［J］．南京农业大学学报，2000（3）．

59. 蒋一苇．我的经济改革观［M］．经济管理出版社，1993.

60. 许学强等．城市地理学［M］．高等教育出版社，1996.

61. 杨立勋．城镇化与城市发展战略［M］．广东高等教育出版社，1999.

62. 张思言主编．城市功能研究［M］．武汉工业大学出版社，1988.

63. 顾朝林等．中国城市地理［M］．商务印书馆，1999.

64. 林凌主编．中心城市综合改革论［M］．经济科学出版社，1992.

65. 肖金成，袁朱等．中国十大城市群［M］．经济科学出版社，2009.

66. 姚士谋，朱关明，陈振光．中国城市群［M］．中国科学技术出版社，2001.

67. 戴宾．城市群及其相关概念辨析［J］．财经科学，2004（6）．

68. 薛东前，孙建平．城市群体结构及其演进［J］．人文地理，2003（4）．

69. 刘福垣，周海春．中原城市群战略与规划［M］．经济科学出版社，2010.

70. 胡序威．沿海城镇密集地区空间集聚与扩散研究［J］．城市规划，1998（6）．

71. 朱英明．我国城市群地域结构特征及发展趋势研究［J］．城市规划学刊，2001（4）．

72. 刘静玉，王发曾．城市群形成发展的动力机制研究［J］．开发研究，2004（6）．

73. 李瑞，冰河．快速城镇化背景下城市群和城市群脉的空间发展模式［J］．武汉大学学报（工学版），2005（1）．